W0074409

Die Kunst der Täuschung

Risikofaktor Mensch

Kevin D. Mitnick
& William L. Simon

Übersetzung aus dem Amerikanischen von Jürgen Duban

mitp

Bibliografische Information Der Deutschen Bibliothek
Die Deutsche Bibliothek verzeichnet diese Publikation in der
Deutschen Nationalbibliografie; detaillierte bibliografische Daten
sind im Internet über <http://dnb.ddb.de> abrufbar.

ISBN 3-8266-0999-9
1. Auflage 2003

Alle Rechte, auch die der Übersetzung, vorbehalten. Kein Teil des Werkes darf in irgendeiner Form (Druck, Fotokopie, Mikrofilm oder einem anderen Verfahren) ohne schriftliche
Genehmigung des Verlages reproduziert oder unter Verwendung elektronischer Systeme
verarbeitet, vervielfältigt oder verbreitet werden. Der Verlag übernimmt keine Gewähr für
die Funktion einzelner Programme oder von Teilen derselben. Insbesondere übernimmt er
keinerlei Haftung für eventuelle aus dem Gebrauch resultierende Folgeschäden.

Die Wiedergabe von Gebrauchsnamen, Handelsnamen, Warenbezeichnungen usw. in
diesem Werk berechtigt auch ohne besondere Kennzeichnung nicht zu der Annahme, dass
solche Namen im Sinne der Warenzeichen- und Markenschutz-Gesetzgebung als frei zu
betrachten wären und daher von jedermann benutzt werden dürften.

Übersetzung der amerikanischen Originalausgabe:
The Art of Deception
Original English language edition text and art copyright © 2002 by Kevin D. Mitnick, Wiley
Publishing, Inc. All rights reserved including the right of reproduction in whole part or in
part in any form.

Printed in Germany
© Copyright 2003 by mitp-Verlag/Bonn,
ein Geschäftsbereich der verlag moderne industrie Buch AG & Co. KG/Landsberg

Lektorat: Volker Bombien
Satz und Layout: G&U e.Publishing Services GmbH, Flensburg
Druck: Media-Print, Paderborn

Social Engineering

Social Engineering benutzt Techniken der Beeinflussung und Überredungskunst zur Manipulation oder zur Vortäuschung falscher Tatsachen, über die sich ein Social Engineer eine gefälschte Identität aneignet. Damit kann der Social Engineer andere zu seinem Vorteil ausbeuten, um mit oder ohne Verwendung von technischen Hilfsmitteln an Informationen zu gelangen.

Inhalt

Vorwort

Als menschliche Wesen werden wir mit dem inneren Bedürfnis geboren, unsere Umgebung zu erkunden. In jungen Jahren waren Kevin Mitnick und ich beide zutiefst neugierig auf die Welt und begierig darauf, uns zu beweisen. Oft wurden wir bei unseren Anstrengungen belohnt, neue Dinge zu erfahren, Rätsel zu lösen und bei Spielen zu gewinnen. Aber gleichzeitig brachte uns unsere Umwelt Verhaltensregeln bei, die unserem inneren Forschungsdrang Fesseln anlegten. Sowohl für unsere größten Wissenschaftler und technologischen Vordenker als auch für Leute wie Kevin Mitnick bedeutet es die größte Erregung, diesem Drang nachzugeben, und damit konnten wir Dinge erreichen, die niemand anders für möglich gehalten hatte.

Kevin Mitnick ist eine der großartigsten Personen, die ich kenne. Fragen Sie ihn, und er wird geradeheraus sagen, dass es bei seiner Tätigkeit – Social Engineering – darum geht, andere zu betrügen. Aber Kevin ist kein Social Engineer mehr. Und sogar, als er noch einer war, ging es ihm niemals darum, sich zu bereichern oder anderen Schaden zuzufügen. Das bedeutet nicht, dass dort draußen nicht irgendwelche gefährlichen und destruktiven Kriminelle Social Engineering einsetzen, um einen echten Schaden hervorzurufen. Tatsächlich hat Kevin genau aus diesem Grund dieses Buch geschrieben: Um Sie vor solchen Leuten zu warnen.

Kevin Mitnicks Buch „Die Kunst der Täuschung" zeigt, wie verletzbar wir alle für die Zudringlichkeiten eines Social Engineers sind – die Regierung, die Geschäftswelt und jeder von uns persönlich! In diesen sicherheitsbewussten Zeiten geben wir eine Menge Geld für die Technologien aus, die unsere Computernetzwerke und Daten schützen sollen. Dieses Buch zeigt auf, wie simpel es ist, die Insider hereinzulegen und den gesamten technologischen Schutz zu umgehen.

Egal, ob Sie bei der Regierung oder in einem Wirtschaftsunternehmen arbeiten – dieses Buch gibt Ihnen die Mittel in die Hand, die Arbeit eines Social Engineers zu verstehen und zu durchkreuzen. Kevin und sein Co-Autor Bill Simon setzen erfundene Geschichten ein, die unterhaltsam sind und

Ihnen gleichzeitig die Augen öffnen. So erwecken sie die Techniken aus der Unterwelt des Social Engineerings zum Leben. Nach jeder Geschichte bieten sie praktische Richtlinien an, mit denen Sie sich gegen die beschriebenen Lücken und Bedrohungen schützen können.

Eine rein technologische Sicherheit übersieht riesige Löcher, die von Leuten wie Kevin geschlossen werden können. Lesen Sie dieses Buch, und Sie werden schließlich erkennen, dass wir alle uns von den Mitnicks unter uns helfen lassen müssen.

Steve Wozniak

Einleitung

Einige Hacker zerstören anderer Leute Dateien oder Festplatten, sie werden *Cracker* oder *Vandalen* genannt. Manche Hacker kümmern sich nicht darum, die technologischen Grundlagen zu erlernen, sondern laden sich einfach Hacker-Programme herunter, mit denen sie in Computersysteme einbrechen – diese werden *Skript Kiddies* genannt. Erfahrenere Hacker mit Programmierkenntnissen entwickeln Hacker-Programme und stellen sie ins Web oder in Newsgroups. Und dann gibt es die Personen, die keine technologischen Interessen haben, sondern den Computer als Hilfsmittel nutzen, um Geld, Waren oder Dienste zu ergaunern.

Trotz des durch die Medien geschaffenen Mythos' „Kevin Mitnick" bin ich kein bösartiger Hacker.

Aber ich greife vor.

DER ANFANG

Mein Weg ist wohl schon früh vorgezeichnet gewesen. Um die Zukunft habe ich mir keine Sorgen gemacht, aber ich langweilte mich. Mein Vater verließ uns, als ich drei war, und seitdem verdiente meine Mutter unseren Lebensunterhalt als Kellnerin. Damals war ich die meiste Zeit meines Wachseins alleine – das Einzelkind einer Mutter, die lange und schwere Tage nach einem manchmal sehr wechselhaften Dienstplan zu arbeiten hatte. Ich war mein eigener Babysitter.

Ich wuchs in einem Ort im San Fernando Valley auf, von wo aus ich ganz Los Angeles erforschen konnte, und als ich zwölf war, hatte ich eine Möglichkeit entdeckt, kostenlos im gesamten Stadtgebiet von Los Angeles herumzufahren. Eines Tages bemerkte ich, dass die Gültigkeit der Tickets dadurch kontrolliert wurde, wie der Fahrer die Tickets lochte, um Datum, Zeit und Wegstrecke zu kennzeichnen. Bei einem freundlichen Fahrer erfuhr ich mit bedacht gewählten Fragen, wo man diesen besonderen Locher kaufen könne.

Mit den Transfertickets sollte man auf seiner Reiseroute in andere Busse umsteigen können, aber ich fand heraus, wie ich sie einsetzen musste, um überall hin fahren zu können, ohne zu bezahlen. Es war ein Kinderspiel, Blankotickets zu organisieren. An jeder Endstation waren die Mülleimer voller halbbenutzter Ticketbücher, die von den Fahrern nach Feierabend weggeworfen worden waren. Mit einem Stapel unbenutzter Tickets und dem Locher konnte ich meine eigenen Transfers stanzen und das gesamte Busnetz von Los Angeles befahren. Nach kurzer Zeit kannte ich den Busfahrplan so gut wie auswendig. Das war ein frühes Beispiel für mein überraschendes Gedächtnis, mit dem ich mir bestimmte Arten von Informationen merken konnte; ich kann mich auch heute noch sehr gut an Telefonnummern, Passworte und andere scheinbar triviale Details erinnern – bis zurück in meine Kindheit.

Ein anderes persönliches Interesse, das sich schon ganz früh herausbildete, war meine Faszination für die Kunst des Zauberns. Hatte ich erst mal herausgefunden, wie ein neuer Trick funktionierte, übte ich solange, bis ich ihn endlich gemeistert hatte. Durch das Zaubern entdeckte ich gewissermaßen, dass es mir Freude machte, geheimes Wissen zu erlangen.

VOM PHONE PHREAK ZUM HACKER

Meine erste Begegnung mit dem, was, wie ich später erfuhr, *Social Engineering* genannt wird, fand während meiner Zeit in der Highschool statt, als ich einen anderen Schüler traf, der sich mit einem Hobby namens *Phone Phreaking* beschäftigte. Das ist eine Art des Hackens, bei dem man das Telefonnetzwerk erforscht, indem man Telefonsysteme und Angestellte der Telefongesellschaften ausnützt. Er hat mir prima Tricks mit Telefonen gezeigt, wie man z.B. alle Informationen herauskriegt, die eine Telefongesellschaft über einen Kunden besitzt, und wie man mit einer Geheimnummer kostenlose Ferngespräche führen kann. (In Wahrheit war es nur für uns umsonst. Viel später fand ich heraus, dass es überhaupt keine Geheimnummer war, sondern die Telefonate auf irgendein Firmenkonto gebucht wurden.)

So lernte ich Social Engineering kennen – das war sozusagen mein Kindergarten. Mein Freund und ein anderer Phone Phreaker, den ich später kennen lernte, ließen mich zuhören, wie sie unter einem Vorwand die Telefongesellschaft anriefen und Dinge erzählten, die ihnen eine gewisse Glaubwürdigkeit verschafften. Ich erfuhr von unterschiedlichen Abteilungen der Telefongesellschaften und lernte Jargon und Abläufe kennen. Aber dieses „Training" währte nicht lange; das war auch nicht nötig, denn ich probierte selbst alles aus und lernte ständig dazu, so dass ich meine ersten Lehrer bald überrundete.

Damit war die Richtung abgesteckt, die mein Leben in den nächsten fünfzehn Jahren nehmen sollte.

In der Highschool hatte ich am meisten Spaß daran, mir den unautorisierten Zugang zu einer Telefonzentrale zu verschaffen und dann die Zugangsberechtigungen eines anderen Phone Phreakers zu verändern. Wenn er dann von zu Hause ein Telefonat führen wollte, hörte er eine Ansage, er solle eine Münze einwerfen, weil die Schaltzentrale der Telefongesellschaft aus der Art der Verbindung geschlossen hatte, er telefoniere von einem Münzfernsprecher aus.

Ich vertiefte mich immer mehr in alles, was mit Telefonen zusammenhing, nicht nur Elektronik, Schaltungen und Computer, sondern auch Organisation und Abläufe der Telefongesellschaften und die Terminologie. Nach einiger Zeit wusste ich wohl mehr über das Telefonsystem als viele Angestellte. Und dabei entwickelte ich meine Geschicklichkeit beim Social Engineering derart, dass ich im Alter von 17 Jahren die meisten Angestellten der Telefongesellschaften praktisch zu allem überreden konnte, egal ob ich persönlich oder am Telefon mit ihnen sprach.

Meine Karriere als Hacker, über die vielfältig berichtet wurde, begann in der Highschool. Ich kann hier nicht auf Einzelheiten eingehen, aber ein wichtiger Beweggrund für meine ersten Hacks war der Wunsch nach Anerkennung durch die Hacker-Gruppe.

Damals benutzten wir den Ausdruck *Hacker* für eine Person, die viel Zeit mit dem Herumbasteln an Hard- und Software verbrachte, um entweder effektivere Programme zu entwickeln oder unnötige Schritte zu vermeiden und schneller mit einer Sache fertig zu werden. Dieser Begriff wird heute sehr abwertend im Sinne eines „bösartigen Kriminellen" verwendet. In diesem Buch gebrauche ich die Bezeichnung so wie früher – in einem freundlicheren Zusammenhang.

Nach der Highschool studierte ich Computerwissenschaften im *Computer Learning Center* in Los Angeles. Nach einigen Monaten fand der Computermanager der Schule heraus, dass ich mir Schwachstellen des Betriebssystems zunutze gemacht hatte und volle administrative Berechtigungen auf ihren IBM-Minicomputern besaß. Die besten Computerexperten des Lehrkörpers konnten nicht herausfinden, wie mir das gelungen war. Man machte mir ein Angebot, das ich nicht ablehnen konnte, und das war wohl eins der frühesten Beispiele, wie eine Firma einen Hacker angeworben hat. Ich konnte mir aussuchen, ob ich ein Projekt zur Verbesserung der Computersicherheit durchführen wolle oder gesperrt werde, weil ich das System gehackt hatte. Natürlich entschied ich mich für das Projekt und machte später meinen Abschluss *cum laude*.

ICH WERDE SOCIAL ENGINEER

Vielen Leuten ist das Aufstehen morgens eine Qual, weil ihnen vor dem sprichwörtlichen Alltagstrott graust. Mir war das Glück beschert, dass ich meine Arbeit genoss. Sie können sich insbesondere nicht vorstellen, mit welcher Freude mich die Herausforderung und der Lohn einer Tätigkeit als Privatdetektiv erfüllte. Ich verfeinerte meine Talente in der Schauspielkunst namens *Social Engineering* (wie man Leute dazu bringt, Dinge für ihnen fremde Personen auszuführen, die sie normalerweise nicht tun würden) und wurde dafür auch noch bezahlt.

Für mich war es keine Schwierigkeit, als Social Engineer zum Fachmann zu werden. Seit Generationen war meine Familie von der Seite meines Vaters her mit dem Verkaufen beschäftigt, und so könnte die Kunst der Beeinflussung und Überredung eine vererbte Charaktereigenschaft sein. Wenn Sie diesen Wesenszug mit der Neigung kombinieren, andere zu täuschen, haben Sie das Profil eines typischen Social Engineers.

Man könnte sagen, bei der Stellenbeschreibung eines Trickbetrügers gebe es zwei Spezialisierungen. Jemand, der andere anschwindelt und sie um ihr Geld betrügt, gehört zur Unterkategorie des *Grifters* (Gauner). Jemand, der Täuschung, Betrug und Überredung bei Firmen einsetzt, um in der Regel an deren Informationen zu gelangen, wird als *Social Engineer* bezeichnet. Schon in der Zeit, als ich mit den Bustickets herumtrickste (als ich noch zu jung war, um zu erkennen, dass das etwas Böses war), erkannte ich bei mir das Talent, Geheimnisse herauszufinden, die ich eigentlich nicht kennen sollte. Auf dieses Talent baute ich mit Täuschung und dem richtigen Jargon auf und entwickelte ein ausgefeiltes Geschick in der Manipulation.

Um mein Geschick in diesem Gewerbe auszubauen (wenn ich es denn ein Gewerbe nennen darf), wählte ich einen kleinen Aspekt einer Information, die mir eigentlich gleichgültig war, und dann versuchte ich, am Telefon jemanden zu überreden, mir diese Info zu verraten, einfach nur, um meine Fähigkeiten zu schulen. Auf die gleiche Art und Weise, wie ich meine Zaubertricks einstudierte, übte ich den Einsatz verschiedener Vorwände ein. Durch diese Probeläufe fand ich schnell heraus, dass ich praktisch jede gewünschte Information erlangen konnte.

Jahre später beschrieb ich es in meiner Aussage im Kongress vor den Senatoren Lieberman und Thompson folgendermaßen:

> Ich habe unerlaubten Zugang zu einigen der weltweit größten Unternehmen erlangt und erfolgreich einige der hartnäckigsten Computersysteme geknackt, die jemals entwickelt worden sind. Dabei habe ich mich techni-

scher und nicht-technischer Mittel bedient, um mir den Quellcode verschiedener Betriebssysteme und Telekommunikationsgeräte zu beschaffen, damit ich ihre Schwachstellen und internen Funktionsweisen studieren konnte.

Meine gesamten Aktivitäten sollten nur der Befriedigung meiner eigenen Neugier dienen. Ich wollte meine Möglichkeiten kennen lernen und geheime Informationen über Betriebssysteme, Handys und alles andere, was mich neugierig machte, erfahren.

SCHLUSSBEMERKUNG

Ich habe seit meiner Verhaftung erkannt, dass meine Handlungen illegal waren und ich Verletzungen des Datenschutzes begangen habe.

Meine Neugier hat mich zu den Verbrechen motiviert. Ich wollte so viel wie möglich darüber erfahren, wie Telefonnetze arbeiten und wie es sich mit der Computersicherheit verhält. Ich wurde von dem Kind, das Zaubertricks liebte, zum weltweit berüchtigten Hacker – von Regierungen und Unternehmen gefürchtet! Wenn ich an mein Leben in den vergangenen dreißig Jahren zurückdenke, muss ich mir eingestehen, dass ich durch meinen Wunsch, Technologien zu begreifen, mein Bedürfnis nach guten intellektuellen Herausforderungen und meine Neugier einige sehr schlechte Entscheidungen getroffen habe.

Mittlerweile bin ich ein neuer Mensch geworden. Ich nutze meine Talente und das umfassende Wissen, das ich über Informationssicherheit und Taktiken des Social Engineering angesammelt habe, um Regierungen, Firmen und Einzelpersonen dabei zu helfen, Bedrohungen ihrer Informationssicherheit zu erkennen, zu vermeiden und zu begegnen.

In diesem Buch kann ich auf eine weitere Art und Weise meine Erfahrungen für andere nützlich machen, die sich gegen die weltweiten Aktivitäten bösartiger Informationsdiebe schützen wollen. Ich hoffe, Sie finden die Storys unterhaltsam, erhellend und lehrreich.

Vorbemerkung

Dieses Buch enthält eine Fülle von Informationen über Datensicherheit und Social Engineering. Damit Sie sich problemlos zurechtfinden, folgt eine Übersicht über den Aufbau dieses Buches.

In Teil I enthülle ich das schwächste Glied der Sicherheitskette und zeige auf, warum Ihre Firma und Sie persönlich durch Angriffe von Social Engineers bedroht sind.

Sie erfahren in Teil II, wie ein Social Engineer mit der menschlichen Leichtgläubigkeit und Ihrem Bedürfnis, hilfsbereit zu sein, spielt und wie er sich Ihr Vertrauen und Ihre Sympathie zunutze macht, um sein Ziel zu erreichen. Ich demonstriere Ihnen durch fiktive Geschichten typische Angriffsformen, bei denen ein Social Engineer in viele verschiedene Rollen schlüpft. Sie meinen, dass Ihnen bisher noch nie einer über den Weg gelaufen sei? Von wegen! Wenn Ihnen ein Szenario aus diesem Buch bekannt vorkommt, sind Sie wahrscheinlich schon mit einem Social Engineer aneinander geraten. Aber wenn Sie die Kapitel 2 bis 9 gelesen haben, wissen Sie, wie Sie die Oberhand behalten, wenn der nächste Social Engineer an die Tür klopft.

Teil III führt Ihnen in fiktiven Storys vor Augen, wie der Social Engineer immer höher pokert, indem er sich frei auf Ihrem Firmengelände bewegt, alle Ihre High-Tech-Sicherheitssysteme durchkreuzt und die allerheiligsten Daten Ihres Unternehmens klaut. Die Szenarien aus diesem Abschnitt sensibilisieren Sie für Bedrohungen, die von der einfachen Rache eines Angestellten bis hin zu Computer-Terrorismus reichen können. Wenn Ihnen die Sicherheit Ihrer privaten Daten und die Informationen, mit denen Sie Ihre Firma am Laufen halten, etwas wert sind, sollten Sie die Kapitel 10 bis 14 von vorne bis hinten genau durchlesen.

Hier sei noch einmal darauf hingewiesen, dass (wenn nicht anders angegeben) alle Beispiele aus diesem Buch frei erfunden sind!

In Teil 4 geht es ans Eingemachte: Wir nehmen uns vor, wie man erfolgreich einen Social Engineering-Angriff auf Ihre Firma abwehrt. Meinen Vorschlag für ein sinnvolles Sicherheitstraining finden Sie in Kapitel 15. Und Kapitel 16 könnte Ihren Hals retten – darin führe ich Ihnen eine vollständige Sicherheitsrichtlinie vor, die Sie an Ihre Organisation anpassen und sofort umsetzen können, um Ihre Daten und Ihr Unternehmen abzusichern.

Abschließend finden Sie eine Übersicht aller vorgeschlagenen Sicherheitsmaßnahmen mit Checklisten, Tabellen und Schaubildern. Hier sind alle wichtigen Informationen zusammengefasst, mit denen Ihre Angestellten täglich Social Engineering-Angriffe vereiteln können. Durch diese Hilfsmittel bekommen Sie wertvolle Informationen an die Hand, mit denen Sie Ihr eigenes Sicherheitstrainingsprogramm erstellen können.

Über das ganze Buch verteilt finden Sie eine Reihe von nützlichen Elementen: Texthervorhebungen erklären den speziellen Jargon von Hackern und Social Engineers, und kurze Mitnick-Spots bieten Ihnen wertvolle Hinweise zum Umsetzen einer Sicherheitsstrategie. Mit Anmerkungen und Info-Kästen wird schließlich Ihr Hintergrundwissen erweitert.

Teil 1

Hinter den Kulissen

Kapitel

1

Das schwächste Glied der Kette

Ein Unternehmen kann sich die besten Sicherheitstechnologien geleistet haben, die für Geld zu kriegen sind. Die Angestellten sind so gut ausgebildet, dass sie alle sensiblen Daten besonders aufmerksam sichern, bevor sie abends nach Hause gehen. Alle Firmengebäude werden von den besten Sicherheitsfirmen des Landes rund um die Uhr bewacht.

Und trotzdem ist dieses Unternehmen immer noch absolut gefährdet!

Sie können alle Expertentipps zur Datensicherheit befolgen, sorgsam alle empfohlenen Sicherheitsprogramme installieren und bei der Absicherung der Systemkonfiguration durch die Aktualisierung der Software durch und durch wachsam sein.

Trotzdem sind auch Sie immer noch absolut gefährdet!

DER MENSCHLICHE FAKTOR

Als ich vor einiger Zeit vor dem amerikanischen Kongress aussagte, führte ich aus, dass ich Passwörter und andere sensible Daten von Firmen oft dadurch bekam, dass ich mich als jemand anderes ausgab und dann *einfach danach gefragt habe.*

Es ist ein natürliches Bedürfnis, sich nach vollkommener Geborgenheit zu sehnen, aber das führt viele Menschen dazu, sich mit einem falschen Sinn von Sicherheit zufrieden zu geben. Nehmen wir den verantwortungsbewussten und fürsorglichen Hausbesitzer, der in seine Tür ein absolut einbruchssicheres Schloss eingebaut hat, um sein Zuhause, seine Frau und Kinder zu schützen. Nun ist er zufrieden, dass er seine Familie gut vor Eindringlingen bewahren kann. Aber was ist, wenn der Einbrecher ein Fenster einschlägt oder den Code für das Garagentor knacken kann? Da könnte man doch ein robustes Sicherheitssystem installieren, oder? Das ist besser, aber immer noch keine Garantie. Ob mit oder ohne teure Schlösser – der Hausbesitzer bleibt gefährdet.

Warum? Weil der *menschliche* Faktor die eigentliche Schwachstelle der Sicherheitskette ist.

Sicherheit ist allzu oft nur eine Illusion, die häufig durch Leichtgläubigkeit, Arglosigkeit oder Ignoranz verschlimmert wird. Vom berühmtesten Wissenschaftler des 20. Jahrhunderts, Albert Einstein, stammt das Zitat: „Zwei Dinge sind unendlich: das Universum und die menschliche Dummheit. Aber bei dem Universum bin ich mir noch nicht ganz sicher." Letzten Endes können Angriffe durch Social Engineering erfolgreich sein, wenn Menschen dumm sind oder – was viel weiter verbreitet ist – einfach keine Ahnung von grundlegenden Sicherheitspraktiken haben. Mit der gleichen Einstellung wie unser sicherheitsbewusster Hausbesitzer halten viele Profis aus der Informationsbranche an dem Irrtum fest, sie hätten ihre Firmen weitgehend gegen Angriffe abgeschirmt, weil sie Standard-Sicherheitsprodukte installiert haben: Firewalls, Zugangsbeschränkungssysteme oder widerstandsfähigere Authentifizierungsgeräte wie zeitbasierte Tokens oder biometrische Smart Cards. Jeder, der glaubt, dass allein die Anwendung von Sicherheitsprodukten ausreiche, echte Sicherheit zu gewährleisten, gibt sich mit der *Illusion* von Sicherheit zufrieden. Damit folgen diese Leute einem Wunschdenken: sie werden unweigerlich früher oder später einen Sicherheitszwischenfall hinnehmen müssen.

Der berühmte Sicherheitsberater Bruce Schneier drückt es so aus: „Sicherheit ist kein Produkt, sondern ein Prozess." Darüber hinaus ist Sicherheit keine technologische Angelegenheit, sondern ein menschliches und ein Management-Problem.

In dem Maße, wie Forscher immer bessere Sicherheitstechnologien entwickeln und damit die Möglichkeit verringern, dass technische Schwachstellen ausgenutzt werden können, werden Angreifer immer mehr den Hebel beim menschlichen Faktor ansetzen. Es ist oft ein Kinderspiel, die menschliche Firewall zu knacken. Das erfordert außer einem Telefonanruf keine Investitionen und beinhaltet nur ein minimales Risiko.

EIN KLASSISCHER FALL VON TÄUSCHUNG

Was ist die größte Bedrohung für die Sicherheit Ihres geschäftlichen Kapitals? Ganz einfach: der Social Engineer – ein skrupelloser Zauberer, der Ihre Aufmerksamkeit auf seine linke Hand zieht, während er mit rechts Ihre Geheimnisse klaut. Diese Type ist oft so freundlich, wortgewandt und entgegenkommend, dass es Ihnen eine Freude ist, ihm begegnet zu sein.

Schauen wir uns ein Beispiel für Social Engineering an. Nicht viele erinnern sich heutzutage noch an den jungen Mann namens Stanley Mark Rifkin und sein kleines Abenteuer mit der jetzt geschlossenen Security Pacific National

Bank in Los Angeles. Über seine Eskapaden ist in sehr unterschiedlichen Versionen berichtet worden. Rifkin selbst hat (wie ich) niemals seine eigene Geschichte erzählt, und so basiert das Folgende auf veröffentlichten Meldungen.

Der Code wird geknackt

Im Jahre 1978 schlenderte Rifkin eines Tages hinüber in die Buchungsabteilung der Security Pacific National Bank, zu dem nur befugtes Personal Zutritt hatte. Dort wurden täglich Überweisungen im Werte von mehreren Milliarden Dollar veranlasst.

Er arbeitete für eine externe Firma, die im Auftrag der Bank ein Datensicherungssystem für die Buchungsabteilung entwickelte, falls die Computer dort einmal abstürzen sollten. Das berechtigte ihn, die Transferprozeduren einzusehen, und somit hatte er Einblick, wie die Bank die Durchführung von Überweisungen abwickelte. Er erfuhr, dass Bankangestellte, die zur Anweisung von Buchungen berechtigt waren, jeden Morgen einen streng bewachten neuen Code erhielten, den sie für die Anrufe in der Buchungsabteilung benötigten.

In der Buchungsabteilung sparten sich die Angestellten die Mühe, jeden Tag einen neuen Code auswendig zu lernen: Sie übertrugen den Code auf einen Notizzettel und brachten diesen an einer leicht sichtbaren Stelle an. An diesem speziellen Tag im November hatte Rifkin einen besonderen Grund für seinen Besuch. Er wollte einen Blick auf dieses Papier werfen.

Er notierte sich einige Dinge über Verfahrensweisen in der Buchungsabteilung, offensichtlich um sicherzustellen, dass sich das Datensicherungssystem korrekt in die regulären Systeme einpasst. Nebenbei las er heimlich den Sicherheitscode für den heutigen Tag und merkte ihn sich. Einige Minuten danach verließ er den Raum. Wie er später aussagte, fühlte er sich, als hätte er den Hauptgewinn einer Lotterie bekommen.

Da gibt es dieses Schweizer Konto ...

Als er den Raum gegen 15 Uhr verließ, marschierte er direkt zu einem Münzfernsprecher im marmornen Foyer des Gebäudes. Er warf eine Münze ein und wählte die Nummer der Buchungsabteilung. Nun wechselte er seine Rolle und verwandelte sich vom Unternehmensberater Stanley Rifkin in den Kollegen namens Mike Hansen aus der Internationalen Abteilung der Bank.

Nach einer Zeugenaussage verlief das Gespräch in etwa wie folgt:

„Hallo", sagte er zu der jungen Frau am anderen Ende der Leitung, „hier ist Mike Hansen von der Internationalen Abteilung."

Sie fragte nach der Büronummer. Das war eine übliche Prozedur, und seine Antwort war vorbereitet: „286."

Die junge Frau fragte nun: „In Ordnung. Wie lautet der Code?"

Rifkin meinte später, dass an diesem Punkt sein von Adrenalin getriebener Herzschlag „ordentlich einen zulegte". Er erwiderte geschmeidig: „4789." Dann fuhr er mit den Anweisungen für eine Buchung über „exakt zehn Millionen zweihunderttausend Dollar" an die Irving Trust Company in New York als Gutschrift für die Woschod Handelsbank von Zürich in der Schweiz fort, bei der er schon ein Konto eingerichtet hatte.

„In Ordnung, das habe ich", sagte die Frau. „Jetzt brauche ich noch die bürointerne Abrechnungsnummer."

Rifkin brach der Schweiß aus. Mit dieser Frage hatte er nicht gerechnet. Ihm schien bei seinen Nachforschungen etwas durch die Lappen gegangen zu sein. Aber es gelang ihm, in seiner Rolle die Fassung zu bewahren, tat so, als ob alles in Ordnung sei und antwortete, ohne zu zögern: „Oh, das muss ich gerade mal nachprüfen. Ich rufe gleich wieder an." Erneut tauschte er die Rollen und telefonierte mit einer anderen Abteilung der Bank, wobei er sich diesmal als ein Angestellter aus der Buchungsabteilung ausgab. Er bekam die Abrechnungsnummer und rief die junge Frau zurück.

Sie nahm die Nummer entgegen und bedankte sich. (Unter diesen Umständen muss man es als höchst ironisch ansehen, dass sie sich bei Rifkin bedankte.)

Auf der Zielgeraden

Ein paar Tage danach nahm Rifkin ein Flugzeug in die Schweiz, ließ sich das Geld bar auszahlen und übergab für einen Beutel Diamanten mehr als acht Millionen Dollar an eine russische Agentur. Er flog zurück und passierte problemlos mit den Diamanten in einem Geldgürtel den amerikanischen Zoll. Er hatte den größten Banküberfall der Geschichte durchgezogen – und dabei weder eine Waffe und noch nicht mal einen Computer gebraucht. Seltsamerweise brachte ihm diese Eskapade später einen Eintrag im Guiness-Buch der Rekorde in der Kategorie „Größter Computerbetrug".

Stanley Rifkin hat die Kunst der Täuschung eingesetzt – die Fertigkeiten und Techniken, die man heute Social Engineering nennt. Dafür brauchte er bloß eine durchdachte Planung und gute Redegewandtheit.

Und darum geht es in diesem Buch – um die Techniken des Social Engineering (darin bin ich Ihr ergebener Diener) und wie Sie sich und Ihre Firma davor schützen können.

WORIN LIEGT DIE BEDROHUNG?

Die Rifkin-Story macht sehr deutlich, wie irreführend unser Sicherheitsbedürfnis sein kann. *Jeden Tag* kommen solche Fälle vor – gut, vielleicht nicht in der Größenordnung von 10 Millionen Dollar, aber nichtsdestotrotz verursachen sie schwere Schäden. Vielleicht verlieren Sie gerade in diesem Moment Geld oder jemand klaut die Pläne eines neuen Produkts – und Sie erfahren es nicht einmal. Wenn Ihr Unternehmen bisher verschont geblieben ist, stellt sich nicht die Frage, *ob* es passiert, sondern *wann*.

Wachsende Besorgnis

In einem Gutachten über Computerverbrechen aus dem Jahre 2001 berichtete das *Computer Security Institute*, dass 85 % der an der Untersuchung beteiligten Unternehmen in den vergangenen 12 Monaten Verletzungen der Computersicherheit aufgedeckt haben. Diese Zahl ist erstaunlich: Nur 15 von 100 beteiligten Organisationen teilten mit, dass es im vergangenen Jahr keine Sicherheitsverletzungen gegeben hat. Ähnlich verblüffend war die Zahl der Organisationen, die nach eigenen Berichten aufgrund von Sicherheitslücken bei Computern finanzielle Verluste erlitten: 64 %. Mehr als die Hälfte wurden also finanziell geschädigt. *In einem einzigen Jahr!*

Meine eigenen Erfahrungen führen mich zu der Annahme, dass die Zahlen bei solchen Berichten in gewisser Weise aufgebläht sind. Ich habe kein großes Vertrauen in die Art und Weise, wie man diese Untersuchungen durchführt. Das heißt nicht, dass man die Nachteile vernachlässigen kann – die Schäden sind weitreichend! Wer nicht auf Sicherheitsprobleme ausgerichtet plant, hat ein Versagen gleich mit eingebaut.

Die kommerziellen Sicherheitsprodukte, die bei den meisten Unternehmen eingesetzt werden, sollen hauptsächlich Schutz gegen Amateur-Hacker wie die gemeinhin als Skript Kiddies bekannten Jugendlichen bieten. Tatsächlich sind diese Möchtegern-Hacker mit ihrer selbst heruntergeladenen Software kaum mehr als nur ärgerlich. Größere Verluste – und hier liegt die wahre Bedrohung – muss man von erfahrenen Angreifern mit klar definierten Zielen befürchten, die aus Geldgier handeln. Diese Personen konzentrieren sich auf jeweils ein Ziel, wogegen die Amateure versuchen, so viele Systeme wie möglich zu infiltrieren. Die Amateure bei den Computer-Eindringlingen stellen einfach auf Quantität ab, aber die Profis zielen auf qualitativ wertvolle Daten.

Sicherheitsprogramme für Unternehmen benötigen Technologien wie Authentifizierungssysteme (zur Identitätsprüfung), Zugangskontrollen (für die Verwaltung von Zugangsberechtigungen für Daten und Computersysteme) und Frühwarnsysteme gegen Computer-Einbrecher (die elektronische Entsprechung zur Alarmanlage). Dennoch geben Unternehmen heute immer

Das schwächste Glied der Kette

noch mehr Geld für Kaffeemaschinen aus als für Maßnahmen zum Schutz der Firma gegen Sicherheitsangriffe.

Genau wie ein Ganove einer Versuchung nicht widerstehen kann, reizt es den Hacker immens, einen Weg um die Abschirmungen durch Hochsicherheitstechnologien herum zu finden. Und meistens beginnen sie damit, den Hebel bei den Anwendern dieser Technologien anzusetzen.

Betrügerische Praktiken

Es gibt eine populäre Redewendung, dass nur ein abgeschalteter Computer ein sicherer Computer sei. Clever, aber verkehrt: Der Schwindler überredet einfach jemanden, ins Büro zu gehen und diesen PC einzuschalten. Wenn Ihr Gegner Ihre Daten herauskriegen will, kommt er auch ans Ziel, gewöhnlich auf verschiedenen Wegen. Das ist nur eine Frage von Zeit, Geduld, Hartnäckigkeit und Ausstrahlung. Und hier kommt die Kunst der Täuschung ins Spiel.

Um Sicherheitsmaßnahmen auszutricksen, muss ein Angreifer, Eindringling oder Social Engineer einen Weg finden, einen vertrauensvollen User so zu täuschen, dass er Informationen weitergibt, oder die arglose Zielperson derart zu überlisten, dass sie den Zugang freigibt. Wenn vertrauensvolle Angestellte so getäuscht, beeinflusst oder manipuliert werden, dass sie sensible Daten weitergeben oder Handlungen ausführen, die einem Eindringling ein Schlupfloch bieten, kann keine Technologie der Welt Ihre Organisation schützen. Manchmal kann ein Dechiffrierer den Klartext einer kodierten Botschaft entschlüsseln, wenn er über eine Schwachstelle des Codes die Verschlüsselungstechnologie umgehen kann, und genau so täuschen Social Engineers bei Ihren Angestellten falsche Tatsachen vor, um den Sicherheitstechnologien auszuweichen.

VERTRAUENSMISSBRAUCH

Erfolgreiche Social Engineers besitzen meist sehr gute soziale Kompetenzen. Sie sind charmant, höflich und einem gleich sympathisch – Charakterzüge, mit denen schnell eine Beziehung und ein Vertrauensverhältnis aufgebaut werden kann. Ein erfahrener Social Engineer ist in der Lage, über die Taktiken und Strategien seines Gewerbes sich praktisch alle gewünschten Informationen anzueignen.

Ausgefuchste Techniker haben durchdachte Lösungen für den Bereich der Informationstechnologie entwickelt, um die mit dem Einsatz von Computern verbundenen Risiken zu minimieren. Aber dabei haben sie die signifikanteste Schwachstelle übersehen: den menschlichen Faktor. Trotz unseres Verstandes stellen wir Menschen – Sie, ich und alle anderen – immer noch das bedrohlichste Risiko für unsere gegenseitige Sicherheit dar.

Unser nationaler Charakter

Uns ist diese Bedrohung nicht bewusst, insbesondere nicht in der westlichen Welt. Vor allem in den Vereinigten Staaten sind wir nicht darauf trainiert, argwöhnisch miteinander umzugehen. Wir haben gelernt, dass wir „unseren Nächsten lieben" und einander vertrauensvoll begegnen sollen. Denken Sie daran, wie schwierig es für Organisationen des Nachbarschaftsschutzes ist, die Leute dazu zu bringen, ihre Häuser und Autos abzuschließen. Diese Art von Schwachstelle ist offensichtlich, und sie wird trotzdem von vielen ignoriert, die es vorziehen, in einer Traumwelt zu leben – bis sie auf die Nase fallen.

Wir wissen, dass nicht alle Menschen aufrichtig und ehrlich sind, aber nur allzu oft leben wir so, als ob alle es wären. Diese liebenswürdige Unschuld ist der Grundstoff des amerikanischen Lebens, und es ist sehr schmerzhaft, dies aufzugeben. Als Nation haben wir in unsere Vorstellung von Freiheit eingebaut, dass die Orte am lebenswertesten sind, an denen man am wenigsten Schloss und Riegel braucht.

Die meisten Leute gehen von der Annahme aus, dass sie von anderen nicht getäuscht werden, und gründen dies auf den Glauben, dass die Wahrscheinlichkeit einer Täuschung recht gering sei. Der Angreifer wiederum berücksichtigt dieses weitverbreitete Wunschdenken und lässt seine Bitte so vernünftig erscheinen, dass sie völlig unverdächtig wirkt, während er gleichzeitig das Vertrauen des Opfers missbraucht.

Die Arglosigkeit der Organisationen

Ganz deutlich wurde diese Arglosigkeit, die Teil unseres nationalen Charakters ist, als Computer zum ersten Mal miteinander verbunden wurden. Erinnern Sie sich daran, dass der Vorläufer des Internet – das ARPAnet (das *Advanced Research Projects Agency Network* des Verteidigungsministeriums) – für die Verteilung von Informationen zwischen Regierungs-, Forschungs- und Bildungseinrichtungen konzipiert war. Man hatte sich gleichzeitig mit der Informationsfreiheit den technischen Fortschritt zum Ziel gesetzt. Darum haben viele Bildungseinrichtungen seinerzeit bei den frühen Computersystemen wenig oder gar nicht auf Sicherheit geachtet. Jemand wie der besonders freigeistige berühmte Software-Entwickler Richard Stallman weigerte sich sogar, sein Konto mit einem Passwort zu schützen.

Als dann das Internet für eCommerce eingesetzt wurde, wandelten sich die Gefahren einer schwachen Sicherheit in unserer verdrahteten Welt dramatisch. Der Ausbau der Technologie wird aber nicht das Problem lösen, das der Mensch für die Sicherheit darstellt.

Schauen wir uns nur die heutigen Flughäfen an. Zwar sind Sicherheitsmassnahmen allgegenwärtig, aber trotzdem alarmieren uns Medienberichte über

Reisende, die Sicherheitsvorkehrungen umgehen konnten und potenzielle Waffen an Kontrollpunkten vorbeischmuggelten. Wie kann das sein in einer Zeit, in der sich alle unsere Flughäfen in einem derartigen Alarmzustand befinden? Sind die Metalldetektoren kaputt? Nein. Das Problem liegt nicht bei den Maschinen. Das Problem ist der menschliche Faktor: das Personal an den Maschinen. Die Flughafenbehörden können die Nationalgarde aufstellen und Metalldetektoren und Systeme zur Erkennung von Gesichtern installieren, aber deutlich hilfreicher wäre die Ausbildung des Sicherheitspersonals an vorderster Front, wie man Reisende korrekt überprüft.

Das gleiche Problem findet sich in den Regierungs- und Bildungseinrichtungen und Unternehmen auf der ganzen Welt. Trotz der Anstrengungen aller Sicherheitsprofis bleiben Informationen nicht gut genug geschützt. Bis nicht das schwächste Glied in der Sicherheitskette – der Mensch – gestärkt worden ist, bleiben Daten für Angreifer mit den Fähigkeiten eines Social Engineers leicht zu pflücken.

Mehr als jemals zuvor müssen wir unser Wunschdenken ablegen und uns der Techniken gewahr werden, die diejenigen anwenden, die die Vertraulichkeit, Integrität und Verfügbarkeit unserer Computer und Netzwerke angreifen wollen. Wir haben eingesehen, dass wir im Straßenverkehr defensiv fahren sollten, und nun ist es an der Zeit, die Praxis eines defensiven Umgangs mit Computern zu akzeptieren und zu erlernen.

Die Gefährdung durch einen Einbruch in Ihre Privatsphäre, Ihre Gedanken oder das Informationssystem Ihrer Firma mag solange irreal erscheinen, bis er tatsächlich stattfindet. Um eine derart kostspielige Dosis Realität zu vermeiden, sollte jedem die Bedeutung klar werden, warum wir wachsam und ausgebildet sein müssen, um aggressiv unser Informationskapital, unsere persönlichen Daten und die kritischen Infrastrukturen unseres Landes schützen zu können. Und diese Vorsichtsmaßnahmen müssen wir heute treffen!

TERROR UND TÄUSCHUNG

Natürlich ist Täuschung nicht das exklusive Instrument des Social Engineers. Realer Terrorismus bringt die größten Schlagzeilen, und uns wird so deutlich wie niemals zuvor klar, wie es gefährlich in der Welt zugeht. Die Zivilisation ist immer noch bloß eine dünne Schicht Tünche.

Die Angriffe auf New York und Washington D.C. im September 2001 haben uns allen Furcht und Schrecken eingeflößt – nicht nur in Amerika, sondern bei allen wohlgesinnten Menschen weltweit. Wir sind jetzt alarmiert, dass es überall auf der Welt besessene Terroristen gibt, die gut ausgebildet nur darauf warten, uns mit weiteren Angriffen zu verheeren.

Die kürzlich verstärkten Bemühungen unserer Regierung haben unser Sicherheitsbewusstsein deutlich erhöht. Wir müssen wachsam bleiben und uns gegen jegliche Form von Terrorismus schützen. Wir müssen lernen, wie Terroristen auf bösartige Weise sich falsche Identitäten verschaffen, die Rolle eines Studenten oder Nachbarn einnehmen und mit der Menge verschmelzen. Sie verschleiern ihre wahren Beweggründe, während sie sich gegen uns verschwören – dabei verwenden sie ähnliche Tricks wie die, über die Sie in diesem Buch lesen werden.

Und obwohl sich Terroristen meines Wissens bisher noch nicht aus der Trickkiste des Social Engineers bedient haben, um Unternehmen, Trinkwassererkläranlagen, Kraftwerke oder andere vitale Komponenten unserer nationalen Infrastruktur zu infiltrieren, besteht diese Gefahr auf jeden Fall, denn es ist einfach viel zu leicht. Ich hoffe, dass dieses Buch dazu beiträgt, das nötige Sicherheitsbewusstsein in den oberen Etagen der Unternehmen zu wecken, denn nötige Richtlinien zur Datensicherheit werden kein bisschen zu früh kommen.

ÜBER DIESES BUCH

Die Sicherheit eines Unternehmens ist eine Frage der Balance. Zu wenig Sicherheit macht Ihre Firma angreifbar, aber ein Übermaß an Sicherheit steht bei der Durchführung der alltäglichen Arbeit im Weg und hemmt das Wachstum und den Erfolg des Unternehmens. Die Herausforderung besteht in der Aufgabe, einen Ausgleich zwischen Sicherheit und Produktivität zu schaffen.

Andere Bücher über die Sicherheit von Unternehmen beschäftigen sich vor allem mit der Technologie von Hard- und Software und berücksichtigen nicht genug die größte aller Bedrohungen: dass man Menschen täuschen kann. In diesem Buch habe ich mir dagegen zum Ziel gesetzt, Sie, Ihre Mitarbeiter und andere Angestellte Ihres Unternehmens über die Gefahren der Manipulation aufzuklären und über die Schutzmaßnahmen zu informieren, mit denen Sie verhindern, weiterhin Opfer zu sein. Dieses Buch konzentriert sich hauptsächlich auf nicht-technische Methoden, mit denen Eindringlinge Informationen stehlen und die Integrität von Daten kompromittieren, von denen man fälschlicherweise annimmt, sie seien geschützt, oder die Arbeitsergebnisse Ihres Unternehmens zerstören.

Meine Aufgabe wird durch eine einfache Wahrheit erschwert: Jeder von uns wurde von den größten Social-Engineering-Experten aller Zeiten manipuliert: den eigenen Eltern. Sie haben stets Mittel und Wege gefunden, dass wir das tun – „nur zu deinem Besten!" –, was sie von uns erwarten. Eltern werden auf die gleiche Art zu großartigen Geschichtenerzählern, wie Social Engineers geschickt absolut plausible Geschichten, Begründungen und Rechtfertigungen entwickeln, um an ihr Ziel zu kommen. Ja, wir sind allesamt durch unsere Eltern geformt worden: mehr oder weniger wohlwollende Social Engineers.

Wir sind anfällig für Manipulationen, weil dieses Training uns darauf konditioniert hat. Unser Leben wäre sehr schwierig, wenn wir dauernd aufpassen, andere verdächtigen und uns darum kümmern müssten, nicht von jemanden reingelegt zu werden, der uns ausnutzen will. In einer perfekten Welt würden wir anderen ohne weiteres vertrauen und davon ausgehen, dass die Menschen, denen wir begegnen, ehrlich und zuverlässig sind. Aber unsere Welt ist weit davon entfernt, perfekt zu sein, und so ist es notwendig, einen hohes Maß an Wachsamkeit zu halten, um die Täuschungsversuche unserer Gegner abzuwehren.

In den Hauptteilen 2 und 3 dieses Buches können Sie die Social Engineers in Aktion erleben. Sie werden über Folgendes lesen:

- Was Phone Phreaks schon vor Jahren herausgefunden haben: eine raffinierte Methode, um von einer Telefongesellschaft eine nicht eingetragene Telefonnummer zu erfahren.

- Verschiedene Methoden, wie ein Angreifer sogar von wachsamen und argwöhnischen Angestellten Benutzernamen und Passwörter ergaunern kann.

- Wie ein Angreifer einen Betriebsleiter dazu brachte, ihm beim Diebstahl geheimster Produktinformationen der Firma behilflich zu sein.

- Mit welchen Methoden ein Angreifer eine Angestellte zum Herunterladen einer Software überreden konnte, die alle ihre Tastatureingaben aufzeichnen kann und die Details per Email an den Angreifer schickt.

- Wie Privatdetektive an private und Firmendaten kommen, so dass es Ihnen zweifellos kalt den Rücken herunterlaufen wird.

Vielleicht denken Sie, wenn Sie einige der Geschichten aus Teil 2 und 3 lesen, das sei unmöglich: Niemand könne wirklich mit diesen Lügen, schmutzigen Tricks und Intrigen durchkommen, von denen Sie auf diesen Seiten lesen. Die Realität ist: Jede Geschichte schildert Ereignisse, die möglich sind und die es schon gegeben hat. Viele davon geschehen jeden Tag irgendwo auf der Welt, vielleicht ja sogar in Ihrer Firma, während Sie dieses Buch lesen.

Das Material aus diesem Buch wird Ihnen wirklich die Augen öffnen, wenn Sie Ihre Firma abschirmen wollen, aber Sie können auch Ihre ganz persönlichen Daten schützen und die Einbruchsversuche eines Social Engineers in Ihr Privatleben abwehren.

In Teil 4 dieses Buches wechseln wir die Gangart. Mein Ziel ist, Sie in Ihrer Firma beim Aufbau und der Umsetzung der nötigen Richtlinien und bei der Durchführung von Aufklärungstrainings zu unterstützen. Dadurch können Sie die Wahrscheinlichkeit verringern, dass Ihre Angestellten jemals wieder von einem Social Engineer hereingelegt werden. Ein Verständnis der Strategien, Methoden und Taktiken eines Social Engineers wird Ihnen dabei helfen, vernünftige Kontrollen einzusetzen, um Ihr informationstechnologisches Kapital abzusichern, ohne die Produktivität der Firma zu unterminieren.

Kurzum, ich habe dieses Buch geschrieben, um Sie vor dem Social Engineering als einer gefährlichen Bedrohung zu warnen, und Ihnen dabei behilflich zu sein, das Risiko für Ihre Firma und Angestellten, auf diese Art ausgenutzt zu werden, zu senken.

Oder vielleicht sollte ich sagen, dass sie überhaupt jemals wieder ausgenutzt werden.

Teil

2

Die Kunst des Angreifers

Kapitel

Scheinbar harmlose Daten

Worin besteht nach Ansicht der meisten Leute die wahre Bedrohung der Social Engineers? Wo sollten Sie Ihre Wachen aufstellen?

Wenn das Ziel darin besteht, ein besonderes Firmengeheimnis zu erschleichen – sagen wir, ein bedeutsames Firmenpatent oder den Quellcode einer Software –, dann braucht man, bildlich gesprochen, doch einfach nur einen besseren Safe und mehr schwer bewaffnete Wachen, oder?

Aber in der Realität beginnt die Verletzung der Sicherheit einer Firma oft schon mit dem Gauner, der versucht, an ganz unschuldige, alltägliche Fitzelchen Informationen zu gelangen. Die meisten Leute im Unternehmen sehen überhaupt keinen Grund, gerade diese Informationen zu schützen und nicht weiterzugeben.

DER VERSTECKTE WERT DER INFORMATIONEN

Viele der vordergründig harmlosen Informationen eines Unternehmens sind für einen Social Engineer von hohem Wert, weil sie eine wesentliche Rolle für ihn dabei spielen können, sich einen Anschein von Glaubwürdigkeit zu geben.

In meinem Buch werde ich Ihnen zeigen, wie Social Engineers arbeiten, indem Sie selbst „Zeuge" der Angriffe werden. Manchmal werden die Handlungen aus der Sicht der Opfer dargestellt, wobei Sie ihren Standpunkt einnehmen und abschätzen können, wie Sie selbst (oder Ihre Angestellten oder Mitarbeiter) reagiert hätten. In vielen anderen Fällen werden Sie die gleichen Ereignisse aus der Perspektive des Social Engineer erleben.

In der ersten Geschichte nehmen wir uns eine Schwachstelle aus der Finanzwelt vor.

CREDITCHEX

Lange Zeit haben sich die Briten mit einem sehr muffigen Bankensystem abgefunden. Als ordentlicher, aufrechter Bürger war es Ihnen nicht möglich, einfach in eine Bank zu gehen und ein Konto zu eröffnen. Erst wenn ein anderer, schon bekannter Kunde über Sie ein Empfehlungsschreiben ausstellte, hat eine Bank in Betracht gezogen, Sie als Kunde anzunehmen.

Das ist ein ganz schöner Unterschied zu der scheinbar egalitären Welt der Banken von heute. Und die moderne Leichtigkeit des Geschäftemachens wird doch nirgendwo deutlicher als im freundlichen, demokratischen Amerika, wo praktisch jeder einfach in eine Bank kommen und ein Konto einrichten kann, oder? Nun, nicht ganz. In Wahrheit haben die Banken verständlicherweise eine natürliche Abneigung dagegen, für jemanden ein Konto zu eröffnen, der dafür bekannt ist, ungedeckte Schecks auszustellen. Das wäre genauso willkommen wie ein Führungszeugnis mit einem Eintrag über Bankraub oder einer Vorstrafe wegen Unterschlagung. So ist es eine übliche Praxis vieler Banken, bei einem zukünftigen potenziellen Kunden eine schnelle Überprüfung vorzunehmen.

Eine der großen Unternehmen, mit denen die Banken für diese Informationen Kontrakte abgeschlossen haben, wollen wir hier CreditChex nennen. Für ihre Klienten leisten sie wertvolle Arbeit, aber auch dem pfiffigen Social Engineer können sie ungewollt sehr nützliche Dienste bieten.

Der erste Anruf: Kim Andrews

„Guten Tag. Sie sind verbunden mit der National Bank, Kim am Apparat. Möchten Sie heute ein Konto einrichten?"

„Hallo Kim, ich habe da eine Frage. Wird bei Ihnen CreditChex eingesetzt?"

„Ja, sicher."

„Wenn Sie bei CreditChex anrufen, wie nennen Sie die Nummer, die Sie dort angeben – bezeichnet man das als ‚Händlerkennung'?"

Pause. Sie prüft die Frage und überlegt, worum es hier überhaupt geht und ob sie eine Antwort geben solle.

Ohne zu zögern, fährt der Anrufer fort: „Ich arbeite nämlich an einem Buch, in dem es um Privatdetektive geht."

„Ah ja", sagt sie, nun mit neuem Zutrauen in der Stimme, denn es freut sie, einem Schriftsteller behilflich zu sein.

„Also heißt das ‚Händlerkennung', richtig?"

„Genau."

„Okay, großartig. Ich möchte nämlich im Buch den richtigen Ausdruck benutzen. Vielen Dank, Sie waren eine große Hilfe. Auf Wiederhören, Kim."

Der zweite Anruf: Chris Talbert

„National Bank, Abteilung für Kontoeröffnung, Chris am Apparat."

„Hallo Chris, hier spricht Alex", sagt der Anrufer. „Ich bin vom Kundendienst bei CreditChex. Wir machen gerade eine Untersuchung, um unsere Dienste zu verbessern. Haben Sie ein paar Minuten Zeit für mich?"

Das hat sie natürlich, und der Anrufer fährt fort:

„Dann wollen wir mal anfangen – wie sind Ihre Öffnungszeiten?" Sie beantwortet diese Frage und alle weiteren.

„Wie viele Angestellten in Ihrer Filiale nutzen unseren Service?"

„Wie oft rufen Sie wegen einer Anfrage an?"

„Welche unserer 0800-Nummern haben wir für Sie zugewiesen?"

„Sind unsere Vertreter stets höflich und zuvorkommend gewesen?"

„Wie schnell sind unsere Bearbeitungszeiten?"

„Wie lange sind Sie schon in der Bank beschäftigt?"

„Welche Händlerkennung verwenden Sie zur Zeit?"

„Ist es jemals vorgekommen, dass Sie bei den Daten, die wir Ihnen zur Verfügung stellen, etwas Unkorrektes entdeckt haben?"

„Haben Sie vielleicht Vorschläge, wie wir unseren Service für Sie verbessern könnten?"

Und:

„Wären Sie bereit, regelmäßige Fragebögen auszufüllen, wenn wir sie an Ihre Zweigstelle senden?"

Sie willigt ein, man plaudert noch ein bisschen, dann legt der Anrufer auf, und Chris geht wieder an ihre Arbeit.

Der dritte Anruf: Henry McKinsey

„CreditChex, Henry McKinsey am Apparat. Was kann ich für Sie tun?"

Der Anrufer sagt, er sei von der National Bank. Er gibt die korrekte Händlerkennung an und nennt dann den Namen und die Sozialversicherungsnummer der Person, über die er Informationen haben möchte. Henry fragt nach dem Geburtsdatum, und der Anrufer gibt auch das an.

Nach kurzer Zeit liest Henry die Anzeige auf seinem Bildschirm vor:

„1998 hat Wells Fargo einmal einen NSF über 2.066 Dollar gemeldet." NSF – nonsufficient funds – ist der übliche Banker-Begriff für ungedeckte Schecks.

„Gab es danach irgendwelche weiteren Aktivitäten?"

„Nein, nichts mehr."

„Hat es andere Nachfragen gegeben?"

„Schaun wir mal. Oh ja, zwei, beide vom letzten Monat. Third United Credit Union of Chicago." Beim nächsten Namen kam er ins Trudeln und musste ihn buchstabieren: Schenectady Mutual Investments. „Das ist in New York State", fügte er hinzu.

Privatdetektiv bei der Arbeit

Alle drei Anrufe wurden von der gleichen Person durchgeführt: einem Privatdetektiv, den wir hier Oscar Grace nennen wollen. Grace hatte einen neuen Klienten – einer seiner ersten. Bis vor kurzem war er noch ein Cop gewesen, und er fand, dass bei seiner neuen Arbeit ihm einiges ganz leicht von der Hand ging, aber anderes seine Ressourcen und seine Erfindungsgabe richtig herausforderte. Diese Sache hier fiel in die letztere Kategorie.

Die abgebrühten Privatschnüffler aus den Romanen – die Sam Spades und Philip Marlowes – haben nächtelang in Autos herumgesessen, um jemandem beim Seitensprung zu erwischen. Im wahren Leben arbeiten Privatdetektive genauso. Wenn sie für Eheleute herumschnüffeln, die sich bekriegen, wird darüber wenig berichtet, aber es ist trotzdem wichtig – diese Methode hat viel mehr mit dem Geschick eines Social Engineers zu tun hat als damit, bei einer nächtlichen Überwachung gegen Langeweile zu kämpfen.

Die neue Klientin von Grace war eine Dame, die so aussah, als habe sie ganz schön viel Geld für Kleidung und Schmuck zur Verfügung. Sie kam eines Tages in sein Büro und setzte sich in den Ledersessel, der einzige, auf dem kein Papier gestapelt war. Sie stellte ihre große Handtasche mit dem Gucci-Logo ihm zugekehrt auf den Tisch und teilte ihm mit, sie plane, ihrem Mann zu sagen, sie wolle die Scheidung, aber sie gab zu, dass da „noch ein ganz kleines Problem" sei.

Es sah so aus, als sei ihr Ehegatte schon einen Schritt weiter. Er hatte sich das Ersparte auszahlen lassen und ebenfalls eine noch größere Summe aus dem Börsendepot genommen. Sie wollte wissen, wo er ihr gemeinsames Vermögen nun untergebracht hat, aber ihr Scheidungsanwalt war ihr dabei keine große Hilfe. Grace vermutete, dass der Anwalt einer der hochgekommenen Rechtsanwälte aus der schnieken Vorstadt sei, der sich bei so einem Dreck wie der Suche nach verstecktem Geld nicht die Finger schmutzig machen wollte.

Was konnte Grace für sie tun?

Er versicherte ihr, die Sache sei ein Kinderspiel, setzte das Honorar plus Spesen fest und nahm gleich einen Scheck als Anzahlung.

Dann machte er sich an die Arbeit. Wie nimmt man eine Sache in Angriff, die einem vorher noch nicht untergekommen ist und bei der man keine rechte Vorstellung davon hat, wie man die Wege des Geldes herausfinden soll? Man tastet sich Schritt für Schritt voran. Und hier ist aus zuverlässigen Quellen die Geschichte von Grace.

•••••••●●●●●••••••

Ich kannte CreditChex und wusste, wie die Banken diese Dienste nutzen – meine Ex-Frau war bei einer Bank beschäftigt. Aber der betriebsinterne Jargon und die Verfahrensweisen waren mir nicht vertraut, und es wäre reine Zeitverschwendung, meine Ex danach zu fragen.

Schritt eins: Sich erst mal die Begrifflichkeiten aneignen und herausfinden, wie man die Anfrage so stellt, dass es sich anhört, als wüsste ich, wovon ich rede. Als ich bei der Bank anrief, war die junge Dame – Kim – erst einmal misstrauisch, als ich sie fragte, wie sie sich bei einem Anruf bei CreditChex ausweise. Sie zögerte und wusste nicht, ob sie es mir sagen solle. Hat mich das aus dem Tritt gebracht? Kein Stück. Im Gegenteil, ihr Zögern hat mir ein wichtiges Zeichen gegeben: es war ein Hinweis, dass ich einen für sie glaubwürdigen Grund angeben muss. Als ich ihr vorschwindelte, ich recherchiere für ein Buch, hat das ihr Misstrauen beschwichtigt. Behaupte einfach, du seiest Schriftsteller oder Drehbuchautor, und alle Türen stehen dir offen.

Bei ihr konnte ich auch noch andere nützliche Dinge erfahren – z.B. welche Informationen CreditChex benötigt, um die Person, wegen der man anruft, zu identifizieren, oder nach welchen Daten man überhaupt fragen kann, und dann das ganz große Ding: wie Kims Händlerkennung lautete. Ich war schon drauf und dran, diese Frage zu stellen, aber bei ihrem Zögern ging meine Alarmglocke an. Die Story von der Buch-Recherche hat sie geschluckt, aber sie war noch nicht völlig überzeugt. Wenn sie gleich von Anfang an bereitwilliger gewesen wäre, hätte ich sie nach noch mehr Details über ihre Arbeitsabläufe gefragt.

Auf jeden Fall muss man sich aus dem Bauch heraus entscheiden und immer genau zuhören, was die Zielperson sagt und wie sie es sagt. Diese Lady hörte sich so clever an, dass ihr Alarm losgehen würde, wenn ich zu viele ungewöhnliche Fragen stelle. Und obwohl sie keine Ahnung hatte, wer ich war oder von welchem Apparat aus ich anrief, darf man es in diesem Geschäft nicht riskieren, dass die Leute sich gegenseitig vor einem Anrufer warnen, der Infos über die Firma haben will. Denn auf keinen Fall wollte ich verbrannte

Erde hinterlassen – vielleicht muss ich ein anderes Mal wieder das gleiche Büro anrufen.

Ich achte stets auf kleine Signale, die mir deutlich machen, wie kooperativ eine Person ist. Die Skala reicht von „Sie scheinen ein sehr netter Mensch zu sein, und ich glaube alles, was Sie sagen" bis hin zu „Ruft die Polizei, dieser Typ führt Böses im Schilde".

Jargon

Ziel Das Opfer eines Betruges
Verbrannte Erde Man spricht davon, dass ein Angreifer verbrannte Erde hinterlässt, wenn er ein Opfer spitzkriegen lässt, dass ein Angriff stattgefunden hat. Wenn ein Opfer erst einmal alarmiert ist und auch andere Kollegen oder die Vorgesetzten über den Angriff informiert, wird es extrem schwierig, diese Quelle bei zukünftigen Angriffen zu nutzen.

Bei Kim hatte ich den Eindruck, sie sei gerade auf der Grenze, und darum habe ich jemanden aus einer anderen Abteilung angerufen. Bei meinem zweiten Anruf hat der Trick mit der Umfrage wie ein Zauberspruch gewirkt. Bei dieser Taktik stelle ich die wichtigen Fragen einfach mitten unter den unwichtigen, die keine Konsequenzen nach sich ziehen, sondern mir den Eindruck von Glaubwürdigkeit verschaffen. Bevor ich mich an die Frage mit der Händlerkennung bei CreditChex wagte, habe ich Kim noch in letzter Minute getestet, indem ich ihr die persönliche Frage stellte, wie lange sie schon bei der Bank beschäftigt sei.

Eine persönliche Frage ist wie eine Tellermine – einige Leute gehen einfach drüber weg und kriegen nichts mit. Bei anderen fliegt sie in die Luft, und die Schotten gehen runter. Wenn ich also eine persönliche Frage stelle und sie antwortet, wobei sich der Klang ihrer Stimme nicht ändert, dann heißt das, diese Anfrage macht sie nicht skeptisch. Ich kann auf Nummer sicher gehen und einfach die gewünschte Frage stellen, ohne ihren Argwohn zu wecken, und höchstwahrscheinlich kriege ich von ihr die gewünschte Antwort.

Da ist noch eine Sache, die jeder gute Schnüffler weiß: Hör niemals mit dem Gespräch auf, gleich nachdem du die Schlüsselinformation bekommen hast. Noch zwei, drei Fragen, ein kleiner Plausch, und dann ist es in Ordnung, sich zu verabschieden. Wenn sich das Opfer später überhaupt noch an Details aus dem Gespräch erinnern kann, waren es wahrscheinlich die letzten paar Fragen, und den Rest hat es dann vergessen.

So hat Chris mir also die Händlerkennung und die Telefonnummer gegeben, bei der sie für Nachfragen anruft. Ich wäre noch zufriedener gewesen, wenn ich herausgekriegt hätte, wie viel Infos man überhaupt von CreditChex bekommen kann. Aber ich wollte den Bogen nicht überspannen.

Nun war es, als ob ich einen Freifahrtschein bei CreditChex hatte. Ich konnte jederzeit anrufen und Dinge nachfragen. Ich brauchte noch nicht einmal für diesen Service bezahlen. Wie sich herausstellte, teilte mir der Vertreter von CreditChex bereitwillig die Infos mit, die ich haben wollte: zwei Stellen, bei denen der Ehemann meiner Klientin kürzlich eine Kontoeröffnung beantragt hatte. Und wo war nun das Vermögen, nach dem seine Ex-Frau in spe suchte? Natürlich bei den Banken, die mir der Kollege bei CreditChex aus der Liste vorlas.

Trickanalyse

Alle diese Winkelzüge basieren auf einer fundamentalen Taktik des Social Engineerings: Wie komme ich an Informationen, die ein Firmenangestellter irrtümlich für ungefährlich hält?

Die erste Bankangestellte hat die Terminologie bestätigt, wie man die bei CreditChex verwendete Identifikationsnummer nennt: die Händlerkennung. Der zweite Angestellte gab die Telefonnummer heraus, über die man Credit-Chex erreichen kann, und darüber hinaus das allerwichtigste Stück Information: die Händlerkennung der Bank. Alle diese Daten erschienen den Angestellten harmlos und unschädlich. Die Bankangestellte hat ja geglaubt, sie spreche mit jemandem von CreditChex – was sollte so schlimm dabei sein, diese Nummer herauszugeben?

Damit war der Grundstein für den dritten Anruf gelegt. Grace besaß alles, was er brauchte, um bei CreditChex anzurufen und als Vertreter einer der Banken – der National Bank – durchzugehen, für die CreditChex tätig ist, und einfach nach den gewünschten Informationen zu fragen.

Wie ein geschickter Taschendieb, der hinter Ihrem Geld her ist, geht Grace beim Stehlen von Informationen vor, indem er sich gut in Menschen einfühlt. Ihm war die Taktik vertraut, die Schlüsselfragen unter lauter unwichtigen Dingen zu verstecken. Er wusste, dass bei dem zweiten Angestellten eine persönliche Frage als Test auf seine Kooperationsbereitschaft eingesetzt werden konnte, bevor er ganz unschuldig nach der Händlerkennung fragte.

Gegen den Fehler der ersten Angestellten, den Sprachgebrauch für die Identifikationsnummer von CreditChex herauszugeben, kann man sich praktisch nicht schützen. Diese Information ist in der Welt der Banken derart weit verbreitet, dass sie unwichtig erscheint – ein Paradebeispiel an Harmlosigkeit. Aber die zweite Angestellte – Chris – hätte nicht so bereitwillig die Fragen beantworten sollen, ohne definitiv überprüft zu haben, ob der Anrufer tatsächlich die Person ist, für die er sich ausgab. Sie hätte wenigstens nach dem Namen und der Nummer des Anrufers fragen und zurückrufen sollen. Bei späteren Nachfragen hätte sie eine Notiz besessen, unter welcher Nummer der

Anrufer erreichbar gewesen ist. Im Falle eines Rückrufs wäre es für den Angreifer ungleich schwerer gewesen, sich als jemand von CreditChex auszugeben.

Mitnick Spot

Eine Händlerkennung entspricht in diesem Zusammenhang einem Passwort. Ginge das Bankpersonal damit um wie mit einer PIN für Euroscheck-Karten, könnte es die heikle Natur dieser Information gebührend würdigen. Gibt es in Ihrer Organisation einen internen Code oder eine Nummer, die nicht mit genügend Sorgfalt behandelt wird?

Noch besser wäre ein Anruf bei CreditChex gewesen – unter Verwendung einer Nummer aus der Telefonliste der Bank, jedoch nicht mit einer, die vom Anrufer angegeben wird. So hätte festgestellt werden können, ob die Person wirklich dort beschäftigt ist und ob dieses Unternehmen tatsächlich eine Kundenbefragung durchführt. Berücksichtigt man die realen Gegebenheiten und den Zeitdruck, unter dem die meisten Menschen heutzutage arbeiten müssen, verlangt diese Art von Bestätigungsanruf viel ab, außer ein Angestellter argwöhnt, es sei gerade ein Angriff im Schwange.

KOPFJAGD AUF INGENIEURE

Weithin bekannt ist die Tatsache, dass Firmen zur Vermittlung von Fachkräften – sogenannte Headhunter – beim Rekrutieren von neuem Personal Social Engineer-Taktiken einsetzen. Davon schauen wir uns nun ein Beispiel an.

Ende der neunziger Jahre nahm eine ethisch nicht sehr vorbildliche Personalvermittlungsagentur einen neuen Klienten unter Vertrag, eine Firma, die nach Elektrotechnik-Ingenieuren mit Erfahrungen in der Telekommunikation suchte. Die Chefin dieses Projekts war eine Dame, die mit einer dunklen Stimme und einer sexy Ausstrahlung beschenkt war, die sie nutzte, um jemanden für sich einzunehmen und am Telefon eine erste Beziehung herzustellen.

Die Dame nahm sich vor, einen Feldzug gegen einen Handyservice-Anbieter zu starten, um ein paar Ingenieure finden zu können, die bereit wären, auf die Seite der Konkurrenz zu wechseln. Nun konnte sie aber nicht einfach in der Zentrale anrufen und sagen: „Bitte verbinden Sie mich mit jemandem, der fünf Jahre Berufserfahrung hat." Aus Gründen, die später deutlicher werden, begann sie stattdessen ihren Angriff auf fähige Arbeitskräfte mit der Suche nach einem Happen Information, der scheinbar überhaupt keine Vertraulichkeit besitzt. Informationen, die von Unternehmensangestellten an jeden weitergegeben werden, der danach fragt.

Der erste Anruf: Der Empfangschef

Die Angreiferin nennt sich Didi Sands und ruft im Firmenbüro des Handyservice-Anbieters an. Die Unterhaltung verläuft teilweise wie folgt:

Sekretärin: Schönen guten Tag. Sie sprechen mit Marie, was kann ich für Sie tun?

Didi: Können Sie mich mit der Logistikabteilung verbinden?

S: Ich weiß nicht genau, ob wir so etwas haben. Ich schaue mal in meiner Liste nach. Wer spricht, bitte?

D: Mein Name ist Didi.

S: Befinden Sie sich im Gebäude, oder ... ?

D: Nein, ich rufe von außerhalb an.

S: Und wie heißen Sie weiter?

D: Didi Sands. Ich hatte die Durchwahl zur Logistikabteilung, aber ich habe sie vergessen.

S: Einen Augenblick, bitte.

Um einen möglichen Verdacht zu zerstreuen, stellt Didi an diesem Punkt eine beiläufige Frage, um ein wenig Konversation zu treiben und deutlich zu machen, dass sie von „innerhalb" der Firma stammt und mit den örtlichen Gegebenheiten vertraut ist.

D: In welchem Gebäude befinden Sie sich – im Hauptgebäude oder in Lakeview?

S: Im Hauptgebäude. (Pause). Die Durchwahl ist 805 555 6469.

Für den Fall, dass der Anruf bei der Logistikabteilung nicht das Gewünschte ergeben sollte, sorgt Didi für einen Plan B und sagt, sie wolle ebenfalls mit der Immobilienabteilung sprechen. Auch diese Nummer bekommt sie von der Sekretärin. Als Didi darum bittet, gleich mit der Logistikabteilung verbunden zu werden, versucht die Sekretärin es, aber der Anschluss ist besetzt.

An diesem Punkt fragt Didi nach einer dritten Nummer, der Verbindung zur Debitoren-Abteilung, die sich in einer Filiale in Austin, Texas, befindet. Die Sekretärin bittet sie, einen Moment zu warten, und legt den Anruf in eine Warteschleife. Ruft sie jetzt beim Sicherheitsdienst an und berichtet, sie habe einen verdächtigen Anruf erhalten und glaube, da wäre etwas nicht ganz astrein? Keineswegs, und Didi macht sich kein bisschen Sorgen. Sie ist nur eine kleine Belästigung, aber für die Sekretärin ist das alles einfach Teil ihres Alltags. Nach etwa einer Minute ist die Sekretärin wieder am Apparat, schaut nach der Nummer für die Debitoren-Abteilung und stellt Didi durch.

Peggy: Debitoren-Abteilung, Peggy am Apparat.

Didi: Hallo Peggy, hier ist Didi aus Thousand Oaks.

P: Hallo Didi.

D: Na, wie läuft's denn so?

P: Alles prima.

Didi benutzt nun einen in der Geschäftswelt gebräuchlichen Ausdruck, der den Zuordnungscode der Ausgaben in einer Bilanz einer bestimmten Organisation oder Arbeitsgruppe bezeichnet.

D: Ausgezeichnet. Ich habe da eine Frage: Wie finde ich die Kostenstelle für eine bestimmte Abteilung heraus?

P: Da müssen Sie den Budget-Analysten dieser Abteilung herausfinden.

D: Wissen Sie zufällig, wer der Budget-Analyst für Thousand Oaks ist – also für die Zentrale? Ich muss hier ein Formular ausfüllen, und ich kenne die richtige Kostenstelle nicht.

P: Ich weiß bloß, wenn einer die richtige Kostenstelle braucht, dann ruft er den Budget-Analyst an.

D: Haben Sie für Ihre Abteilung dort in Texas auch eine Kostenstelle?

P: Ja, wir haben hier unsere eigene Kostenstelle, aber eine vollständige Liste bekommen wir auch nicht.

D: Wie viele Stellen hat diese Kostenstelle? Wie heißt das zum Beispiel bei Ihnen?

P: Nun, ähmm, gehören Sie zu 9WC oder SAT?

Didi hatte keine Ahnung, auf welche Abteilungen oder Gruppen sich das bezog, aber das kümmerte sie nicht. Sie antwortete:

D: 9WC.

P: Dann sind das normalerweise vier Stellen. Von wo kommen Sie noch mal, bitte?

D: Zentrale, Thousand Oaks.

P: Ah, hier ist eine für Thousand Oaks. Sie lautet 1A5N, und N wie in Nancy.

Weil sie sich lange genug mit einer hilfsbereiten Person beschäftigt hat, findet Didi die gewünschte Kostenstelle heraus – und hier haben wir eines der Informationhäppchen, bei denen niemand glaubt, sie seien schützenswert, weil sie für keinen Außenstehenden irgendeinen Wert zu haben scheinen.

Der dritte Anruf:
Eine hilfreiche falsche Nummer

Didis nächster Schritt ist nun, die Nummer der Kostenstelle zu etwas wirklich Wertvollem auszubauen, indem sie wie ein Poker-Chip eingesetzt wird.

Sie beginnt, indem sie bei der Immobilienabteilung anruft und vorgibt, sich verwählt zu haben. Sie setzt ein mit einem „Entschuldigen Sie vielmals, dass ich Sie belästige, aber ...“ und behauptet dann, sie sei eine Kollegin, die ihr Telefonverzeichnis der Firma verloren habe, und wen sie denn anrufen müsse, wenn sie ein neues bestellen wolle. Der Mann am anderen Ende sagt, die gedruckte Ausgabe wäre nicht mehr aktuell, weil man auf das Verzeichnis auf der Intranet-Seite der Firma zugreifen könne.

Didi sagt, sie bevorzuge einen Ausdruck davon, und der Mann sagt, sie solle sich an die Abteilung für Öffentlichkeitsarbeit wenden, und dann sucht er unaufgefordert die Nummer heraus und gibt sie ihr – vielleicht, um die Lady, die sich so sexy anhört, noch ein bisschen länger in der Leitung zu haben.

Der vierte Anruf:
Bart von der Öffentlichkeitsabteilung

In der Öffentlichkeitsabteilung hat sie einen Mann namens Bart am Apparat. Didi sagt, sie käme von Thousand Oaks, und sie hätten einen neuen Berater, der eine Ausgabe des Firmenverzeichnisses benötige. Sie merkt an, dass eine gedruckte Ausgabe für den Berater praktischer wäre, auch wenn sie nicht topaktuell sei. Bart erwidert, sie möge bitte ein Anforderungsformular ausfüllen und ihm zusenden.

Didi bedauert, ihr seien die Formulare ausgegangen und hier sei Hochbetrieb und ob Bart nicht so nett sein und für sie das Formular ausfüllen könne? Mit ein wenig zuviel Enthusiasmus willigt er ein, und Didi teilt die Details mit. Als Lieferadresse gibt sie eine bei Social Engineers als „Mail Drop“ bekannte Einrichtung an, in diesem Fall ein Unternehmen, das Briefkästen vermietet, bei dem ihre Firma Postfächer für Gelegenheiten wie diese eingerichtet hat.

Nun erweist sich das frühere Klinkenputzen als nützlich: Die Kosten für das Verzeichnis und den Versand müssen berechnet werden. Kein Problem – Didi gibt die Kostenstelle von Thousand Oaks an:

„1A5N, und N wie in Nancy.“

Der vierte Anruf:
Bart von der Öffentlichkeitsabteilung

Als ein paar Tage später das Verzeichnis eintrifft, stellt Didi fest, dass sich die Geschichte noch mehr gelohnt hat als erwartet: nicht nur Namen und Telefonnummern sind verzeichnet, sondern es wird auch aufgeführt, wer für wen arbeitet – die firmeninterne Organisation des gesamten Unternehmens.

Die Lady mit der rauchigen Stimme kann nun als Headhunter auf ihren Feldzug gehen. Die nötigen Infos für ihren Beutezug hat sie sich durch ihre Redegewandtheit zusammengeschwindelt, die sie wie jeder geschickte Social Engineer bis zum Äußersten verfeinert. Jetzt ist Zahltag.

Jargon

Mail Drop Das ist der Ausdruck der Social Engineers für ein Geschäft, in dem man (normalerweise unter falschen Namen) Briefkästen anmietet. Es wird als Zustelladresse für Dokumente und Lieferungen verwendet, zu denen man das Opfer überreden konnte.

Trickanalyse

Bei diesem Social Engineering-Angriff hat Didi damit begonnen, die Telefonnummern von drei verschiedenen Abteilungen der Ziel-Firma herauszufinden. Das war einfach, weil die Nummern, nach denen sie gefragt hat, nicht vertraulich waren, insbesondere nicht für Betriebsangehörige. Ein Social Engineer lernt, wie ein Insider zu klingen, und Didi stellte sich bei diesem Spiel sehr geschickt an. Eine der Telefonnummern führte sie zu einer Kostenstellen-Nummer, die sie dann nutzte, um an eine Kopie des Telefonverzeichnisses der Angestellten dieser Firma zu kommen.

Die wichtigsten von ihr eingesetzten Instrumente sind: sich freundlich anhören, die Begrifflichkeiten der Firma verwenden und beim letzten Opfer ein wenig verbales Wimpernklimpern.

Und noch ein weiteres Instrument, ein unverzichtbares Element, das man sich nicht leicht aneignen kann: das manipulative Geschick des Social Engineers, geschärft durch intensive Praxis und die ungeschriebenen Lektionen früherer Generationen von Trickbetrügern.

Mitnick
Spot

Genau wie bei einem Puzzle kann das einzelne Stück Information für sich irrelevant sein. Wenn man jedoch alles zusammensetzt, entsteht daraus für den Social Engineer ein klares Gesamtbild. In diesem Fall war das die gesamte interne Struktur des Unternehmens.

MEHR „WERTLOSE" INFOS

Welche anderen scheinbar nebensächlichen Informationen können außer einer Kostenstellen-Nummer oder einer internen Durchwahl für Ihren Feind ebenfalls extrem wertvoll sein?

Peter Abels Anruf

„Guten Tag", sagt die Stimme am anderen Ende der Leitung. „Hier ist Tom vom Reisebüro Parkhurst. Ihre Tickets für San Francisco sind eingetroffen. Wollen Sie sie abholen, oder sollen wir sie Ihnen zusenden?"

„San Francisco?" wundert sich Peter. „Ich will nicht nach San Francisco fahren."

„Ist da Peter Abel am Apparat?"

„Ja sicher, aber ich habe nicht vor zu verreisen."

„Na ja", sagt der Anrufer mit einem freundlichen Lachen, „sind Sie sicher, dass Sie nicht doch Lust haben, nach San Francisco zu fliegen?"

„Wenn Sie glauben, dass Sie meinen Chef dazu überreden können ...", sagt Peter und steigt auf den freundlichen Plausch ein.

„Hört sich an wie eine Verwechslung", meint der Anrufer. „Wir buchen auf unserem System die Vormerkungen für eine Reise jeweils unter der Personalnummer. Vielleicht hat jemand die falsche Nummer angegeben. Wie lautet Ihre Personalnummer?"

Ganz hilfsbereit sagt Peter seine Personalnummer auf. Und warum auch nicht? Sie steht auf praktisch jedem Personalformular, das er ausfüllt, eine Menge Leute in der Firma haben Zugang dazu – die Personalabteilung, die Lohnabrechnung und offensichtlich auch dieses externe Reisebüro. Niemand behandelt die Personalnummer wie ein Geheimnis. Was sollte es also für einen Unterschied machen?

Man kann sich die Antwort leicht ausrechnen. Man braucht vielleicht nur zwei oder drei Brocken Information und kann daraus eine effektiven Auftritt zusammenstellen – der Social Engineer, der sich in eine fremde Identität hüllt. Hol dir den Namen eines Angestellten, seine Durchwahl, seine Personalnummer, zum Abrunden vielleicht noch Namen und Durchwahl des Vorgesetzten – und schon hat sich ein halbwegs kompetenter Social Engineer mit dem Nötigen ausgerüstet, um sich für die nächste Zielperson, die er anrufen wird, authentisch anzuhören.

Peter Abels Anruf (Forts.)

Wenn gestern jemand angerufen hätte, der behauptete, er gehöre zu einer anderen Abteilung Ihrer Firma, und mit einem triftigen Grund nach Ihrer Personalnummer gefragt hätte, was hätte Sie daran gehindert, ihm diese Auskunft zu geben?

Ach übrigens, wie lautet noch mal Ihre Sozialversicherungsnummer?

Mitnick
Spot

Die Moral von der Geschichte: Gib niemals irgendjemandem persönliche Informationen oder interne Firmendaten oder Identifizierungsmerkmale, wenn du die Stimme am Telefon nicht kennst und die Notwendigkeit der Anfrage nicht nachvollziehen kannst.

SCHUTZMAßNAHMEN

Ihre Firma ist verantwortlich dafür, dass die Angestellten wissen, was für schwerwiegende Fehler aus einem fehlerhaften Umgang mit nicht-öffentlicher Information entstehen können. Eine gut durchdachte Richtlinie zur Informationssicherheit, verbunden mit einer fundierten Schulung und regelmäßiger Auffrischung, wird die Aufmerksamkeit der Mitarbeiter gegenüber dem korrekten Umgang mit geschäftlichen Firmeninformationen steigern. Eine Richtlinie zur Klassifikation von Daten wird Ihnen dabei helfen, angemessene Kontrollen einzuführen und dabei die Enthüllung von Informationen zu beachten. Ohne eine solche Richtlinie müssen alle internen Informationen – soweit nicht anderweitig festgelegt – als vertraulich behandelt werden.

Folgende Schritte sollten Sie unternehmen, um Ihr Unternehmen davor zu schützen, dass scheinbar harmlose Daten preisgegeben werden:

- Die Abteilung für die Informationssicherheit sollte Aufklärungstrainings unter Berücksichtigung von Social Engineering-Methoden durchführen. Eine Methode wie die oben beschriebene besteht darin, an scheinbar nichtvertrauliche Daten zu gelangen und sie zum Erschleichen von kurzzeitigem Vertrauen einzusetzen. Absolut jeder Angestellte muss wissen: wenn ein Anrufer sich bei Betriebsabläufen, Begrifflichkeiten und internen Kennungen auskennt, heißt das nicht notwendigerweise, dass es seine Anfrage auf irgendeine Weise, Form oder Art authentifiziert oder ihn dazu autorisiert, diese Anfrage stellen zu dürfen. Ein Anrufer könnte auch ein ehemaliger Angestellter oder Lieferant mit der erforderlichen Insider-Information sein. Entsprechend ist jede Organisation dafür verantwortlich, eine angemessene

Authentifizierungsmethode festzulegen, wenn Mitarbeiter Kontakt zu Menschen haben, die ihnen nicht persönlich bekannt sind oder die sie am Telefon wiedererkennen.

- Die für eine Richtlinie im Umgang mit Firmendaten verantwortlichen Personen sollten die Arten von Details untersuchen, die für den legitimen Zugang von Beschäftigten genutzt werden und harmlos erscheinen, aber zu Informationen führen könnten, die heikel sind. Sie würden niemals die PIN Ihrer Euroscheck-Karte weitergeben, aber würden Sie jemandem erzählen, welchen Server Sie in Ihrer Firma für die Entwicklung von Softwareprodukten benutzen? Könnte diese Information von einer Person benutzt werden, die vorgibt, jemand mit einem legitimen Zugang zum Firmennetzwerk zu sein?

- Manchmal braucht es nur die Kenntnis der internen Begrifflichkeiten, die dem Social Engineer den Anschein von Bevollmächtigung und Detailkenntnis vermitteln. Ein Angreifer verlässt sich oft auf diese allgemein übliche Fehlannahme, um seine Opfer so zu überlisten, dass sie ihm behilflich sind. Beispielsweise ist die Händlerkennung ein Identifizierungsmerkmal, das die Kollegen in der Abteilung für Kontoeröffnungen einer Bank gewöhnlich jeden Tag nutzen. Aber dieses Merkmal ist genau das gleiche wie ein Passwort. Wenn wirklich alle Angestellten den vollen Bedeutungsumfang dieser Identifizierung verstanden haben – dass damit definitiv eine Anfrage legitimiert wird –, dann werden sie es mit mehr Respekt behandeln.

- Keine Firma – oder nur die wenigsten – geben die direkte Durchwahl zum Geschäftsführer oder zum Vorstandsvorsitzenden heraus. Dagegen haben die meisten Firmen kein Problem damit, Telefonnummern der meisten Abteilungen oder Arbeitsgruppen weiterzugeben, vor allem nicht an einen Kollegen – oder jemanden, der sich dafür ausgibt. Eine mögliche Gegenmaßnahme wäre die Durchsetzung einer Richtlinie, die die Weitergabe von internen Durchwahlen von Angestellten, Lieferanten, Unternehmensberatern oder Zeitarbeitskräften an Außenstehende untersagt. Noch wichtiger ist die stufenweise Entwicklung einer Prozedur, mit der tatsächlich festgestellt werden kann, ob ein Anrufer, der nach einer Telefonnummer fragt, wirklich ein Angestellter ist.

Man sagt, dass sogar richtige Paranoiker echte Feinde haben können. Wir müssen davon ausgehen, dass jedes Geschäft ebenfalls seine Feinde hat – Angreifer, die sich die Netzwerk-Infrastruktur zum Ziel nehmen, um an Firmengeheimnisse zu gelangen. Ihre Firma sollte nicht in einer Statistik über Computerkriminalität enden – es ist höchste Zeit, die notwendigen Sicherheitsvorkehrungen zu unterstützen, indem man geeignete Kontrollen durch wohldurchdachte Sicherheitsrichtlinien und -prozeduren einführt.

- Buchungskennungen für Arbeitsgruppen und Abteilungen sind ebenso wie Kopien der Firmenverzeichnisse (egal ob als Ausdruck, Datei oder im Intranet als elektronisches Telefonbuch) häufige Ziele von Social Engineers. Jedes Unternehmen braucht eine schriftliche, allen zugänglich gemachte Richtlinie, wie man mit der Weitergabe solcher Daten und Information zu verfahren hat. Diese Vorsichtsmaßnahmen sollten die Erstellung und Weiterführung von Aufzeichnungen beinhalten, bei welchen Gelegenheiten heikle Informationen an Personen außerhalb der Firma weitergegeben wurden.

- Daten wie die Personalnummer sollten nur für sich genommen nicht für irgendeine Authentifizierung genutzt werden. Alle Angestellten müssen darin ausgebildet werden, nicht nur die Identität der anfragenden Person festzustellen, sondern auch die Berechtigung, ob diese Person diese Anfrage stellen darf.

- Erwägen Sie bei Ihrem Sicherheitstraining für die Angestellten folgenden Ansatz: Wird man von einer fremden Person nach etwas gefragt oder um etwas gebeten, sollte man als Erstes höflich die Anfrage ausschlagen, bis die Rechtmäßigkeit überprüft worden ist. Dann – bevor man dem natürlichen Bedürfnis nachgibt, hilfsbereit zu sein – sollte man den Unternehmensrichtlinien und -prozeduren folgen und dabei die Überprüfung und Veröffentlichung von nicht-öffentlichen Informationen beachten. Diese Art und Weise mag unserem natürlichen Bedürfnis zur Hilfsbereitschaft widersprechen, aber ein wenig heilsame Paranoia könnte sich als hilfreich erweisen, nicht das nächste Opfer des Social Engineer zu werden.

Wie die Beispiele in diesem Kapitel gezeigt haben, kann scheinbar belanglose Information der Schlüssel zu den wertvollsten Geheimnissen Ihrer Firma sein.

Kapitel

3

Der direkte Angriff:
Einfach fragen!

Viele Angriffe von Social Engineers sind kompliziert und benötigen eine Reihe von Einzelschritten und ausgefeilte Planung, bei der eine Mischung aus Manipulation und technologischem Know-how zum Tragen kommt.

Aber ich finde es immer wieder erstaunlich, dass ein geschickter Social Engineer oft ans Ziel gelangt, indem er einen direkten Direktangriff startet. Wie Sie sehen werden, kann es manchmal ausreichen, einfach offen nach der gewünschten Information zu fragen.

EIN QUICKIE AM VERTEILERKASTEN

Wollen Sie den Anschluss einer Person wissen, deren Nummer in keinem Telefonverzeichnis steht? Ein Social Engineer zeigt Ihnen ein halbes Dutzend Wege auf (und einige davon werden in anderen Abschnitten des Buches beschrieben), aber möglicherweise ist das simpelste Szenario jenes, das nur einen einzigen Anruf wie den folgenden benötigt.

Die Nummer, bitte

Der Angreifer wählte die Nummer der Abteilung bei der privaten Telefongesellschaft, die für die Leitungsführung der Telefonanschlüsse zuständig war. Zur der Dame am anderen Ende sagte er:

„Hallo, Paul Anthony am Apparat. Ich bin hier der Strippenzieher. Hören Sie, hier hat ein Feuer den Verteilerkasten verschmort. Die Polizei glaubt, dass irgendein Irrer versucht hat, sein Haus für die Versicherung heiß zu renovieren. Die haben mich hierher geschickt, damit ich alleine den kompletten Verteilerkasten mit zweihundert Anschlüssen neu verdrahte. Ich könnte wirklich ein bisschen Hilfe gebrauchen. Welche Dienste sollten unter 6723 South Main laufen?"

In anderen Abteilungen der Telefongesellschaft hätte die angerufene Person gewusst, dass die Zuordnung von Telefonnummern zu Namen und Adressen über nicht gelistete Anschlüsse nur an autorisierte Angehörige der Telefongesellschaft herausgegeben werden darf. Aber die Telefonnummer der Leitungsführungsstelle sollte nur den Beschäftigten dieser Gesellschaft bekannt sein. Und obwohl man niemals Informationen an die Öffentlichkeit geben würde, würde keiner einem Kollegen der Firma, der sich mit einem schweren Auftrag herumschlagen muss, ein bisschen Hilfe verweigern. Er tut ihr leid, sie hatte selbst schon ziemlich miese Tage hier bei diesem Job, und sie wird einfach die Regeln ein wenig weiter auslegen, um einem Mitarbeiter bei einem Problem kollegial auszuhelfen. Sie gibt ihm die Infos über die Leitungen, die Zuordnungen und alle funktionierenden Nummern, die zu dieser Adresse gehören.

Trickanalyse

Wie Ihnen sicherlich schon wiederholt bei diesen Geschichten aufgefallen ist, gehört das Wissen über den Jargon der Firma und ihre betriebsinternen Strukturen – ihre verschiedenen Büros und Abteilungen, wer wofür zuständig ist und welche Informationen besitzt – zur grundlegenden Trickkiste eines erfolgreichen Social Engineers.

Mitnick
Spot

> Es gehört zur Natur des Menschen, seinem Nächsten zu trauen, insbesondere wenn das Anliegen eine vernünftige Begründung aufweist. Social Engineers nutzen dieses Wissen, um ihre Opfer auszunutzen und ihre Ziele zu erreichen.

JUNGER MANN AUF DER FLUCHT

Ein Mann, den wir Frank Parsons nennen wollen, ist schon seit Jahren auf der Flucht und wird von der Regierung gesucht, weil er in den sechziger Jahren Mitglied einer Anti-Kriegs-Gruppe gewesen war. In Restaurants wählte er stets einen Platz, wo er den Eingang im Blick behielt, und seine Art, sich gelegentlich mal über die Schulter zu schauen, fanden andere Leute ziemlich irritierend. Er zog regelmäßig alle paar Jahre um.

Eines Tages landete Frank in einer Stadt, die er nicht kannte, und machte sich auf Arbeitssuche. Für jemanden wie Frank mit seinen gut entwickelten Kenntnissen im Computerbereich (und auch im Bereich Social Engineering, obwohl er das nie in einer Bewerbung aufführte) war es gewöhnlich kein Problem, einen guten Job zu finden. Außer in schwierigen Wirtschaftszeiten werden Menschen mit gutem technischem und Computerwissen gewöhnlich händeringend gesucht, und sie haben keine Probleme, auf den Füßen zu landen. Frank hat schnell eine gut bezahlte Arbeitsmöglichkeit bei einer großen Alten- und Pflegeeinrichtung in seiner Nähe gefunden.

Das ist meine Eintrittskarte, dachte er. Aber als er sich mit den Bewerbungsformularen herumschlug, fuhr es ihm kalt über den Rücken: Der Arbeitgeber forderte vom Bewerber eine Kopie des Führungszeugnisses, das er selbst von der Bundespolizei beibringen musste. Den Bewerbungsunterlagen lag ein Formular zur Anforderung dieses Dokuments bei, und auf dem Formular fand sich ein kleines Kästchen für den Fingerabdruck. Obwohl nur nach dem Abdruck seines rechten Zeigefingers gefragt wurde, wäre er wahrscheinlich bald bei der Essensausgabe einer staatlich geförderten Einrichtung tätig, wenn dieser Abdruck mit einem aus der Datenbank des FBI übereinstimmte.

Andererseits kam es Frank in den Sinn, dass er bei dieser Sache vielleicht Glück haben könnte. Vielleicht hatten die Regierungsbehörden seine Fingerabdrücke noch gar nicht zum FBI geschickt. Wie konnte er das herausfinden?

Na wie wohl? Er ist ein Social Engineer – was glauben *Sie*, wie er das herausfindet? Anruf bei der Bundespolizei: „Schönen guten Tag! Wir machen hier eine Untersuchung für die Justizbehörde. Wir prüfen die Anforderungen für die Einführung eines neuen Systems zur Identifikation von Fingerabdrücken. Kann ich bei Ihnen mit jemandem sprechen, der sich richtig gut damit auskennt, was Sie so machen, und der mir weiterhelfen könnte?"

Und als der dortige Experte an den Apparat kam, stellte Frank eine Reihe von Fragen darüber, welche Systeme sie einsetzen und wie ausgebaut ihre Fähigkeiten sind, Daten über Fingerabdrücke zu speichern und zu durchsuchen. Hat es bei Ihnen Probleme mit der Ausstattung der Geräte gegeben? Läuft die Suche nach Fingerabdrücken auch über das US-bundesweite Verbrechensregister NCIC[1] oder nur innerhalb des Bundesstaates? Ist die Nutzung der Geräte so einfach, dass jeder die Verwendung schnell lernen kann?

Die Schlüsselfrage schiebt er heimlich und unbemerkt zwischen all die anderen Fragen.

Die Antwort war Musik in seinen Ohren: Nein, man sei nicht mit dem NCIC verbunden, Abgleichungen von Fingerabdrücken würden nur innerhalb des Staates gemacht. Das war alles, was Frank wissen wollte. In diesem Staat gibt es über ihn keine Akte, und so hat er seine Bewerbung abgegeben, wurde eingestellt, und nie kam jemand an seinen Schreibtisch und sagte: „Diese Herren hier sind vom FBI und würden gerne mal mit Ihnen sprechen."

Und nach eigener Aussage hat er sich als vorbildlicher Mitarbeiter erwiesen.

---

1. *National Crime Information Center*

Gewiefte Informationsschwindler zögern keinen Augenblick, bei lokalen, staatlichen oder Bundesbehörden anzurufen, um nach Arbeitsabläufen der Strafverfolgung zu fragen. Mit solchen Informationen bewaffnet ist der Social Engineer in der Lage, die Sicherheitsprüfungen Ihrer Firma zu umgehen.

DRAUßEN VOR DER TÜR

Trotz des Mythos' vom papierlosen Büro fahren die Unternehmen damit fort, täglich Unmengen von Dokumenten auszudrucken. In Ihrer Firma können gedruckte Informationen gefährdet sein, auch wenn Sie die Sicherheitsvorkehrungen einhalten und die Unterlagen als vertraulich kennzeichnen.

Nun folgt eine Geschichte, die Ihnen verdeutlicht, wie Social Engineers Ihre geheimsten Dokumente abgreifen können.

Bei Anruf Betrug

Jedes Jahr veröffentlicht die Telefongesellschaft ein Dokument mit der Bezeichnung *Verzeichnis der Prüfnummern* (bisher haben sie das zumindest so gemacht, und weil ich immer noch unter Bewährungsauflagen stehe, werde ich nicht danach fragen, ob das immer noch so ist). Phone Phreaks schätzen diese Unterlagen besonders hoch, weil sie mit all den besonders gut geschützten Telefonnummern vollgestopft sind, die von Firmenfachleuten, Technikern und anderen Angestellten des Unternehmens für Dinge wie Tests von Daten- und Telefonleitungen oder der Prüfung von Nummern, bei denen stets das Besetztzeichen ertönt, verwendet werden.

Eine dieser Testnummern mit der Bezeichnung *loop-around* war ganz besonders nützlich. Phone Phreaks nutzten sie, um andere Phreaks zu finden und mit ihnen kostenlos zu chatten. Sie wurde auch von Phone Phreaks verwendet, um damit beispielsweise bei einer Bank eine Rückrufnummer angeben zu können. Ein Social Engineer würde diese Nummer einem Bankangestellten mitteilen und ihm dazu sagen, dass er unter dieser Nummer in seinem Büro erreichbar sei. Wenn die Bank dann diese Testnummer anruft, kann der Phone Phreak den Anruf entgegennehmen und trotzdem die Gewissheit haben, eine Nummer zu verwenden, die man nicht auf ihn zurückführen kann.

Ein *Verzeichnis der Prüfnummern* führte nun eine Menge an nützlichen Infos auf, die jeder datenhungrige Phone Phreak schrecklich gerne nutzen wird. Viele Kids, deren Hobby das Erkunden von Telefonnetzen war, jieperten jedes Jahr nach der Auslieferung der neuen Verzeichnisse.

Mitnick

Spot

Ein Sicherheitstraining, das die Unternehmensrichtlinien zum Schutz des Informationskapitals der Firma berücksichtigt, muss sich an alle Personen im Betrieb wenden, nicht nur an die Angestellten, die elektronischen oder physischen Zugang zum Datenkapital der Firma haben.

Stevies Schwindel

Natürlich erleichtern einem die Telefongesellschaften den Zugang zu diesen Büchern nicht besonders, und so müssen die Phone Phreaks erfindungsreich werden, um an eines zu kommen. Wie könnte man das anpacken? Wenn eines der Kids sich in den Kopf gesetzt hat, an dieses Verzeichnis zu gelangen, könnte es Folgendes in Szene setzen.

Am späten Nachmittag eines milden Herbsttages im südlichen Kalifornien ruft jemand, den ich Stevie nennen will, in der Zentrale einer kleinen Telefongesellschaft an. Aus diesem Gebäude führen Telefonleitungen zu allen Unternehmen und Privathäusern der von der Gesellschaft in dieser Gegend betreuten Anschlüsse.

Als der diensthabende Telefonist den Hörer abhebt, stellt sich Stevie als ein Kollege aus der Abteilung vor, die alle Druckdokumente der Telefongesellschaft veröffentlicht und ausliefert. „Das neue Verzeichnis der Testnummern ist fertig", sagt er. „Aber aus Sicherheitsgründen können wir Ihnen die neue Ausgabe nicht zustellen, bevor wir nicht Ihre alte bekommen haben. Und der Bote hat sich verspätet. Wenn Sie Ihre Ausgabe einfach vor die Tür legen, kann er sie beim Vorbeifahren einfach einpacken und Ihnen die neue Ausgabe hinlegen und die Verspätung vielleicht noch aufholen."

Der arglose Telefonist hat den Eindruck, dass sich das vernünftig anhört. Er macht genau das Gewünschte, legt draußen vor der Tür seine Ausgabe des Verzeichnisses hin, auf dem deutlich in großen roten Buchstaben die Warnung steht: „**VERTRAULICHE FIRMENUNTERLAGEN** – BEI ABLAUF DER BENUTZUNG MUSS DIESES DOKUMENT VERNICHTET WERDEN".

Stevie fährt dort vorbei und schaut vorsichtig umher, ob sich irgendwelche Polizisten oder Sicherheitsleute der Telefongesellschaft hinter Bäumen herumdrücken oder ihm in parkenden Autos auflauern. Aber niemand ist in Sicht. Ganz beiläufig schnappt er sich das Objekt seiner Begierde und fährt weiter.

Dies ist nur ein weiteres Beispiel, wie einfach es für einen Social Engineer sein kann, an das Gewünschte zu gelangen, indem er das schlichte Prinzip des „Einfach fragen" befolgt.

GASANGRIFF

Nicht nur das Firmenkapital wird von den Angriffen des Social Engineer bedroht. Manchmal werden auch die Kunden der Firma zu Opfern.

Ein Kundendienstler erlebt bei seiner Arbeit ein hohes Maß an Frust, hat eine Menge Spaß und begeht eine Reihe unschuldiger Fehler, von denen Letztere für Firmenkunden unfrohe Konsequenzen haben können.

Die Geschichte von Janie Acton

Seit mehr als drei Jahren arbeitet Janie Acton beim Kundendienst von Hometown Electric Power in einem Großraumbüro in Washington, D.C. Ihr eilte der Ruf voraus, eine der besseren Angestellten zu sein, schlau und gewissenhaft.

Es war gerade Thanksgiving-Woche, als dieser spezielle Anruf eintraf. Am Apparat sagte jemand: „Hier spricht Eduardo von der Rechnungsstelle. Ich habe hier eine Dame auf der anderen Leitung, die ist Sekretärin einer der Vizepräsidenten, und sie will ein paar Informationen haben, aber mein Rechner streikt gerade. Ich habe eine Email von diesem Mädel aus der Personalabteilung bekommen, in der steht ‚ILOVEYOU', und als ich den Anhang öffnen wollte, ist der Kasten komplett abgestürzt. Ein Virus. Da hat mich so ein Virus kalt erwischt. Jedenfalls brauche ich jetzt dringend ein paar Infos. Wären Sie so nett, ein paar Kundendaten für mich nachzusehen?"

„Ja klar", antwortete Janie. „Ihr PC ist abgestürzt? Das ist ja schrecklich."

„Allerdings."

„Was kann ich für Sie tun?" fragte Janie.

Hier brachte der Angreifer ein paar Informationen aus seiner früheren Recherche ein, um authentisch zu klingen. Er hatte herausbekommen, dass die von ihm gewünschten Daten in einem Bereich abgespeichert wurden, der als *Informationssystem zur Kundenabrechnung* bezeichnet wurde, und welche Abkürzung die Angestellten dafür verwendeten. Er fragte: „Können Sie ein Konto aus dem IzK aufrufen?"

„Sicher, wie lautet denn die Kontonummer?"

„Die habe ich gerade nicht, bitte schauen Sie doch unter dem Namen nach."

„In Ordnung, wie lautet der?"

„Heather Marning." Er buchstabierte den Namen, und Janie tippte ihn ein.

„So, ich hab's hier auf dem Bildschirm."

„Prima. Wird das Konto aktuell genutzt?"

„Ja, genau."

„Wie lautet die Kontonummer?" fragte er.

„Haben Sie was zum Schreiben?"

„Schießen Sie los."

„Kontonummer BAZ6573NR27Q."

Er wiederholte die Nummer und fragte dann: „Und wie lautet die Adresse?"

Sie las sie vom Bildschirm ab.

„Und Telefon?"

Ganz hilfsbereit nannte sie auch die Nummer.

Der Anrufer bedankte sich und verabschiedete sich freundlich. Janie nahm den nächsten Anruf entgegen und verschwendete keinen Gedanken mehr an dieses Gespräch.

Art Sealys Rechercheprojekt

Art Sealy hatte seinen Job als freier Redakteur für kleine Verlagshäuser an den Nagel gehängt, als er herausfand, dass er mehr Geld mit Rechercheaufträgen für Autoren und Unternehmen verdienen konnte. Bald hatte er heraus, dass das Honorar, das er für einen Auftrag verlangen konnte, proportional stieg, je mehr er sich der manchmal unscharfen Linie zwischen legal und illegal näherte. Ohne es selbst zu merken und sicherlich, ohne es so zu benennen, verwandelte Art sich in einen Social Engineer und setzte Techniken ein, die jedem Info-Broker geläufig sind. Es stellte sich heraus, dass er für dieses Geschäft ein natürliches Talent besaß und selbstständig Techniken entwickelte, die die meisten Social Engineers erst von anderen erlernen mussten. Nach einer gewissen Zeit überschritt er die Linie, ohne dass sich ein schlechtes Gewissen gemeldet hätte.

••••••●●●●●••••

Ein Mann nahm mit mir Kontakt auf, der ein Buch über das Kabinett zur Zeit von Nixon schreiben wollte. Er suchte jemanden, der Insider-Infos über Nixons Wirtschaftsminister William E. Simon finden konnte. Mr. Simon war schon gestorben, aber dieser Autor hatte den Namen einer Frau aus dessen Team. Er war sich recht sicher, dass sie immer noch in Washington D.C. lebte, doch die Adresse konnte er nicht herausfinden. Auf ihren Namen war kein Telefon angemeldet oder zumindest keines im Telefonbuch eingetragen. Und da hat er mich angerufen. Ich sagte ihm, das sei kein Problem, ich kümmere mich drum.

Diese Art von Auftrag ist in der Regel mit ein oder zwei Anrufen erledigt, wenn man weiß, wie das läuft. Man kann davon ausgehen, dass jede örtliche Dienstleistungsfirma diese Information weitergibt. Natürlich muss man ein bisschen flunkern, aber so eine kleine Notlüge tut doch niemandem weh, oder?

Ich ziehe es vor, es jedes Mal ein wenig anders zu machen, damit die Dinge interessant bleiben. „Hier ist So-und-So aus dem Vorstandsbüro" hat bei mir noch jedes Mal geklappt. Und so war es auch mit „Ich habe hier jemanden von Vizepräsident Sowieso in der Leitung".

Man muss schon einen gewissen Instinkt als Social Engineer entwickeln und ein Gefühl dafür bekommen, wie kooperativ die Person am anderen Ende der Leitung ist. Dieses Mal hatte ich einen Glückstreffer bei einer freundlichen, hilfsbereiten Dame gelandet. Mit einem einzigen Anruf bekam ich die Adresse und Telefonnummer. Mission beendet.

Mitnick
Spot

Gehen Sie niemals davon aus, dass alle Angriffe von Social Engineers ganz besonders ausgefeilte Tricks beinhalten müssen, die so komplex sind, dass man sie wahrscheinlich bemerkt, bevor sie vollzogen sind. Bei einigen läuft es nur nach dem Motto „Rein und raus, zuschlagen und abhauen", ganz schlichte Angriffe, die kaum mehr sind als ... na ja, einfach zu fragen.

Trickanalyse

Sicherlich wusste Janie, dass Kundendaten heikel sind. Sie würde niemals mit einem Kunden das Konto eines anderen Kunden besprechen oder private Daten öffentlich weitergeben.

Aber natürlich gelten für einen Anrufer aus der Firma selbst andere Regeln. Für Kollegen geht es vor allem darum, Teamspieler zu sein und sich gegenseitig kollegial bei der Arbeit zu helfen. Der Mann aus der Rechnungsstelle hätte die Daten auch selbst auf seinem PC herausfinden können, wenn dieser nicht von einem Virus abgeschossen worden wäre, und sie freute sich, einem Kollegen behilflich sein zu können.

Art hat sich langsam zu der von ihm gesuchten Schlüsselinformation vorgearbeitet und dabei nach Dingen gefragt, die er gar nicht benötigte, wie z.B. die Kontonummer. Aber gleichzeitig hat die Information über die Kontonummer eine Rückzugsmöglichkeit geboten: wenn die Angestellte argwöhnisch geworden wäre, hätte er später erneut angerufen und bessere Voraussetzungen gehabt, denn die Kenntnis der Kontonummer hätte ihn beim nächsten Mitarbeiter noch authentischer klingen lassen.

Janie wäre es nie in den Sinn gekommen, dass jemand bei so einer Sache tatsächlich gelogen hätte und dass der Anrufer überhaupt nicht bei der Rechnungsstelle beschäftigt ist. Natürlich kann man Janie nicht die Schuld zuschieben. Sie war nicht besonders bewandert in der Regel, dass man sicherstellen muss, mit wem man spricht, bevor man Details aus einem Kundenkonto mit einer anderen Person diskutiert. Niemand hatte ihr vorher von solchen Gefahren berichtet, wie sie aus einem solchen Anruf wie dem von Art herrühren können. Für so etwas gab es im Unternehmen keine Richtlinien, darin war sie nicht ausgebildet worden, und ihre Vorgesetzten haben niemals davon gesprochen.

SCHUTZMASSNAHMEN

Diesen Punkt müssen Sie in Ihr Sicherheitstraining aufnehmen: Nur weil ein Anrufer oder Besucher die Namen einiger Leute in der Firma kennt oder Fachjargon und Betriebsabläufe richtig benennen kann, heißt das noch lange nicht, dass er derjenige ist, der er zu sein vorgibt. Und es berechtigt ihn erst recht nicht dazu, Kenntnis von internen Daten zu erhalten oder auf Ihre Computer oder Netzwerke zugreifen zu dürfen.

Jedes Sicherheitstraining muss immer wieder betonen: Wenn Sie Zweifel haben – prüfen, prüfen, prüfen.

Früher war der Zugang zu Informationen innerhalb einer Firma ein Gradmesser für Ranghöhe und Privilegien. Arbeiter und Arbeiterinnen befeuerten die Öfen, bedienten die Maschinen, tippten die Briefe und haben die Akten abgelegt. Der Vorarbeiter oder der Chef hat ihnen die Aufträge gegeben und gesagt, wie und wann die Sachen fertig sein müssen. Der Vorarbeiter oder der Chef wussten, wie viele Teile jeder Arbeiter in einer Schicht herstellen muss, und in welchen Farben, Größen und Mengen die Einheiten in dieser und der nächsten Woche und bis Monatsende hergestellt werden mussten.

Die Arbeiter bedienten die Maschinen, Instrumente und Materialien, und die Chefs bearbeiteten die Daten. Arbeiter brauchten nur die Infos, die speziell für ihren Arbeitsauftrag wichtig waren.

Heute sieht das alles schon ganz anders aus, oder? Viele Fabrikarbeiter setzen bei ihrer Arbeit Computer oder computergesteuerte Maschinen ein. Ein großer Teil der Belegschaft erhält wichtige Informationen auf den Desktop geschoben, damit sie ihre Arbeit erledigen können. In der heutigen Zeit beinhalten praktisch alle Tätigkeiten von Mitarbeiter auch den Umgang mit Daten.

Darum müssen die Sicherheitsrichtlinien eines Unternehmens auf jeden Fall im gesamten Betrieb durchgesetzt werden, egal auf welcher Position. Jeder muss begreifen, dass nicht nur die Chefs und Vorstandsvorsitzenden Informationen haben, hinter denen die Angreifer her sind. Heutzutage zielen die Angriffe auf Mitarbeiter aller Ebenen, sogar auf solche, die gar nicht mit Computern arbeiten. Der frisch eingestellte Kundendienstmitarbeiter könnte sich gerade als schwächstes Glied der Kette herausstellen, die ein Social Engineer knackt, um an sein Ziel zu kommen.

Sicherheitstraining und Sicherheitsrichtlinien des Unternehmens müssen dieses Glied stärken.

Kapitel

4

Vertrauen aufbauen

Einige dieser Geschichten könnten Sie zu der Vermutung veranlassen, dass ich glaube, jeder im Business sei ein kompletter Idiot, stets bereit oder sogar erpicht darauf, alle seine Geheimnisse zu verraten. Der Social Engineer weiß, dass dem nicht so ist. Warum sind die Angriffe von Social Engineer so erfolgreich? Nicht, weil die Menschen dumm sind oder es ihnen an gesundem Menschenverstand fehlt. Aber als menschliche Wesen sind wir alle anfällig für Täuschungen, weil wir unser Vertrauen der falschen Person geben, wenn wir nur richtig manipuliert werden.

Der Social Engineer riecht Argwohn und Widerstand und ist stets darauf vorbereitet, Misstrauen in Vertrauen zu verwandeln. Ein guter Social Engineer plant seine Angriffe wie ein Schachspiel, wobei er die Fragen vorwegnimmt, die die Zielperson stellen könnte, damit er mit den richtigen Antworten kontern kann.

Bei einer verbreiteten Technik geht es um den Aufbau von Vertrauen auf Seiten des Opfers. Wie gelingt es einem Trickbetrüger, dass Sie ihm glauben? Ich sage Ihnen, das kriegt er auf jeden Fall hin.

VERTRAUEN: DER SCHLÜSSEL ZUR TÄUSCHUNG

Je mehr ein Social Engineer seinen Kontakt so gestalten kann, dass alles nach ganz normalem Geschäftsvorgang ausschaut, desto mehr Verdacht kann er zerstreuen. Wenn die Menschen keinen Grund zum Argwohn haben, hat ein Social Engineer leichtes Spiel, ihr Vertrauen zu erschleichen.

Wenn er sich erst einmal in Ihr Vertrauen eingenistet hat, wird damit die Zugbrücke heruntergelassen, und das Burgtor öffnet sich weit, so dass er die Festung betreten und alle gewünschten Informationen mitnehmen kann.

Vielleicht ist Ihnen schon aufgefallen, dass ich in diesen Geschichten bei den meisten Social Engineers, Phone Phreaks und Trickbetrügern von „ihm" spreche. Das ist kein Chauvinismus, sondern bezieht sich darauf, dass die meisten Aktiven in diesem Bereich Männer sind. Aber obwohl es noch nicht sehr viele weibliche Social Engineers gibt, wächst ihre Anzahl. Da draußen gibt es so viele weibliche Social Engineers, dass Sie nicht weniger achtsam sein müssen, bloß weil Sie eine Frauenstimme hören. Tatsächlich besitzen weibliche Social Engineers einen beträchtlichen Vorteil, weil sie ihre Sexualität einsetzen können, um eine Kooperation zu erreichen. Eine kleine Anzahl des sogenannten schwachen Geschlechts ist auf diesen Seiten vertreten.

Der erste Anruf: Andrea Lopez

Andrea Lopez ging ans Telefon in der Videothek, in der sie arbeitete, und musste gleich lächeln: Es freut einen immer, wenn ein Kunde sich die Mühe macht, als Erstes den guten Service zu loben. Dieser Anrufer sagte, er habe sehr gute Erfahrungen mit dem Laden gemacht, und er wolle sich beim Geschäftsführer schriftlich bedanken.

Er fragte nach dem Namen des Geschäftsführers und der Anschrift, und sie erwiderte, es handele sich um Tommy Allison, und gab ihm die Adresse. Als er gerade auflegen wollte, kam ihm noch etwas in den Sinn, und er sagte: „Ich sollte auch Ihrer Firmenzentrale schreiben. Welche Nummer hat Ihre Filiale?" Auch diese Information gab sie ihm gerne. Er bedankte sich, äußerte sich freundlich über ihre Hilfsbereitschaft und verabschiedete sich.

Der zweite Anruf: Ginny

„Herzlich willkommen bei der Studio-Videothek. Mein Name ist Ginny, was kann ich für Sie tun?"

„Hi Ginny", sagte der Anrufer schwungvoll und hörte sich dabei an, als spräche er alle paar Tage mit Ginny. „Hier ist Tommy Allison, Filialleiter aus der Forest Park Videothek 863. Wir haben hier einen Kunden, der gerne Rocky 5 ausleihen will, aber wir haben keine einzige Cassette mehr. Können Sie mal nachschauen, ob bei Ihnen noch eine ist?"

Nach einigen Augenblicken war sie wieder am Apparat und sagte: „Ja, wir haben noch drei Cassetten."

„Na prima. Ich werde ihn bitten, ob er zu Ihnen rüberfahren kann. Fürs erste vielen Dank. Wenn wir Ihnen helfen können, rufen Sie einfach an und fragen nach Tommy. Ich würde mich freuen, wenn ich Ihnen auch mal aushelfen kann."

Drei oder vier Mal in den nächsten Wochen bekam Ginny Anrufe von Tommy, bei denen er sie um dieses oder jenes bat. Alles waren scheinbar legitime Anfragen, und er war stets sehr freundlich, ohne ihr auf die Pelle zu rücken. Er war auch stets zu einem kleinen Plausch aufgelegt – „Haben Sie von diesem großen Feuer in Oak Park gehört? Das ganze Viertel war abgesperrt", so diese Richtung. Die Anrufe waren eine willkommene Abwechslung, und Ginny freute sich jedes Mal, wenn er am Apparat war.

Eines Tages hörte sich Tommy bei einem Anruf ziemlich gestresst an. Er fragte: „Sagen Sie, habt ihr auch Ärger mit den Computern?"

„Nein", sagte Ginny. „Warum?"

„Da ist jemand mit seinem Wagen in einen Telefonverteilerkasten gerauscht, und der Techniker von der Telefongesellschaft sagt, die Reparatur könne ziemlich dauern, und bis dahin könne man nicht mehr telefonieren oder ins Internet."

„Ach du liebes bisschen. Ist der Mann verletzt?"

„Er ist mit dem Rettungswagen weggebracht worden. Jedenfalls könnte ich hier ein bisschen Hilfe gebrauchen. Ich habe hier einen Kunden von euch, der den Paten II ausleihen will und seinen Videothek-Ausweis vergessen hat. Können Sie kurz seine Daten überprüfen?"

„Ja klar, kein Problem."

Tommy las den Namen und die Adresse des Kunden vor, und Ginny fand ihn im Computer. Sie gab Tommy die Kundennummer.

„Hat er Ausleihen überzogen oder muss er noch Geld zahlen?" fragte Tommy.

„Nicht dass ich wüsste."

„In Ordnung. Ich schreibe ihn hier mal als Mitglied auf und trage ihn später in die Datenbank ein, wenn die Computer wieder laufen. Er möchte übrigens die Rechnung auf die VisaCard laufen lassen, die er bei euch hat eintragen lassen, aber er hat sie grad nicht bei sich. Wie ist denn wohl die Kartennummer und die Gültigkeitsdauer?"

Sie gab ihm diese Auskunft, und Tommy sagte: „Klasse, vielen Dank für die Mühe. Wir sprechen später noch mal, ja?" und legte auf.

Die Geschichte von Doyle Lonnegan

Lonnegan ist nicht gerade der junge Mann, über den Sie sich freuen, wenn er vor Ihrer Haustür steht. Früher hat er mal Spielschulden eingetrieben, und auch heute tut er einigen Leuten einen Gefallen, wenn es ihn nicht zuviel Mühe kostet. In diesem Fall hat man ihm ein beträchtliches Bündel Scheinchen angeboten, und er sollte nur ein paar Anrufe in einer Videothek machen. Hört sich ziemlich einfach an. Nur hatte keiner von Lonnegans „Kunden" eine Ahnung, wie man so was durchzieht. Sie brauchten jemanden mit seinem Talent und Know-how.

••••••••●●●●•••••••

Man stellt keinen Scheck aus, um Spielschulden zu begleichen, wenn man beim Spielen Pech hat oder sich am Pokertisch ziemlich blöd anstellt. Jeder weiß das. Warum mussten meine Kumpel mit einem Typen spielen, der die Kohle nicht platt auf den Tisch knallt? Frag mich nicht. Vielleicht sind sie ein bisschen plem-plem. Aber sind halt meine Kumpels – was soll's also?

Der Typ hat also nichts Bares dabei, und da haben sie halt einen Scheck genommen. Meine Güte! Sie hätten ihn zum Geldautomaten fahren sollen, genau das wär' richtig gewesen. Aber nein, es musste ein Scheck sein. Über 3.230 Dollar!

Klar, er war nicht gedeckt. Was konnte man schon anderes erwarten? Und dann rufen sie mich an, ob ich was machen könne? Wenn bei mir einer aufläuft und was will, kein Problem! Und heute läuft das einfacher. Ich sag ihnen, 30 Prozent Anteil, und dann mal sehen, was sich machen lässt. Ich krieg also Namen und Adresse, und dann schau ich mal im Internet, welche Videothek bei ihm um die Ecke ist.

Ich hatte es nicht eilig. Vier Anrufe, um die Angestellte einzuwickeln, und dann – Bingo! So kam ich an die VisaCard-Nummer von diesem Schwindler.

Ein anderer Kumpel von mir hat eine Oben-Ohne-Bar. Für einen Fuffie lässt er die Pokerschulden von diesem Typ auf Kreditkartenrechnung über seine Bar laufen. Das soll dieser linke Typ mal seiner Frau erklären. Sie glauben, vielleicht ruft er bei Visa an und sagt, das sei überhaupt nicht seine Rechnung? Überlegen Sie mal. Er weiß, dass wir wissen, wer er ist. Und wenn wir seine Visa-Nummer rauskriegen, kann er sich vorstellen, dass wir auch noch einiges mehr rauskriegen. Das war's mit dieser Rechnung.

Trickanalyse

Tommys erste Anrufe sollten bei Ginny nur Vertrauen aufbauen. Als die Zeit für den eigentlichen Angriff kam, ließ sie alle Vorsicht fahren und akzeptierte Tommy als denjenigen, für den er sich ausgab, den Leiter einer anderen Zweigstelle dieser Videotheken-Kette.

Und warum sollte sie ihn *nicht* akzeptieren? Sie kannte ihn doch schon. Zwar nur vom Telefon, aber mittlerweile hatten sie eine kollegiale Freundschaft angefangen und so das Vertrauen begründet. Als sie ihn erst als eine Autoritätsfigur – ein anderer Filialleiter der gleichen Firma – akzeptiert hatte, war der Grundstein gelegt und alles andere ein Kinderspiel.

Mitnick Spot

Um ein Vertrauensverhältnis aufzubauen, ist diese Technik des Trickbetrugs eine der effektivsten Taktiken des Social Engineers. Sie müssen darüber nachdenken, ob Sie die Person, mit der Sie sprechen, wirklich kennen. Bei manch einer Gelegenheit könnte sie sich nämlich als jemand völlig anderes ausgeben. Dementsprechend müssen wir alle lernen, zu beobachten, nachzudenken und Autoritäten in Frage zu stellen.

VARIATIONEN EINES THEMAS: KARTENFANG

Ein Gefühl des Vertrauens aufzubauen erfordert nicht notwendigerweise eine Reihe von Telefonaten mit dem Opfer, wie es die vorige Geschichte nahe legt. Ich war mal Zeuge eines Vorfalls, der gerade mal fünf Minuten dauerte.

Überraschung, Dad!

Vor einiger Zeit saß ich mit Henry und seinem Vater in einem Restaurant. Im Laufe des Gesprächs schimpfte Henry mit seinem Vater, weil er einfach so seine Kreditkartennummer weitergab, als wäre es seine Telefonnummer. „Klar musst du die Kreditkartennummer herausgeben, wenn du etwas kaufen willst", sagte er. „Aber sie in einem Laden anzugeben, wo sie in den Akten notiert wird – das ist wirklich bekloppt."

„Das mache ich nur bei den Studio-Videotheken", sagte Mr. Conklin und erwähnte somit die schon bekannte Videotheken-Kette. „Aber ich prüfe jeden Monat meine VisaCard-Abrechnung. Ich wüsste sofort, wenn darauf irgend etwas anderes gebucht wurde."

„Ja klar", sagte Henry, „aber wenn die erst mal deine Nummer haben, ist es für jemand anderes ein Kinderspiel, sie zu klauen."

„Du sprichst von einem unehrlichen Angestellten."

„Nein, *irgendwer* – nicht nur ein Angestellter."

„Jetzt redest du aber kompletten Blödsinn", sagte Mr. Conklin.

„Ich kann jetzt sofort da anrufen und sie dazu bringen, mir deine Visa-Kartennummer zu geben", hielt Henry dagegen.

„Nein, das kannst du nicht", erwiderte sein Vater.

„Dafür brauche ich nur fünf Minuten, gleich hier, und ich stehe noch nicht mal dafür auf!"

Mr. Conklin kniff die Augen zusammen, er sah nach jemandem aus, der sich sehr sicher fühlt, das aber nicht zeigen will. „Ich glaube, du weißt nicht, was du da sagst", bellte er, nahm seine Geldbörse heraus und knallte 50 Dollar auf den Tisch. „Wenn du das hinkriegst, was du hier behauptest, gehört der dir."

„Ich will dein Geld nicht, Dad", sagte Henry.

Er zog sein Handy heraus, fragte seinen Vater, bei welcher Filiale er sei, und rief die Auskunft an. Dort ließ er sich die entsprechende Nummer geben und gleichzeitig auch den Anschluss der Zweigstelle im benachbarten Sherman Oaks.

Dann rief er den Laden in Sherman Oaks an. Henry ging die Sache ähnlich an wie in der vorigen Geschichte und erhielt schnell den Namen des Filialleiters und die Filialennummer.

Dann rief er das Geschäft an, bei dem sein Vater eingetragen war. Er nutzte den alten Trick mit „Hier spricht der Geschäftsführer". Er gab sich selbst als Filialleiter aus und nannte auch die entsprechende Nummer der Zweigstelle, die er gerade ergattert hatte. Dann setzte er die gleiche List ein: „Laufen bei euch die Computer? Bei uns stürzen die dauernd ab." Er hörte der Antwort zu und meinte dann: „Tja, hören Sie mal, ich habe hier einen von Ihren Kunden, der ein Video ausleihen möchte, aber unsere Rechner haben sich gerade mal wieder aufgehängt. Wären Sie so nett und schauen mal in das Kundenkonto und prüfen, ob er wirklich bei Ihnen Kunde ist?"

Henry nannte den Namen seines Vaters. Dann variierte er die Technik ein klein wenig und bat darum, dass ihm die Daten aus dem Kundenkonto vorgelesen werden: Anschrift, Telefonnummer und wann die Mitgliedschaft begonnen hat. Und dann sagte er: „Oh Mann, hier ist mittlerweile eine ziemlich lange Schlange vor der Kasse. Wie war doch gleich die Kreditkartennummer und die Gültigkeitsdauer?"

Henry hielt das Handy mit der einen Hand ans Ohr, während er mit der anderen auf der Papierserviette schrieb. Als er den Anruf beendete, schob er die Serviette zu seinem Vater hinüber, der ihn mit offenem Mund anstarrte. Der arme Kerl wirkte völlig geschockt, als ob all sein Vertrauen in die ganze Welt gerade den Bach heruntergegangen wäre.

Trickanalyse

Denken Sie mal an Ihre eigenen Gefühle, wenn Sie ein Unbekannter um einen Gefallen bittet. Wenn ein abgewrackter Fremder an Ihre Tür kommt, lassen Sie ihn wahrscheinlich nicht herein. Steht aber ein gut gekleideter Mensch mit geputzten Schuhen und wohlfrisiert, mit guten Manieren und einem Lächeln im Gesicht vor Ihnen, sind Sie wahrscheinlich deutlich weniger misstrauisch. Vielleicht ist er in Wahrheit der Freddie Krueger aus dem Horrorfilm, aber Sie werden erst einmal davon ausgehen, dass diese Person vertrauenswürdig ist, solange sie normal aussieht und nicht ein Schlachtermesser in der Hand hält.

Weniger offensichtlich ist, dass wir am Telefon auf die gleiche Art und Weise Menschen einschätzen. Hört sich diese Person so an, als wolle sie mir etwas andrehen? Ist sie freundlich und locker oder spüre ich da einen gewissen Druck oder etwas Feindseliges? Spricht sie auf eine gebildete Art und Weise? Alle diese Dinge und vielleicht noch ein Dutzend andere beurteilen wir unbewusst in wenigen Augenblicken, oft schon gleich am Anfang des Gesprächs.

Mitnick
Spot

Es gehört zu der menschlichen Natur anzunehmen, es sei unwahrscheinlich, dass man bei einer bestimmten Transaktion gelinkt werde, außer man habe einigen Grund zu dieser Annahme. Wir wägen die Risiken ab und entscheiden uns in den meisten Fällen für das Vertrauen. Das ist das natürliche Verhalten zivilisierter Menschen ... oder zumindest solcher zivilisierter Menschen, die noch nie um einen großen Geldbetrag betrogen worden sind.

Als Kinder haben uns die Eltern gepredigt, wir sollten keinem Fremden trauen. Vielleicht sollten wir alle auf unserem heutigen Arbeitsplatz dieses uralte Prinzip beherzigen.

Im Beruf werden wir dauernd um irgendetwas gebeten. Haben Sie die Email-Adresse von diesem Herrn? Wo ist die letzte Version der Kundenliste? Wer ist der Sub-Unternehmer dieses Projektabschnitts? Bitte schicken Sie mir die aktuelle Version der Projekt-Daten. Ich brauche dringend die neue Version des Quellcodes.

Und es ist völlig klar: Manchmal kennen Sie diejenigen, die Sie um etwas bitten, nicht persönlich. Sie arbeiten in einer anderen Abteilung der Firma oder behaupten das jedenfalls. Aber wenn Ihnen die Angaben, die sie machen, passend erscheinen und sie damit den Eindruck erwecken, sie hätten die „Kenne" („Ich habe von Marianne gehört ...", „Das liegt auf dem K-16 Server ...", ... Revision 26 der neuen Produkt-Pläne"), dehnen wir unseren Vertrauenskreis aus und nehmen sie darin auf und geben ihnen munter, was sie haben wollen.

Vertrauen aufbauen

Klar kommen wir auch mal ins Überlegen: „Warum braucht wohl jemand aus der Abteilung in Dallas die neuen Produkt-Pläne?" oder „Kann es schaden, wenn ich den Namen des Servers ausplaudere, auf dem die Sachen liegen?" Dann stellen wir noch ein oder zwei Fragen. Wenn die Antworten vernünftig sind und das Verhalten der Person zufriedenstellend ist, lassen wir alle Vorsichtsmaßnahmen beiseite, kehren zur unserem natürlichen Vertrauen unseren Mitmenschen gegenüber zurück und machen (innerhalb vernünftiger Grenzen), worum wir gebeten werden.

Aber glauben Sie nicht eine Sekunde daran, dass der Angreifer sich nur solche Leute zum Ziel nimmt, die Zugang zu den Computersystemen der Firma haben. Was ist mit dem Kerl aus der Poststelle? „Oh, können Sie mir einen großen Gefallen tun? Bitte werfen Sie das doch einfach in den Kasten für die firmeninterne Post." Weiß der Mitarbeiter aus der Poststelle, dass darin eine Diskette mit einem speziellen kleinen Programm für die Sekretärin des Chefs ist? Jetzt kriegt der Angreifer seine eigene persönliche Kopie der Emails für den Chef. Super! Kann so was in Ihrer Firma passieren? Die Antwort lautet: Auf jeden Fall.

DAS HANDY FÜR EINEN CENT

Viele Menschen suchen ganz lange, bis sie endlich eine günstige Gelegenheit gefunden haben. Social Engineers streben nicht nach einer günstigen Gelegenheit, sondern sie versuchen, eine Gelegenheit günstiger zu machen. Manchmal startet eine Firma z.B. eine Marketing-Kampagne, die so gut ist, dass man es kaum aushalten kann, daran vorbeizugehen. Der Social Engineer dagegen schaut sich das Angebot an und überlegt, wie er es sich noch mehr versüßen kann.

Vor nicht allzu langer Zeit warb in Amerika eine Telekommunikationsfirma mit dem Angebot, bei einem Vertragsabschluß ein nagelneues Handy für nur einen Cent draufzulegen.

Eine ganze Reihe von Leuten haben viel zu spät entdeckt, dass es eine Menge Fragen gibt, die ein vernünftiger Kunde vor dem Abschluss eines solchen Vertrages stellen sollte – ob der Service analog oder digital ist oder aus einer Kombination davon besteht, wie viele Minuten man im Monat nutzen kann, ob Extra-Gebühren für Gespräche im Ausland berechnet werden und so weiter und so fort. Besonders wichtig ist vor Abschluss die Frage der Vertragsdauer zu klären.

Stellen Sie sich einen Social Engineer aus Philadelphia vor, der schrecklich gerne so ein billiges Handy als Geschenk bei Vertragsabschluß hätte, aber die damit gekoppelte Vertragsbindung hasst. Kein Problem. Hier ist eine Möglichkeit, wie er das umgehen könnte.

Der erste Anruf: Ted

Zuerst ruft der Social Engineer die Filiale einer Elektronik-Kette in der WestGirard-Straße an.

„Electron City. Ted ist am Apparat."

„Hallo Ted. Mein Name ist Adam. Hören Sie, vor ein paar Tagen habe ich spät abends in Ihrem Laden mit einem Verkäufer über ein Handy gesprochen. Ich habe ihm gesagt, ich würde zurückrufen, wenn ich mir klar darüber geworden bin, welchen Vertrag ich abschließen wolle, und nun habe ich seinen Namen vergessen. Wie heißt der Kollege, der bei Ihnen die Nachtschicht macht?"

„Da gibt es mehrere. War es vielleicht William?"

„Bin mir nicht ganz sicher. Wie sieht er denn aus?"

„Großer Typ, ziemlich schmal."

„Der kommt mir bekannt vor. Wie heißt er mit Nachnamen?"

„Hadley. Ich buchstabiere mal: H – A – D – L – E – Y."

„Genau, der war's. Wann hat er wieder Dienst?"

„Ich kenne seinen Dienstplan für diese Woche nicht, aber die Spätschicht fängt gegen 17 Uhr an."

„Prima, ich werde es dann heute Abend noch einmal versuchen. Vielen Dank, Ted."

Der zweite Anruf: Katie

Der zweite Anruf geht bei einem Laden der gleichen Kette auf der North Broad Street ein.

„Hallo, hier ist Electron City, Katie am Apparat. Was kann ich für Sie tun?"

„Hallo Katie, hier spricht William Hadley aus dem Laden an der West Girard. Wie geht's uns denn heute?"

„Muss ja. Worum geht's?"

„Ich habe hier einen Kunden, der wegen des Handy-Angebotes für einen Cent gekommen ist. Das kennen Sie doch, oder?"

„Genau, ich habe diese Woche schon ein paar verkauft."

„Haben Sie noch ein paar von den Geräten, die zu diesem Angebot gehören?"

„Noch einen ganzen Haufen."

„Klasse. Ich habe nämlich gerade einem Kunden dieses Gerät verkauft. Er hat mir seine Kreditkarte gegeben, und dann haben wir den Vertrag abgeschlossen. Leider habe ich erst danach im Lager nachgeschaut, und wir haben keine Handys mehr. Das ist mir ziemlich peinlich. Können Sie mir einen Gefallen tun? Ich schicke ihn rüber zu Ihrem Laden, und er holt sich das Handy bei Ihnen ab. Können Sie ihm das Handy für einen Cent verkaufen und ihm eine Rechnung schreiben? Ich habe mit ihm abgesprochen, dass er sich gleich bei mir meldet, wenn er das Handy hat, dann kann ich mit ihm durchgehen, wie er das Gerät programmiert."

„Ja klar, schicken Sie ihn einfach rüber."

„Vielen Dank. Er heißt übrigens Ted Yancy."

Als der Typ mit Namen Ted Yancy im Laden an der North Broad Street eintrifft, stellt Katie ihm eine Rechnung aus und verkauft ihm das Handy für einen Cent, genau wie sie es mit ihrem „Kollegen" abgesprochen hat. Sie fällt komplett auf den Schwindel herein.

Als es ans Bezahlen geht, hat der Kunde keinen einzelnen Cent in seinen Taschen, und so greift er in die kleine Schale mit Münzen, die an der Kasse steht, nimmt eine heraus und gibt ihn der Kassiererin. Er bekommt das Handy, ohne auch nur einen einzigen eigenen Cent zu bezahlen.

Er kann nun frei wählen, zu welchem Handy-Anbieter mit dem gleichen Modell er gehen will, der das gleiche Modell wie das gerade Erschwindelte benutzt, und sich jede gewünschte Vertragsart anbieten lassen, vorzugsweise vielleicht einen Vertrag ohne Mindestumsatz, der monatlich verlängert wird.

Trickanalyse

Es ist natürlich, wenn Menschen ein höheres Maß an Akzeptanz einem anderen gegenüber aufbringen, der behauptet, er sei ein Kollege, und der sich mit den Abläufen in der Firma und dem Jargon auskennt. Der Social Engineer dieser Geschichte hat dies ausgenutzt, als er sich die Details einer Werbeaktion genauer ansah, sich selbst als Kollege der gleichen Firma ausgab und eine Kollegin aus der anderen Filiale um einen Gefallen bat. Dies geschieht zwischen den Filialen einer Unternehmenskette und auch zwischen den Abteilungen einer Firma, bei denen Menschen physisch voneinander getrennt sind und mit Kollegen zu tun haben, die sie persönlich noch nie getroffen haben.

WIR HACKEN BEI DER REGIERUNG

Oft denken Leute kein Stück daran, welche Unterlagen oder Materialien ihre Organisation über das Internet verfügbar macht. Für meine wöchentliche Sendung auf KFI Talk Radio in Los Angeles hat ein Journalist eine Online-Suche durchgeführt und dabei eine Anleitung für den Zugang zur Nationalen Kriminaldatenbank (NCIC) gefunden. Später fand er dann online ebenfalls das eigentliche Handbuch dieser Datenbank, ein besonders vertrauliches Dokument, das alle Angaben enthält, wie man Informationen aus der Kriminaldatenbank des FBI bekommt.

Dieses Handbuch ist für Strafverfolgungsbehörden gedacht und gibt die Formate und Codes an, um Informationen über Straftäter in dieser nationalen Datenbank zu finden. Bundesweit können Behörden in der Datenbank nach Informationen suchen, um Verbrechen in ihrem Zuständigkeitsbereich aufzuklären. Das Handbuch enthält die Codes, die in der Datenbank für alles verwendet werden, von unterschiedlichen Tätowierungen über verschiedene Bootstypen bis hin zu Kennzeichnungen von gestohlenem Bargeld und Pfandbriefen.

Jeder, der im Besitz dieses Handbuches ist, kann die Syntax und die Befehle nachschlagen, die für Anfragen an die Datenbank nötig sind. Dann folgt er den Angaben für das Verfahren bei einer Datenbankabfrage. Mit guten Nerven kann also jeder Informationen aus der Datenbank ziehen. Im Handbuch stehen auch Telefonnummern, falls man Hilfe bei der Verwendung der Datenbank braucht. Möglicherweise gibt es auch in Ihrer Firma entsprechende Bedienungsanleitungen, die Produktkennzeichnungen oder Codes für vertrauliche Informationen stellen.

Das FBI hat sicherlich niemals entdeckt, dass ihr vertrauliches Manual und die Verfahrensprozeduren jedem online zugänglich sind, und ich glaube, sie wären auch nicht besonders glücklich, wenn sie es wüssten. Eine Kopie wurde von einer Regierungsbehörde in Oregon ins Netz gestellt, die andere von einer Kriminalbehörde aus Texas. Warum? In beiden Fällen hat vermutlich jemand gedacht, dass die Informationen nicht besonders wichtig seien und eine Veröffentlichung keinen Schaden verursachen würde. Vielleicht hat jemand sie im Intranet der Behörde veröffentlicht, um den Kollegen behilflich zu sein, und es war ihm nicht klar, dass er diese Daten über das Internet weltweit für jeden zugänglich gemacht hat, der eine gute Suchmaschine wie Google nutzt – und dazu gehören auch die einfach nur Neugierigen, die Möchtegern-Cops, die Hacker und die Bosse des organisierten Verbrechens.

DAS SYSTEM ANZAPFEN

Wir finden hier das gleiche Prinzip, diese Art von Informationen dafür zu nutzen, jemand aus der Regierung oder in einer geschäftlichen Umgebung zu übertölpeln: Weil ein Social Engineer sich Zutritt zu besonderen Datenbanken oder Anwendungen verschaffen konnte oder die Namen der Computerserver einer Firma kennt oder ähnliches, erlangt er Glaubwürdigkeit. Und diese Glaubwürdigkeit führt zu Vertrauen.

Besitzt ein Social Engineer erst einmal solche Codes, ist es für ihn ein einfacher Prozess, an die eigentlich gewünschte Information heran zu kommen. In diesem Beispiel könnte er damit beginnen, eine Angestellte im Fernschreibe-Büro der hiesigen Polizei anzurufen und sie nach etwas über die Codes aus dem Handbuch zu fragen – z.B. den Code für eine Straftat. Er könnte es etwa so formulieren: „Wenn ich eine Abfrage nach einer Straftat in der Nationalen Kriminaldatenbank stelle, kriege ich als Antwort die Fehlermeldung ‚System is down‘. Ist das bei Ihnen auch so, wenn Sie nach Straftaten suchen? Können Sie das mal für mich ausprobieren?" Oder vielleicht sagt er auch, er sucht nach der Fahndungsdatei einer Person.

Die Angestellte im Fernschreibe-Büro am anderen Ende der Leitung ging davon aus, dass der Anrufer mit den Verfahrensabläufen und den Befehlen, um eine Abfrage in der Kriminaldatenbank durchzuführen, vertraut ist. Diese Prozeduren kann doch nur jemand kennen, der in der Verwendung der Kriminaldatenbank ausgebildet worden ist, oder?

Nachdem die Angestellte bestätigt hat, dass ihr System fehlerfrei läuft, könnte das Gespräch wie folgt fortgesetzt werden:

„Ich hätte da noch eine Bitte."

„Worum geht es denn?"

„Könnten Sie bitte mal im Strafregister eines gewissen Reardon, Martin nachsehen? Geboren am 18.10.1966."

„Wie lautet die Sozialversicherungsnummer?"

„700-14-7435."

Nachdem sie den Eintrag aufgerufen hat, könnte sie sich mit den Worten zurückmelden: „Da ist ein 2602 eingetragen."

Der Angreifer müsste nur noch online in der Kriminaldatenbank die Bedeutung dieses Codes nachsehen: Dieser Mann ist schon mal wegen Betruges verurteilt worden.

Trickanalyse

Ein ausgebildeter Social Engineer würde sich keine Minute hinsetzen, um sich Wege zum Einbrechen in die NCIC-Datenbank zu überlegen. Warum sollte er, wenn es nur einen simplen Anruf bei der örtlichen Polizeistelle und ein bisschen überzeugendes Gerede braucht, damit er sich wie ein Insider anhört und an die Daten kommt, die er haben will? Und das nächste Mal ruft er einfach eine andere Polizeibehörde an und nutzt den gleichen Vorwand.

Sie fragen sich vielleicht, ob es nicht riskant sei, bei einer Polizeibehörde, dem Sheriff oder der Autobahnpolizei anzurufen? Setzt sich der Angreifer nicht einem hohen Risiko aus?

Die Antwort ist Nein ... und das aus gutem Grund. Den Kollegen aus dem Bereich der Strafverfolgung ist genauso wie beim Militär vom ersten Tag ihrer Ausbildung an ein besonderer Respekt vor dem Rang einer Person eingebläut worden. Solange der Social Engineer sich als ein Sergeant oder Lieutenant ausgibt – ein höherer Dienstgrad als bei der Person, mit der er spricht –, lässt sich das Opfer von der gut gelernten Lektion leiten, die besagt, man stelle keine Personen in Frage, die in der Rangfolge über einem stehen. Mit anderen Worten: Dienstgrade haben ihre Privilegien, insbesondere das Privileg, nicht von untergeordneten Dienstgraden in Frage gestellt zu werden.

Sie sollten nicht davon ausgehen, dass der Kriminal-Bereich und das Militär die einzigen Orte sind, wo dieser Respekt vor dem Rang einer Person durch den Social Engineer ausgebeutet werden kann. Social Engineers verwenden oft die Autorität oder den Rang in der Unternehmenshierarchie als Waffe bei einem Angriff auf die Firma – wie eine Reihe von Beispielen in diesem Buch belegen.

SCHUTZMAßNAHMEN

Welche Maßnahmen kann Ihre Organisation ergreifen, um die Wahrscheinlichkeit zu verringern, dass Social Engineers einen Vorteil aus der natürlichen Neigung ihrer Angestellten ziehen, anderen zu vertrauen? Hier sind einige Vorschläge.

Schützen Sie Ihre Kunden

In unserem elektronischen Zeitalter tragen viele Firmen, die direkt an Konsumenten verkaufen, die Nummern von Kreditkarten in ihre Akten ein. Das hat durchaus seine Berechtigung: Es erspart dem Kunden die Mühe, jedes Mal beim Kauf im Geschäft oder auf der Website die Kreditkartennummer anzugeben. Trotzdem rate ich von dieser Praxis ab.

Wenn Sie Kreditkartennummern in Ihrer Kartei aufbewahren müssen, muss dieser Prozess von Sicherheitsmaßnahmen begleitet werden, die über eine Verschlüsselung oder Zugangsbeschränkung hinausgehen. Die Mitarbeiter müssen darin ausgebildet werden, arglistige Täuschungen, wie sie hier in diesem Kapitel vorgestellt wurden, zu erkennen. Der Kollege, den Sie noch nie persönlich getroffen haben, aber der nun mittlerweile zum Telefonfreund geworden ist, muss nicht die Person sein, für die er sich ausgibt. Vielleicht hat er gar nicht diesen „Wissensbedarf", um Zugang zu vertraulichen Kundeninformationen zu bekommen, weil er eventuell gar kein Firmenmitarbeiter ist.

Mitnick
Spot

> Jedermann sollte sich über die Vorgehensweise des Social Engineers im Klaren sein: Zuerst soviel Informationen wie möglich über das Ziel sammeln und diese Infos nutzen, um das Vertrauen eines Insiders zu erlangen. Danach geht's ans Eingemachte!

Kluges Vertrauen

Es sind nicht nur diejenigen, die Zugang zu eindeutig vertraulichen Informationen haben – die Softwareentwickler, die Leute aus der Forschungsabteilung usw. –, die sich gegen Einbruchsversuche verteidigen müssen. Praktisch jeder aus Ihrer Organisation benötigt eine Ausbildung, um das Unternehmen vor Industriespionen und Informationsdieben zu schützen.

Der Grundstein hierfür wird durch eine innerbetriebliche Untersuchung über das Informationskapital der Firma gelegt. Dabei wird jedes heikle, vertrauliche oder wertvolle Informationskapital einzeln betrachtet und danach gefragt, mit welchen Methoden ein Angreifer dieses Vermögen mit Social Engineering-Taktiken kompromittieren könnte. Eine angemessene Ausbildung für Personen, die vertraulichen Zugang zu diesen Daten haben, sollte den Antworten auf diese Fragen entsprechend gestaltet werden.

Wenn jemand, den Sie nicht persönlich kennen, bestimmte Materialien oder Daten anfordert oder Sie darum bittet, bestimmte Aufgaben an Ihrem Computer durchzuführen, sollten Ihre Angestellten sich ein paar Fragen stellen. Wenn ich diese Infos meinem schlimmsten Feind gäbe, könnten sie dazu verwendet werden, mir oder meiner Firma zu schaden? Verstehe ich vollständig die möglichen Auswirkungen der Befehle, die ich der Bitte nach in meinen Computer eingeben soll?

Wir wollen nicht durchs Leben gehen und dabei jede neue Person verdächtigen, der wir begegnen. Je vertrauensseliger wir jedoch sind, desto wahrscheinlich ist es, dass der nächste neue Social Engineer uns dahingehend täuschen kann, das Informationseigentum unseres Unternehmens weiterzugeben.

Was gehört in Ihr Intranet?

Bestimmte Bereiche Ihres Intranet können von außen zugänglich sein, bei anderen haben nur Angestellte Zugang. Wie sorgsam stellt Ihre Firma sicher, dass vertrauliche Daten nicht dort abgelegt werden, wo sie gerade für das Publikum zugänglich sind, vor dem Sie es eigentlich schützen wollen? Wann hat zum letzten Mal jemand in Ihrem Betrieb geprüft, ob vertrauliche Daten im Firmen-Intranet unabsichtlich auch über den öffentlichen Zugang Ihrer Website erreichbar sind?

Wenn Ihre Geschäftsstelle mit Proxy-Servern als Verbindungsstellen arbeitet, um das Unternehmen vor elektronischen Sicherheitsgefährdungen zu schützen: Sind diese Server kürzlich gecheckt worden, um sicherzustellen, dass sie korrekt konfiguriert wurden?

Ist die Sicherheit Ihres Intranets *überhaupt* jemals überprüft worden?

Vertrauen aufbauen

Kapitel

5

„Darf ich Ihnen helfen?"

Wir sind alle sehr dankbar, wenn wir uns mit einem Problem herumschlagen und jemand mit Kenntnis und Geschick hilfsbereit vorbeikommt und uns Unterstützung anbietet. Dies nutzt ebenfalls der Social Engineer aus.

Er weiß aber genauso, wie er anderen Probleme *macht* ... und Sie sind dann sehr froh und dankbar, wenn er das Problem wieder löst ... so dass Sie ihm schließlich zu Dank verpflichtet sind und ihm eine kleine Info geben oder ihm einen Gefallen tun, was sich für Ihre Firma (oder auch Sie persönlich) nach der Begegnung deutlich als nachteilig erweist. Und vielleicht erfahren Sie auch niemals, dass Sie etwas Wertvolles verloren haben.

Ich möchte Ihnen einige typische Arten vorstellen, wie ein Social Engineer seine „Hilfe" anbietet.

NETZWERKAUSFALL

Datum/Uhrzeit: Montag, der 12. Februar, 15:25

Ort: Büro der Schiffbaugesellschaft Starboard

Der erste Anruf: Tom DeLay

„Buchhaltung, Tom DeLay."

„Hallo Tom, hier spricht Eddie Martin vom Computer-Service. Wir versuchen gerade, ein Netzwerkproblem zu beheben. Wissen Sie zufällig, ob jemand aus Ihrer Abteilung Probleme damit hat, ins Netzwerk zu kommen?"

„Hm, keine Ahnung. Ich glaube nicht."

„Und Sie selbst haben keine Schwierigkeiten?"

„Nein, alles prima."

„Das freut mich. Hören Sie, wir starten gerade einen Rundruf an Leute, die betroffen sein könnten, weil es ganz wichtig ist, dass Sie uns sofort informieren, wenn Sie Ihre Netzwerkverbindung verlieren."

„Das hört sich aber nicht gut an. Glauben Sie wirklich, dass das passieren kann?"

„Das wollen wir nicht hoffen, aber bitte melden Sie sich dann bitte gleich bei uns, ja?"

„Aber hallo werde ich das machen."

„Hört sich so an, als ob es ein großes Problem für Sie ist, wenn Ihre Netzwerkverbindung zusammenbricht ..."

„Darauf können Sie Gift nehmen."

„Ich gehe Ihnen mal für alle Fälle meine Handy-Nummer, während wir am Problem arbeiten. Dann können Sie mich direkt erreichen, falls es nötig ist."

„Das wäre große Klasse. Schießen Sie los."

„Die Nummer ist 555 867 5309."

„555 867 5309. Hab ich. Vielen herzlichen Dank. Wie war noch mal Ihr Name?"

„Ich bin Eddie. Hören Sie, da ist noch was – ich muss prüfen, über welchen Port Ihr PC verbunden ist. Schauen Sie doch mal auf Ihren Rechner, ob Sie einen Aufkleber mit so was wie ‚Portnummer' finden."

„Warten Sie ... Nein, so was sehe ich hier nicht."

„Okay, dann schauen Sie doch bitte auf der Rückseite des Rechners, ob Sie ein Netzwerkkabel sehen."

„Ja, da ist was."

„Folgen Sie dem Kabel bis dorthin, wo es im Rechner steckt, und schauen, ob der Stecker da ein Etikett hat."

„Momentchen ... Ja, da ist was, ich muss mich grad mal bücken, damit ich das lesen kann. Ah ja, da steht Port 6.47."

„Gut, das hatten wir uns auch notiert, wollte nur noch mal sichergehen."

Der zweite Anruf: Der Kollege aus der IT-Abteilung

Zwei Tage später geht ein Anruf im Netzwerkzentrum der gleichen Firma ein.

„Hallo, Bob am Apparat. Ich bin im Büro von Tom DeLay aus der Buchhaltung. Wir versuchen gerade, ein Kabelproblem zu lösen. Bitte deaktivieren Sie mal den Port 6.47."

Der Kollege aus der IT-Abteilung meint, das sei in einigen Minuten erledigt, und man möge ihm doch Bescheid sagen, wenn er den Port wieder aktivieren soll.

Der dritte Anruf: Hilfe vom Feind

Etwa eine Stunde später macht der Typ, der sich Eddie Martin nennt, gerade im Baumarkt ein paar Einkäufe, als sein Handy klingelt. Mit einem Blick auf die Anruferidentifikation sieht er, dass der Anruf von der Schiffbaugesellschaft kommt, und eilt an ein ruhiges Plätzchen, bevor der den Anruf annimmt.

„Computer-Service, Eddie am Apparat."

„Oh, hallo Eddie. Das hallt so, wo sind Sie denn gerade?"

„Äh, bin gerade in einem Schaltschrank. Wer spricht da bitte?"

„Hier ist Tom DeLay. Mensch, bin ich froh, dass ich Sie erreiche. Erinnern Sie sich noch, dass wir vor zwei Tagen gesprochen haben? Gerade ist meine Netzwerkverbindung zusammengebrochen, genau wie Sie es gesagt haben, und mir geht hier ganz schön die Düse."

„Ja, da arbeiten schon ein paar von uns dran. Das sollten wir bis heute Abend wieder repariert haben. Geht das klar bei Ihnen?"

„NEIN! Verdammt, wenn ich so lange raus bin, komme ich total in Verzug! Können Sie das nicht schneller hinkriegen?"

„Wie eilig ist das bei Ihnen?"

„Ich kann ein paar andere Sachen vorziehen. Können Sie das vielleicht in etwa einer halben Stunde hinkriegen?"

„Halbe Stunde!! Sie haben ja gar keine Ansprüche. Hören Sie, ich lasse alles fallen und sehe zu, dass ich das für Sie wieder hinbiege."

„Eddie, das wäre ganz große Klasse, vielen Dank."

Eine dreiviertel Stunde später ...

„Tom? Hier ist Eddie. Checken Sie mal Ihre Netzwerkverbindung."

Nach einigen Momenten:

„Oh, super! Es läuft wieder. Das ist fantastisch!"

„Gut, bin froh, dass ich das für Sie wieder hingekriegt habe."

„Danke vielmals für die Mühe."

„Hören Sie mal, wenn Sie sichergehen wollen, dass Ihre Verbindung nicht noch mal abbricht, sollten Sie ein kleines Programm laufen lassen. Das geht ganz schnell."

„Das passt jetzt gerade nicht so gut."

„Verstehe ... Es könnte uns eine Menge Kopfschmerzen ersparen, wenn dieses Netzwerkproblem das nächste Mal auftritt."

„Na gut ... wenn es schnell geht."

„Bitte machen Sie Folgendes ..."

Eddie leitet Tom durch die Prozedur, eine kleine Anwendung von einer Website zu ziehen. Nach dem Download des Programms bittet Eddie, Tom möge darauf doppelklicken. Er macht es, aber sagt:

„Es funktioniert nicht. Da passiert nichts."

„Verflixt noch mal. Irgendwas stimmt mit dem Programm nicht. Dann lassen wir es fürs Erste sein. Wir können das später noch mal probieren." Und dann weist er Tom an, wie er das Programm löschen soll, damit es nicht wiederhergestellt werden kann.

Das Ganze hat etwa zwölf Minuten gedauert.

Die Story des Angreifers

Bobby Wallace fand es immer lächerlich, wenn er einen so guten Auftrag wie diesen bekam und seine Klienten sich um die unausgesprochene, aber naheliegende Frage herumdrückten, zu welchem Zweck diese Informationen gewünscht werden. Bei dieser Sache fielen ihm nur zwei Begründungen ein. Vielleicht waren sie Strohmänner für eine Organisation, die an der Übernahme der Zielfirma, der Schiffbaugesellschaft Starboard, interessiert war und die nun wissen wollte, in welcher finanzielle Lage sie sich genau befindet – insbesondere alles, was die Zielfirma vor einem potenziellen Käufer verbergen will. Oder aber sie repräsentierten Investoren, denen die Art und Weise, wie mit dem Geld in der Firma umgegangen wird, spanisch vorkommt und die

nun herausfinden wollen, ob einer der Geschäftsführer da einen Selbstbedie-
nungsladen führt.

Und vielleicht erzählten seine Klienten ihm die wahren Beweggründe auch
deswegen nicht, weil Bobby dann möglicherweise mehr Geld verlangte, wenn
er wüsste, wie wertvoll die Daten sind.

●●●●●●●●●●●●●●●

Es gibt eine Vielzahl von Wegen, wie man sich Zugang zu den geheimsten
Daten einer Firma verschaffen kann. Ein paar Tage lang grübelte Bobby über
den Möglichkeiten und recherchierte ein wenig, bevor er sich für einen Plan
entschied. Er wählte einen Schlachtplan mit einer ihm sehr gemäßen Herangehensweise, bei dem die Zielperson so vorbereitet wird, dass sie den Angreifer um Hilfe bittet.

Zuallererst kaufte sich Bobby in einem Kaufhaus für 40 Dollar ein Karten-
Handy. Er rief den Mann an, den er sich als Zielperson ausgesucht hatte,
stellte sich als Kollege vom Computer-Service der Firma vor und richtete die
Dinge so ein, dass der Mann Bobby jederzeit auf dem Handy anrufen würde,
wenn er mit seiner Netzwerkverbindung ein Problem hat.

Um nicht aufzufallen, ließ er zwei Tage verstreichen und telefonierte dann
mit dem Netzwerkrechenzentrum der Firma. Er behauptete, er müsse für
Tom, die Zielperson, ein Problem lösen und bat darum, Toms Netzwerkverbindung zu unterbrechen. Bobby wusste, dass dies der heikelste Part des ganzen Unterfangens war – in vielen Betrieben arbeiten die Leute vom
Computer-Service sehr eng mit dem Rechenzentrum zusammen; oft ist sogar
der Computer-Service ein Teil der IT-Struktur. Aber für den gleichgültigen
Kollegen vom Rechenzentrum war es ein Routineanruf, und er fragte nicht
nach dem Namen der Person vom Computer-Service, der angeblich an diesem Netzwerk-Problem arbeitete, und deaktivierte bereitwillig den Netzwerk-
Port der Zielperson. Somit war Tom vom Intranet der Firma völlig abge-
schnitten, konnte keine Daten vom Server holen oder mit den Kollegen austauschen, Emails abrufen oder überhaupt irgend etwas ausdrucken.
Heutzutage ist das gleichbedeutend mit einem Rückfall in die Steinzeit.

Wie Bobby schon vorausgesehen hatte, dauerte es nicht lange, bis sein
Handy klingelte. Natürlich gab er sich den Anschein, dass er dem armen, lei-
denden Kollegen liebend gerne helfen wolle. Dann rief er das Rechenzentrum
an und veranlasste die erneute Aktivierung des Ports. Schließlich rief er seinen
Mann zurück und manipulierte ihn erneut, indem er ihm diesmal ein schlechtes Gewissen machte, Bobbys Bitte abzulehnen, nachdem dieser ihm einen
Gefallen getan hatte. Tom stimmte zu, ein kleines Programm auf seinen Computer herunterzuladen.

Natürlich war das, dem er zugestimmt hatte, nicht das, wonach es aussah. Die Software, die nach Bobbys Aussage verhindern solle, dass die Netzwerkverbindung erneut zusammenbricht, war in Wirklichkeit ein Trojanisches Pferd, eine Anwendung, die auf Toms PC das anrichtete, was in der Geschichte den Trojanern passierte: Damit wurde der Feind ins Lager geholt. Tom berichtete, dass nichts passierte, als er auf das Icon doppelklickte. Tatsächlich war es Absicht, dass auf dem Bildschirm nichts zu erkennen sein sollte, obwohl das kleine Programm eine geheime Anwendung installierte, die dem Eindringling einen verborgenen Zugang zu Toms Computer ermöglichte.

Nach dem Start dieser Anwendung hatte Bobby vollständige Kontrolle über Toms Rechner, was als *remote command shell* bezeichnet wird. Mit diesem Zugang konnte Bobby auf Toms Rechner nach Abrechnungsdateien Ausschau halten und sie bei Bedarf kopieren. Dann konnte er sie gemächlich nach den Informationen durchsuchen, die für seine Klienten nützlich sein könnten.

Und das war noch nicht alles. Er konnte jederzeit zurückkommen und die Emails und privaten Aktennotizen der Firmenchefs auf bestimmte Worte hin durchsuchen, die ihm viele interessante Leckerbissen enthüllen könnten.

Nachdem er seine Zielperson so beschwindelt hatte, dass sie ihm arglos das Trojanische Pferd installierte, warf Bobby später an diesem Tag das Handy in einen Mülleimer. Natürlich war er so umsichtig, dass er vorher den Speicher löschte und die Batterie entfernte, bevor er das Teil wegwarf – es wäre das Letzte gewesen, wenn jemand aus Versehen diese Handy-Nummer anrief und das Handy dann klingelte.

Jargon

Trojanisches Pferd Ein Programm, das bösartigen oder gefährlichen Code enthält, mit dem der Rechner oder die Dateien des Opfers beschädigt oder Informationen vom Netzwerk oder PC des Opfers bezogen werden können. Einige Trojaner sind so programmiert, dass sie sich im Betriebssystem verstecken und alle Tasteneingaben oder Mausbewegungen aufzeichnen oder aber Befehle über ein Netzwerk akzeptieren und ausführen – und das alles, ohne dass das Opfer etwas davon ahnt.

Trickanalyse

Der Angreifer spinnt sein Netz, um die Zielperson zu überzeugen, dass sie ein Problem hat, das in Wahrheit nicht existiert – oder das wie in diesem Fall noch nicht eingetreten ist, aber von dem der Angreifer weiß, dass es stattfindet, weil er selbst es verursachen wird. Er präsentiert sich dann als Retter in der Not.

Bei dieser Art des Angriffs ist das Arrangement von besonderer Spannung für den Angreifer: Weil schon im Vorfeld die Saat ausgebracht wird, führt die Zielperson den Anruf aus eigenem Antrieb durch, wenn sie sich mit einem Problem konfrontiert sieht. Der Angreifer lehnt sich einfach zurück und wartet, bis er angerufen wird. Man bezeichnet diese Taktik liebevoll als *reverse social engineering*. Ein Angreifer, der das Opfer dazu bringt, *ihn* anzurufen, erlangt sofortige Glaubwürdigkeit: Wenn ich jemanden anrufe, von dem ich annehme, er sei beim Computer-Service tätig, werde ich nicht von ihm verlangen, seine Identität zu beweisen.

Bei einem Betrug wie diesem wählt der Social Engineer gerne eine Zielperson, die wahrscheinlich wenig Ahnung von Computern hat. Je mehr Kenntnisse vorhanden sind, desto wahrscheinlicher wird man argwöhnisch oder bemerkt den Manipulationsversuch. Wenn Computer für jemanden eine besondere Herausforderung darstellen, weil er wenig Kenntnisse über Technologie und Arbeitsweise hat, ist seine Bereitschaft wahrscheinlich höher, sich anleiten zu lassen. Er ist ebenfalls anfälliger für eine List wie „Laden Sie einfach dieses kleine Programm herunter", weil er keine Vorstellung davon hat, welchen potenziellen Schaden eine Software verursachen kann. Und obendrein kann er sich wahrscheinlich noch weniger vorstellen, welchen Wert die Daten auf dem Computernetzwerk haben, das er in Gefahr bringt.

81

Jargon

Remote Command Shell Eine Befehlseingabezeile, die zur Ausführung von bestimmten Aktionen oder Programmstarts textbasierte Eingaben akzeptiert. Ein Angreifer, der technische Schwachstellen ausnutzt oder ein Trojanisches Pferd auf dem Rechner des Opfers installieren konnte, könnte einen Fernzugang zu einer Befehlszeile erlangen.

Reverse Social Engineering Ein Angriff durch einen Social Engineer, bei dem der Angreifer die Situation so einrichtet, dass das Opfer mit einem Problem fertig werden muss und den Angreifer um Mithilfe bittet. Eine andere Form des Reverse Social Engineerings dreht den Spieß um: Die Zielperson erkennt den Angriff und setzt psychologische Prinzipien der Beeinflussung ein, um vom Angreifer soviel Informationen wie möglich zu erhalten, damit das Unternehmen das bedrohte Firmenkapital so gut wie möglich schützen kann.

Mitnick
Spot

Wenn ein Fremder Ihnen behilflich ist und Sie im Gegenzug ebenfalls um einen Gefallen bittet, sollten Sie sich nicht einfach so erkenntlich zeigen, ohne dieses Anliegen sorgfältig zu prüfen.

KLEINE HILFE FÜR DIE NEUE

Neue Angestellte sind ein lohnenswertes Ziel für Angreifer. Sie kennen erst ein paar Leute, haben wenig Ahnung von Betriebsabläufen oder was in der Firma so üblich ist. Und weil sie bestrebt sind, einen guten ersten Eindruck zu machen, zeigen sie viel Bereitwilligkeit zur Zusammenarbeit und wie eifrig sie bei der Sache sind.

Die hilfsbereite Andrea

„Personalabteilung, Andrea Calhoun am Apparat."

„Hallo Andrea, hier ist Alex von der Sicherheitsabteilung."

„Ja, bitte?"

„Wie geht's uns denn so?"

„Alles prima. Was kann ich für Sie tun?"

„Hören Sie, wir entwickeln gerade ein Sicherheitsseminar für neue Angestellte und suchen ein paar Leute, mit denen wir das ausprobieren können. Dafür brauche ich die Namen und Telefonnummern aller Neueinstellungen aus dem letzten Monat. Können Sie mir dabei helfen?"

„Das kriege ich wohl bis heute Nachmittag hin. Reicht Ihnen das? Wie lautet Ihre Durchwahl?"

„Das ist die 52 ... aber ich bin leider fast den ganzen Tag in irgendwelchen Besprechungen. Wenn ich damit fertig bin, rufe ich Sie heute Nachmittag von meinem Büro aus an, wahrscheinlich ab 16 Uhr."

Als Alex gegen 16.30 anrief, hatte Andrea die Liste schon zur Hand und las ihm die Namen und Durchwahlen vor.

Eine Botschaft für Rosemary

Rosemary Morgan liebte ihren neuen Job. Sie hatte vorher noch nie für eine Zeitschrift gearbeitet und fand, dass die Leute hier viel freundlicher waren, als sie erwartet hatte, und das war erstaunlich, wenn man den andauernden Druck bedenkt, unter dem die Redaktion monatlich pünktlich eine Ausgabe produziert. Der Anruf, den sie an einem gewissen Donnerstagmorgen erhielt, bestätigte diesen Eindruck von Freundlichkeit.

„Spreche ich mit Rosemary Morgan?"

„Ja, am Apparat."

„Hallo Rosemary, hier ist Bill Jorday aus der Arbeitsgruppe für Datensicherheit."

„Ja, bitte?"

„Hat schon mal jemand aus unserer Abteilung mit Ihnen unsere Sicherheitspraktiken besprochen?"

„Nein, ich glaube nicht."

„Schön, dann wollen wir mal. Zuallererst erlauben wir keinem, irgendwelche Software von außerhalb der Firma hier zu installieren. Wir wollen keine Haftungsklagen wegen der nicht-lizenzierten Verwendung von Software. Und natürlich, um Probleme mit Viren oder von Würmern infizierter Software zu vermeiden."

„Okay."

„Sind Ihnen unsere Richtlinien in Bezug auf Emails bekannt?"

„Nein."

„Wie lautet Ihre Email-Adresse?"

„Rosemary@ttrzine.net."

„Melden Sie sich mit dem Benutzernamen Rosemary an?"

„Nein, der lautet R-Unterstrich-Morgan."

„Richtig. Wir legen Wert darauf, dass allen unseren neuen Ange-stellten klar ist, dass das Öffnen von unerwarteten Email-Anhängen gefährlich sein kann. Es werden eine Menge Viren und Würmer versendet, und diese Emails erwecken den Ein-druck, dass Sie den Absender kennen. Wenn Sie also eine Email mit einem unerwarteten Anhang bekommen, sollten Sie immer prüfen, ob wirklich die als Absender angegebene Per-son Ihnen diese Mail geschickt hat. Können Sie das nachvoll-ziehen?"

„Ja, davon habe ich schon gehört."

„Sehr gut. Unsere Richtlinien besagen, dass Sie Ihr Passwort alle 90 Tage ändern müssen. Wann haben Sie zuletzt Ihr Passwort geändert?"

„Ich bin erst drei Wochen hier, und ich benutze noch das erste Passwort."

„Das ist in Ordnung. Sie können die 90 Tage voll ausnutzen. Aber wir müssen auf jeden Fall sicherstellen, dass die Leute keine einfach zu ratenden Passwörter verwenden. Verwenden Sie ein Passwort, das aus Ziffern und Buchstaben besteht?"

„Nein."

„Das müssen wir ändern. Welches Passwort gebrauchen Sie jetzt?"

„Das ist der Name meiner Tochter – Annette."

„Das ist wirklich kein sicheres Passwort. Sie sollten niemals ein Passwort verwenden, das mit Ihrer Familie zusammenhängt. Schauen wir mal ... Sie könnten es genauso wie ich machen. Es ist okay, Ihr jetziges Passwort als ersten Teil zu benutzen, aber jedes Mal, wenn Sie es ändern, fügen Sie eine Zahl entsprechend des aktuellen Monats hinzu."

„Wenn ich das also jetzt mache, müsste ich für März eine 3 oder eine 03 hinzufügen."

„Das bleibt Ihnen überlassen. Womit kommen Sie besser zurecht?"

„Ich glaube, ich nehme Annette3."

„Prima. Soll ich Ihnen bei der Passwortänderung behilflich sein?"

„Nein, damit kenne ich mich aus."

„Gut. Da ist noch etwas anderes. Sie haben auf Ihrem Rechner eine Antiviren-Software, und es ist wichtig, dass sie aktuell ist. Sie sollten niemals die automatische Update-Funktion ausschalten, auch wenn Ihr PC gelegentlich etwas langsamer werden sollte. In Ordnung?"

„Sicher, kein Problem."

„Ganz klasse. Haben Sie unsere Telefonnummer von hier, damit Sie bei Computerproblemen anrufen können?"

Nein, hatte sie nicht, und er gab ihr die Durchwahl, die sie sorgfältig aufschrieb. Danach ging sie wieder an die Arbeit und war ganz zufrieden, wie sorgfältig hier mit ihr umgegangen wird.

Trickanalyse

Diese Geschichte bekräftigt ein Grundthema, das sich durch das ganze Buch zieht. Die grundlegende Information, die ein Social Engineer von einem Angestellten haben will – egal welches Ziel er letzten Endes verfolgt – sind die Daten über die Berechtigungen und Authentifizierung der Zielperson. Mit einem Benutzernamen und dem dazugehörigen Passwort eines einzigen Angestellten aus der richtigen Ecke der Firma hat der Angreifer alles Nötige, um einzubrechen und andere gewünschte Informationen zu lokalisieren. Mit diesem Wissen hat er praktisch einen Generalschlüssel, und damit ausgerüstet kann er frei im gesamten Unternehmen herumspazieren und alle Tresore ausplündern.

Mitnick
Spot

Bevor neuen Angestellten ein Zugang zu den Firmennetzwerken gewährt wird, müssen sie in der Befolgung guter Sicherheitsrichtlinien ausgebildet werden, insbesondere der Richtlinie, niemals Passwörter weiterzugeben.

NICHT SO SICHER WIE GEDACHT

„Eine Firma, die nicht auf den Schutz ihrer sensiblen Informationen achtet, handelt grob fahrlässig." Diesen Satz würden eine Menge Leute unterschreiben. Und die Welt wäre ein besserer Ort, wenn das Leben so offensichtlich und so einfach wäre. In Wahrheit sind auch solche Firmen ernsthaft gefährdet, die sich viel Mühe geben, vertrauliche Daten zu schützen.

Hier ist ein Fallbeispiel, das erneut illustriert, wie Unternehmen sich täglich selbst in die Tasche lügen, dass ihre von erfahrenen, kompetenten Profis ausgearbeiteten Sicherheitspraktiken nicht umgangen werden können.

Die Geschichte von Steve Cramer

Der Rasen war nicht besonders groß und hatte nie etwas von dieser teuren Saat gesehen. Er rief keinen Neid hervor. Und auf keinen Fall war er groß genug, um als Begründung für den Kauf eines Rasenmähers zu dienen, auf dem man sitzend umherfahren konnte, aber das war schon in Ordnung. So was hätte er sowieso nicht benutzt. Steve genoss es, mit einem handbetriebenen Rasenmäher zu arbeiten, weil das mehr Zeit in Anspruch nahm, und diese Aufgabe lieferte ihm eine nützliche Entschuldigung, seinen eigenen Gedanken nachzuhängen. So musste er Anna nicht zuhören, die ihm Geschichten über die Leute aus der Bank erzählte, bei der sie arbeitete, oder ihm Botengänge auftrug. Er hasste diese „Liebster, würdest Du bitte ..."-Listen, die ein integraler Bestandteil seiner Wochenenden geworden waren. Ihm ging durch den Kopf, dass sein zwölfjähriger Pete ganz schön pfiffig gewesen war, ins Schwimm-Team einzutreten. Jetzt musste er jeden Samstag zum Training oder einem Treffen und konnte sich den samstäglichen Aufgaben entziehen.

Für manche Leute könnte Steves Job, medizinische Geräte bei GeminiMed zu entwikkeln, eine langweilige Geschichte sein, aber er wusste, dass er damit Leben rettete. Steve sah seine Arbeit als etwas sehr Kreatives an. Künstler, Komponist, Ingenieur – nach Steves Meinung mussten sie sich alle der gleichen Herausforderung stellen: Sie schufen etwas vorher noch nie Dagewesenes. Und auf seine neueste Schöpfung, eine faszinierend ausgeklügelte Herzgefäßprothese (ein sogenannter Stent), war er besonders stolz.

An diesem gewissen Samstag war es gerade halb zwölf, als Steve langsam ärgerlich wurde, weil er beinahe mit dem Rasenmähen fertig war und noch immer keinen Fortschritt dabei gemacht hatte, die letzte Hürde bei der Herzgefäßprothese zu überwinden: die Reduktion der Energieversorgung. Beim Mähen konnte man perfekt über dieses Problem grübeln, aber leider war ihm keine Lösung eingefallen.

„Darf ich Ihnen helfen?"

Anna erschien an der Tür, die Haare in das rotgemusterte Cowboy-Tuch gewunden, das sie beim Putzen stets trug. „Telefon", rief sie. „Jemand von der Arbeit."

„Wer denn?" rief Steve zurück.

„Irgendein Ralph. Glaub ich jedenfalls."

Ralph? Steve fiel niemand mit diesem Namen bei GeminiMed ein, der am Wochenende anrufen würde. Aber vielleicht hatte Anna auch den Namen falsch verstanden.

„Steve, hier spricht Ramon Perez vom Technischen Dienst." Ramon – wie um alles in der Welt mochte Anna von diesem spanischen Namen auf Ralph kommen, fragte er sich.

„Dies ist nur ein Gefälligkeitsanruf", sagte Ramon. „Drei von den Servern sind abgestürzt, wir gehen von einem Wurm aus. Wir müssen die Festplatten komplett löschen und die Datensicherung wieder aufspielen. Das heißt, Ihre Dateien werden spätestens Mittwoch oder Donnerstag wieder zugänglich sein. Mit ein bisschen Glück."

„Absolut inakzeptabel", sagte Steve nachdrücklich, bemüht, seinen Ärger im Zaum zu halten. Wie konnten diese Leute so naiv sein? Glaubten die denn wirklich, dass er dieses ganze Wochenende und dann noch fast bis zum nächsten ohne Dateizugang klarkommen könne? „Auf gar keinen Fall. Ich werde in spätestens zwei Stunden bei mir zu Hause am Rechner sitzen und brauche definitiv den Zugang zu meinen Daten. Habe ich mich deutlich genug ausgedrückt?"

„Ja, klar, jeder, den ich bisher angerufen habe, will ganz oben auf der Liste stehen. Ich habe mein Wochenende gekippt, um hier wieder alles in Ordnung zu bringen, und es macht echt keinen Spaß, dass alle, mit denen ich spreche, ihren Frust an mir auslassen."

„Ich habe einen ganz strengen Termin einzuhalten, die Firma hängt davon ab. Ich muss heute Nachmittag einiges geschafft kriegen. Welchen Teil davon haben Sie nicht verstanden?"

„Ich muss noch eine Reihe Leute anrufen, bevor ich überhaupt anfangen kann", erwiderte Ramon. „Kämen Sie damit klar, wenn Sie kommenden Dienstag wieder an Ihre Daten können?"

„Nicht Dienstag, nicht Montag, heute. JETZT!" sagte Steve und fragte sich, an wen er sich wenden sollte, wenn er das diesem Dickschädel nicht klarmachen konnte.

„Ist ja gut", sagte Ramon, und Steve konnte hören, wie er genervt seufzte. „Lassen Sie mich mal sehen, was sich machen lässt. Sie arbeiten auf dem RM22-Server, richtig?"

„RM22 und auf dem GM16. Beiden."

„In Ordnung. Okay, ich kann das hier beschleunigen, ein bisschen Zeit sparen – ich brauche Ihren Benutzernamen und Ihr Passwort."

Oha, dachte Steve. *Was geht hier ab? Warum braucht er mein Passwort? Warum fragt ausgerechnet einer von der IT-Abteilung danach?*

„Wie war noch mal Ihr Name? Und wer ist Ihr Vorgesetzter?"

„Ich bin Ramon Perez. Hören Sie, ich sag Ihnen was: Als Sie eingestellt wurden, da gab es ein Formular, das Sie für Ihr Benutzerkonto ausgefüllt haben, und Sie mussten dort ein Passwort eintragen. Ich könnte da nachschauen und Ihnen zeigen, dass wir das hier in den Unterlagen haben. Okay?"

Steve dachte kurz darüber nach und stimmte dann zu. Er blieb mit wachsender Ungeduld am Apparat, während Ramon die Dokumente aus einem Aktenschrank holte. Als er schließlich wieder am Telefon war, konnte Steve hören, wie er einen Stapel Papier durchblätterte.

„Jawohl, da haben wir's ja", sage Ramon schließlich. „Sie haben das Passwort ‚Janice' eingetragen."

Janice, dachte Steve. Das war der Name seiner Mutter, und tatsächlich hatte er es einige Male als Passwort genutzt. Es war gut möglich, dass er es beim Ausfüllen der Einstellungspapiere als sein Passwort eingetragen hatte.

„Ja, das ist richtig", bestätigte er.

„Okay. Wir verlieren hier einiges an Zeit. Sie wissen nun, dass ich echt bin, Sie wollen, dass ich eine Abkürzung nehme und Ihre Daten möglichst schnell wieder zugänglich machen soll. Da könnten Sie mich hier ein wenig unterstützen."

„Meine Kennung ist s, d, Unterstrich, cramer – c-r-a-m-e-r. Das Passwort ist ‚pelikan1'."

„Ich mache mich sofort an die Arbeit", sagte Ramon und hörte sich endlich hilfsbereit an. „Geben Sie mir ein paar Stunden Zeit."

Steve mähte den Rasen zu Ende, aß zu Abend, und als er sich dann schließlich an seinen Rechner setzte, entdeckte er, dass er tatsächlich wieder auf seine Daten zugreifen konnte. Es war ihm eine Genugtuung, dass er diesen unkooperativen Typ aus der IT-Abteilung so gründlich in den Griff bekommen hatte, und hoffte, dass Anna mitgehört hatte, wie bestimmend er aufgetreten war. Es täte wohl gut, dem Typ oder seinem Boss mal die Hölle heiß zu machen, aber er wusste, das war etwas, zu dem er nie kommen würde.

Die Geschichte von Craig Cogburne

Craig Cogburne war als Vertreter einer High-Tech-Firma recht erfolgreich gewesen. Nach einiger Zeit bemerkte er, dass er gute Antennen dafür hatte, einen Kunden zu durchschauen und ein Gefühl dafür zu entwickeln, wo jemand widerspenstig war oder wo sich Schwächen oder Angriffspunkte auftun konnten, die einem den Abschluss einer Transaktion erleichterten. Er begann zu überlegen, wo er dieses Talent weiter nutzen könnte, und sein Weg führte ihn nach und nach in ein weitaus lukrativeres Feld: das der Industriespionage.

Das hier war ein ganz heißer Auftrag. Sah nicht nach einem Zeitfresser aus, und ein Trip nach Hawaii würde auf jeden Fall dabei herausspringen. Oder vielleicht sogar nach Tahiti.

Der Kerl, der mir den Auftrag gab, hat mir natürlich nichts von seinen Hintermännern erzählt, aber es war naheliegend, dass es irgendeine Firma war, die mit einem einzigen großen Sprung die Konkurrenz hinter sich lassen wollte. Meine Aufgabe bestand einfach darin, das Design und die Produktspezifikationen von einem Teil namens Herzgefäßprothese zu kriegen, was immer das auch sein mochte. Das Unternehmen nannte sich GeminiMed. War mir vorher noch nicht untergekommen, aber es gehörte zu den weltweit größten Firmen, den Fortune 500, mit einem halben Dutzend Niederlassungen an verschiedenen Orten. Das macht den Job leichter als bei einer kleineren Firma, bei der es wahrscheinlicher wird, dass der Typ, mit dem ich rede, denjenigen kennt, für den ich mich ausgebe, und mir auf die Schliche kommt. Wie Piloten über einen Zusammenprall in der Luft sagen, kann einem das den ganzen Tag verderben.

Mein Auftraggeber schickte mir ein Fax mit einem Ausschnitt aus so einem Ärztemagazin, in dem stand, das GeminiMed an einer Herzgefäßprothese mit der Bezeichnung STH-100 arbeitete, die ein völlig neues Design besitzen sollte. Super Sache, da hatte schon irgend so ein Reporter für mich die Hufe geschwungen und mir eine Menge Arbeit abgenommen. Eine wichtige Sache hatte ich schon, bevor ich überhaupt angefangen hatte: den Namen des neuen Produkts.

Erstes Problem: die Namen von Leuten herausfinden, die in dieser Firma am STH-100 arbeiten oder für die es wichtig sein könnte, die Pläne zu sehen. Da habe ich in der Telefonzentrale angerufen und gesagt: „Ich habe einem aus Ihrer Arbeitsgruppe versprochen, mich mit ihm in Verbindung zu setzen, und nun fällt mir sein Nachname nicht mehr ein, aber der Vorname beginnt mit einem S." Und sie antwortet: „Wir haben einen Scott Archer und einen Sam Davidson." Ich ging aufs Ganze und fragte: „Welcher der beiden arbeitet in der Gruppe für das STH-100?" Sie hatte keine Ahnung, und so entschied ich mich nach Gutdünken für Scott Archer, und sie stellte mich durch.

Als er abnahm, stellte ich mich vor: „Hallo, hier spricht Mike von der Post-stelle. Wir haben ein Paket für das Projektteam des Herz-Stent STH-100. Haben Sie eine Idee, zu wem das gehört?" Er gab mir den Namen des Projekt-leiters Jerry Mendel. Ich brachte ihn sogar dazu, seine Telefonnummer für mich nachzuschlagen.

Ich rief an. Mendel war nicht erreichbar, aber auf seiner Mailbox hörte ich die Nachricht, dass er bis zum 13. im Urlaub sei, was bedeutete, dass er noch eine weitere Woche beim Skifahren oder wo auch immer zubringen werde, und alle, die in der Zwischenzeit etwas benötigten, sollten Michelle unter 9137 anrufen. Sehr hilfsbereit, diese Leute. Sehr hilfsbereit.

Ich legte auf und wählte Michelles Nummer, bekam sie auch an den Apparat und sagte: „Hier spricht Bill Thomas. Jerry hat mir gesagt, ich solle Sie anru-fen, wenn ich mit der Produktbeschreibung fertig bin, die sein Team überar-beiten soll. Sie arbeiten an der Gefäßprothese, nicht wahr?" Das bestätigte sie.

Jetzt kam der schwerste Teil dieser Trickserei. Falls sie Verdacht schöpfen sollte, war ich bereit, die Karte auszuspielen, dass ich Jerry nur einen Gefallen tun wollte, um den er mich gebeten hatte. Ich fragte: „Auf welchem System arbeiten Sie?"

„System?"

„Welche Art von Computerserver benutzt Ihre Arbeitsgruppe?"

„Oh", sagte sie, „RM22. Und einige arbeiten auch mit einem GM16."

Sehr gut. Das habe ich gebraucht, und es war ein Stück Information, das ich ihr aus den Rippen leiern konnte, ohne sie stutzig zu machen. Und das hat sie auch für das nächste Stück weichgekocht, das ich so beiläufig wie möglich ansprach: „Jerry hat gemeint, Sie könnten mir eine Liste der Email-Adressen der Leute vom Entwicklungsteam geben", sagte ich und hielt den Atem an.

„Sicher. Aber der Verteiler ist zum Vorlesen viel zu lang, kann ich Ihnen das zumailen?"

Huch! Jede Email-Adresse, die nicht mit GeminiMed.com endete, ließe die Alarmsirene losgehen. „Geht das auch per Fax?" erwiderte ich.

Das könne sie auf jeden Fall einrichten.

„Unser Fax hat leider den Geist aufgegeben. Ich muss die Nummer von einem anderen Gerät herausfinden. Ich rufe gleich zurück", sagte ich und legte auf.

Jetzt denken Sie vielleicht, ich hätte mir mächtig was eingebrockt, aber das ist bloß ein üblicher Routine-Kniff in unserer Branche. Ich wartete ein biss-chen, damit meine Stimme der Frau in der Telefonzentrale nicht bekannt vor-kam, und rief sie dann erneut an: „Hallo, hier ist Bill Thomas. Unser Faxgerät hier oben ist kaputt, kann ich ein Fax an Ihren Apparat senden lassen?" Sie sagte ja und gab mir die Nummer.

„Darf ich Ihnen helfen?"

Und dann laufe ich da einfach auf und hole das Fax ab, nicht wahr? Auf gar keinen Fall. Erste Regel: Sich niemals an Ort und Stelle blicken lassen, wenn es nicht absolut notwendig ist. Man ist ganz schön schwer zu identifizieren, wenn man bloß eine Stimme am Telefon ist. Und wenn man Sie nicht identifizieren kann, können Sie auch nicht verhaftet werden. Ziemlich schwer, einer Stimme Handschellen anzulegen. Darum rief ich nach einiger Zeit wieder in der Zentrale an und fragte sie, ob das Fax eingetroffen sei. „Ist hier", sagte sie.

„Hören Sie", sagte ich. „Ich muss plötzlich dringend zu einem unserer Vertreter rausfahren. Wäre es für Sie möglich, das Fax dorthin weiterzuleiten?" Sie willigte ein. Und warum auch nicht – könnte man von jemandem aus der Telefonzentrale erwarten, vertrauliche Daten zu erkennen? Während sie das Fax an den „Vertreter" schickte, habe ich meine tägliche Sportübung gemacht und bin zu dem Papierladen um die Ecke gegangen, bei dem im Fenster das Schild „Hier Faxdienste" hängt. Das Fax sollte schon vor mir im Laden sein, und wie erwartet lag es schon bereit, als ich eintrat. Sechs Seiten für jeweils 1.75 Dollar. Für einen Zehner und ein bisschen Kleingeld hielt ich die gesamte Namens- und Email-Liste der Arbeitsgruppe in Händen.

Jetzt noch schnell rein

Okay, bis jetzt hatte ich in den vergangenen paar Stunden mit drei oder vier verschiedenen Personen gesprochen und war dem Zugang zu den Firmenrechnern schon einen Riesenschritt näher. Aber einige Teile fehlten noch, bevor ich ganz drin war.

Nummer eins war die Telefonnummer, über die man von außen den Zentralserver anwählen konnte. Ich rief erneut bei GeminiMed an und fragte den Telefonisten nach der IT-Abteilung, und dort erkundigte ich mich nach jemandem, der mir am PC behilflich sein könne. Er stellte mich durch, und ich tat so, als sei ich ziemlich durcheinander und hätte technisch von nichts eine Ahnung. „Ich bin zu Hause und habe gerade einen neuen Laptop gekauft, und ich will ihn so einrichten, dass ich mich von außerhalb einwählen kann."

Das Verfahren war eigentlich ganz klar, aber ich ließ mich geduldig von ihm durch die Prozedur führen, bis er zu der Einwahlnummer kam. Er gab mir die Nummer, als ob es einfach nur eine weitere Routineinformation sei. Dann ließ ich ihn warten, während ich es ausprobierte. Perfekt!

Nun hatte ich also die Hürde zur Verbindung mit dem Netzwerk genommen. Ich wählte mich ein und fand heraus, dass es einen Terminal Server gibt, über den sich alle Anrufer mit jedem Rechner des internen Netzwerks verbinden konnten. Nach einigen Versuchen stieß ich auf einen Computer von jemandem, der bei einem Gastzugang kein Passwort eingerichtet hatte. Einige

Betriebssysteme führen bei der Erstinstallation den Anwender zur Einrichtung eines Benutzernamens und eines Passworts, stellen aber auch einen Gastzugang bereit. Der Anwender soll sein Passwort auch für den Gastzugang eintragen oder diesen deaktivieren, aber die meisten Leute haben davon keine Ahnung oder es ist ihnen egal. Möglicherweise ist dieses System gerade erst eingerichtet worden, und der Besitzer hatte sich noch nicht darum gekümmert, den Gastzugang zu deaktivieren.

Dank dieses Gastzuganges hatte ich nun Zugang zu einem Rechner, bei dem sich herausstellte, dass darauf eine ältere Version des Betriebssystems UNIX lief. Unter UNIX richtet das Betriebssystem eine Passwort-Datei ein, in der die verschlüsselten Passworte aller Personen abgelegt sind, die für diesen Computer eine Zugangsberechtigung besitzen. Die Passwort-Datei enthält einen Einweg-Hash (das ist eine nicht umkehrbare Form der Verschlüsselung) von jedem Benutzer-Passwort. Bei einem Einweg-Hash wird ein reales Passwort wie z.B. „tuseinfach" durch einen Hash in verschlüsselter Form dargestellt; in diesem Fall wird der Hash von UNIX in dreizehn alphanumerische Zeichen konvertiert.

Jargon

Passwort-Hash Eine Folge von sinnlosen Zeichen – das Ergebnis eines Einweg-Verschlüsselungsprozesses, den ein Passwort durchläuft. Dieser Prozess soll unumkehrbar sein, d.h. es wird angenommen, dass es nicht möglich ist, das Passwort aus dem Hash wiederherzustellen.

Wenn der Kollege in der Abteilung nebenan Daten auf einen PC übertragen will, muss er sich identifizieren, indem er einen Benutzernamen und ein Passwort eingibt. Das Systemprogramm, das seine Autorisierung verifiziert, verschlüsselt das eingegebene Passwort und vergleicht dann das Ergebnis mit dem verschlüsselten Passwort (dem Hash) aus der Passwort-Datei. Wenn beides übereinstimmt, wird der Zugang freigegeben.

Weil die Passwörter in der Datei verschlüsselt wurden, ist die Datei selbst jedem User zugänglich, weil angenommen wird, dass es keinen bekannten Weg gibt, die Passwörter zu entschlüsseln. Das ist lachhaft – ich habe die Datei heruntergeladen, einen Wörterbuch-Angriff darauf losgelassen (nähere Angaben zu dieser Methode finden Sie in Kapitel 12) und herausgefunden, dass einer aus dem Forschungsteam, jemand mit dem Namen Steven Cramer, ein aktuelles Konto mit dem Passwort „Janice" führt. Auf gut Glück habe ich versucht, mich über dieses Passwort auf einem der Forschungsserver einzuloggen; wenn es funktioniert, hätte ich einiges an Zeit gespart. Aber leider klappte es nicht.

Das bedeutete, ich musste den Typ dazu kriegen, mir seinen Benutzernamen und sein Passwort zu verraten. Dafür habe ich bis zum Wochenende gewartet.

Den Rest kennen Sie schon. Am Samstag rief ich Cramer an. Um seinen Argwohn abzulenken, log ich ihm etwas von einem Wurm vor und dass die Server aus der Datensicherung wiederhergestellt werden müssten.

Was mit der Geschichte über das eingetragene Passwort aus den Bewerbungsunterlagen ist, die ich ihm erzählt habe? Ich habe darauf gebaut, dass er sich nicht mehr daran erinnert, ob das überhaupt stattgefunden hat. Ein neuer Angestellter füllt so viele Papiere aus, wer sollte sich Jahre danach noch an Einzelheiten erinnern? Und überhaupt – wenn ich es mit ihm verpatzt hätte, hätte ich immer noch eine lange Liste mit anderen Namen.

Mit seinem Benutzernamen und Passwort gelangte ich auf den Server, sah mich ein wenig um und fand dann die Entwicklungsunterlagen für das STH-100. Ich war nicht ganz sicher, welche Daten richtig wichtig waren, darum habe ich einfach alle Dateien auf einen *Dead Drop* transferiert, eine kostenlose FTP-Site in China, wo sie abgelegt werden konnten, ohne dass jemand Verdacht schöpft. Mein Auftraggeber soll das durchwühlen und sich seine Sachen heraussuchen.

Jargon

Dead Drop Ein Platz zum Ablegen von Informationen, der wahrscheinlich nicht von anderen gefunden wird. In der Welt der traditionellen Spione kann das hinter einem lockeren Mauerstein sein, in der Welt der Computer-Hacker befindet er sich gewöhnlich auf einer ausländischen Internet-Site.

Trickanalyse

Für unseren Mann namens Craig Cogburne oder jeden anderen, der in der diebischen, aber nicht immer illegalen Kunst des Social Engineerings ähnlich beschlagen ist, kommt diese Herausforderung praktisch einer Routinesache gleich. Sein Ziel war, auf einem gesicherten Firmencomputer, der durch eine Firewall und die üblichen Sicherheitstechnologien geschützt war, Dateien zu finden und herunterzuladen.

Das meiste seiner Arbeit verlief so einfach wie Brötchenschmieren. Er begann, indem er sich als Mitarbeiter der Poststelle vorstellte und einen bestimmten Druck mit der Behauptung aufbaute, ein Paket müsse dringend zugestellt werden. Dieser Schwindel brachte den Namen des Projektleiters der Forschungsgruppe für die Herzgefäßprothese. Dieser befand sich im Urlaub, hatte aber – sehr praktisch für jeden Social Engineer, der Infos klauen will – ganz hilfsbereit Namen und Telefon seiner Sekretärin hinterlassen. Als er sie anrief, entschärfte Craig jeglichen Verdacht, indem er angab, er handele nur im Auftrag des Projektleiters. Wegen dessen Abwesenheit gab es für Michelle keine Möglichkeit zur Überprüfung. Sie akzeptierte es als die Wahrheit und gab ohne Murren eine Personalliste der Arbeitsgruppe heraus – für Craig eine unabdingliche und höchst geschätzte Information.

Sie wurde nicht einmal argwöhnisch, als Craig die Liste nicht per Email, sondern als Fax erhalten wollte, wobei Email normalerweise für beide Seiten bedeutend weniger umständlich gewesen wäre. Warum war sie so leichtgläubig? Wie bei vielen Angestellten wollte sie vermeiden, dass ihr Chef bei seiner Rückkehr herausfindet, sie habe einen Anrufer geblockt, der nur einen Auftrag des Chefs ausführen wollte. Nebenbei bemerkt hatte der Anrufer ebenfalls gesagt, dass der Chef diese Anfrage nicht nur autorisiert habe, sondern auch um seine Unterstützung gebeten habe. Wir finden hier wieder einmal ein Beispiel, wie jemand dem starken Wunsch nachgibt, ein Teamplayer sein zu wollen. Die meisten Menschen werden somit anfällig für einen Betrug.

Craig vermied das Risiko, persönlich im Gebäude zu erscheinen, indem er einfach das Fax an die Empfangsdame senden ließ in dem Wissen, dass sie wahrscheinlich recht hilfsbereit sein werde. Das Empfangspersonal wird in der Regel danach ausgesucht, ob es ein angenehmes Wesen hat und einen guten Eindruck hervorrufen kann. So ein kleiner Gefallen wie die Entgegennahme und die Weiterleitung eines Fax gehört normalerweise zu den Aufgaben im Empfang, und diese Tatsache nutzte Craig für seine Belange aus. Was sie nun schließlich weiterleitete, stellte sich als Information heraus, die bei jedem, der den Wert der Information versteht, die Alarmglocken hätte schrillen lassen – aber wie kann man vom Empfangspersonal erwarten, dass es weiß, welche Informationen vertraulich sind und welche nicht?

Indem er sich dem Kollegen aus dem Rechenzentrum als verwirrt und naiv zeigte, setzte Craig eine andere Art der Manipulation ein, um ihm die Einwahlnummer zum Terminal Server abzuluchsen, der in dieser Firma den Knotenpunkt zur Verbindung mit dem internen Netzwerk und den anderen Computersystemen darstellt.

Mitnick
Spot

> Für jeden hat die Fertigstellung der Arbeit erste Priorität. Unter diesem Druck sind Sicherheitspraktiken oft zweitrangig und werden übersehen oder ignoriert. Darauf verlassen sich Social Engineers bei der Ausübung ihrer Tätigkeit.

Craig konnte sich problemlos einloggen, indem er ein Standard-Passwort verwendete, das noch nie geändert worden war. Diese grell markierten, sperrangelweit offenen Lükken existieren bei vielen internen Netzwerken, die sich nur auf die Sicherheit von Firewalls verlassen. Tatsächlich kann man die Standard-Passwörter vieler Betriebssysteme, Router und anderer Produkte ein-schließlich Telefonanlagen im Internet finden. Jeder Social Engineer, Hacker oder Industriespion und auch nur der bloß Neugierige kann diese Liste unter `http://www.phenoelit.de/dpl/dpl.html` finden. (Es ist absolut unglaublich, wie das Internet denjenigen das Leben erleichtert, die wissen, wo sie suchen müssen. Und nun wissen *Sie* es auch.)

Cogburne konnte schließlich sogar einen vorsichtigen, misstrauischen Mann („Wie war noch mal Ihr Name? Und wer ist Ihr Vorgesetzter?") überre-den, seinen Benutzernamen und sein Passwort auszuplaudern, so dass er den Zugang zu den Servern des Forschungsteams erhielt. Für Craig kam das einem Generalschlüssel gleich, mit dem er an die geheimsten Firmeninforma-tionen kommen und die Pläne für das neue Produkt zum Download abholen konnte.

Was wäre passiert, wenn Steve Cramer Craigs Anruf weiterhin verdächtig gefunden hätte? Es war unwahrscheinlich, dass er schon vor Arbeitsbeginn am Montag morgen irgendetwas über seinen Argwohn weitergegeben hätte, und das wäre viel zu spät gewesen, um den Angriff zu verhindern.

Ein Schlüssel zum letzten Teil des ganzen Schwindels: Craig ließ sich selbst anfangs sehr gleichgültig klingen, als ob ihm Steves Sorgen ziemlich egal wären, änderte dann seine Haltung und klang so, als ob er versuche, Steve bei seiner Arbeit zu helfen. Wenn das Opfer Grund zu der Annahme hat, man wolle ihm helfen oder ihm einen Gefallen tun, wird es meistens vertrauliche Informationen mitteilen, die es anderweitig sonst sorgfältig geschützt hätte.

SCHUTZMASSNAHMEN

Bei einem der mächtigsten Tricks des Social Engineers dreht er den Spieß um. Darum ging es in diesem Kapitel. Der Social Engineer verursacht das Problem und löst es dann auf magische Weise, wobei er das Opfer derart beschwindelt, dass es ihm einen Zugang zu geheimsten Firmendaten ermöglicht. Könnten Ihre Angestellten auf diese Art von Betrug hereinfallen? Haben Sie sich darum gekümmert, spezifische Sicherheitsregeln zu entwerfen und umzusetzen, die so etwas verhindern können?

Fortbilden, Ausbilden und Weiterbilden ...

Eine alte Anekdote erzählt von einem Besucher in New York, der einen Mann auf der Straße fragt: „Wie komme ich zur Carnegie Hall?" Der Mann antwor-tet: „Üben, üben, üben." Jeder ist durch Angriffe von Social Engineers so gefährdet, dass die einzige effektive Verteidigung einer Firma nur darin beste-hen kann, die eigenen Leute gut auszubilden und zu trainieren und sie dadurch zu schulen, einen Social Engineer zu entdecken. Und dann müssen alle regelmäßig an die Trainingsinhalte erinnert werden, denn leider wird das nur zu schnell wieder verblassen.

Jede Einzelperson des Unternehmens muss darin unterwiesen werden, bei der Kontaktaufnahme mit einer Person, die nicht persönlich bekannt ist, einen angemessenen Grad an Misstrauen und Vorsicht einzusetzen, insbesondere wenn es dabei um jegliche Art von Zugang zu einem Computer oder Netzwerk geht. Es gehört zur menschlichen Natur, anderen vertrauen zu wollen, aber wie die Japaner es ausdrücken: Business ist Krieg. Ihr Unternehmen kann es sich nicht leisten, die Verteidigungslinien zu vernachlässigen. Die Sicherheitsrichtlinien eines Unternehmens müssen klar definieren, was als angemessenes oder unangemessenes Verhalten gilt.

Sicherheit gibt es nicht von der Stange. Die Angestellten einer Firmen haben gewöhnlich völlig unterschiedliche Rollen und Verantwortlichkeiten, und jede Position hat ihre eigenen Schwachstellen. Es sollte ein Basis-Training geben, das alle aus dem gesamten Unternehmen abzuleisten haben, und darüber hinaus muss das Personal den Arbeitsaufgaben entsprechend weitergebildet werden, um sich gewisse Prozeduren anzueignen, damit sie nicht selbst Teil des Problems werden. Personen, die mit vertraulichen Informationen arbeiten oder Vertrauensstellungen besetzt halten, sollten ein zusätzliches Spezial-Training erhalten.

Wie man vertrauliche Informationen bewahrt

Wenn man einem Fremden begegnet, der einem Hilfe anbietet, wie es in den Geschichten dieses Kapitels verdeutlicht wurde, sollte man auf die Sicherheitsrichtlinien des Unternehmens zurückgreifen, die auf die Größe, Bedürfnisse und Kultur Ihres Unternehmens angepasst worden sind.

Kooperieren Sie niemals mit einer fremden Person, die Sie darum bittet, Informationen zu beschaffen, fremdartige Befehle in einen PC einzugeben, Software-Einstellungen zu verändern oder – hier finden wir das größte Gefährdungspotenzial – einen Email-Anhang zu öffnen bzw. ungeprüfte Software herunterzuladen. Jegliches Software-Programm – auch dasjenige, das scheinbar überhaupt nichts bewirkt – ist vielleicht nicht so harmlos, wie es aussieht.

Hinweis

Ich persönlich bin der Meinung, dass keine Firma irgendeinen Austausch von Passwörtern erlauben sollte. Es ist viel einfacher, eine sehr strenge Regel einzuführen, die es dem Personal generell untersagt, jegliche Passwörter weiterzugeben oder gemeinsam zu nutzen. Das erhöht die Sicherheit. Aber jedes Unternehmen muss bei einer Entscheidung die eigene Kultur und die Sicherheitsbedenken zu diesem Thema selbst abwägen.

Es gibt gewisse Prozeduren, bei denen wir dazu neigen, mit der Zeit nachlässiger zu werden, egal wie gut unsere Ausbildung ist. Dann vergessen wir im Ernstfall unser Training, genau dann, wenn wir es am Nötigsten haben. Sie würden annehmen, dass alle wissen (oder es zumindest wissen sollten), dass man seinen Benutzernamen und das Passwort auf keinen Fall herausgeben soll, und dass man das nicht noch mal extra erwähnen braucht. Das sagt einem einfach der gesunde Menschenverstand. Aber es ist eine Tatsache, dass jeder Angestellte regelmäßig daran erinnert werden muss, dass die Weitergabe von Benutzername und Passwort des Computers im Büro oder zu Hause oder einfach nur von der Frankiermaschine in der Poststelle der Weitergabe der PIN bei der Kreditkarte entspricht.

In seltenen Fällen – sehr seltenen! – können gewisse Umstände eintreten, bei denen es eine Berechtigung oder gar Notwendigkeit für die Weitergabe vertraulicher Informationen gibt. Aus diesen Gründen ist es nicht angemessen, ein absolutes Verbot einzurichten. Trotzdem sollten Ihre Sicherheitsrichtlinien und Abläufe äußerst genau benennen, unter welchen Umständen Angestellte ihr Passwort weitergeben dürfen und – das ist das Wichtigste! – wer nach dieser Information fragen darf.

Berücksichtigen Sie die Quelle

Bei den meisten Organisationen sollte die Regel bestehen, dass jegliche Information, die möglicherweise der Firma oder einem Kollegen Schaden zufügen könnte, nur an Personen gegeben werden dürfen, die persönlich bekannt sind oder deren Stimme einem so vertraut ist, dass man sie fraglos wiedererkennt.

Wenn es um besonders hohe Sicherheitsbedürfnisse geht, sollten Anfragen nur dann berechtigt sein, wenn sie persönlich gestellt oder mit einer starken Form der Authentizität begründet werden – z.B. mit zwei verschiedenen Items wie einem geteilten Geheimnis und einem zeitbasierten Token.

Prozeduren zur Datenklassifikation müssen festlegen, dass keine Information aus Bereichen der Organisation, die sich mit vertraulichen Aufgaben beschäftigen, weitergegeben werden dürfen, wenn man die Person nicht persönlich kennt oder es keinen Bürgen dafür gibt.

Wie gehen Sie also mit einer anscheinend berechtigten Anfrage nach Informationen von einem anderen Angestellten der Firma um, so wie nach einer Liste von Namen und Email-Adressen Ihrer Abteilung? Wie schärfen Sie tatsächlich das Bewusstsein, damit ein Punkt wie diese Liste, die ganz klar nicht so wertvoll ist wie z.B. ein Datenblatt mit der Produktbeschreibung eines neuen Forschungsprojektes, als nur zum internen Gebrauch erkennbar wird? Ein wichtiger Bestandteil der Lösung: Bestimmen Sie in jeder Abteilung Personen, die für Anfragen über Informationen zuständig sind, die die Gruppe verlassen sollen. Dann muss ein Sicherheitstrainingsprogramm für Fortgeschrittene durchgeführt werden, um diese gewissen Angestellten in den besonderen Verifikationsprozeduren zu unterweisen, die sie befolgen sollen.

Hinweis

Unglaublicherweise bürgt sogar das Nachschlagen von Name und Telefonnummer der Anrufers in der Firmendatenbank und ein Rückruf unter dieser Nummer nicht für eine absolute Sicherheit – Social Engineers kennen sich damit aus, Namen in Firmendatenbanken einzufügen oder Anrufe umzuleiten.

Keiner sollte vergessen werden

Jeder kann innerhalb der eigenen Organisation die Bereiche aufsagen, die einen besonders hohen Schutzbedarf gegen bösartige Angriffe benötigen. Aber oft übersehen wir die eine oder andere Ecke, die nicht so offensichtlich und trotzdem besonders gefährdet ist. In einer dieser Geschichten erschien die Bitte, ein Fax zu einem Anschluss innerhalb der Firma zu schicken, relativ harmlos und sicher genug, und trotzdem hat der Angreifer sich dieses Schlupfloch zunutze machen können. Hier lautet die Lektion: Von der Sekretärin und den Assistenten bis hoch zum Geschäftsführer und den Managern müssen alle Personen sich einem besonderen Sicherheitstraining unterziehen, damit sie auf diese Art von Tricks vorbereitet sind. Und vergessen Sie nicht, Ihre Haustür zu sichern: Das Empfangspersonal ist oft ein Hauptziel für Social Engineers und muss genauso auf die verführerischen Techniken aufmerksam gemacht werden, die einige Anrufer oder Besucher einsetzen.

Die Verantwortlichen für die Unternehmenssicherheit sollten eine Art zentrale Klärungsstelle für Trickbetrug einführen. Dann können Mitarbeiter, die vermuten, sie seien gerade das Ziel eines Social Engineer gewesen, sich dort melden. Wenn sicherheitsrelevante Vorfälle zentral zusammengetragen werden, stellt das ein effektives Frühwarnsystem dar, mit dem ein koordinierter Angriff rechtzeitig erkannt und jeglichem Schaden vorgebeugt werden kann.

Kapitel

„Können Sie mir helfen?"

Sie haben gesehen, wie ein Social Engineer andere hereinlegt, indem er ihnen Hilfe anbietet. Eine weitere beliebte Vorgehensweise dreht den Spieß herum: Der Social Engineer manipuliert andere, indem er vorgibt, er brauche ihre Hilfe. Wer in der Klemme sitzt, hat unsere Sympathie, und dies hat sich wiederholt als sehr effektiver Hebel herausgestellt, damit ein Social Engineer sein Ziel erreicht.

DER AUSWÄRTIGE
Eine Geschichte aus dem dritten Kapitel zeigte, wie ein Angreifer das Opfer dazu überredet, seine Personalnummer zu verraten. In der folgenden kommt jemand mit einer anderen Strategie zu dem gleichen Ergebnis. Wir sehen dann, wie der Angreifer diese Information nutzbringend verwendet.

Jonglieren mit Jones
Es gibt da in Silicon Valley eine weltweit tätige Firma, die hier ungenannt bleiben soll. Alle über die ganze Welt verteilten Niederlassungen und andere Firmeneinrichtungen sind mit dem Firmenhauptquartier über ein WAN[1] verbunden. Der Eindringling, ein cleverer, risikofreudiger Bursche namens Brian Atterby, wusste, dass der Einbruch in ein Netzwerk fast immer leichter an einer Nebenstelle durchzuführen ist, weil dort die Sicherheit garantiert lascher gehandhabt wird als in der Zentrale.

1. *Wide Area Network* – Fernverkehrsnetz

Der Eindringling rief das Büro in Chicago an und bat darum, mit Mr. Jones verbunden zu werden. Die Telefonistin fragte, ob er den Vornamen von Mr. Jones wisse, und er erwiderte: „Gerade hatte ich ihn noch, ich schau mal nach. Wie viele mit diesem Namen haben Sie denn?" Sie antwortete: „Drei. In welcher Abteilung soll er denn sitzen?"

Er antwortete: „Wenn Sie mir die Namen sagen, werde ich ihn wahrscheinlich erkennen." Also las sie vor: „Barry, Joseph und Gordon."

„Joseph – der ist es ganz sicher", sagte er. „Und er sitzt doch in der Abteilung ..."

„Finanzplanung."

„Prima. Können Sie mich bitte mit ihm verbinden?"

Sie stellte den Anruf durch. Als Jones den Anruf entgegennahm, sagte der Angreifer: „Mr. Jones? Hallo, hier spricht Tony von der Abrechnungsstelle. Ich wollte nur kurz mitteilen, dass wir gerade wie gewünscht Ihr Gehalt auf Ihr Konto bei der Kreditgenossenschaft weitergeleitet haben."

„Wie bitte? Das meinen Sie doch nicht ernst. Ich habe so etwas niemals veranlasst. Ich habe noch nicht mal ein Konto bei einer Kreditgenossenschaft."

„Oh verflixt, ich habe es schon angewiesen."

Jones war mehr als nur ein wenig von der Vorstellung gereizt, dass sein Gehalt auf irgend ein fremdes Konto gebucht sein könnte, und er bekam den Eindruck, dass die Leitung von dem Kerl am anderen Ende eine ziemlich lange sei. Bevor er jedoch antworten konnte, sagte der Angreifer: „Ich prüfe das besser noch mal nach. Alle Änderungen in den Gehaltszahlungen werden über die Personalnummer abgewickelt. Wie lautet die bei Ihnen?"

Jones gab die Nummer. Der Anrufer sagte: „Nein, Sie haben recht, der Antrag stammt gar nicht von Ihnen." *Die werden auch jedes Jahr blöder*, dachte Jones.

„Hören Sie, ich verspreche Ihnen, mich drum zu kümmern. Ich biege das wieder hin. Machen Sie sich also keine Sorgen – Ihr nächstes Gehalt wird problemlos überwiesen", versicherte ihm der Anrufer.

Eine Geschäftsreise

Nicht viel später erhielt der Systemadministrator des Firmenbüros in Austin, Texas, einen Anruf. „Hier spricht Joseph Jones", stellte sich der Anrufer vor. „Ich gehöre zur Finanzplanungsabteilung der Zentrale. Ich werde die Woche über in der Stadt sein und im Hotel Driskill wohnen. Ich möchte Sie bitten, mir ein befristetes Nutzerkonto einzurichten, damit ich ohne Kosten für ein Ferngespräch meine Emails checken kann."

„Wiederholen Sie bitte noch einmal Ihren Namen und geben Sie mir Ihre Personalnummer", bat der Systemadministrator. Der falsche Jones gab beides weiter und fuhr fort: „Haben Sie irgendwelche schnellen Einwahlnummern?"

„Momentchen mal, das muss ich in der Datenbank nachsehen." Augenblicke später war er wieder am Apparat: „Okay, Joe. Sagen Sie mir doch gerade noch mal Ihre Gebäudenummer." Der Angreifer hatte seine Hausaufgaben gemacht und konnte darauf passend antworten.

„In Ordnung", sagte der Systemadministrator. „Sie haben mich überzeugt."

So einfach kann es sein. Der Systemadministrator hatte den Namen Joseph Jones, die Abteilung und die Personalnummer geprüft, und „Joe" hatte die richtige Antwort auf die Testfrage parat. „Ihr Benutzername wird der gleiche wie in der Firma sein, jbjones", sagte der Admin, „und ich gebe Ihnen das erste Passwort: es lautet ‚changeme'."

Mitnick
Spot

Verlassen Sie sich nicht nur auf Sicherungen des Netzwerks und auf Firewalls, wenn Sie Ihre Daten schützen wollen. Kümmern Sie sich um die am meisten gefährdete Stelle. Gewöhnlich finden Sie dabei heraus, dass es sich um Ihre Leute handelt.

Trickanalyse

Mit einigen Telefonaten und einem Viertelstündchen Aufwand hatte der Angreifer den Zugang zum Wide Area Network der Firma ergattert. Wie so viele andere Firmen besaß dieses Unternehmen etwas, was ich als Candy-Sicherheit bezeichne – in Anspielung auf einen Begriff, der von zwei Forschern der Bell-Laboratorien, Steve Bellovin und Steven Cheswick, geprägt wurde. Sie haben eine solche Art der Sicherheit als „knackige, harte Hülle mit einem weichen, nachgiebigen Kern" beschrieben – eben wie bei den M&Ms. Die äußere Hülle, die Firewall, argumentieren Bellovin und Cheswick, reicht als Schutz nicht aus, denn wenn ein Eindringling diese erst einmal umgangen hat, sind die internen Computersysteme nur recht weich geschützt. Die meiste Zeit ist der Schutz nur unzureichend.

Diese Geschichte passt zu dieser Definition. Mit einer Einwahlnummer und einem Nutzerkonto brauchte der Eindringling noch nicht einmal eine Internet-Firewall zu überwinden, und war er erst einmal „drin", konnte er problemlos die meisten Systeme des internen Netzwerkes kompromittieren.

Aus meinen Quellen habe ich erfahren, dass ein ähnlicher Schwindel bei einem der weltweit größten Hersteller von Computersoftware durchgezogen wurde. Man würde doch annehmen, dass die Systemadministratoren eines solchen Unternehmens erstklassig darin ausgebildet sind, solche Ränke aufzudecken. Aber aus meiner Erfahrung heraus kann ich sagen, dass niemand sich in Sicherheit wiegen kann, wenn der Social Engineer nur gerissen und überzeugend genug ist.

Jargon

Candy-Sicherheit Ein von Bellovin und Cheswick aus den Bell-Laboratorien geprägter Begriff, der ein Sicherheitsszenario beschreibt, bei dem der äußere Kreis (wie die Firewall) stark ist, aber die dahinterliegende Infrastruktur schwach. Der Ausdruck bezieht sich auf die M&M-Bonbons, die eine harte Schale und einen weichen Kern aufweisen.

DIE SICHERHEIT DER HINTERZIMMER

In den alten Tagen der Prohibition, als es in den Bars Hinterzimmer gab, die sogenannten *Speakeasys*, in denen der Gin in Strömen floss, erlangte ein Gast dort Zugang, indem er einfach an die Tür klopfte. Nach einigen Augenblicken hat sich dann ein kleines Fenster in der Tür geöffnet und ein raues, furchteinflößendes Gesicht starrte einem entgegen. War der Besucher eingeweiht, sprach er nun den Namen eines regelmäßigen Kunden dieses Etablissements aus („Joe hat mich geschickt" genügte meistens), und der Türsteher öffnete die Tür und ließ ihn ein.

Die wahre Herausforderung lag darin, die Tür zum Speakeasy zu finden, weil sie nicht gekennzeichnet war, und die Betreiber eher keine Hinweisschilder in Neon aufhängen wollten. Meistens reichte es schon aus, zur richtigen Zeit am richtigen Ort zu sein, um eingelassen zu werden. Der gleiche Grad an sicherer Verwahrung ist leider in unserer Geschäftswelt weit verbreitet und stellt damit ein Maß an Un-Sicherheit dar, das ich *Speakeasy-Sicherheit* nenne.

Jargon

Speakeasy-Sicherheit Diese Sicherheit verlässt sich darauf, dass man den Ort der gewünschten Information finden muss und nur ein Wort oder ein Name den Zugang zu dieser Information oder diesem Computer-System schützt.

Das habe ich schon mal im Kino gesehen

Hier ist ein Beispiel aus einem bekannten Kinofilm. In *Die drei Tage des Condor* arbeitet die Hauptperson namens Turner (gespielt von Robert Redford) in einem kleinen Forschungsunternehmen, das für den CIA tätig ist. Eines Tages kommt er von seinem mittäglichen Lauf zurück und entdeckt, dass alle seine Kollegen niedergeschossen wurden. Es bleibt ihm überlassen herauszufinden, wer das getan hat und warum, und dabei ist ihm bewusst, dass die Gangster, wer immer sie auch sein mögen, nach ihm suchen.

Im Laufe des Films bekommt Turner die Telefonnummer von einem der Gangster heraus. Aber wer mag diese Person sein, und wie kann Turner herausfinden, wo sie sich aufhält? Er hat Glück: Der Drehbuchautor David Rayfield hat Turner glücklicherweise mit dem Background einer Ausbildung als Fernmeldetechniker beim Militär ausgestattet. So kennt er sich mit den Techniken und Abläufen der Telefongesellschaft aus. Turner weiß genau, was er mit der Telefonnummer des Gangster anfangen kann. Im Film sieht die Szene folgendermaßen aus:

> Turner schaltet die Verbindung erneut ein und wählt eine andere Nummer. Klingeling! Dann:
> **Frauenstimme** (Filter)
> CNA, Mrs. Coleman am Apparat.
> **Turner** (spricht in provisorischen Hörer)
> Hallo Mrs. Colemann. Hier spricht Harold Thomas. Kundenservice. Ich brauche einen CNA von 202-555-7389, bitte.
> **Frauenstimme** (Filter)
> Einen Augenblick, bitte
> (gleich danach)
> Leonard Atwood, 765 MacKensie Lane, Chevy Chase, Maryland.

Mal abgesehen davon, dass der Drehbuchschreiber die Vorwahl für Washington, D.C., mit einer Adresse aus Maryland in Verbindung bringt: Können Sie den Vorgang nachvollziehen?

Turner wusste wegen seiner Ausbildung als Fernmeldetechniker, welche Nummer er zu wählen hatte, um eine Abteilung der Telefongesellschaft mit der Bezeichnung CNA[1] zu erreichen. Diese Abteilung wurde zur Unterstützung für die Fernmeldetechniker und andere autorisierte Firmenmitarbeiter eingerichtet. Monteure konnten dort anrufen und eine Telefonnummer angeben. Die CNA-Mitarbeiter suchten dann die dazugehörige Person und ihre Adresse heraus.

Die Telefongesellschaft austricksen

In der realen Welt wird die Durchwahl zur CNA sorgfältig behütet. Obwohl die Telefongesellschaften schließlich doch durchgegriffen haben und heutzu-

„Können Sie mir helfen?"

---

1. *Customer Name and Address* – Kundennamen und Adressen

tage nicht mehr so generös mit der bereitwilligen Weitergabe von Informationen sind, haben sie damals unter einer Variation der Speakeasy-Sicherheit gearbeitet, die von Sicherheitsprofis als *Sicherheit durch Unauffälligkeit* bezeichnet wird. Man ging von der Annahme aus, dass jeder, der die CNA anrief und die gebräuchliche Formulierung kannte (z.B. „Kundenservice. Ich brauche einen CNA über 555-1234, bitte."), dazu berechtigt war, diese Information zu bekommen. Es gab keinen Bedarf, die Berechtigung nachzuweisen oder sich zu identifizieren, keine Angabe einer Personalnummer oder ein täglich geändertes Passwort. Wenn man weiß, wo man anrufen muss und sich authentisch anhört, ist man berechtigt, Informationen zu erhalten.

Jargon

Sicherheit durch Unauffälligkeit Eine ineffektive Methode der Computersicherheit, die sich auf die Geheimhaltung der Details, wie ein System arbeitet (Protokolle, Algorithmen und interne Systeme), verlässt. Sicherheit durch Unauffälligkeit beruht auf der falschen Annahme, dass niemand außerhalb einer vertrauenswürdigen Personengruppe in der Lage sein wird, das System zu umgehen.

Das war keine sonderlich solide Annahme auf Seiten der Telefongesellschaft. Ihre einzigen Sicherheitsbemühungen waren, regelmäßig diese Telefonnummer zu ändern, bestimmt mindestens einmal im Jahr. Und trotzdem war die aktuelle Nummer jederzeit unter Phone Phreaks weitverbreitet, die entzückt darüber waren, sich diese bequeme Informationsquelle zunutze machen zu können und sich mit den anderen Phreaks über das richtige Vorgehen auszutauschen. Diese List mit dem CNA-Büro war eine der ersten Sachen, die ich lernte, als ich mir als Teenager das Phone Phreaking zum Hobby machte.

In der weiten Welt von Geschäften und Behörden ist diese Speakeasy-Sicherheit immer noch weit verbreitet. Die Wahrscheinlichkeit ist recht hoch, dass irgendein halbwegs pfiffiger Eindringling als autorisierte Person durchgehen kann, nur indem er genug Informationen über die Abteilungen einer Firma, deren Personal und Jargon zusammenträgt. Manchmal braucht es noch weniger: dann reicht schon eine interne Telefonnummer.

Mitnick
Spot

Bei der Abwehr von Social-Engineering-Angriffen bewirkt eine Sicherheit durch Unauffälligkeit rein gar nichts. Jedes Computersystem auf der ganzen Welt hat mindestens einen lebenden Menschen, der es bedient. Wenn also ein Angreifer in der Lage ist, die Personen zu manipulieren, die das System verwenden, ist die Unauffälligkeit des System von keinerlei Bedeutung.

DER ACHTLOSE COMPUTERMANAGER

Obwohl viele Angestellte in Organisationen nachlässig, unbekümmert oder in Bezug auf Sicherheitsgefährdungen nichtsahnend sind, sollte man doch davon ausgehen, dass jemand aus einem Unternehmen der Fortune 500 mit dem Rang eines Managers im Computercenter sich besonders gut bei den maßgeblichen Sicherheitspraktiken auskennt, oder?

Sie würden nicht erwarten, dass der Manager eines Computercenters – ein Angehöriger der IT-Abteilung seiner Firma – auf einen ganz simplen und offensichtlichen Social-Engineering-Trickbetrug hereinfällt. Ganz besonders dann nicht, wenn der Social Engineer fast noch ein Kind ist, gerade eben nicht mehr ein Teenager. Aber manchmal liegt man einfach falsch.

Radiowellen

Vor Jahren war es für viele Leute ein unterhaltsamer Zeitvertreib, bei einem Radio die Frequenz der Polizei oder Feuerwehr einzustellen und den zeitweise sehr aufgeregten Gesprächen über einen gerade stattfindenden Banküberfall, ein brennendes Gebäude oder eine wilde Verfolgungsjagd zu lauschen. Die Radiofrequenzen der Kriminalpolizei oder der Feuerwehr konnte man in jedem Buchladen bekommen, und heutzutage findet man sie in Listings im Internet und in Büchern bei einer Elektronik-Kette – Frequenzen der lokalen, Bundes- und Staatsbehörden und manchmal sogar der Regierung.

Natürlich schalteten nicht nur einfach Neugierige ein. Wenn ein paar Gauner einen nächtlichen Raubüberfall begingen, schalteten sie das Radio ein, um zu hören, ob schon ein Streifenwagen zu ihnen geschickt wurde. Drogendealer konnten die Aktivitäten der örtlichen Rauschgiftfahnder verfolgen. Ein Brandstifter erhöhte sein krankes Vergnügen, indem er ein Großfeuer auslöste und sich dann den gesamten Funkverkehr anhörte, während die Feuerwehr den Brand bekämpfte.

In den vergangenen Jahren haben es die Weiterentwicklungen der Computertechnologie ermöglicht, Sprachnachrichten zu verschlüsseln. Ingenieure fanden Wege, in einen einzelnen Mikrochip immer mehr Rechenpower zu stopfen, und bauten dann kleine, verschlüsselte Sender für die Polizei, die von Gangstern und Neugierigen nicht mehr abgehört werden konnten.

Danny, der Lauscher

Ein begeisterter Abhörer und geschickter Hacker, den wir Danny nennen wollen, hatte sich überlegt, ob er es nicht schaffen könnte, den Quellcode für eine höchst geheime Verschlüsselungssoftware eines der Top-Hersteller von sicheren Radiosystemen in die Finger zu kriegen. Er erhoffte sich, mit der Kenntnis des Codes die Kriminalpolizei abhören zu können, und vielleicht konnte er sogar selbst die Technologie einsetzen, damit auch die mächtigsten Regierungsbehörden Schwierigkeiten bei der Überwachung der Gespräche mit seinen Freunden bekamen.

Die Dannys in der zwielichtigen Welt der Hacker gehören einer besonderen Kategorie an, die irgendwo zwischen den bloß Neugierigen, aber völlig Freundlichen, und den Gefährlichen liegt. Dannys haben das Wissen der Experten, kombiniert mit dem verderblichen Verlangen der Hacker, zur intellektuellen Herausforderung in Systeme und Netzwerke einzubrechen, um aus Spaß an der Freud herauszufinden, wie die Technologie funktioniert. Aber ihre elektronischen Aufbruch- und Einbruch-Kunststücke sind einfach nur das – Kunststücke. Diese Kerle, diese gutartigen Hacker, dringen aus reinem Spaß an der Sache in diese Sites ein und freuen sich, dass sie sich beweisen können. Sie entwenden nichts, machen ihre Beute nicht zu Geld, sie zerstören keine Dateien, unterbrechen keine Netzwerke und lassen keine PCs abstürzen. Allein durch die reine Tatsache ihrer Anwesenheit – hinter dem Rücken des Sicherheitspersonals und der Netzwerkadministratoren – führen sie diese Leute, die eigentlich Eindringlinge wie sie fernhalten sollen, an der Nase herum. Sie greifen Kopien von Dateien ab und durchsuchen Emails nach Passwörtern. Immer eine Nasenlänge vorauszusein ist ein großer Teil der Befriedigung.

Passend zu dieser Beschreibung wollte unser Danny die Details des von der Zielfirma am meisten bewachten Produkts untersuchen, nur um seine brennende Neugier zu befriedigen und zu bewundern, welche cleveren Innovationen der Hersteller in dieses Produkt gelegt hatte.

Überflüssig zu erwähnen, dass die Produktpläne sorgfältig gehütete Firmengeheimnisse waren, so wertvoll und gut geschützt wie fast alles andere im Besitz dieses Unternehmens. Danny wusste das. Und es kümmert ihn kein bisschen. Schließlich war es ja einfach nur ein großer, namenloser Betrieb.

Aber wie sollte er nun an den Quellcode kommen? Wie sich herausstellte, waren die Kronjuwelen der Firmenabteilung Kommunikationssicherheit ganz leicht zu kriegen, obwohl diese Firma eine derjenigen war, die eine Zwei-Faktor-Authentifizierung verwendete, eine Einrichtung, bei der man zum Beweis der eigenen Identität nicht nur ein, sondern zwei getrennte Identifizierungsmerkmale benutzen musste.

Es folgt nun ein Beispiel, das Ihnen vertraut vorkommen mag. Wenn Ihre Kreditkarte abgelaufen ist, erhalten Sie eine neue, und Sie werden gebeten, das Institut, das diese Karte ausgegeben hat, anzurufen und mitzuteilen, dass die Karte im Besitz der richtigen Zielperson ist und nicht etwa eines Postdiebes. Die Anweisungen dazu legen generell fest, dass Sie *von zu Hause* aus anrufen sollen. Wenn Sie anrufen, analysiert die Software beim Kreditkarteninstitut Ihre Rufnummer, deren Übermittlung bei gebührenfreien Anrufen, für die das Kreditkarteninstitut bezahlt, von der Telefonschaltzentrale bereitgestellt wird.

Ein Computer im Kreditkarteninstitut vergleicht die Nummer der anrufenden Seite, die durch die Rufnummernübermittlung beigebracht wird, mit der Telefonnummer in der Datenbank der Kreditkarteninhaber. Wenn dann ein Angestellter den Anruf entgegennimmt, kann er seinem Bildschirm schon Details über den anrufenden Kunden entnehmen. So weiß der Angestellte bereits, dass der Anruf des Kunden aus dessen Wohnung kommt, und das ist bereits eine Form der Authentifizierung.

Der Angestellte wählt dann eine Information über Sie aus – meistens die Sozialversicherungsnummer, das Geburtsdatum oder den Geburtsnamen der Mutter – und fragt danach. Wenn Sie die korrekte Antwort geben können, ist das eine zweite Form der Authentifizierung, die auf Informationen basiert, die Ihnen bekannt sein müssen.

Jargon

Zwei-Faktor-Authentifizierung Der Einsatz zweier verschiedener Arten der Authentifizierung zur Identitätsfeststellung. Beispielsweise könnte sich jemand durch einen Anruf von einem bestimmten Ort und die Kenntnis eines Passwortes identifizieren müssen.

Bei dem Unternehmen, dass in unserer Geschichte die sicheren Funksysteme herstellt, hatte jeder Angestellte mit einem Computerzugang den normalen Benutzernamen und das Passwort, aber zusätzlich dazu noch ein kleines elektronisches Gerät mit der Bezeichnung *Secure ID*. Dies nennt man ein zeitbasiertes Token. Diese Geräte gibt es in zweierlei Ausführungen: eine ist etwa halb so groß wie eine Kreditkarte, aber ein wenig dicker, die andere ist klein genug, dass man sie sich an das Schlüsselbund hängen kann.

Diese aus der Welt der Kryptographie stammende besondere Gerätschaft hat ein kleines Fenster, auf dem eine Reihe von sechs Ziffern zu sehen ist. Alle sechzig Sekunden wechselt die Anzeige auf eine neue Zusammenstellung von sechs Ziffern. Wenn eine autorisierte Person einen Netzwerkzugang von außerhalb benötigt, muss sie sich zuerst als autorisierter Nutzer identifizieren, indem sie ihre persönliche Geheimzahl eingibt und dann die Ziffern von diesem kleinen Gerät. Ist sie dann vom System überprüft worden, loggt sie sich mit Benutzernamen und Passwort ein.

Um an sein Objekt der Begierde zu kommen, musste unser junger Hacker Danny nicht nur den Benutzernamen und das Passwort eines Angestellten herausfinden (keine besondere Herausforderung für einen erfahrenen Social Engineer), sondern auch die Klippe mit dem zeitbasierten Token umschiffen.

Die Herausforderung, eine Zwei-Faktor-Authentifizierung mittels zeitbasiertem Token und persönlicher Geheimzahl auszuschalten, hört sich erst einmal schwer nach *Mission Impossible* an. Aber für einen Social Engineer entspricht diese Aufgabe dem eines Pokerspielers, der mehr als übliches Geschick darin hat, die Mitspieler zu durchschauen. Schon wenn er sich an den Tisch setzt, weiß er, dass er heute mit ein bisschen Glück erst dann wieder aufsteht, wenn er einen Haufen Geld anderer Leute bekommen hat.

Sturm auf die Burg

Danny machte sich an seine Hausaufgaben. Nach nicht allzu langer Zeit hatte er genug zusammen, um sich mit diesen Puzzleteilen als echter Angestellter auszugeben. Er besaß den Namen eines Betriebszugehörigen, seine Abteilung, Telefon- und Personalnummer und ebenfalls Namen und Nummer seines Vorgesetzten.

Jetzt kam die Ruhe vor dem Sturm. Im wahrsten Sinne des Wortes. Danny verfuhr genau nach Plan und benötigte vor dem nächsten Schritt nur noch eines, aber das konnte er nicht beeinflussen: Er brauchte einen Schneesturm. Die Natur sollte Danny helfen, und dafür brauchte er derart schlechtes Wetter, dass kein Angestellter ins Büro fahren konnte.

In South Dakota, wo die fragliche Produktionsstätte lag, musste in den Wintermonaten niemand lange auf schlechtes Wetter warten. Eines Freitag nachts zog ein Sturm auf. Was als Schnee begonnen hatte, verwandelte sich schnell in überfrierenden Regen, so dass am Morgen die Straßen mit einer spiegelglatten, gefährlichen Eisschicht überzogen waren. Dies war die perfekte Gelegenheit für Danny.

Er rief in der Fabrik an, ließ sich mit dem Computerraum verbinden und bekam eine fleißige Kraft der IT-Abteilung an den Apparat, die sich als Roger Kowalski vorstellte.

Danny nutzte den Namen des echten Angestellten, als er begann: „Hallo, hier ist Bob Billings. Ich arbeite in der Abteilung Kommunikationssicherheit. Ich bin noch zu Hause, weil ich wegen des Sturms nicht losfahren konnte. Und ich muss dringend von zu Hause an meine Workstation und den Server, aber ich habe meine Secure ID auf dem Schreibtisch liegen gelassen. Können Sie die für mich besorgen? Oder jemand anderes? Und mir dann den Code vorlesen, damit ich reinkomme? Meine Arbeitsgruppe hat nämlich einen ganz dringenden Termin einzuhalten, und ich kriege meine Arbeit einfach nicht anders fertig. Und ins Büro kann ich schon gar nicht kommen – auf den Straßen ist es viel zu gefährlich.“

Der Computertechniker sagte: „Ich kann hier aus dem Computerraum nicht weg.“

Darauf war Danny gefasst: „Haben Sie nicht selbst eine Secure ID?"

„Wir haben hier eine im Computerraum", sagte er. „Die liegt für Notfälle bereit."

„Hören Sie", sagte Danny. „Können Sie mir einen Riesengefallen tun? Wenn ich mich ins Netzwerk einwählen will, können Sie mir Ihre Secure ID borgen? Nur so lange, bis die Straßen wieder frei sind."

„Wer sind Sie doch gleich?" fragte Kowalski.

„Bob Billings."

„Für wen arbeiten Sie?"

„Für Ed Trenton."

„Ah ja, den kenne ich."

Wenn er sich dem Risiko einer guten Rutschpartie ausgesetzt sieht, unternimmt ein guter Social Engineer einiges mehr an Nachforschungen. „Ich bin im ersten Stock", setzte Danny nach. „Gleich neben Roy Tucker."

Den Namen kannte der Kollege ebenfalls. Danny fuhr fort, ihn zu bearbeiten. „Es wäre viel einfacher, wenn Sie einfach an meinen Schreibtisch gehen und die Secure ID holen."

Danny war ziemlich sicher, dass der Typ dazu nicht bereit war. Er würde bestimmt nicht mitten in seiner Schicht weggehen, um über Flure und Treppen zu einem weit entfernten Gebäudeteil zu irren. Ebenso wenig würde er in einem fremden Schreibtisch herumwühlen wollen und jemandes Privatsphäre verletzen. Nein, man konnte darauf wetten, dass er das nicht tun würde.

Kowalski wollte einem, der Hilfe brauchte, nicht etwas abschlagen, aber genauso wenig wollte er zustimmen und Ärger kriegen. Also wich er der Entscheidung aus: „Ich frage mal meinen Boss. Bleiben Sie dran." Er legte den Hörer hin, und Danny bekam mit, wie er ein anderes Telefon abnahm, wählte und das Anliegen vorstellte. Dann machte Kowalski etwas Unerklärliches: Er übernahm die Bürgschaft für den Mann, der den Namen Bob Billings verwendete. „Ich kenne ihn", berichtete er seinem Vorgesetzten. „Er arbeitet für Ed Trenton. Kann er die Secure ID aus dem Computerraum benutzen?" Danny war bass erstaunt, diese außergewöhnliche und unerwartete Bekräftigung seines Anliegens mitzuhören. Er traute kaum seinen Ohren – oder seinem Glück.

Nach kurzer Zeit war Kowalski wieder am Apparat und sagte: „Mein Chef will selbst mit Ihnen sprechen." Er gab ihm den Namen und die Handy-Nummer.

Danny rief den Manager an und betete die ganze Geschichte noch einmal herunter, wobei er Details über das Projekt hinzufügte, an dem er arbeitete, und erklärte, warum sein Produktteam diesen wichtigen Abschlusstermin einhalten müsse. „Es wäre viel leichter, wenn einfach jemand rübergeht und meine Karte holt", sagte er. „Ich meine, der Schreibtisch ist nicht abgeschlossen, und das Teil ist in der oberen linken Schublade."

„Tja", sagte der Manager, „ich glaube, wir können Sie nur für dieses Wochenende die Secure ID aus dem Computerraum benutzen lassen. Ich werde dem diensthabenden Kollegen sagen, er möge Ihnen den Zufallscode vorlesen, wenn Sie anrufen." Dann gab er ihm die zugehörige PIN.

Das ganze Wochenende lang brauchte Danny nur den Computerraum anzurufen, wenn er in das Firmennetzwerk wollte, und sich die sechs Ziffern von der Secure ID vorlesen zu lassen.

Ein Job für Insider

Wie sollte es weitergehen, wenn er erst einmal im Computersystem der Firma war? Wie konnte Danny den Weg zu der gewünschten Software finden?

Darauf hatte er sich vorbereitet.

Viele Computernutzer kennen die Newsgroups, dieses umfangreiche Netz von elektronischen Schwarzen Brettern, auf denen man Fragen veröffentlichen kann, die von anderen beantwortet werden, oder virtuelle Freunde findet, die gleiche Interessen bei Musik, Computern oder irgend einem anderen der Hunderten von Themen haben.

Nur wenigen ist bekannt, dass wenn man irgendeine Message auf einer der Newsgroups-Sites veröffentlicht, diese Nachricht jahrelang online verfügbar bleibt. Google verwaltet beispielsweise aktuell ein Archiv mit 700 Millionen Botschaften, von denen einige bis zu 20 Jahre alt sind! Dannys Ausgangspunkt war die Web-Adresse http://groups.google.com.

Danny gab gemeinsam mit dem Namen der Firma die Suchbegriffe „Verschlüsselung Radio Kommunikation" ein und fand zu diesem Thema die mehrere Jahre alte Message eines Angestellten. Dieses Posting wurde gemacht, als damals die Firma mit der Entwicklung des Produktes begann, wahrscheinlich lange bevor sich Polizei und Regierungsbehörden Gedanken über die Verschlüsselung von Funksignalen gemacht hatten.

Diese Message enthielt die Signatur des Absenders, darin war nicht nur der Name des Mannes, Scott Baker, sondern auch seine Telefonnummer und sogar der Name seiner Arbeitsgruppe „Kommunikationssicherheit".

Danny griff sich das Telefon und wählte diese Nummer. Das sah nach einem Blindschuss aus – ist er wirklich nach so vielen Jahren noch in diesem Institut beschäftigt? Wäre er an so einem stürmischen Wochenende bei der Arbeit? Das Telefon klingelte einmal, zweimal, dreimal, dann nahm jemand ab. „Hier ist Scott", sagte eine Stimme.

Unter dem Vorwand, aus der IT-Abteilung des Unternehmens zu sein, brachte Danny Baker dazu (auf eine der Arten, die Ihnen aus den früheren

Kapiteln nun vertraut sind), ihm die Namen der Server mitzuteilen, auf denen die Arbeit der Entwickler abgelegt waren. Auf diesen Servern war möglicherweise der Quellcode mit dem proprietären Verschlüsselungsalgorithmus und der Firmware, die in die abhörsicheren Funkgeräte der Firma eingebaut waren.

Danny kam seinem Ziel immer näher, und seine Erregung stieg immer mehr. Er wartete schon freudig auf den Stromstoß, den er immer fühlte, wenn er Erfolg bei etwas hatte, von dem er wusste, dass dies nur sehr wenigen Menschen möglich war.

Aber es war noch nicht alles in trockenen Tüchern. Er konnte dank des hilfsbereiten Computermanagers während des verbleibenden Wochenendes jederzeit in das Firmennetzwerk eindringen. Und er kannte die Server, auf denen er sich umsehen wollte. Aber als er sich einwählte, erlaubte der Terminal Server, auf dem er sich einloggen wollte, keine Verbindung mit den Entwicklungssystemen der Arbeitsgruppe Kommunikationssicherheit. Es musste da eine interne Firewall oder einen Router geben, der die Computersysteme dieser Arbeitsgruppe schützte. Nun musste er einen anderen Zugang finden.

Für den nächsten Schritt brauchte er einige Nerven: Danny rief erneut bei Kowalski an, beschwerte sich: „Ich kann nicht auf meinen Server zugreifen", und forderte den IT-Kollegen auf: „Sie müssen mir ein Konto auf einem der Rechner aus Ihrer Abteilung geben, damit ich mich über Telnet mit meinem System verbinden kann."

Der Manager hatte ja schon zugestimmt, den Zugangscode des zeitbasierten Tokens weiterzugeben, und so erschien diese neuerliche Anfrage nicht ungerechtfertigt. Kowalski richtete ein temporäres Konto mit Passwort auf einem der Rechner aus dem Computercenter ein und bat Danny um einen Rückruf: „Wenn Sie das nicht mehr brauchen, dann lösche ich es wieder."

Über dieses temporäre Konto konnte Danny sich dann über das Netzwerk auf den Computersystemen der Arbeitsgruppe Kommunikationssicherheit einloggen. Nach einer Stunde Online-Suche nach einer technischen Schwachstelle, über die er den Zugang zu einem der Hauptserver mit den Forschungsdaten bekommen konnte, traf er ins Schwarze. Offensichtlich kannte der System- oder Netzwerkadministrator die neuesten Nachrichten über Sicherheitswarnungen nicht besonders gut, die bei diesem Betriebssystem einen Fernzugang ermöglichten. Aber Danny waren sie bekannt.

Innerhalb kürzester Zeit hatte er die Dateien mit dem Quellcode lokalisiert, hinter denen er her war, und transferierte sie zu einer eCommerce-Site, die kostenlosen Speicherplatz anbot. Sogar wenn man jemals auf dieser Site diese Dateien entdeckte, könnten sie niemals mit ihm in Verbindung gebracht werden.

Bevor er sich abmelden konnte, musste er noch das methodische Verwischen seiner Spuren zum Abschluss bringen. Damit war er vor Ende der Spätnachrichten fertig. *Schätze, das war ein Wochenende mit prima Arbeit*, dachte Danny. Und er hatte sich niemals persönlich in Gefahr gebracht. Es war ein rauschhafter Schauer, der ihn durchricselte, besser als Snowboarding oder Fallschirmspringen.

In dieser Nacht war Danny besoffen, aber nicht von Scotch oder Bier, sondern von dem Gefühl der Macht und Vollkommenheit, während er in den geklauten Dateien stöberte und sich die schwer fassbare, absolut geheime Funk-Software aneignete.

Trickanalyse

Wie in der vorigen Geschichte konnte diese List nur funktionieren, weil ein Firmenmitarbeiter bereitwillig für bare Münze nahm, dass ein Anrufer wirklich der vorgebliche Kollege sei. Diese Beflissenheit, einem Kollegen bei einem Problem auszuhelfen, schmiert auf der anderen Seite teilweise die Rädchen in der Industrie und macht die Arbeit mit bestimmten Mitarbeitern einiger Firmen angenehmer als mit Angestellten aus anderen. Aber andererseits kann diese Hilfsbereitschaft eine große Schwachstelle sein, die ein Social Engineer auf jeden Fall ausbeuten wird.

Dannys Manipulation war an einem Punkt besonders delikat: Als er darum bat, jemand möge die Secure ID von seinem Schreibtisch besorgen, wiederholte er die Aussage, er wolle, dass jemand es ihm „bringt". „Bring's Stöckchen" ist ein Befehl, dem man seinem Hund gibt. Niemand will aufgefordert werden, etwas zu *bringen*. Mit diesem einem Wort hat Danny sichergestellt, dass sein Vorschlag auf jeden Fall abgelehnt und stattdessen eine andere Lösung akzeptiert wird, was genau seiner Absicht entsprach.

Dann konnte den Computertechniker Kowalski für sich einnehmen, weil Danny die Namen von Personen erwähnte, die Kowalski bekannt waren. Aber warum hatte Kowalskis *Vorgesetzter* – nicht weniger als ein IT-Manager – einem Fremden den Zugang zum internen Firmennetzwerk erlaubt? Einfach weil ein Ersuchen um Hilfe ein mächtiges, überzeugendes Werkzeug im Arsenal eines Social Engineers ist.

Könnte so etwas jemals in *Ihrer* Firma passieren? Oder ist es schon passiert?

Mitnick
Spot

Aus dieser Geschichte können wir entnehmen, dass zeitbasierte Token und ähnliche Formen der Authentifizierung keine Verteidigung gegen einen schlauen Social Engineer darstellen. Die einzige Verteidigung ist ein gewissenhafter Angestellter, der nach den Sicherheitsrichtlinien arbeitet und begreift, wie andere auf bösartige Weise sein Verhalten beeinflussen können.

SCHUTZMASSNAHMEN

Ein Element dieser Geschichten scheint sich oft zu wiederholen: Ein Angreifer kann es derart arrangieren, sich in ein Computernetzwerk von außerhalb der Firma einzuwählen, ohne dass die ihm behilfliche Person ausreichende Maßnahmen vornimmt, um sicherzustellen, dass der Anrufer wirklich genau dieser Angestellte ist und eine Zugangsberechtigung besitzt. Warum kehre ich immer wieder zu diesem Thema zurück? Weil es wirklich einen entscheidenden Faktor bei ganz vielen Angriffen von Social Engineers darstellt. Für den Social Engineer ist es der einfachste Weg, sein Ziel zu erreichen. Warum sollte ein Angreifer Stunden damit verbringen, einen Einbruch zu versuchen, wenn stattdessen ein simpler Telefonanruf das Gewünschte bringt?

Eine der mächtigsten Methoden für den Social Engineer, um diese Art von Angriff auszuführen, ist das einfache Vortäuschen eines Hilfebedarfs, und dieser Lösungsweg wird regelmäßig von Angreifern benutzt. Niemand will verhindern, dass Mitarbeiter anderen Kollegen oder Kunden aushelfen, und so müssen Sie sie mit spezifischen Überprüfungsprozeduren versehen, die jedes Mal eingesetzt werden müssen, wenn jemand eine Bitte wegen Computerzugang oder nach vertraulicher Information vorbringt. So können sie denjenigen gegenüber weiterhin hilfreich sein, die es verdienen, aber gleichzeitig das Informationskapital des Unternehmens und seine Computersysteme schützen.

Die Sicherheitsprozeduren eines Betriebes müssen genau benennen, welche Art von Verifikationsmechanismen bei den unterschiedlichen Gelegenheiten eingesetzt werden sollen. In Kapitel 16 finden Sie eine detaillierte Liste von Prozeduren, und hier folgen eine Reihe von beachtenswerten Leitlinien:

- Ein guter Weg, die Identität einer Person mit einem Anliegen zu überprüfen, ist ein Anruf auf dem Apparat, der für diese Person im Telefonverzeichnis des Unternehmens aufgeführt wird. Wenn die Person mit der Bitte in Wahrheit ein Angreifer ist, wird dieser Prüfanruf Sie entweder zu der echten Person führen, während der Hochstapler in der Leitung wartet, oder Sie bekommen über Voice Mail die Stimme des Kollegen zu hören und können somit dem Klang der Stimme lauschen und sie mit derjenigen des Angreifers vergleichen.

- Wenn in Ihrem Unternehmen zur Verifikation einer Identität die Personalnummer verwendet wird, müssen diese Nummern als vertrauliche Information behandelt werden, die sorgfältig geschützt und keinem Fremden zugänglich gemacht werden dürfen. Das Gleiche gilt für alle anderen Arten von internen Kennzeichnungsmerkmalen wie interne Durchwahlen, Abrechnungszuordnungen für Abteilungen und sogar für Email-Adressen.

- Die Weiterbildung des Unternehmens sollte alle auf die weitverbreitete Praxis aufmerksam machen, unbekannte Menschen rein auf der Basis, dass sie sich gebieterisch oder kenntnisreich anhören, als legitime Kollegen zu akzeptieren. Nur weil jemand mit einem Ablauf in der Firma vertraut ist oder den internen Sprachgebrauch verwendet, heißt das noch lange nicht, man könne davon ausgehen, dass seine Identität nicht noch auf andere Weise verifiziert werden muss.

- Sicherheitspersonal und Systemadministratoren dürfen ihren Fokus nicht darauf einengen, dass sie nur noch wachsam dafür sind, wie sicherheitsbewusst alle andern sind. Sie müssen ebenfalls für sich selbst sicherstellen, dass sie die gleichen Regeln, Prozeduren und Praktiken befolgen.

- Passwörter und ähnliches dürfen natürlich niemals mitgeteilt werden, aber bei zeitbasierten Token oder anderen sicheren Formen der Authentifizierung sind Einschränkungen gegen ein Mitbenutzen mindestens genauso wichtig. Es sollte zum gesunden Menschenverstand gehören, dass ein Teilen irgendeines dieser Dinge die Tatsache ad absurdum führt, dass die Firma überhaupt solche Systeme installiert hat. Mitbenutzung bedeutet, niemand kann verantwortlich gemacht werden. Wenn eine Sicherheitsverletzung stattfindet oder irgend etwas schief läuft, können Sie nicht mehr feststellen, wer dafür die Verantwortung trägt.

- Wie ich in diesem Buch stets wiederhole, müssen Angestellte mit den Strategien und Methoden des Social Engineering vertraut gemacht werden, damit sie überlegt die erhaltenen Anfragen analysieren. Führen Sie Rollenspiele als Grundbaustein Ihres Sicherheitstrainings ein, damit Angestellte ein besseres Verständnis davon haben, wie ein Social Engineer arbeitet.

Kapitel 7

Gefälschte Sites und gefährliche Anhänge

Ein altes Sprichwort sagt: Nichts ist umsonst – nur der Tod, und der kostet das Leben. Trotzdem hat das Angebot, etwas umsonst zu bekommen, eine große Anziehungskraft – für legitime („Aber das ist noch nicht alles! Wenn Sie jetzt anrufen, legen wir einen Satz Messer dazu und obendrein noch eine Popcorn-Maschine!") genauso wie für nicht so legitime Geschäfte („Kaufen Sie JETZT einen Hektar Sumpfland in Florida, und Sie bekommen noch einen zweiten kostenlos dazu!").

Und die meisten von uns sind so scharf auf kostenlose Angebote, dass wir es versäumen, klar über das uns gemachte Angebot nachzudenken. Die bekannte Warnung „Beim Kauf die Augen auf" ist uns vertraut, aber wir sollten eine weitere Warnung beherzigen: Vorsicht vor verlockenden Email-Anhängen und kostenloser Software. Der gewitzte Angreifer wird praktisch alles versuchen, um in das Firmennetzwerk einzubrechen, und dazu gehört auch der Appell an unseren natürlichen Wunsch, Geschenke für lau zu bekommen. Wir schauen uns einige Beispiele an.

„DAS HIER KOSTET SIE ÜBERHAUPT NICHTS!"

So wie Viren seit Anbeginn der Zeiten ein Fluch für die Menschheit und das heilende Gewerbe gewesen sind, stellen sie bei Technologienutzern angemessen als Computervirus bezeichnet eine ähnliche Heimsuchung dar. Die Computerviren, die die meiste Aufmerksamkeit der Öffentlichkeit erregen, richten nicht zufälligerweise auch den meisten Schaden an. Diese sind das Produkt von Computervandalen.

Aus normalen Computerfreaks wurden bösartige Computervandalen, die darum wetteifern zu zeigen, wie clever sie sind. Manchmal sind ihre Handlungen wie ein Initiationsritus, der ältere und erfahrenere Hacker beeindrucken soll. Diese Leute sind dazu bereit, einen Wurm oder Virus zu erschaffen, der möglichst viel Schaden anrichten soll. Wenn ihr Produkt Daten zunichte macht, ganze Festplatten zerstört und sich an Tausende ahnungslose Menschen weitermailt, platzen diese Vandalen vor Stolz über ihr Werk. Hauptsache, der Virus verursacht nur genug Chaos, damit man darüber in den Zeitungen lesen kann und im Fernsehen davor gewarnt wird.

Viel ist über Vandalen und ihre Viren geschrieben worden. Bücher, Software-Programme und ganze Unternehmen sind entstanden, um Schutz davor anzubieten, und wir wollen uns hier nicht mit der technischen Seite des Angriffsschutzes beschäftigen. Unser Interesse liegt momentan weniger in den destruktiven Handlungen des Vandalen, sondern in den eher gezielten Anstrengungen seines entfernten Vetters, des Social Engineers.

Es kam aus der Email

Sie erhalten sicherlich täglich unerwartete Emails, in denen sich Werbung versteckt oder die irgendetwas Kostenloses anbieten, das Sie weder brauchen noch wollen. Darüber sind Sie sicher schon gestolpert. Man verspricht eine Finanzberatung, günstige Preise für Computer, Fernseher, Kameras, Vitamine oder Reisen, Angebote für Kreditkarten, die Sie nicht brauchen, ein Gerät, mit dem Sie Pay-TV-Kanäle unentgeltlich empfangen können, und Ihnen werden Wege aufzeigt, wie Sie Ihre Gesundheit, Ihr Liebesleben usw. verbessern können.

Aber gelegentlich taucht da in Ihrer Mailbox auch mal ein Angebot auf, das Ihre Aufmerksamkeit erregt. Vielleicht ist es ein Gratis-Spiel, Fotos Ihres Lieblingsstars, ein kostenloses Kalender-Programm oder preisgünstige Shareware, die Ihren Rechner gegen Viren schützen soll. Egal worum es bei diesem Angebot auch gehen mag, die Email zeigt Ihnen, wie Sie die Datei mit diesen versprochenen Vorzügen herunterladen können.

Oder vielleicht bekommen Sie auch eine Nachricht mit einem Betreff wie „Volker, du fehlst mir", oder „Sabine, warum hast du mir nicht geschrieben" oder „Hallo Ernst, hier ist das sexy Foto, das ich dir versprochen habe". Das kann kein Werbemüll sein, denken Sie, weil der Betreff Ihren eigenen Namen trägt und sehr persönlich klingt. Dann öffnen Sie den Anhang, um das Foto anzuschauen oder die Nachricht zu lesen.

Mit allen diesen Aktionen – Software herunterladen, von der Sie aus einer Werbemail erfahren haben, ein Klick auf einen Link, der Sie zu einer Site führt, von der Sie vorher noch nie etwas gehört haben, das Öffnen eines

Anhanges von jemandem, den Sie nicht wirklich kennen – handeln Sie sich nur Ärger ein. Sicher, das Meiste, was Sie kriegen, ist genau das, was Sie erwartet haben oder schlimmstenfalls enttäuschend oder anzüglich, aber harmlos. Aber manchmal bekommen Sie es auch mit der Maßarbeit eines Vandalen zu tun!

Dass bösartiger Code zu Ihrem PC geschickt wird, ist nur ein kleiner Teil des Angriffs. Damit er erfolgreich ist, muss der Angreifer Sie dazu bringen, den Anhang herunterzuladen.

Die am meisten Schaden anrichtenden Formen bösartigen Codes – Würmer mit Namen wie Love Letter, SirCam und Anna Kournikova, um nur einige zu nennen – haben sich zu ihrer Verbreitung alle auf Techniken aus dem Social Engineering verlassen, indem sie etwas vortäuschen oder sich zunutze machen, dass jeder gerne kostenlos etwas haben will. Der Wurm trifft als Anhang einer Email ein, die etwas Verlockendes verspricht, so wie vertrauliche Informationen, Gratis-Pornos oder – eine sehr clevere List – eine Botschaft, die besagt, dass der Anhang die Bestätigung für eine kostspielige Ware sei, die Sie angeblich bestellt haben. Diese letzte List bringt Sie dazu, den Anhang zu öffnen, weil Sie befürchten, Ihre Kreditkarte werde wegen etwas belastet, das Sie gar nicht bestellt haben.

Es ist verblüffend, wie viele Menschen auf diese Tricks hereinfallen. Obwohl immer und immer wieder darauf hingewiesen worden ist, wie gefährlich das Öffnen von Email-Anhängen sein kann, verblasst das Bewusstsein für diese Gefahren nach einiger Zeit, und das macht uns anfällig.

Wie erkenne ich bösartige Software?

Eine andere Art von *Malware* bringt ein Programm auf Ihren Rechner, das ohne Ihr Wissen oder Ihre Zustimmung arbeitet oder unbemerkt eine Aufgabe ausführt. Malware kann ganz harmlos aussehen, kann einfach nur ein Word-Dokument oder eine PowerPoint-Präsentation oder jedes andere Programm mit einer Makro-Funktionalität sein, aber sie wird insgeheim ein nicht erwünschtes Programm installieren. Beispielsweise könnte Malware eine Version des Trojanischen Pferdes sein, über das wir in Kapitel 6 gesprochen haben. Wenn diese Software erst einmal auf Ihrer Maschine installiert worden ist, kann sie alle Tasteneingaben von Ihnen an den Angreifer weiterleiten – und damit auch Ihre Passwörter und Kreditkartennummern!

Hinweis

Ein spezieller Fall solcher Programme, die man im Hacker-Untergrund als RAT[a] bezeichnet, gibt einem Angreifer den kompletten Zugang zu Ihrem Rechner, als ob er direkt an Ihrer Tastatur sitzt.

a. *Remote Access Trojan* – Fernzugangstrojaner

Es gibt zwei andere Arten von bösartiger Software, die Sie in Angst und Schrecken versetzen können. Bei einer wird jedes Wort, das Sie im Bereich Ihres Computermikrophons sprechen, an einen Angreifer übertragen, *auch wenn Sie annehmen, das Mikrophon sei ausgeschaltet*. Schlimmer noch, wenn Sie eine Webcam an Ihren Rechner angeschlossen haben, kann ein Angreifer eine Variation dieser Technik nutzen und Tag und Nacht alles verfolgen, was sich vor Ihrem Terminal abspielt, auch wenn Sie glauben, die Kamera sei nicht in Betrieb.

Jargon

Malware Slangausdruck für bösartige Software (malicious software) wie z.B. ein Virus, Wurm oder Trojanisches Pferd, die schädliche Aktionen ausführt.

Wenn der Hacker auch noch einen üblen Sinn für Humor hat, könnte er auf Ihrem PC ein kleines Programm implantieren, mit dem Ihr Computer zu einer lästigen Plage wird. Beispielsweise könnte die Klappe von Ihrem CD-Laufwerk dauernd auf und zu gehen oder die Datei, an der Sie gerade arbeiten, minimiert sich ständig. Oder es spielt in voller Lautstärke mitten in der Nacht eine Audio-Datei mit einem Schrei ab. Nichts davon macht besonders viel Spaß, wenn Sie schlafen oder Ihre Arbeit erledigen wollen ... aber verursacht wenigstens keinen dauerhaften Schaden.

Mitnick
Spot

Vorsicht vor harmlosen Typen mit unerwarteten Geschenken, sonst könnte es Ihrer Firma so gehen wie der Stadt Troja. Im Zweifelsfalle sollten Sie zur Vermeidung einer Infektion dem Schutz Vorrang geben.

BOTSCHAFT VON EINEM FREUND

Die Szenarien können trotz Ihrer Vorsichtsmaßnahmen sogar noch schlimmer werden. Stellen Sie sich vor: Sie haben sich entschieden, auf gar keinen Fall irgendein Risiko einzugehen. Sie werden niemals wieder Dateien herunterladen, die nicht von sicheren Sites stammen, die Ihnen bekannt sind und denen Sie vertrauen, so wie SecurityFocus.com oder Amazon.com. Sie klicken nicht mehr auf Links in Emails unbekannten Ursprungs. Sie öffnen keine Anhänge aus Emails, die Sie nicht erwarten. Und im Browser prüfen Sie jedes Mal, wenn Sie eine Site für eine eCommerce-Transaktion besuchen oder vertrauliche Informationen austauschen wollen, ob das Symbol für eine sichere Site vorhanden ist.

Und dann erhalten Sie eines Tages eine Email von einem Freund oder Geschäftskollegen, die einen Anhang aufweist. Von einem Bekannten kann doch nichts Bösartiges kommen, oder? Vor allem, da Sie dann genau wüssten, wer die Verantwortung trägt, wenn Ihre Daten beschädigt werden.

Sie öffnen das Attachment und ... WUMM! Sie wurden gerade von einem Wurm oder Trojaner getroffen. Warum tut Ihnen ein guter Bekannter das an? Weil einige Dinge nicht so sind, wie sie erscheinen. Sicher haben Sie schon von diesem Wurm gelesen, der sich auf einem Rechner einnistet und sich dann selbst per Email an jede Person aus dem Adressbuch dieses Computers verschickt. Alle erhalten eine Email von jemandem, den sie kennen und dem sie vertrauen, und jede dieser vertrauten Emails enthält den Wurm, der sich wie Wellen auf der Oberfläche eines ruhigen Teiches nach einem Steinwurf fortpflanzt.

Bei dieser Technik werden effektiv zwei Fliegen mit einer Klappe geschlagen: Der Wurm hat die Fähigkeit, sich über arglose Opfer weiter zu vermehren, und gibt sich den Anschein, von einer vertrauten Person zu stammen.

Mitnick
Spot

Der Mensch hat viele wundervolle Dinge erfunden, die die Welt und unsere Lebensweise verändert haben. Aber für jeden sinnvollen Einsatz von Technologie, egal ob Computer, Telefon oder Internet, wird es stets jemanden geben, der sie für eigene Zwecke missbräuchlich verwendet.

Beim aktuellen Zustand der Technologie bleibt es eine traurige Tatsache, dass Sie eine Email einer Ihnen nahestehenden Person erhalten können und trotzdem aufpassen müssen, ob das Öffnen sicher ist.

VARIATIONEN EINES THEMAS

In der Ära des Internet gibt es eine Art von Betrug, bei dem Sie auf eine Website umgeleitet werden, die nicht das ist, was Sie erwarteten. Dies passiert regelmäßig in vielerlei Formen. Das folgende repräsentative Beispiel basiert auf einem aktuellen Betrug aus dem Internet.

Frohe Weihnachten ...

Ein pensionierter Versicherungsvertreter namens Edgar erhielt eines Tages eine Email von PayPal, einer Firma, die eine schnelle und bequeme Art des Online-Bezahlens anbietet. Diese Art von Service ist ganz besonders nützlich, wenn jemand aus einem Teil des Landes (oder auch der Welt) etwas von einem anderen kauft, den er nicht kennt. PayPal belastet die Kreditkarte des Käufers und transferiert das Geld direkt zum Konto des Verkäufers.

Als Sammler von antiken Glasgefäßen wickelte Edgar eine Menge Geschäfte über das Online-Auktionshaus eBay ab. Er setzte oft PayPal ein, manchmal mehrmals die Woche. Also war Edgars Aufmerksamkeit geweckt, als er in den Winterferien 2001 eine Email erhielt, die scheinbar von PayPal stammte und ihm eine Belohnung für ein Update seines PayPal-Kontos versprach. In der Nachricht stand:

> Ein frohes Neues Jahr wünschen wir Ihnen, werter Pay-Pal-Kunde;
>
> Silvester kommt näher, und wir alle bereiten uns auf das Neue Jahr vor. Dazu möchte PayPal Ihrem Konto 5 $ gutschreiben!
>
> Um in den Genuss dieser Gutschrift zu gelangen, brauchen Sie lediglich bis zum 1. Januar 2002 Ihre Kundendaten auf unserer sicheren PayPal-Site zu aktualisieren. Jedes Jahr bringt viele Veränderungen mit sich, und indem Sie Ihre Daten bei uns auf den neuesten Stand bringen, erlauben Sie uns, Sie und unseren geschätzten Kundendienst weiterhin mit einem exzellenten Service zu versorgen und ebenfalls unsere Unterlagen aktuell zu halten.
>
> Um jetzt Ihre Daten zu aktualisieren und sofort Ihrem PayPal-Konto 5 $ gutschreiben zu lassen, klicken Sie bitte auf diesen Link:
>
> `http://www.paypal-secure.com/cgi-bin`
>
> Vielen Dank, dass Sie PayPal.com nutzen. Sie helfen uns damit, zum größten Anbieter dieser Art zu werden.
>
> Wir wünschen Ihnen wunderschöne Weihnachtstage und ein Frohes Neues Jahr!
>
> Ihr PayPal-Team

Edgar fiel keines der verräterischen Zeichen auf, dass irgendetwas an dieser Email nicht in Ordnung sein könnte (z.B. das Semikolon in der Begrüßungszeile und der verstümmelte Text über den „geschätzten Kundendienst" und den „exzellenten Service"). Er klickte auf den Link, gab die erforderlichen Informationen ein – Name, Adresse, Telefon- und Kreditkartennummer – und wartete dann auf die Gutschrift über 5 Dollar, die auf dem nächsten Kontoauszug seiner Kreditkarte erscheinen sollte. Statt dessen erschienen dort eine Reihe von Buchungen für Waren, die er niemals angefordert hatte.

Sie kennen wahrscheinlich Leute, die es ablehnen, Waren online zu kaufen, auch nicht auf den Sites von Markennamen wie Amazon oder eBay oder Websites wie Nike, Neckermann oder Quelle. In gewisser Weise ist ihr Misstrauen begründet. Wenn Ihr Browser den heutigen Standard einer Verschlüsselung mit 128 Bit aufweist, verlassen alle Daten, die Sie an eine sichere Site übermitteln, Ihren Computer verschlüsselt. Mit ziemlich großen Anstrengungen können diese Daten wieder entschlüsselt werden, aber sie sind in einer angemessenen Zeit nicht zu knacken, ausgenommen vielleicht von der National Security Agency[a] (und die NSA hat nach unserem Wissen bisher kein Interesse am Diebstahl von Kreditkartennummern amerikanischer Bürger gezeigt oder wollte bisher auch noch nicht herausfinden, wer Erotik-Videos oder sexy Unterwäsche bestellt hat).

Diese verschlüsselten Dateien können im Prinzip von jedem mit den entsprechenden Ressourcen und der nötigen Zeit geknackt werden. Aber im Ernst – welcher Narr würde alle diese Anstrengungen unterlaufen, um *eine* Kreditkartennummer zu klauen, wenn viele eCommerce-Unternehmen den Fehler machen, *alle* finanziellen Daten ihrer Kunden unverschlüsselt in ihren Datenbanken abzulegen? Schlimmer noch – eine Reihe von e-Commerce-Firmen, die eine gewisse SQL-Datenbank-Software verwenden, haben das Problem noch deutlich verschlimmert: Sie haben bei diesem Programm das Standardpasswort für das Systemadministratorkonto noch nie geändert. Als sie die Software ausgepackt haben, war das Passwort „null", und es lautet auch heute noch „null". Somit sind die Datenbankinhalte jedem zugänglich, der sich mit dem Datenbankserver über das Internet verbindet. Diese Sites befindet sich ständig unter Angriff, und dort werden regelmäßig Informationen gestohlen, ohne dass irgendjemand daraus lernt.

Andererseits haben die gleichen Leute, die im Internet nichts kaufen wollen, weil sie den Diebstahl ihrer Kreditkarteninformationen befürchten, kein Problem damit, mit der gleichen Karte in einem realen Geschäft einzukaufen oder ihr Essen oder die Drinks damit zu zahlen – sogar in Bars oder Restaurants auf Nebenstraßen, in die sie ihre Mutter nicht mitnehmen würden. Hier werden regelmäßig Kreditkartenquittungen gestohlen oder aus den Mülleimern herausgefischt. Und jeder skrupellose Angestellte oder Kellner kann Ihren Namen und Ihre Kreditkartenangaben notieren oder sich irgendwo im Netz ein Kartenlesegerät besorgen, das die Daten von allen Karten, die damit gelesen wurden, zur späteren Verwendung speichert.

a. Die NSA ist der allergeheimste Spionagedienst der USA (A.d.Ü.).

Es gibt einige Gefahren beim Online-Shopping, aber es ist wahrscheinlich genauso sicher wie der Kauf in einem normalen Geschäft. Und die Kreditkartenunternehmen bieten Ihnen bei einem Online-Kauf die gleichen Schutzbedingungen – falls es zu betrügerischen Buchungen kommt, haften Sie nur für die ersten 50 Euro.

Somit ist meiner Ansicht nach die Furcht vor Online-Käufen einfach eine weitere unangebrachte Sorge.

Trickanalyse

Edgar war einem ziemlich abgedroschenen Internet-Betrug auf den Leim gegangen, den es in verschiedenen „Geschmacksrichtungen" gibt. Bei einer davon (Genaueres finden Sie in Kapitel 9) wird vom Angreifer als Köder eine falsche Log-In-Internetseite aufgestellt, die der realen Seite zum Verwechseln ähnlich sieht. Der Unterschied liegt darin, dass die falsche Bildschirmseite keinen Zugang zu dem Computersystem freigibt, das der Anwender erreichen möchte, sondern stattdessen seinen Benutzernamen mit dem Passwort an den Hacker weiterleitet.

Bei diesem Schwindel, auf den Edgar hereingefallen war, hatten die Halunken eine Website unter dem Namen „paypal-secure.com" registrieren lassen. Das hört sich an, als gehörte diese Seite legitim zur Site von PayPal, aber das ist eine Irreführung. Als er auf dieser Site seine Daten eingab, hatten die Angreifer genau das, was sie haben wollten.

Mitnick
Spot

Da man hier nicht von einer Narrensicherheit ausgehen kann (das kann man von keiner Sicherheitsmaßnahme behaupten), achten Sie beim Besuch einer Site, die von Ihnen als privat eingestufte Informationen anfordert, immer darauf, dass die Verbindung authentifiziert und verschlüsselt ist. Und was noch wichtiger ist: Klicken Sie nicht automatisch in einer Dialog-Box, die ein Sicherheitsproblem wie ein ungültiges, abgelaufenes oder widerrufenes digitales Zertifikat anzeigen könnte, auf JA.

VARIANTEN DER VARIATION

Wie viele andere Wege gibt es, um Computeruser zur einer gefälschten Website zu verleiten, wo sie vertrauliche Informationen eingeben sollen? Ich glaube, dazu kann niemand genauere Angaben machen, aber „eine ganze Menge" nähert sich dem schon gut an.

Bei diesem Link werden Sie gelinkt

Eine Masche kehrt regelmäßig wieder: Da wird eine Email mit einem verführerischen Angebot versandt, eine bestimmte Site zu besuchen, und man kann über einen Link in der Mail direkt dorthin gehen. Nur dass Sie über diesen Link nicht zu der erwarteten Site gelangen, weil der Link im Prinzip nur vorgaukelt, zu dieser Site weiterzuverbinden. Das folgende Beispiel ist tatsächlich so im Internet abgelaufen, und schon wieder wurde der Name PayPal missbraucht:

```
www.PayPai.com
```

Schaut man nicht so genau hin, sieht es so aus wie PayPal. Auch wenn es dem Opfer auffällt, nimmt es vielleicht an, dass es sich nur um einen kleinen Defekt im Text handelt, der das „l" von Pal so aussehen lässt wie ein „i". Und wie sollte man gar auf den ersten Blick erkennen, dass

```
www.PayPal.com
```

statt des kleinen Buchstabens für L die Ziffer 1 verwendet? Es gibt genug Leute, die Tippfehler und andere Irreführungen akzeptieren, womit dieses gewagte Spiel für Kreditkartengauner dauerhaft interessant bleibt. Wenn man auf die gefälschte Site geht, ähnelt sie so sehr der erwarteten Site, dass die Leute fröhlich ihre Kreditkarteninformationen eingeben. Um diese Art von Betrug vorzubereiten, braucht ein Bösewicht nur einen falschen Domänennamen registrieren zu lassen, seine Emails zu verschicken und auf Dummköpfe zu warten, die reingelegt werden wollen.

Im Sommer des Jahres 2002 erhielt ich eine Email, die scheinbar Teil einer Massenmailsendung war und als Absender „Ebay@ebay.com" enthielt. Den Inhalt der Nachricht zeigt die Abbildung 7.1.

Lieber eBay-Kunde,

es wurde bekannt, dass Ihr eBay-Konto von dritter Seite gefälscht wurde und dadurch die folgenden Benutzerrichtlinien verletzt hat:

4. Bieten und Kaufen

Sie sind verpflichtet, die Transaktion mit dem Verkäufer abzuschlie-ßen, wenn Sie eine Ware über eines unserer festen Preisformate erworben haben oder der höchste Bieter sind, wie weiter unten beschrieben. Wenn Sie am Ende einer Auktion der Höchstbietende sind (also das entsprechende Mindestgebot abgegeben oder ein vorhandenes Gebot überboten haben) und Ihr Gebot wurde vom Verkäufer akzeptiert, sind Sie verpflichtet, diese Transaktion mit dem Verkäufer abzuschließen, außer die Transaktion ist ungesetzlich oder über diese Vereinbarung verboten.

Sie erhalten diese Nachricht, weil uns bekannt wurde, dass Ihr aktuelles Konto bei anderen eBay-Mitgliedern zu Störungen geführt hat. Darum ist eine sofortige Verifikation Ihres Kontos bei eBay unabdinglich. Bitte verifizieren Sie Ihr Konto, um zu vermeiden, dass Ihr Konto deaktiviert wird.

Klicken Sie hier, um Ihr Konto zu verifizieren –
http://error_ebay.tripod.com

****

Eingetragene Warenzeichen sind das Eigentum der betreffenden Besitzer. eBay und das eBay-Logo sind eingetragene Warenzeichen von eBay Inc.

Abbildung 7.1: Der Link in dieser oder einer anderen Email sollte mit Vorsicht genutzt werden.

Wer auf den Link klickte, wurde zu einer Webseite weitergeleitet, die ganz wie eine eBay-Seite aussah. Tatsächlich war die Seite sehr gut gestaltet, besaß ein authentisches eBay-Logo und Buttons wie „Suchen", „Kaufen" und anderes zur Navigation, die den Besucher zur eigentlichen eBay-Site führten, wenn man darauf klickte. Es gab sogar ein Sicherheitslogo in der unteren rechten Ecke. Um kundige Opfer aufs Glatteis zu führen, hatte der Programmierer sogar HTML-Verschlüsselung eingesetzt, um zu verschleiern, wohin die vom User eingegebenen Daten gesandt wurden.

Das ist ein ausgezeichnetes Beispiel eines bösartigen, auf Computer basierenden Social-Engineering-Angriffs. Und doch weist es eine Reihe von Fehlern auf.

Die Email-Nachricht war nicht gut formuliert; insbesondere der Absatz beginnend mit „Sie erhalten diese Nachricht" ist unbeholfen und unpassend (die für diese Betrügereien Verantwortlichen lassen ihre Texte nie von Profis überarbeiten, und das merkt man ihnen an). Weiterhin würde jeder mit ein bisschen Aufmerksamkeit argwöhnisch werden, dass eBay nach den PayPal-Daten des Besuchers fragt. Es gibt keinen Grund, warum eBay einen Kunden nach einer solch privaten Information fragen sollte, die auch noch eine andere Firma betrifft.

Und jedem, der sich ein wenig im Netz auskennt, würde auffallen, dass der Hyperlink nicht zur Domäne von eBay führt, sondern zu tripod.com, einem kostenlosen Webhosting-Dienst. Dies ist ein todsicheres Anzeichen, dass die Email illegitim ist. Und doch gehe ich jede Wette ein, dass eine Menge Leute auf dieser Seite ihre Daten eingegeben haben, sogar die Kreditkartennummern.

> ## Hinweis
>
> Warum darf man irreführende oder unangemessene Domänen-Namen registrieren lassen? Weil bei der gegenwärtigen Gesetzeslage und den Online-Richtlinien jeder alle Site-Namen registrieren lassen darf, die nicht in Gebrauch sind.
> Die Unternehmen versuchen, diese nachahmerischen Adressen zu bekämpfen, aber man macht sich keine Vorstellung, wogegen sie zu kämpfen haben. General Motors hat ein Unternehmen verklagt, das die Adresse f**kgeneralmotors.com (aber ohne Sternchen) registrieren ließ und die URL[a] auf die Website von General Motors legte. GM hat verloren.

Seien Sie wachsam

Als einzelne Nutzer des Internets müssen wir alle wachsam sein und eine bewusste Entscheidung treffen, ob es in Ordnung ist, persönliche Daten, Passwörter, Kontonummern, PINs und ähnliches einzugeben.

Wie viele Personen kennen Sie, die Ihnen sagen können, ob eine bestimmte Internetseite, die sie gerade auf dem Bildschirm haben, den Erfordernissen einer sicheren Seite entspricht? Wie viele Ihrer Mitarbeiter wissen, worauf zu achten ist?

Absolut alle, die das Internet nutzen, sollten das kleine Symbol kennen, das oft irgendwo auf einer Webseite erscheint und wie ein winziges Vorhängeschloss aussieht. Sie sollten wissen, dass die Site als sicher zertifiziert wurde, wenn der Bügel geschlossen ist. Wenn der Bügel offen steht oder das Schloss-

Gefälschte Sites und gefährliche Anhänge

---

a. *Uniform Resource Locator* – Eindeutige Bezeichnung einer Internetadresse, z.B. `www.google.de`

Icon fehlt, ist diese Website nicht als echt authentifiziert, und alle Daten werden im Klartext übertragen – das heißt unverschlüsselt.

Ein Angreifer, der administrative Privilegien auf Rechnern eines Unternehmens kompromittieren kann, wird jedoch in der Lage sein, den Code des Betriebssystems zu modifizieren oder zu patchen, um den Anwender darüber, was wirklich geschieht, zu täuschen. Beispielsweise können die Programmieranweisungen in der Browser-Software, über die die Gültigkeit der digitalen Zertifikate einer Website angezeigt wird, derart modifiziert werden, dass die Überprüfung umgangen wird. Oder das System könnte über ein sogenanntes Root Kit derart abgeändert werden, dass auf Betriebssystemebene ein oder zwei Hintereingänge installiert werden, die viel schwerer zu entdecken sind.

Eine sichere Verbindung authentifiziert die Site als echt und verschlüsselt die übertragenen Informationen, so dass ein Angreifer irgendwelche abgefangenen Daten nicht verwenden kann. Können Sie jeder Website trauen, sogar einer, die eine sichere Verbindung einsetzt? Nein, weil der Eigner der Site möglicherweise die korrekte und vollständige Anwendung aller Sicherheitspatches nicht kennt oder Anwender bzw. Administratoren nicht dazu anhält, sichere Passwörter einzusetzen. Darum können Sie nicht davon ausgehen, dass eine vorgeblich sichere Site durch Angriffe nicht gefährdet sein könnte.

Jargon

Back Door Ein verdeckter Eingangspunkt, der einen dem User unbekannten Geheimzugang auf dessen Computer schafft. Wird auch von Programmieren bei der Softwareentwicklung verwendet, damit sie in das Programm gehen und Probleme reparieren können.

Sicheres HTTP (Hypertext Transfer-Protokoll) oder SSL (*Secure Sockets Layer*) stellt einen automatischen Mechanismus bereit, der digitale Zertifikate nicht nur zur Verschlüsselung von Informationen einsetzt, die zu der jeweiligen Site gesandt werden, sondern auch eine Authentifizierung ermöglicht (eine Bürgschaft, dass Sie tatsächlich mit der echten Website kommunizieren). Jedoch funktioniert dieser Schutzmechanismus nicht bei Anwendern, die nicht darauf achten, ob der in der Adresszeile des Browser angezeigte Name wirklich die korrekte Adresse der Site ist, die sie erreichen wollen.

Ein anderes Sicherheitsproblem, das meistens ignoriert wird, erscheint als etwa wie folgt formulierte Warnmeldung: „Diese Site ist nicht sicher oder das Sicherheitszertifikat ist abgelaufen. Wollen Sie trotzdem diese Site aufrufen?" Viele Internet-Nutzer verstehen diese Nachricht nicht, und wenn sie erscheint, klicken sie einfach auf *Okay* oder *Ja* und fahren mit der Arbeit fort, ohne zu ahnen, dass sie sich an einem Abgrund bewegen. Seien Sie gewarnt: Auf einer Website, die kein sicheres Protokoll verwendet, sollten Sie absolut keine vertraulichen Daten wie Ihre Adresse oder Telefonnummer, Kreditkarten- oder Kontonummern oder irgendetwas anderes eingeben, das nicht veröffentlicht werden soll.

Thomas Jefferson hat gesagt, dass die Bewahrung unserer Freiheit eine „ewige Wachsamkeit" erfordert. Die Bewahrung der Privatsphäre und der Sicherheit in einer Gesellschaft, in der Informationen als Zahlungsmittel eingesetzt werden, erfordert nichts Geringeres.

Virenbändiger

Noch eine besondere Anmerkung über Virensoftware: Im Intranet eines Unternehmens ist sie unverzichtbar, ebenso wie bei jedem einzelnen Angestellten, der mit Computern arbeitet. Neben der Tatsache, dass diese Antivirensoftware auf jedem Rechner installiert sein sollte, müssen die Anwender offensichtlich auch darauf hingewiesen werden, sie zu aktivieren (viele Leute weigern sich, weil einige Computerfunktionen dadurch unweigerlich verlangsamt werden).

Bei der Antivirensoftware gibt es noch eine wesentliche andere Prozedur, die zu beachten ist: Die Virendefinitionen müssen aktuell sein. Wenn Software oder Updates in Ihrem Unternehmen nicht über das Netzwerk an die Enduser verteilt wird, muss jeder einzelne Nutzer die Verantwortung dafür tragen, die neuesten Virendefinitionen selbstständig auf seinen Rechner herunterzuladen. Meine persönliche Empfehlung ist, dass jeder die Einstellungen seiner Virensoftware so vornimmt, dass die Virendefinitionen täglich automatisch aktualisiert werden.

> **Jargon**
>
> **Secure Sockets Layer** Ein von Netscape entwickeltes Protokoll, das die Authentifizierung sowohl vom Client als auch vom Server in einer sicheren Kommunikation über das Internet sicherstellt.

Einfach ausgedrückt sind Sie solange gefährdet, bis die Virendefinitionen regelmäßig per Update auf den neuesten Stand gebracht wurden. Und dann sind Sie immer noch nicht vor denjenigen Viren oder Würmern gefeit, die die Hersteller der Antivirensoftware noch nicht kennen oder für die noch kein Erkennungsmuster veröffentlicht wurde.

Alle Angestellten, die über die Berechtigung zu einem Fernzugang per Laptop oder Heimcomputer verfügen, müssen mindestens eine aktuelle Virensoftware und eine persönliche Firewall auf diesen Maschinen betreiben. Ein erfahrener Angreifer wird sich eine Sache insgesamt anschauen und dann entscheiden, wo die schwächste Stelle ist, die er dann attackieren wird. Es gehört zur Verantwortung des Konzerns, alle Personen mit einem Computer außerhalb der Firma regelmäßig an die Notwendigkeit von persönlichen Firewalls und aktualisierter, eingeschalteter Virensoftware zu erinnern, weil man nicht erwarten kann, dass einzelne Angestellte, Manager, Vertriebspersonal und andere, die nicht zur IT-Abteilung gehören, ständig die Notwendigkeit präsent haben, ihren Computer geschützt zu halten.

Zusätzlich zu diesen Maßnahmen empfehle ich nachdrücklich den Einsatz der weniger weit verbreiteten, aber nichtsdestotrotz sehr wichtigen Software-Pakete, die vor Angriffen von Trojanischen Pferden schützen, der sogenannten Anti-Trojaner-Software. Zum Zeitpunkt dieser Niederschrift sind zwei der bekannteren Programme *The Cleaner* (www.moosoft.com) und *Trojan Defence Suite* (www.diamondcs.com.au).

Zum Schluss die möglicherweise wichtigste Sicherheitsmeldung für alle Betriebe, in denen nicht schon am Firmen-Gateway auf gefährliche Emails gescannt wird: Weil wir alle dazu neigen, bei Dingen, die einem bei der Erledigung der Arbeit nebensächlich erscheinen, vergesslich oder nachlässig zu werden, müssen die Mitarbeiter immer wieder und auf unterschiedliche Wege daran erinnert werden, keine Email-Attachments zu öffnen, wenn sie nicht sicher sind, dass diese von einer vertrauten Person oder Organisation stammen. Und das Management muss die Angestellten ebenfalls daran erinnern, dass sie aktive Viren- und Anti-Trojaner-Software einzusetzen haben, die einen unschätzbaren Schutz vor der scheinbar vertrauenswürdigen Email bieten, in der eine destruktive Nutzlast verborgen sein könnte.

Kapitel 8

Der Einsatz von Sympathie, Schuld und Einschüchterung

Wie Sie in Kapitel 15 sehen werden, beeinflusst der Social Engineer sein Ziel auf psychologische Weise, damit die Zielperson seinem Anliegen entsprechend handelt. Geschickte Social Engineers sind bei der Erfindung von Hochstapeleien sehr erfahren, bei denen auf der Klaviatur von Emotionen wie Angst, Aufregung oder Schuld gespielt wird. Sie nutzen dabei psychologische Auslöseimpulse – automatische Mechanismen, die andere dazu bringen, sogleich auf vorgebrachte Anliegen zu reagieren, ohne eine gründliche Analyse aller verfügbaren Informationen vorzunehmen.

Wir alle wollen schwierige Situationen für uns selbst und andere vermeiden. Auf diesem positiven Impuls aufbauend kann der Angreifer sich die Sympathie einer Person zunutze machen, sein Opfer dazu bringen, sich schuldig zu fühlen oder Einschüchterung als Waffe einsetzen.

Nun folgen einige Lehrbuchbeispiele über populäre Taktiken, in denen Emotionen eingebunden werden.

EIN BESUCH IM STUDIO

Ist Ihnen schon einmal aufgefallen, dass manche Leute einfach am Türsteher eines Saales, in dem gerade eine Versammlung, eine private Party oder eine Präsentation stattfindet, vorbeigehen können, ohne dass sie nach einem Ticket oder einer Einladung gefragt werden?

Auf ähnliche Art kann sich ein Social Engineer über sein Mundwerk den Zugang zu Orten verschaffen, die Sie nicht für möglich gehalten hätten. Das wird in der folgenden Geschichte aus der Filmindustrie deutlich.

Der Anruf

„Hier ist das Büro von Ron Hillyard, Dorothy am Apparat."

„Hallo Dorothy. Mein Name ist Kyle Bellamy. Ich bin gerade bei der Trickfilm-Entwicklung beim Team von Brian Glassman eingestiegen. Bei euch hier läuft das ja mächtig anders."

„Tja, glaub schon. Hab noch nie bei einem anderen Filmstudio gearbeitet, mir fehlt also der Vergleich. Was kann ich für Sie tun?"

„Um ehrlich zu sein, ist mir das ein bisschen peinlich. Heute Nachmittag kommt ein Drehbuchautor zu einer Besprechung, und ich habe keine Ahnung, mit wem ich reden muss, damit er hier auf das Gelände kommen kann. Die Leute hier in Brians Büro sind echt nett, aber ich will sie nicht damit stressen, wie ich dies machen soll und wie das funktioniert. Ich fühl mich, als ob ich grad in die Schule gekommen wär´ und den Weg zum Klo nicht finde. Verstehen Sie, was ich meine?"

Dorothy lacht.

„Sie sollten mit den Security-Leuten sprechen. Wählen Sie die 7 und dann 6138. Wenn Lauren ans Telefon kommt, sagen Sie ihr, ich hätte gesagt, sie solle sich um Sie kümmern."

„Vielen Dank, Dorothy. Kann ich mich noch mal melden, wenn ich den Weg zum Jungensklo nicht finde?"

Beide müssen bei dieser Vorstellung kichern und legen dann auf.

Die Geschichte von David Harold

Ich liebe das Kino, und als ich nach Los Angeles zog, dachte ich, ich treffe alle möglichen Leute aus dem Filmgeschäft, und sie nehmen mich auf jede Party mit und laden mich zum Essen in die Studios ein. Tja, ein Jahr habe ich dort gewohnt, ich wurde 26, aber näher als bis zu einer Führung durch die Universal Studios mit all den netten Leuten aus Phoenix und Cleveland bin ich nicht rangekommen. So kam ich schließlich an den Punkt, an dem mir klar wurde, wenn sie mich nicht einladen, muss ich das eben selbst tun. Und das habe ich dann auch gemacht.

Ich habe mir eine *Los Angeles Times* gekauft, ein paar Tage lang die Klatschspalten verfolgt und mir die Namen einiger Produzenten aus verschiedenen Studios notiert. Ich entschied mich, es als Erstes bei einem der großen Studios zu versuchen.

Also rief ich die Telefonzentrale an und fragte nach dem Büro dieses Produzenten, von dem ich in der Zeitung gelesen hatte. Die Sekretärin, mit der ich sprach, hörte sich wie ein mütterlicher Typ an, und ich dachte: Glück gehabt.

Wäre es so ein junges Ding gewesen, die bloß entdeckt werden wollte, hätte sie mir bestimmt nicht mal die Uhrzeit gesagt.

Aber diese Dorothy hörte sich wie jemand an, die sich um ein entlaufenes Kätzchen kümmern würde, jemand, dem der Neue leid tut, den die Arbeit platt macht. Und ich habe auch gleich den richtigen Draht zu ihr gefunden. Passiert mir auch nicht jeden Tag, dass ich versuche, jemanden zu beschwatzen, und dann kriege ich auch noch viel mehr, als wonach ich gefragt hatte. Aus reinem Mitgefühl gab sie mir nicht nur den Namen einer Kollegin vom Sicherheitspersonal, sondern fügte noch hinzu, ich solle ihr sagen, ich käme von Dorothy und sie solle mir behilflich sein.

Natürlich hatte ich schon von Anfang an vorgehabt, Dorothys Namen zu verwenden. Und das machte es nur noch besser. Lauren war gleich ganz offen und hat nicht mal in der Datenbank für die Angestellten nachgesehen, ob der Name, den ich angegeben hatte, überhaupt darin verzeichnet war.

Als ich an diesem Nachmittag an die Pforte kam, stand nicht nur mein Name auf der Besucherliste, sondern man wies mir sogar einen Parkplatz zu. Ich aß in einer Snackbar des Studios zu Mittag und spazierte bis zum Abend auf dem Gelände herum. Ich schlüpfte sogar in einige Aufnahmestudios und schaute den Filmarbeiten zu. Bin bis abends um sieben geblieben. Das war einer meiner tollsten Tage.

Trickanalyse

Jeder hat mal irgendwo neu angefangen. Wir alle können uns gut daran erinnern, wie der erste Tag gewesen war, insbesondere als wir noch jung und unerfahren gewesen waren. Wenn also ein neuer Angestellter um Hilfe bittet, kann er davon ausgehen, dass viele Leute – gerade auch kürzlich Eingestellte – sich an die Gefühle erinnern, die man als Neuer hat, und auch über das Alltägliche hinaus behilflich sind. Ein Social Engineer weiß das und kann es sich zunutze machen, um sich der Sympathien seines Opfers zu bedienen.

Wir machen es Außenseitern viel zu einfach, sich ihren Weg in unsere Fabriken und Büros zu lügen. Auch wenn es Schutzpersonal am Eingang und Eintragungsvorschriften für alle Nicht-Angestellten gibt, wird jede der verschiedenen Variationen des Schwindels in dieser Geschichte es einem Eindringling erlauben, an einen Besucherausweis zu kommen und einfach hereinzuschneien. Und wenn Ihre Firma die Regel festlegt, dass alle Besucher eskortiert werden müssen? Das ist sehr gut, aber nur effektiv, wenn Ihre Angestellten wirklich gewissenhaft jeden mit oder ohne Besucherausweis stoppen, der alleine umhergeht, und ihn ansprechen. Und wenn dann die Antwort nicht zufriedenstellend ausfällt, müssen Ihre Angestellten bereit sein, die Sicherheitskräfte zu rufen.

Wenn es Außenseitern zu leicht gemacht wird, sich den Weg in Ihre Organisation hineinzuschwatzen, werden dadurch die sensiblen Informationen Ihres Betriebes gefährdet. Im heutigen Klima, bei dem wir durch terroristische Attacken bedroht sind, stehen nicht nur Informationen auf dem Spiel.

„MACH DAS SOFORT"

Nicht jeder, der die Taktiken eines Social Engineers benutzt, ist ein glänzender Social Engineer. Alle Personen mit Insider-Kenntnissen einer bestimmten Firma können gefährlich werden. Bei jedem Unternehmen, das in seinen Dateien und Datenbänken persönliche Informationen über die eigenen Angestellten aufbewahrt – und das sind natürlich die meisten –, besteht ein noch größeres Risiko.

Wenn Mitarbeiter nicht ausgebildet oder trainiert worden sind, Angriffe von Social Engineers zu erkennen, können entschlossen auftretende Menschen wie die kokette Dame aus der folgenden Geschichte Dinge durchsetzen, die von den meisten ehrlichen Leuten für unmöglich gehalten werden.

Dougs Geschichte

Mit Linda ist das schon länger nicht mehr so doll gelaufen, und als ich Erin traf, wusste ich sofort, dass sie die Richtige für mich ist. Linda ist ... na, sagen wir, nicht gerade die Stabilste, aber wenn sie sich aufregt, wackeln die Wände.

Ich habe ihr so ruhig wie möglich gesagt, dass sie ausziehen soll, und dann habe ich ihr noch beim Packen geholfen und auch den Mund gehalten, als sie ein paar von meinen Queensryche-CDs mitgenommen hat. Gleich als sie aus dem Haus war, habe ich vom Baumarkt ein neues Schloss für die Eingangstür geholt und noch am selben Abend eingebaut. Am nächsten Morgen habe ich bei der Telefongesellschaft meine Nummer ändern und sie nicht bei der Auskunft eintragen lassen.

So konnte ich mich in aller Ruhe um Erin kümmern.

Lindas Geschichte

Ich wollte schon lange gehen, aber ich hatte mich noch nicht entschieden wann. Aber niemand fühlt sich gerne abgelehnt. Also war es nur eine Frage, wie ich ihn fühlen lassen konnte, was für ein Idiot er ist.

Hab nicht lange gebraucht, mir was zu überlegen. Klar war da eine andere im Spiel, sonst hätte er es mit dem Packen nicht so eilig gehabt. Also wollte ich ein bisschen warten und ihn dann immer spätabends anrufen. Also gerade so in der Zeit, wo man nicht so gerne gestört werden will.

Ich habe dann bis zum nächsten Wochenende gewartet und rief Samstag kurz vor Mitternacht an. Aber er hatte die Nummer ändern lassen. Und die neue war nicht eingetragen. Daran kann man merken, was das für ein Drecks-kerl ist.

Das war kein großer Rückschlag. Ich habe in den Unterlagen gewühlt, die ich noch rechtzeitig nach Hause mitgenommen hatte, bevor ich mit der Arbeit bei der Telefongesellschaft aufgehört hatte. Und da war es schon – ich hatte einen Reparaturauftrag aufbewahrt, als es mal ein Problem mit der Lei-tung bei Dougs Wohnung gegeben hatte, und auf diesem Ausdruck waren die genauen Angaben über die technischen Daten für sein Telefon. Sie sehen, man kann die Telefonnummer wechseln wie ein Hemd, aber man hat trotz-dem immer noch den gleichen Kupferdraht, der vom Haus zur Schaltstelle der Telefonzentrale führt. Die Telefonkabelzuordnungen aus jedem Haus und jeder Wohnung werden durch die sogenannten „Leitungsführungsdaten" identifiziert. Und wenn man weiß, wie die Telefongesellschaft arbeitet, und ich weiß das, braucht man nur diese „Daten der Leitungsführung", und schon hat man den Anschluss der gewünschten Person.

Ich hatte eine Liste, auf der alle Schaltstellen der Stadt inklusive Adresse und Durchwahl verzeichnet sind. Ich schlug die Nummer der Schaltstelle in der Gegend nach, in der ich mit Doug, dem Doofmann, gelebt hatte, und rief an, aber natürlich war keiner da. Wo sind die Techniker, wenn man sie wirklich braucht? Musste echt zwanzig Sekunden nachdenken, bis ich einen Plan hatte. Ich telefonierte alle anderen Schaltstellen ab und fand schließlich jemanden. Aber er war meilenweit weg und hatte es sich wahrscheinlich gerade mächtig bequem gemacht. Ich wusste, er würde mir bestimmt keinen Gefallen tun. Aber ich hatte ja meinen Plan.

„Hallo, hier ist Linda von der Reparaturstelle," sagte ich. „Wir haben hier einen Notfall. Die Leitung zu einer Rettungsstation ist zusammengebrochen. Ein Techniker von uns ist schon draußen, aber wir können das Problem nicht finden. Sie müssen ganz dringend sofort zu der Schaltstelle auf Webster fahren und nachsehen, ob der Wählton die Schaltstelle verlässt."

Und dann sagte ich zu ihm: „ Ich rufe Sie an, wenn Sie da sind", weil er natürlich nicht bei der Reparaturstelle anrufen und nach mir fragen sollte.

Ich konnte davon ausgehen, dass er bestimmt keine Lust hatte, seinen Klün-gel zusammenzupacken und rauszugehen, um Eis vom Auto zu kratzen und spät nachts durch den Schnee zu fahren. Aber es war ein „Notfall", und so konnte er natürlich nicht sagen, er hätte was anderes zu tun.

Als ich ihn eine dreiviertel Stunde später auf Webster erreichte, bat ich ihn, er solle Kabel 29, Paar 2481 checken, und er ging rüber zum Kabelkasten, prüfte nach und sagte, ja, Wählton ist da. Wusste ich ja längst.

Also sagte ich: „Okay, bitte machen Sie noch eine Leitungsüberprüfung", das bedeutet, er solle die Telefonnummer identifizieren. Das wird gemacht, indem man eine besondere Nummer wählt, die die Nummer zurückliest, von der angerufen wird. Er weiß natürlich nichts davon, ob es eine ungelistete Nummer ist oder dass sie gerade geändert wurde, also macht er, was ich ihm sage, und ich höre, wie über den Testhörer die Nummer angesagt wird. Wunderbar. Das klappt ja wie am Schnürchen.

Ich sagte zu ihm: „Das Problem muss also irgendwo zwischen den Anschlüssen liegen." Als ob ich die Nummer die ganze Zeit schon gewusst habe. Ich bedankte mich und sagte ihm, ich würde an der Sache dran bleiben, und wünschte ihm eine gute Nacht.

Soviel zu Doug und seinem netten Versuch, sich hinter einer nicht eingetragenen Nummer vor mir verstecken zu wollen. Der Spaß geht jetzt erst richtig los.

Mitnick Spot

Wenn ein Social Engineer erst einmal herausgefunden hat, wie es in der Zielfirma läuft, ist es für ihn ein Leichtes, dieses Wissen für den Aufbau einer Beziehung mit legitimen Angestellten einzusetzen. Jedes Unternehmen muss gegenüber Social Engineering-Angriffen von früheren oder jetzigen Angestellten, die noch eine Rechnung offen stehen haben, Vorsorge treffen. Sehr dienlich ist dafür eine Überprüfung der Vorgeschichte eines Bewerbers, um diejenigen auszusortieren, die zu diesem Verhalten neigen. Aber in den meisten Fällen sind diese Personen nur äußerst schwer zu erkennen. Der einzige vernünftige Schutz dagegen ist die stringente Einführung und Überwachung von Prozeduren zur Identitätsklärung. Dabei muss vor der Weitergabe irgendwelcher Informationen auch der berufliche Status eines Angestellten, von dem man nicht weiß, ob er noch zur Firma gehört, berücksichtigt werden.

Trickanalyse

Die junge Lady aus dieser Geschichte konnte das für ihre Rache benötigte Wissen erlangen, weil sie über Insider-Kenntnisse verfügte: Telefonnummern, Arbeitsabläufe und Jargon der Telefongesellschaft. Damit war sie nicht nur in der Lage, eine neue, nicht eingetragene Telefonnummer herauszukriegen, sondern das Ganze sogar spät nachts mitten im Winter, und dazu hat sie auch noch einen Techniker durch die Stadt gescheucht.

„MR. BIGGLEY BRAUCHT DAS DRINGEND!"

Eine populäre – da sie so einfach ist – und höchst effektive Form der Einschüchterung verlässt sich auf die Beeinflussung menschlichen Verhaltens durch den Einsatz von Autorität.

Allein schon der Name der Chefsekretärin kann von Wert sein. Privatdetektive und sogar Headhunter machen das die ganze Zeit. Sie rufen in der Telefonzentrale an und sagen, sie wollen mit dem Büro des Firmenchefs verbunden werden. Wenn dann die Chefsekretärin abnimmt, behaupten sie, sie hätten ein Dokument oder ein Paket für den Vorstandsvorsitzenden, oder bitten darum, ob sie wohl einen Email-Anhang ausdrucken könnte? Oder sie fragen nach der Faxnummer. Und wie war doch gleich Ihr Name?

Dann rufen sie die nächste Person an und sagen: „Jeanny aus dem Büro von Mr. Biggley hat mir gesagt, ich solle mich an Sie wenden, damit Sie mir gerade mal helfen können."

Diese Technik nennt man *Name Dropping*, und sie wird gewöhnlich eingesetzt, um schnell eine Beziehung zur Zielperson herzustellen, weil diese annimmt, dass der Angreifer einer Autoritätsperson sehr nahe steht. Eine Zielperson tut jemandem viel eher einen Gefallen, wenn dieser einen Bekannten der Zielperson kennt.

Wenn der Angreifer auf höchst vertrauliche Daten aus ist, könnte er dieses Verfahren anwenden, um in seinem Opfer nützliche Emotionen hervorzurufen – wie die Befürchtung, Ärger mit den Vorgesetzten zu bekommen. Schauen wir uns hierzu ein Beispiel an.

Scotts Geschichte

„Scott Abrams."

„Hallo Scott, hier spricht Christopher Dalbridge. Gerade habe ich mit Mr. Biggley telefoniert, und er ist gar nicht glücklich. Er sagt, er hätte schon vor zehn Tagen eine Anweisung geschickt, dass Ihre Leute uns Kopien der gesamten Markteinführungsuntersuchung zur Analyse rüberschicken sollten. Aber die haben wir nie gekriegt."

„Markteinführungsuntersuchung? Davon hat mir keiner was gesagt. In welcher Abteilung arbeiten Sie?"

„Wir sind eine Beraterfirma, die er beauftragt hat, und wir hinken im Zeitplan schon ganz schön hinterher."

„Hören Sie, ich bin gerade auf dem Weg in eine Besprechung. Geben Sie mir bitte Ihre Durchwahl und ..."

Der Angreifer hört sich nun an, als sei er kurz davor, richtig genervt zu sein: „Soll ich das Mr. Biggley mitteilen?! Hören Sie, er erwartet unsere Analyse bis spätestens morgen früh, und wir müssen die ganze Nacht durch daran arbeiten. Wollen Sie jetzt also, dass *ich* ihm sagen muss, wir konnten das nicht machen, weil wir den Bericht von Ihnen nicht bekommen haben, oder wollen Sie ihm das selbst sagen?"

Ein zorniger Chef kann einem die ganze Woche ruinieren. Die Zielperson entscheidet sich vermutlich dazu, dass er sich besser jetzt darum kümmern sollte, bevor er in das Meeting geht. Wieder einmal hat der Social Engineer den richtigen Knopf gedrückt, um die gewünschte Reaktion zu erhalten.

Trickanalyse

Der Schwindel, jemandem über den Bezug zu einer Autorität einzuschüchtern, funktioniert besonders gut, wenn sich die andere Person in der Rangordnung des Unternehmens auf einem recht niedrigen Platz befindet. Die Verwendung des Namens einer wichtigen Person überwindet nicht nur die normale Trägheit oder einen Verdacht, sondern die Zielperson ist dienstbeflissen darauf erpicht, einen Gefallen zu tun. Das natürliche Bedürfnis, behilflich zu sein, vervielfacht sich, wenn man annehmen kann, dass die Person, der man hilft, wichtig oder einflussreich ist.

Dem Social Engineer ist nichtsdestotrotz bekannt, dass es am besten läuft, wenn bei dieser speziellen Täuschung der Name einer Person benutzt wird, die höher steht als der Chef der Zielperson. Diese Bauernfängerei ist in einer kleinen Organisation schwieriger einzusetzen. Der Angreifer wird nicht wollen, dass sein Opfer zufällig gegenüber dem Leiter der Marketingabteilung eine Bemerkung wie „Der Produktmarketingplan, den Sie über den Kollegen bei mir angefordert haben, ist schon rausgegangen" fallen lässt, denn das führt nur zu leicht zu Gegenfragen wie „Welcher Marketingplan? Und welcher Kollege?" Und so kann herauskommen, dass die Firma betrogen worden ist.

Einschüchterung kann die Angst vor einer Bestrafung hervorrufen und damit andere zur Mitarbeit bewegen. Einschüchterung kann ebenfalls die Angst vor einer Beschämung oder die Disqualifikation zur Beförderung steigern.

Mitnick
Spot

Alle müssen derart geschult werden, dass es nicht nur akzeptabel ist, sondern auch erwartet wird, eine Autoritätsperson festzunageln, wenn die Sicherheit auf dem Spiel steht. Ein Training zur Informationssicherheit sollte für die Belegschaft Anweisungen darüber beinhalten, wie man auf kundenfreundliche Art Autoritäten zur Rede stellt, ohne die Beziehungen zu beschädigen. Obendrein muss diese Erwartung in einem Betrieb von der Spitze bis zu den unteren Rängen unterstützt werden. Wenn ein Angestellter keinen Rückhalt dabei erfährt, ohne Ansehen des Ranges andere zur Rede zu stellen, ist die normale Reaktion, dieses Ansprechen einzustellen - genau das Gegenteil von dem, was Sie bezwecken.

WAS DIE SOZIALVERSICHERUNGSBEHÖRDE ÜBER SIE WEIß

Uns ist die Vorstellung sehr genehm, dass Regierungsbehörden alle Akten über uns vor Leuten ohne Anspruch auf diese Information sicher wegschließen. In der Realität ist nicht einmal eine staatliche Behörde gegenüber einer Penetration so immun, wie wir uns das wünschen.

May Linns Anruf

Ort: Ein lokales Büro der Sozialversicherungsbehörde
Zeit: Donnerstag 10:18 Uhr

„Platz drei. May Linn Wang am Apparat."

Die Stimme am anderen Ende der Leitung klingt entschuldigend, fast ängstlich.

„Ms. Wang, hier spricht Arthur Arondale aus dem Büro des Generalinspektors. Darf ich Sie May nennen?"

„Dann bitte ‚May Linn'", antwortet sie.

„Tja, es geht um Folgendes, May Linn. Wir haben hier einen neuen Kollegen, für den wir noch keinen Rechner haben, und nun hat er ein sehr dringendes Projekt und benutzt dafür meinen. Um Himmels willen, wir gehören zur Regierung der Vereinigten Staaten, und man sagt uns, es sei einfach nicht genug Geld im Topf, um einen Computer für diesen Typ zu kaufen. Und jetzt glaubt mein Chef, dass ich mit der Arbeit trödele und will keine Entschuldigungen mehr hören, wissen Sie?"

„Kann ich mir bildlich vorstellen, ja."

„Können Sie mir bei einer kleinen Anfrage für MCS helfen?" bittet er und erwähnt dabei den Namen des Computersystems, mit dem man Daten von Steuerzahlern aufrufen kann.

„Klar, worum geht's denn?"

„Als Erstes brauche ich einen Alphadent über Joseph Johnson, geboren 4.7.69." (Alphadent steht für eine alphabetische Computersuche nach einem Konto über den Namen des Steuerzahlers, das weiter über das Geburtsdatum identifiziert wird.)

Nach einer kurzen Pause fragt sie:

„Was wollen Sie genau wissen?"

„Wie seine Kontonummer lautet", sagt er und verwendet dabei den Kurzbegriff für die Sozialversicherungsnummer. Sie liest es vor.

„Okay, bitte machen Sie für diese Kontonummer noch eine Numident", bittet der Anrufer.

Bei dieser Anfrage soll sie die allgemeinen Daten des Steuerzahlers vorlesen, und May Linn reagiert darauf, indem sie den Geburtsort, den Geburtsnamen der Mutter und den Namen des Vaters abliest. Der Anrufer hört aufmerksam zu, als sie ihm ebenfalls Monat und Jahr der Kartenausgabe vorliest und bei welchem Bezirksbüro sie ausgestellt wurde.

Als Nächstes fragt er nach der DEQY.

Diese DEQY lässt sie rückfragen: „Für welches Jahr?" Der Anrufer erwidert: „Für 2001."

May Linn sagt: „Ein Betrag in Höhe von $ 190.286, und die Zahlung kam von Johnson MicroTech."

„Irgendwelche anderen Einkommen?"

„Nein."

„Vielen Dank", sagt er. „Sie waren sehr hilfreich."

Dann versucht er, mit ihr zu verabreden, dass er erneut anrufen könne, wenn er weitere Daten benötige und keinen Zugriff auf seinen PC habe. Damit setzt er wieder den Lieblingstrick der Social Engineers ein, stets eine feste Beziehung zu etablieren, damit er sich später wieder an die gleiche Person wenden kann, um den Ärger zu vermeiden, jedes Mal ein neues Opfer zu finden.

„Nächste Woche geht nicht", gibt sie ihm zu verstehen, weil sie da in Kentucky auf der Hochzeit ihrer Schwester sei. Aber sonst würde sie ihm jederzeit behilflich sein.

Als sie den Hörer auflegt, fühlt May Linn sich sehr gut, weil sie kollegial einem anderen Staatsdiener behilflich sein konnte, dessen Arbeit ebenfalls nicht ausreichend gewürdigt wird.

Keith Carters Geschichte

Wenn man nach den Krimis in Bücher und Filmen urteilt, sind Privatdetektive in Ethik nicht besonders beschlagen, aber dafür im Wissen, wie man Leute ausquetscht, sehr versiert. Dabei bedienen sie sich durch und durch illegaler Methoden und schrammen knapp an einer Verhaftung vorbei. Die Wahrheit lautet natürlich, dass die meisten Detekteien in einem völlig legalen Rahmen arbeiten. Da viele ihr Berufsleben als eingeschworene Polizeibeamte begonnen haben, wissen sie ganz genau, was legal ist und was nicht, und die meisten geraten nicht in Versuchung, diese Grenze zu überschreiten.

---

a. *Detailed Earnings Query* – Detaillierte Einkommensabfrage

Natürlich gibt es auch hier Ausnahmen. Einige Privatschnüffler – mehr als ein paar – ähneln tatsächlich ihren Vorbildern aus den Thrillern. Diese Typen sind in der Branche als *Informationsdealer* bekannt, eine wohlwollende Bezeichnung für Leute, die zum Gesetzesbruch bereit sind. Sie wissen, dass sie einen Auftrag deutlich schneller und leichter durchführen können, wenn sie ein paar Abkürzungen nehmen. Dass sich diese Abkürzungen zufällig als potenzielle Verbrechen herausstellen könnten, für das sie ein paar Jahre gesiebte Luft atmen müssten, schreckt die Skrupelloseren von ihnen kaum ab.

In der Zwischenzeit geben sich die aufgestiegenen Schnüffler – die mit einem schicken Büro in einem teuren Viertel der Stadt – mit so einer Arbeit selbst nicht mehr ab. Sie beauftragen einfach einen Informationsbeschaffer, der für sie die Drecksarbeit macht.

Der Kerl, den wir Keith Carter nennen, war ein ethisch recht unbeschwerter Privatschnüffler.

●●●●●●●

Es war ein typischer Fall von „Wo hat er das Geld gelassen?" Oder gelegentlich auch „Wo hat sie das Geld versteckt"? Manchmal wollte eine reiche Lady wissen, wo ihr Ehemann ihr Geld unter Verschluss hält (obwohl für Keith Carter die Frage, warum eine Frau mit Geld überhaupt einen Kerl ohne heiratet, so rätselhaft war, dass er immer wieder darüber nachgedacht, aber nie eine gute Antwort gefunden hatte).

In diesem Fall war es der Ehemann mit Namen Joe Johnson, der die Kohle beiseite geschafft hatte. Er war ein ziemlich cleverer Typ, der mit den von der Familie seiner Frau geliehenen zehntausend Dollar eine High-Tech-Firma aufgebaut und sie zu einem Hundert-Millionen-Dollar-Geschäft gemacht hatte. Nach Aussage des Scheidungsanwalts seiner Frau hatte er sein Vermögen beeindruckend gut versteckt, und der Anwalt wollte eine vollständige Übersicht.

Keith nahm an, dass sein Ausgangspunkt die Sozialversicherungsbehörde mit ihren Akten über Johnson sein müsste, denn diese sind für eine Situation wie diese mit höchst nützlichen Informationen vollgepackt. Mit diesen Auskünften bewaffnet könnte Keith vorgeben, die Zielperson zu sein, und Banken, Anlagefirmen und ausländische Institutionen dazu bringen, ihm alles auszuplaudern.

Sein erster Anruf galt einem Bezirksbüro der Behörde, wobei er die 800er-Nummer aus dem öffentlichen Telefonbuch verwendete. Als ein Angestellter den Anruf entgegennahm, bat er darum, mit jemandem aus der Beschwerdeabteilung verbunden zu werden. Nochmaliges Warten, dann eine Stimme. Jetzt gab Keith Gas: „Hallo," begann er. „Hier spricht Gregory Adams, Bezirksbüro 329. Hören Sie, ich versuche dauernd, einen Sachbearbeiter für Schadensersatz zu erreichen, der eine Kontonummer bearbeitet, die auf 6363 endet. Aber die Nummer, die ich habe, geht an ein Fax-Gerät."

„Das ist die Mod 2", sagte der Mann. Er schlug die Nummer nach und gab sie Keith.

Als nächstes rief er Mod 2 an. Als May Linn antwortete, wechselte er die Rolle und stieg mit der Behauptung ein, er sei vom Büro des Generalinspektors, und ein Kollege besetze bei der Arbeit seinen PC. Sie gab ihm die gewünschte Information und war bereit, ihm bei weiteren Fällen gerne zu helfen.

Trickanalyse

Diese Vorgehensweise wurde dadurch effektiv, dass durch diese Geschichte mit dem anderweitig benutzten Computer und dem Chef, der „gar nicht glücklich" war, die Sympathie der Angestellten ausgenutzt wurde. Bei der Arbeit zeigt man meistens seine Gefühle nicht, aber wenn es passiert, kann das schon mal die gewöhnlichen Schutzmechanismen gegenüber Social Engineering-Angriffen überrollen. Es brauchte nur die emotionale List von „Ich habe Ärger, können Sie mir bitte helfen?", um abzusahnen.

Soziale Unsicherheit

Es ist kaum zu glauben: Die Sozialversicherungsbehörde hat eine Kopie ihres gesamten Programmablauf-Handbuchs ins Internet gestellt, vollgestopft mit Informationen, die für ihre Angestellten nützlich sind, aber für Social Engineers ebenso unglaublich wertvoll. Darin sind Abkürzungen, Begrifflichkeiten und Anweisungen verzeichnet, wie man Anfragen nach bestimmten Dingen durchführt, wie in dieser Geschichte beschrieben.

Wollen Sie noch mehr Insider-Informationen über die Sozialversicherungsbehörde? Suchen Sie einfach über Google oder geben Sie die folgende Adresse in Ihren Browser ein: http://policy.ssa.gov/poms.nsf/. Wenn nicht die Behörde mittlerweile diese Geschichte gelesen und das Handbuch wieder herausgenommen hat, finden Sie online Anweisungen, die sogar detaillierte Informationen verzeichnen, welche Daten ein Beamter der Sozialversicherungsbehörde an die Mitarbeiter der Strafverfolgung weitergeben darf. Im Klartext heißt das, zu diesen Mitarbeitern gehört auch jeder Social Engineer, der einen Sachbearbeiter dieser Behörde davon überzeugen kann, dass er zu einer Strafverfolgungsorganisation gehört.

Der Angreifer wäre dabei nicht erfolgreich gewesen, wenn er diese Information von einem der Angestellten, die normalerweise die Anrufe von außerhalb abwickeln, hätte bekommen wollen. Der von Keith eingesetzte Angriff funktioniert nur, wenn die Person am anderen Ende der Leitung jemand ist, dessen Durchwahl nicht öffentlich verfügbar ist, und man von daher annehmen muss, dass jeder Anrufer, der dort landet, ein Insider sein muss – ein anderes Beispiel von Speakeasy-Sicherheit.

Hilfreiche Bestandteile dieses Angriffs waren:

- Die Kenntnis der Durchwahl des Platzes

- Die Kenntnis der Begrifflichkeiten – Numident, Alphadent, DEQY.

- Der Anschein, man komme direkt vom Büro des Generalinspektors, das jeder Regierungsangestellte als eine staatliche Ermittlungsbehörde mit großer Macht kennt. Dies gibt dem Angreifer eine Aura der Autorität.

Eine interessante Nebenbemerkung: Social Engineer scheinen zu wissen, wie man Anfragen so stellt, dass kaum jemand sich fragt: „Warum ruft der gerade *mich* an?" – auch wenn es logischerweise nachvollziehbarer gewesen wäre, hätte eine ganz andere Person in einer völlig anderen Abteilung den Anruf bekommen. Vielleicht bietet es ja einfach eine willkommene Abwechslung in der Monotonie der täglichen Plackerei, dass das Opfer bei einer Bitte um Hilfe einfach nicht überlegt, wie ungewöhnlich der Anruf erscheint.

Und schließlich war der Angreifer bei dieser Gelegenheit nicht nur auf die Infos über den aktuellen Fall aus, sondern wollte einen Kontakt herstellen, den er immer wieder mal nutzen konnte. Er könnte darüber hinaus auch mal eine übliche List für den Sympathie-Angriff verwenden: „Oh, ich habe gerade Kaffee auf meine Tastatur gekippt." Hier wäre das nicht passend gewesen, weil ein Keyboard innerhalb eines Tages ausgewechselt werden kann. Folglich brachte er ein Märchen vor, das er über Wochen weiterspinnen konnte: Jemand anderes müsse an seinem PC arbeiten. „Ja klar, ich habe auch gedacht, dass er gestern seinen Rechner kriegt, aber wir haben ein Gerät bekommen, und da hat jemand Vitamin B spielen lassen und das Ding abgezogen. Also steht der Trottel schon wieder bei mir im Büro." Und so weiter.

Ich armer Tropf, wer kann mir helfen? Dieser Zauberspruch öffnet Türen.

EIN EINFACHER ANRUF

Eine der großen Hürden für einen Angreifer ist es, seine Anfrage *gerechtfertigt* erscheinen zu lassen – als etwas, was im Arbeitsalltag des Opfers typisch erscheint und nicht zu viele Extras erfordert. Wie bei so vielen Dingen im

Leben kann es manchmal eine große Herausforderung sein, eine Anfrage logisch klingen zu lassen, und an anderen Tagen ist es einfach ein Kinderspiel.

Anruf für Mary

Zeitpunkt: Montag, der 23. November, 7:49

Ort: Mauersby & Storch Buchhaltung, New York

Die meisten Leute halten Buchhaltung für eine Arbeit von Zahlenfressern und Erbsenzählern, die in etwa so erfreulich ist wie eine Wurzelbehandlung. Glücklicherweise sehen das nicht alle so. Mary Harris beispielsweise empfand ihre Arbeit als Leitende Wirtschaftsprüferin sehr fesselnd, und das war ein wichtiger Grund, warum sie eine der besten Buchhaltungsangestellten in ihrer Firma war.

An diesem besonderen Montag erschien Mary recht früh, um einen guten Start für einen wahrscheinlich recht langen Tag zu haben. Sie war sehr überrascht, dass ihr Telefon schellte. Sie nahm ab und nannte ihren Namen.

„Hi, hier ist Peter Sheppard. Ich gehöre zu Arbuckle Support, der Firma, die bei Ihnen die technische Unterstützung übernimmt. Am Wochenende haben wir eine Reihe von Beschwerden von Leuten bekommen, die mit ihren Rechnern dort Probleme haben. Ich dachte, ich werde mich mal drum kümmern, bevor alle zur Arbeit eintrudeln. Haben Sie irgendwelchen Ärger mit Ihrem Computer oder mit der Netzwerkverbindung?

Sie erwiderte, das wisse sie noch nicht. Sie fuhr den Rechner hoch, und er erklärte ihr, was er von ihr wolle.

„Ich möchte mit Ihnen einige Tests durchgehen," sagte er. „Ich kann alle Ihre Tasteneingaben auf meinem Bildschirm sehen, und ich will sichergehen, dass alles korrekt über das Netzwerk geht. Ich möchte Sie also bitten, mir jedes Drücken einer Taste anzusagen, dann kann ich hier sehen, ob die Zahl oder der Buchstabe auch so erscheint. Okay?"

Bei der alptraumhaften Aussicht auf Computerabstürze und einem Frust-Tag, an dem sie nichts geschafft kriegt, war sie mehr als glücklich, dass dieser Mann ihr helfen wollte. Nach einigen Momenten sagte sie zu ihm: „Nun bin ich auf dem Log-In-Bildschirm, und ich werde meine ID eingeben. Also jetzt tippe ich M ... A ... R ... Y ... D."

„Soweit alles klar," sagte er. „Das kann ich hier sehen. Machen Sie nun weiter und geben Ihr Passwort ein, aber sagen mir nicht laut, wie es heißt. Sie sollten niemals Ihr Passwort weitergeben, nicht mal an den technischen Support. Mir werden nur Sternchen angezeigt – Ihr Passwort ist also geschützt, damit ich es nicht sehen kann." Das war alles gelogen, aber Mary erschien es sinnvoll. Und dann sagte er: „Sagen Sie Bescheid, wenn Ihr Rechner vollständig hochgefahren ist."

Als sie angab, dass er nun läuft, ließ er sie zwei Anwendungen starten, und sie berichtete, dass „alles prima" gestartet sei.

Mary war sehr erleichtert, dass scheinbar alles ganz normal funktionierte. Peter sagte: „Ich bin froh, dass ich dafür sorgen konnte, dass Sie gut mit Ihrem PC arbeiten können. Und hören Sie," fuhr er fort, „wir haben gerade ein Update installiert, mit dem man das eigene Passwort verändern kann. Wären Sie so nett, für ein paar Minuten mit mir die Sache durchzugehen, damit ich sehen kann, ob es richtig funktioniert?"

Sie war dankbar für seine Hilfe und stimmte bereitwillig zu. Peter leitete sie durch die Schritte, mit der die Applikation gestartet wurde, über die ein User sein Passwort ändern kann, ein Standardelement des Windows 2000-Betriebs-systems. „Geben Sie jetzt Ihr Passwort ein," bat er sie. „Aber denken Sie dran: Nicht laut sagen."

Als sie damit fertig war, meinte Peter: „Nur für diesen Schnelltest: Wenn Sie jetzt nach Ihrem neuen Passwort gefragt werden, geben Sie ‚test123' ein. Das tippen Sie dann bitte noch einmal im Bestätigungsfeld ein und klicken dann auf Enter."

Er führte sie dann durch den Prozess, sich vom Server abzumelden. Er ließ sie einige Minuten warten, dann sollte sie sich wieder mit dem Server verbin-den und beim Anmelden das neue Passwort angeben. Es klappte wie ein Zau-bertrick, Peter schien sehr zufrieden zu sein und ging mit ihr durch die nötigen Schritte, um das ursprüngliche Passwort wiederherzustellen oder ein neues zu wählen – dabei wies er sie erneut darauf hin, das Passwort nicht laut auszusprechen.

„Also, Mary," sagte Peter zu ihr. „Wir haben keine Probleme gefunden, und das ist klasse. Hören Sie, wenn da doch noch was vorfallen sollte, rufen Sie einfach hier bei Arbuckle an. Meistens bin ich mit speziellen Projekten beschäftigt, aber jeder, den Sie an die Strippe kriegen, kann Ihnen weiterhel-fen." Sie bedankte sich bei ihm, und sie verabschiedeten sich.

Peters Geschichte

Das mit Peter hatte sich rumgesprochen – eine Reihe der Leute aus seinem Ort, mit denen er zur Schule gegangen war, hatten erfahren, dass er zu einem Computer-As geworden war und oft nützliche Sachen herausfinden konnte, die anderen nicht möglich waren. Als Alice Conrad zu ihm kam und ihn um einen Gefallen bat, lehnte er anfangs ab. Warum sollte er ihr helfen? Als er mal mit ihr ein Date machen wollte, hatte sie ihn kühl abblitzen lassen.

Aber seine abweisende Haltung schien sie nicht zu überraschen. Sie sagte, sie hätte sowieso nicht geglaubt, dass er das machen könne. Das war wie eine Herausforderung, denn natürlich war er der Ansicht, dass er es könne. Und so stimmte er dann zu.

Alice war ein Vertrag über eine Beratungstätigkeit bei einem Marketingunternehmen angeboten worden, aber die Vertragsbedingungen schienen nicht besonders gut zu sein. Bevor sie mit neuen Forderungen nachverhandelte, wollte sie wissen, unter welchen Konditionen andere Berater arbeiteten.

Und hier ist Peters Version der Geschichte.

·····●●●●●●●●●·····

Alice gegenüber hätte ich das so nicht gesagt, aber mich reizen Leute, die von mir was wollen und dabei glauben, das könne ich sowieso nicht, aber ich weiß, dass es ganz leicht ist. Na ja, nicht gerade leicht, dieses Mal nicht. Da musste ich mich schon ordentlich reinhängen. Aber kein Problem.

Ich konnte ihr mal so richtig zeigen, wo's langgeht.

Kurz nach halb acht an diesem Montagmorgen rief ich im Büro dieser Marketingfirma an und sagte der Frau aus der Telefonzentrale, ich käme von der Firma, die die Betriebsrenten verwalte, und ich müsse mit jemandem aus der Buchhaltung sprechen. Ob sie heute morgen schon jemanden von denen gesehen habe? Sie antwortete: „Ich glaube, Mary ist eben gerade gekommen. Ich versuche mal, Sie durchzustellen."

Als Mary abhob, habe ich ihr die kleine Story mit den Computerproblemen erzählt, was sie in Angst und Schrecken versetzen sollte, damit sie froh war, mithelfen zu können. Sobald ich mit ihr das Passwort verändert hatte, loggte ich mich schnell über das temporäre Passwort test123 ein, das sie eintragen sollte.

Und hier zeigt sich der wahre Meister: Ich installierte ein Programm, mit dem ich jederzeit in die Computersysteme der Firma gelangen konnte. Dabei benutzte ich ein eigenes geheimes Passwort. Nachdem ich das Gespräch mit Mary beendet hatte, war mein erster Schritt, meine Spuren zu verwischen, damit niemand herausfinden konnte, dass ich auf seinem oder ihrem System gewesen war. Kinderspiel. Nachdem ich meine Systemberechtigungen erhöht hatte, konnte ich ein kostenloses Programm mit Namen clearlogs herunterladen, das ich auf einer Website über Sicherheit unter www.ntsecurity.nu gefunden hatte.

Es wurde Zeit für die eigentliche Aufgabe. Ich startete eine Suche nach allen Dokumenten, in denen das Wort „Vertrag" im Dateinamen auftauchte, und saugte die Daten herunter. Dann suchte ich weiter und stieß auf die Goldader: das Verzeichnis, in dem alle Berichte über die Abrechnungen mit den Consultants steckten. Also habe ich alle Dateien mit Verträgen und eine Liste der Abrechnungen zusammengestellt.

Alice konnte also die Verträge lesen und nachsehen, wie viel andere Berater kriegen. Sie sollte sich ruhig die Mühe machen, selbst alle Files durchzugehen. Ich hatte getan, was sie verlangte.

Ich machte einige Ausdrucke von den Disketten, auf die ich die Daten gezogen hatte, damit ich ihr die Beweise zeigen konnte. Ich brachte sie dazu, sich mit mir zum Abendessen zu treffen. Sie hätten ihr Gesicht sehen sollen, als sie durch die Papiere blätterte. „Wahnsinn," sagte sie. „Absoluter Wahnsinn."

Die Disketten hatte ich nicht dabei. Das war der Köder. Ich sagte ihr, sie solle mal bei mir vorbeikommen und sie abholen. Für den Gefallen, den ich ihr getan hatte, könnte sie mir ja wohl zeigen, wie dankbar sie ist.

Mitnick
Spot

Es ist erstaunlich, wie leicht es einem Social Engineer fällt, über die Art und Weise, wie er sein Anliegen vorträgt, Menschen zur gewünschten Handlung zu bringen. Man geht von der Prämisse aus, dass eine automatische Reaktion, die auf psychologischen Prinzipien beruht, ausgelöst wird. Dann verlässt man sich auf die mentalen Abkürzungen, die Leute vornehmen, wenn sie den Anrufer als Verbündeten wahrnehmen.

Trickanalyse

Peters Anruf bei dem Marketingunternehmen stellte die grundlegendste Form des Social Engineering dar – ein einzelner Versuch, der ein wenig Vorbereitung braucht und gleich beim ersten Mal funktioniert und schon nach wenigen Minuten durchgeführt ist.

Noch besser war, dass Mary, das Opfer, keinen Grund zu der Annahme hatte, irgendein Betrug sei im Spiel, und deswegen auch keinen Bericht schreiben oder Krach schlagen brauchte.

Diese Intrige funktionierte, weil Peter drei Taktiken eines Social Engineers einsetzte. Zuerst erlangte er Marys anfängliche Kooperation durch das Wecken von Furcht – weil er sie glauben machte, dass vielleicht ihr PC kaputt sei. Dann nahm er sich die Zeit, mit ihr zusammen zwei ihrer Anwendungen zu öffnen, damit sie sichergehen konnte, dass alles korrekt läuft, was die Beziehung zwischen beiden stärkte und sie zu Verbündeten machte. Schließlich erlangte er für den wesentlichen Teil seiner Aufgabe ihre weitere Mitarbeit: er machte sich ihre Dankbarkeit für seine Hilfe zunutze, als er überprüft hatte, ob ihr Computer richtig funktionierte.

Indem er ihr wiederholt sagte, sie solle auf keinen Fall ihr Passwort offenbaren, nicht einmal ihm gegenüber, hat er sie gründlich, aber sehr subtil davon überzeugt, dass alles legitim sei, weil er das Schutzbedürfnis von ihr und dem Unternehmen berücksichtigt hat.

DIE POLIZEIRAZZIA

Stellen Sie sich diese Szene vor: Der Staat hat versucht, eine Falle für einen Mann namens Arturo Sanchez auszulegen, der kostenlos im Internet Filme verteilt hat. Die Studios in Hollywood sagen, er verletze ihre Copyright-Rechte, er sagt, er versucht nur, sie auf einen unvermeidlichen Markt aufmerksam zu machen, damit sie sich mal darum kümmern, dass neue Filme per Download erhältlich sind. Er weist (zutreffend) darauf hin, dass dies für die Studios eine riesige Einnahmequelle sein kann, die sie scheinbar komplett ignorieren.

Bitte den Durchsuchungsbefehl!

Als er eines Abends spät nach Hause kommt, schaut er von der anderen Straßenseite zu seinen Wohnungsfenstern hinauf und bemerkt, dass alles dunkel ist, obwohl er beim Verlassen der Wohnung immer ein Licht anlässt.

Er klopft einen Nachbarn aus dem Schlaf und erfährt, dass es tatsächlich eine Razzia in diesem Gebäude gegeben hat. Aber alle mussten unten bleiben, und der Nachbar ist sich nicht sicher, welche Wohnung betroffen ist. Er weiß nur, dass sie einige schwere Sachen rausgeschleppt haben, aber die waren eingepackt, und er habe nicht erkennen können, was das gewesen sei. Und niemand sei in Handschellen abgeführt worden.

Arturo checkt sein Apartment. Die schlechte Nachricht ist, dass dort ein Papier von der Polizei hängt, er solle sich sofort melden und einen Termin für ein Gespräch innerhalb der nächsten drei Tage machen. Schlimmer noch, seine Computer sind weg.

Arturo verschwindet in die Nacht, um bei einem Freund abzusteigen. Aber die Ungewissheit zermürbt ihn. Wie viel weiß die Polizei? Haben sie ihn schließlich erwischt, aber ihm eine Chance zur Flucht gelassen? Oder geht es um etwas völlig anderes, was er vielleicht aufklären kann, ohne die Stadt verlassen zu müssen?

Bevor Sie weiterlesen, halten Sie einen Moment inne und überlegen: Können Sie sich irgendetwas vorstellen, wie Sie rauskriegen können, was die Polizei über Sie weiß? Dabei unterstellen wir, dass Sie keine politischen Kontakte oder Freunde in der Polizeibehörde oder der Staatsanwaltschaft haben. Können Sie sich vorstellen, dass Sie, ein gewöhnlicher Bürger, an diese Information kommen können? Oder dass gar jemand mit dem Geschick eines Social Engineers dies könnte?

Die Polizei wird ausgetrickst

Arturo hat seine Neugier folgendermaßen befriedigt: Für den Anfang hat er die Telefonnummer eines benachbarten Kopierladens besorgt, rief diesen an und bat um deren Faxnummer.

Dann rief er das Büro des Generalstaatsanwaltes an und fragte nach dem Archiv. Als er mit dem Archivbüro verbunden war, stellte er sich als Fahnder aus Lake County vor und sagte, er wolle mit dem Sachbearbeiter sprechen, der die aktuellen Durchsuchungsbefehle archiviert.

„Das mache ich," sagte die Dame. „Großartig," antwortete er. „Weil wir letzte Nacht bei einem Verdächtigen eine Razzia durchgeführt haben, und ich versuche nun, die Zeugenaussage aufzufinden."

„Wir legen sie unter der Adresse ab," teilte sie ihm mit.

Er gab seine Anschrift an, und sie klang gleich ganz aufgeregt. „Ach ja," sprudelte sie heraus, *den* kenne ich. Der ‚Copyright-Clown.'"

„Genau das ist er," sagte er. „Ich suche die Zeugenaussagen und eine Kopie des Durchsuchungsbefehls."

„Oh, das habe ich hier vor mir liegen."

„Prächtig," antwortete er. „Hören Sie, ich bin gerade unterwegs, und in einer Viertelstunde habe ich eine Besprechung mit dem Secret Service zu diesem Fall. In letzter Zeit bin ich etwas zerstreut und habe nun die Akte zu Hause gelassen, und das schaffe ich niemals rechtzeitig hin und zurück. Wären Sie so freundlich, mir eine Kopie zu überlassen?"

„Natürlich, kein Problem. Ich kopiere die Akte und Sie können einfach rüberkommen und sie mitnehmen."

„Ganz fantastisch," sagte er. „Großartig. Aber leider bin ich gerade auf der anderen Seite der Stadt. Wäre es möglich, dass ich es als Fax bekomme?"

Das schuf ein kleines Problem, aber kein unüberwindliches. „Hier oben im Archiv haben wir kein Fax," meinte sie. „Aber unten bei der Sekretärin steht eins, das ich vielleicht benutzen kann."

Er entgegnete: „Ich werde gleich mal dort anrufen und alles vorbereiten."

Die Sekretärin sagte, sie kümmere sich gerne darum, aber wollte wissen, wer für die Kosten aufkomme. Sie brauche eine Buchungsnummer.

„Ich finde die Nummer für Sie heraus und rufe Sie gleich wieder an," erwiderte er.

Dann rief er erneut das Büro des Generalstaatsanwaltes an, identifizierte sich wieder als Polizeioffizier und fragte einfach die Sekretärin: „Wie lautet die Buchungsnummer für das Generalstaatsanwaltsbüro?" Diese teilte sie ihm ohne Zögern mit.

Der neuerliche Anruf beim Generalstaatsanwalt, um die Buchungsnummer mitzuteilen, gab ihm den Anlass, die Dame noch ein wenig mehr zu manipulieren: Er überredete sie dazu, die Unterlagen, die gefaxt werden sollten, selbst von oben zu holen.

Spuren verwischen

Vor Arturo lagen noch eine Reihe weiterer Schritte. Es gab immer noch die Möglichkeit, dass jemand ihm auf die Schliche gekommen war und er dann am Kopierladen auf einen Trupp Polizisten in Zivil stieß, die da herumwuseln, bis jemand nach einem gewissen Fax fragt. Er wartete ein wenig und rief dann wieder das Büro an, um nachzufragen, ob die Dame das Fax schon abgeschickt hatte. So weit, so gut.

> ### Hinweis
>
> Woher weiß ein Social Engineer die Details so vieler Arbeitsabläufe – in Polizeibehörden, Staatsanwaltschaften, bei Telefongesellschaften, die Organisation spezieller Branchen, die bei seinen Angriffen dienlich sein können wie Telekommunikation und Computer? Weil es zu seinen Aufgaben gehört, das herauszufinden! Dieses Wissen ist das Handwerkszeug des Social Engineers, weil Informationen ihm bei seinen Täuschungsbemühungen behilflich sein können.

Dann griff er sich den Hörer, um eine andere Zweigstelle der gleichen Kopierladenkette anzurufen und damit grosszutun, „dass ich sehr zufrieden bin, wie Sie Ihre Aufträge erledigen, und das möchte ich gerne Ihrem Vorgesetzten über einen Lobesbrief zum Ausdruck bringen, wie war doch gleich der Name?" Mit dieser wesentlichen Information rief er wieder den ersten Kopierladen an und sagte, er wolle den Filialleiter sprechen. Als dieser den Anruf entgegennahm, sagte Arturo: „Hallo, hier ist Edward vom Laden 628 in Hartfield. Meine Chefin Anna hat mich gebeten, Sie anzurufen. Wir haben hier einen Kunden, der ziemlich aufgeregt ist. Da hat ihm jemand die Faxnummer von einem falschen Laden von uns gegeben." Der Filialleiter versprach, dass einer seiner Leute sich darum kümmern werde, das Fax zu finden und es sofort zu dem Laden in Hartfield zu schicken.

Arturo wartete schon im zweiten Laden, als das Fax dort eintraf. Als er es in Händen hielt, rief er wieder beim Generalstaatsanwalt an, um sich bei der Dame dort zu bedanken und ihr mitzuteilen: „Es ist nicht notwendig, dass Sie die Kopien wieder nach oben bringen, Sie können sie einfach in den Reißwolf geben." Dann meldete er sich noch einmal bei dem Manager des ersten Ladens und bat diesen ebenfalls, die Kopie des Fax wegzuwerfen. So gab es keine Spuren über das, was da stattgefunden hatte, falls später mal jemand zufälligerweise mal Fragen stellen würde. Social Engineers wissen, dass man es mit der Vorsicht nicht übertreiben kann.

Mit diesem Arrangement brauchte Arturo noch nicht einmal im ersten Copy Shop Gebühren für Empfang und Weiterleitung eines Faxes zu zahlen. Und falls sich herausstellte, dass die Polizei tatsächlich beim ersten Laden aufgelaufen war, hätte Arturo längst das Fax eingesteckt und wäre auf und davon, falls man noch Leute zum zweiten Tatort hätte schicken können.

Das Ende der Geschichte: Die Zeugenaussage und der Durchsuchungsbefehl zeigte, dass die Polizei gut dokumentierte Beweise über die von Arturo gezogenen Filmkopien hatte. Mehr brauchte er nicht zu wissen. Gegen Mitternacht hatte er die Staatsgrenze überschritten. Arturo war auf dem Weg in ein neues Leben: Irgendwo würde er unter einer anderen Identität seine Kampagne neu starten.

Trickanalyse

Die Menschen, die in den Büros der Staatsanwälte arbeiten, sind überall in dauerndem Kontakt mit Polizeioffizieren – beantworten Fragen, treffen Vereinbarungen, übergeben Nachrichten. Jeder, der die Traute hat, dort anzurufen und zu behaupten, er sei Polizist oder Kriminaler oder etwas Entsprechendes, wird wahrscheinlich beim Wort genommen. Wenn er sich offensichtlich mit der Terminologie auskennt und nicht so nervös ist, dass er sich verspricht, oder sich auf eine andere Art und Weise nicht authentisch anhört, muss er vielleicht nicht mal eine einzige Frage beantworten, um sein Anliegen zu begründen. Und genau das ist hier mit zwei verschiedenen Angestellten passiert.

Mitnick
Spot

Wir können aus dieser Angelegenheit die Wahrheit lernen, dass niemand immun dagegen ist, von einem guten Social Engineer hereingelegt zu werden. In der Schnelligkeit des Alltagslebens nehmen wir uns nicht immer die Zeit für durchdachte Entscheidungen, sogar bei Angelegenheiten, die uns wichtig sind. Komplizierte Situationen, Zeitmangel, Tagesform oder geistige Ermüdung können uns leicht ablenken. Darum nehmen wir eine mentale Abkürzung, treffen eine Entscheidung, ohne die Informationen sorgfältig und vollständig analysiert zu haben. Diesen Prozess nennt man automatisches Antworten. Dies gilt sogar für Funktionäre in Staats- und Regierungsbehörden oder bei der Strafverfolgung.

Mit einem einzigen Anruf konnte die nötige Buchungsnummer beigebracht werden. Dann spielte Arturo die Sympathie-Karte aus mit der Geschichte über „eine Besprechung mit dem Secret Service in einer Viertelstunde, und ich habe zerstreut wie ich bin, die Akte zu Hause vergessen." Er tat ihr selbstverständlich leid, und sie unterbrach ihre Routine, um ihm zu helfen.

Indem er nun nicht einen, sondern zwei Kopierläden einsetzte, ging Arturo zur Abholung des Fax komplett auf Nummer Sicher. Bei einer Variante hiervon wird das Fax noch schwieriger zu verfolgen sein: Anstatt das Dokument an einen andern Copy Shop senden zu lassen, kann der Angreifer eine Nummer angeben, die einer Faxnummer ähnelt, aber in Wirklichkeit die Adresse eines kostenlosen Internet-Dienstes ist, das Faxe annimmt und automatisch an Ihre Email-Adresse weiterleitet. So kann es direkt auf den Computer des

Angreifers heruntergeladen werden, und er hat sich niemals irgendwo gezeigt, wo er später vielleicht identifiziert werden könnte. Sowohl Email-Adresse als auch elektronische Faxnummer können gelöscht werden, sobald die Mission beendet ist.

DER SPIEß WIRD UMGEDREHT

Ein junger Mann, den ich Michael Parker nennen will, war einer derjenigen, die ein bisschen spät herausfanden, dass alle besser bezahlten Jobs meistens bei den Leuten mit College-Abschluss landeten. Er hatte die Chance, mittels Teil-Stipendium und Ausbildungskredit ein hiesiges College zu besuchen, aber das hätte Nacht- und Wochenendarbeit bedeutet, um Miete, Lebensmittel, Strom, Heizung und Auto bezahlen zu können. Michael hat stets die Abkürzungen vorgezogen und meinte nun, da müsse es auch einen anderen Weg geben, einer, der sich schneller auszahlt und weniger mühsam ist. Weil er sich im Umgang mit Computern auskannte, seit er im Alter von zehn Jahren einen zum Spielen bekam und fasziniert herausfinden wollte, wie sie funktionieren, entschied er sich dafür, ob er sich selbst im Zeitraffer einen eigenen akademischen Grad in Computerwissenschaften „verleihen" konnte.

Ein Abschluss in Unehren

Er hätte in die Computersysteme der staatlichen Universität einbrechen können, dort die Akte von jemandem mit einem ordentlichen Abschluss finden und kopieren können. Diesen hätte er dann mit dem eigenen Namen versehen und ihn den Akten der Abschlussklasse dieses Jahrgangs hinzugefügt. Als er sich dies überlegte, wurde ihm bei der Idee unwohl, weil er erkannte, dass es da noch weitere Aufzeichnungen eines Studenten, der wirklich auf dem Campus gewesen war, geben müsse – über die Zahlungen der Studiengebühren oder fürs Studentenheim und wer weiß was noch alles. Nur die Unterlagen über die Kurse und Noten zu erstellen, wäre viel zu brüchig.

Als er sich weiter hineindachte, ging ihm ein Licht auf. Er könnte sein Ziel erreichen, indem er herausfand, ob seine Schule einen Absolventen mit dem gleichen Namen wie er hatte, der irgendwann in einer entsprechenden Zeitspanne einen Abschluss in Computerwissenschaften gemacht hatte. Wenn das der Fall war, könnte er einfach die Sozialversicherungsnummer des anderen Michael Parker auf Bewerbungsunterlagen eintragen. Jedes Unternehmen, das den Namen und die Sozialversicherungsnummer bei der Uni überprüfen würde, bekäme die Auskunft: Ja, er hat tatsächlich den angegebenen Abschluss. (Ihm war etwas klar, was den meisten Leuten nicht bewusst ist: Er konnte eine Sozialversicherungsnummer auf der Bewerbung angeben und dann im Falle einer Einstellung seine eigene echte auf den Formularen des neuen Angestellten eintragen. Die meisten Betriebe dächten nicht im Traum daran, ob ein neu eingestellter Kollege früher im Bewerbungsvorgang eine andere Nummer angegeben hatte.)

Anmelden zum Ärgern

Wie sollte man einen Michael Parker in den Unterlagen der Uni finden? Er machte sich folgendermaßen an die Aufgabe:

Auf dem Uni-Campus marschierte er zur Hauptbibliothek, setzte sich an ein Computer-Terminal und ging über das Internet auf die Website der Uni. Dann rief er das Büro des Registrators an. Bei der Person, die den Anruf entgegennahm, wandte er eine der mittlerweile vertrauten Routinen eines Social Engineers an: „Ich rufe hier vom Computercenter an. Wir ändern ein paar Sachen an der Netzwerkkonfiguration und wollen sichergehen, dass wir Ihren Zugang nicht beeinträchtigen. Über welchen Server läuft Ihre Verbindung?"

„Was meinen Sie mit ‚Server'?" wurde er gefragt.

„Mit welchem Computer verbinden Sie sich, wenn Sie akademische Informationen der Studenten nachsehen wollen?"

Mit der Antwort admin.rnu.edu erfuhr er den Namen des Computers, auf dem die Unterlagen der Studierenden gespeichert waren. Dies war das erste Puzzleteil: Er kannte seine Zielmaschine.

Er tippte diese URL auf dem Computer ein und bekam keine Antwort – wie erwartet blockierte eine Firewall den Zugang. Also startete er ein Programm, um zu sehen, ob er sich mit irgendeinem der Dienste, die auf diesem Computer liefen, verbinden konnte, und fand einen offenen Port mit einem aktiven Telnet-Service. Dieser Dienst ermöglicht einem Computer die Fernverbindung mit einem anderen und den Zugang darauf, als ob es eine direkte Verbindung über ein *dumb terminal* gäbe. Er brauchte also für den Zugang nur eine Standard-Benutzer-ID und ein Passwort.

> ### Jargon
> **Dumb Terminal** Ein Terminal, das keinen eigenen Mikroprozessor enthält. Dumb Terminals können nur einfache Befehle verarbeiten und Texte und Zahlen auf dem Bildschirm anzeigen.

Er rief noch einmal im Büro des Registrators an und hörte dieses Mal genau hin, um sicherzugehen, dass er mit einer anderen Person sprach. Es war eine Frau, und wieder behauptete er, er sei vom Computercenter der Uni. Man installiere hier ein neues Produktionssystem für administrative Aufzeichnungen, erzählte er ihr. Um ihr einen Gefallen zu tun, bat er sie, sich mit dem neuen System zu verbinden, das sich noch in der Testphase befinde, um zu sehen, ob sie sich problemlos Zugriff auf die studentischen akademischen

Unterlagen habe. Er gab ihr die IP-Adresse[1], die sie eingeben sollte, und leitete sie durch den Vorgang.

Tatsächlich führte die IP-Adresse sie zu dem PC, an dem Michael in der Campus-Bibliothek saß. Er benutzte den gleichen Prozess, wie er schon in Kapitel 7 beschrieben wurde, und schuf einen Log-In-Simulator – einen Köder-Bildschirm mit einem Log-In –, der genau so aussah wie derjenige, den sie zu sehen gewöhnt war, wenn sie wegen der Unterlagen für die Studierenden ins System ging. „Es klappt nicht," berichtete sie ihm. „Da steht dauernd ‚Login inkorrekt'."

Mittlerweile hatte der Login-Simulator die Tastatureingaben mit ihrem Benutzernamen und Passwort an Michaels Terminal übermittelt – Mission vollendet. Er sagte zu ihr: „Oh, einige Konten sind noch nicht auf diese Maschine übertragen worden. Ich werde mich um Ihr Konto kümmern und melde mich nachher noch einmal bei Ihnen." Wie jeder tüchtige Social Engineer wollte er auch sorgfältig alle offenen Fäden verknüpfen und legte großen Wert darauf, sie später noch einmal anzurufen, um mitzuteilen, dass das Testsystem immer noch nicht richtig laufe, und ob es in Ordnung für sie sei, wenn man sie oder einen Kollegen von ihr anrufe, wenn man herausgekriegt habe, was das Problem verursache.

Der hilfreiche Registrator

Jetzt wusste Michael, zu welchem Computersystem er den Zugang brauchte, und er besaß eine Benutzerkennung und ein Passwort. Aber mit welchen Befehlen musste man die Daten nach Informationen über einen Absolventen der Computerwissenschaften mit dem richtigen Namen und Datum des Abschlusses suchen? Die Datenbank über die Studierenden war wahrscheinlich proprietär auf dem Campus entwickelt, um den speziellen Anforderungen der Universität und der Registratur zu genügen, und hatte möglicherweise eine einmalige Art der Abfrage für die Datenbankinformationen.

Der erste Schritt zur Überwindung dieser Hürde: herausfinden, wer ihm bei den Mysterien der Suche in der Studenten-Datenbank behilflich sein könne. Er rief erneut das Büro der Registratur an und sprach dieses Mal mit einer anderen Person. Er sei aus dem Büro des Dekans für den Fachbereich Ingenieurswesen, erzählte er der Dame, und fragte: „An wen müssen wir uns wenden, wenn wir Probleme mit dem Zugang bei den studentischen akademischen Daten haben?"

Minuten später hatte er den Datenbankadministrator der Hochschule am Apparat und setzte die Sympathie-Masche ein: „Ich bin Mark Sellers vom Büro der Registratur. Tut mir leid, dass ich Sie störe, aber alle sind heute

---

1. IP = Internet-Protokoll – Adresse von Internetseiten

Nachmittag in einem Meeting und keiner kann mir helfen. Macht es Ihnen was aus, sich um einen Neuen zu kümmern? Ich soll eine Liste aller Absolventen mit einem Abschluss in Computerwissenschaften zwischen 1990 und 2000 zusammenstellen. Die wird bis heute Abend gebraucht, und wenn ich das nicht hinkriege, sitze ich hier nicht mehr lange. Können Sie mir gerade mal aushelfen?" Anderen Leuten behilflich zu sein war Teil der Arbeitsaufgabe dieses Datenbankadministrators, und so war er besonders geduldig, als er Michael Schritt für Schritt durch den Prozess führte.

Als sie dann auflegten, hatte Michael die gesamte Liste der Absolventen dieser Jahrgänge heruntergeladen. In wenigen Minuten hatte er eine Suche durchgeführt, zwei Michael Parkers gefunden, einen davon ausgewählt und dessen Sozialversicherungsnummer und andere dazugehörige Daten aus der Datenbank gezogen.

Er war gerade zu „Michael Parker, B.S. in Computerwissenschaften, Abschluss mit Auszeichnung 1998" aufgestiegen.

Trickanalyse

Bei diesem Angriff wurde eine List eingesetzt, die wir noch nicht besprochen haben: Der Angreifer bittet den Datenbankadministrator der Organisation, ihm bei der Durchführung eines Vorgangs am Computer behilflich zu sein, bei dem er sich nicht auskennt. Das dreht den Spieß sehr effektiv und mächtig herum und entspricht der Bitte an den Ladenbesitzer, einem beim Tragen eines Kartons zum Wagen behilflich zu sein, in den man eben aus diesem Laden geklautes Diebesgut gelegt hat.

Mitnick
Spot

> Computernutzer sind manchmal völlig ahnungslos über die mit dem Social Engineering verbundenen Bedrohungen und Gefährdungen, die in unserer heutigen Welt der Technologie herrschen. Sie haben Zugang zu Informationen, aber ihnen fehlt trotzdem das detaillierte Wissen darüber, was sich vielleicht als Sicherheitsbedrohung herausstellen könnte. Ein Social Engineer wird sich als Ziel einen Angestellten heraussuchen, der wenig darüber weiß, wie wertvoll die gesuchte Information ist, und somit wird die Zielperson wahrscheinlich eher der Bitte des Fremden nachkommen.

SCHUTZMAßNAHMEN

Sympathie, Schuldgefühle und Einschüchterung sind drei sehr populäre psychologische Auslösemechanismen, die der Social Engineer einsetzt, und diese drei Geschichten haben diese Taktik in Aktion gezeigt. Aber was können Sie und Ihre Firma machen, um diese Angriffsarten zu vermeiden?

Schutz der Daten

Einige Storys in diesem Kapitel betonen die Gefahr, eine Datei an einen Unbekannten zu senden, auch wenn diese Person ein Kollege ist (oder zu sein scheint) und die Datei *intern* versandt wird – an eine Email-Adresse oder Faxmaschine innerhalb des Unternehmens.

Die Sicherheitsrichtlinien des Unternehmens müssen sehr genau festlegen, unter welchen Schutzmaßnahmen wertvolle Daten an eine Person weitergegeben werden dürfen, die dem Absender nicht persönlich bekannt ist. Präzise Vorschriften müssen für den Dateitransfer mit heiklen Informationen festgelegt werden. Wenn die Anfrage von einer nicht persönlich bekannten Person kommt, müssen die Schritte klar bekannt sein, die man zur Verifikation unternehmen muss, wobei unterschiedliche Grade der Authentifizierung nötig sein können – abhängig von der Vertraulichkeit der Daten.

Es folgen eine Reihe von Vorschlägen für Techniken:

- Begründen Sie den Bedarf, etwas zu wissen (was möglicherweise die Autorisierung des jeweiligen Eigentümers der Information erfordert).

- Führen Sie ein persönliches oder ein Abteilungslogbuch über diese Transaktionen.

- Stellen Sie eine Liste von Personen zusammen, die besonders in diesen Prozeduren ausgebildet wurden und die verlässlich die Weitergabe von sensiblen Daten autorisieren können. Machen Sie es unabdinglich, dass nur diese Leute jegliche Informationen zu Personen außerhalb der Arbeitsgruppe senden dürfen.

- Falls die Anfrage nach den Daten schriftlich erfolgte (per Email, Fax oder Post), müssen zusätzliche Sicherheitsstufen befolgt werden, um zu verifizieren, dass diese Anfrage tatsächlich von der Person kam, von der es den Anschein hatte.

Über Passwörter

Alle Angestellten, die Zugang zu jeglicher vertraulicher Information haben – und heutzutage sind das praktisch alle Mitarbeiter, die mit Computern arbeiten – müssen begreifen, dass einfache Vorgänge wie die Änderung des Passworts, auch nur für wenige Augenblicke, zu einem großen Sicherheitsloch führen können.

Jedes Sicherheitstraining muss sich mit dem Thema Passwörter beschäftigen, und das muss sich auch auf das Thema konzentrieren, wann und wie man sein Passwort ändern darf, wie sich ein akzeptables Passwort zusammensetzt, und die Gefahren, die darin bestehen, wenn man jemand anderes an diesem Prozess beteiligt. Das Training muss insbesondere allen Angestellten vermitteln, dass sie *allen* Anfragen gegenüber misstrauisch sein müssen, die mit ihrem Passwort zu tun haben.

Oberflächlich scheint dies eine den Mitarbeitern einfach verständlich zu machende Mitteilung zu sein. Das ist es aber nicht, weil es zur entsprechenden Würdigung erforderlich ist, dass die Mitarbeiter begreifen, wie ein einfacher Vorgang wie das Ändern des Passworts zu einer kompromittierten Sicherheit führen kann. Sie können einem Kind erzählen: „Schau nach links und dann nach rechts, bevor du über die Straße gehst", aber erst wenn das Kind verstanden hat, warum das wichtig sein soll, verlässt es sich nicht mehr auf blinden Gehorsam. Und Regeln, die blinden Gehorsam erfordern, werden üblicherweise ignoriert oder vergessen.

Hinweis

Passwörter sind ein derart zentrales Thema der Angriffe von Social Engineers, dass wir diesem Thema einen besonderen Abschnitt in Kapitel 16 widmen werden. Dort finden Sie spezielle Empfehlungen für Richtlinien, wie mit Passwörtern umzugehen ist.

Eine zentrale Anlaufstelle

Ihre Sicherheitsrichtlinien sollten eine Person oder Gruppe bestimmen, die als zentrale Anlaufstelle für die Meldungen über verdächtige Aktivitäten fungiert, die wie Versuche erscheinen, Ihre Organisation zu infiltrieren. Alle Mitarbeiter müssen wissen, wen sie jederzeit erreichen können, falls sie einen elektronischen oder physischen Einbruchversuch mutmaßen. Die Durchwahl zu dieser Stelle sollte immer schnell zur Hand sein, damit die Mitarbeiter nicht erst danach suchen müssen, falls sie den Verdacht haben, ein Angriff finde gerade statt.

Schützen Sie Ihr Netzwerk

Alle Mitarbeiter müssen verstehen, dass der Name eines Computerservers oder eines Netzwerks keine triviale Information ist, sondern dass der Angreifer darüber wesentliche Kenntnisse bekommen kann, die ihm helfen, Vertrauen zu erschleichen oder den Ort der gewünschten Information zu finden.

Vor allem Leute wie Datenbankadministratoren, die mit Software arbeiten, gehören zu der Kategorie der Menschen mit technologischem Sachverstand, und sie müssen unter ganz speziellen und sehr restriktiven Regeln operieren, wenn es um die Bestätigung der Identität der Personen geht, von denen sie wegen Informationen oder Rat angerufen werden.

Personen, die regelmäßig anderen jegliche Art von Hilfe bei Computern geben, müssen gut darin ausgebildet werden, welche Arten von Anfragen sie alarmieren müssten, weil der Anrufer möglicherweise einen Social Engineering-Angriff durchführen will.

Trotzdem ist es wichtig, noch einmal darauf hinzuweisen, dass vom Standpunkt des Datenbankadministrators aus in der letzten Geschichte dieses Kapitels der Anrufer die Kriterien für die Legitimität erfüllte: Sein Anruf kam vom Campus, und er war offensichtlich auf einer Site, die einen Benutzernamen und ein Passwort erforderte. Dies macht noch einmal ganz deutlich, wie wichtig standardisierte Prozeduren für die Identitätsklärung von hilfesuchenden Personen ist, insbesondere in einem Fall wie diesem, bei dem der Anrufer um Hilfe bat, um Zugang zu vertraulichen Aufzeichnungen zu erhalten.

Alle diese Ratschläge gelten doppelt für Colleges und Universitäten. Es ist nichts Neues, dass das Hacken von Computern für viele College-Studenten eine beliebte Freizeitbeschäftigung ist, und es sollte ebenfalls keine Überraschung darstellen, dass Studenten-Akten – und manchmal auch die Akten der Fakultät – ein verlockendes Ziel bilden. Dieser Missbrauch ist so zügellos, dass manche Unternehmen tatsächlich den Campus als eine feindliche Umgebung ansehen und Regeln für ihre Firewalls einrichten, die den Zugang von Bildungseinrichtungen blockieren, deren Adressen auf *.edu* enden.

Langer Rede kurzer Sinn: Alle studentischen und Personal-Akten jeglicher Sorte sollten als Hauptangriffsziele betrachtet und als vertrauliche Informationen besonders gut geschützt werden.

Tipps für betriebsinterne Weiterbildung

Gegen die meisten Social Engineering-Angriffe kann man sich lächerlich leicht verteidigen ... wenn man weiß, worauf man achten muss.

Aus der Perspektive der Unternehmen gibt es ein fundamentales Bedürfnis für ein gutes Training. Aber es gibt auch noch eine andere Notwendigkeit: Alle auf vielfältige Weise daran zu *erinnern*, was sie gelernt haben.

Setzen Sie *Splash Screens* ein, die beim Anschalten des Computers erscheinen, auf denen täglich eine andere Sicherheitsbotschaft erscheint. Die Nachricht sollte so gestaltet werden, dass sie nicht automatisch verschwindet, sondern der User muss auf ein Bestätigungsfeld klicken, dass er oder sie es gelesen hat.

Ich empfehle eine weitere Vorgehensweise: Starten Sie eine Serie von Sicherheitserinnerungen. Regelmäßige Erinnerungsbotschaften sind wichtig; ein Programm zum Erhalten der Aufmerksamkeit muss fortlaufend sein und darf nicht zeitlich begrenzt sein. Bei der Übermittlung der Inhalte sollten die Erinnerungen nicht jedes Mal gleich formuliert sein. Studien haben aufgezeigt, dass diese Botschaften effektiver verarbeitet werden, wenn sie in der Wortwahl variieren oder mit verschiedenen Beispielen benutzt werden.

Ein hervorragender Ansatz ist die Verwendung von kurzen knackigen Beschreibungen im Newsletter des Unternehmens. Es sollte keine ausführliche Kolumne zum Thema sein, obwohl eine Serie über Sicherheit auf jeden Fall sehr wertvoll ist. Gestalten Sie stattdessen einen Kasten über zwei oder drei Spalten, was wie eine kleine Anzeige in der Zeitung ausschaut. Präsentieren Sie in jeder Ausgabe des Newsletter auf knappe Weise eine Sicherheitserinnerung, die Aufmerksamkeit auf sich zieht.

•••••••●●●●••••

Der Einsatz von Sympathie, Schuld und Einschüchterung

Kapitel 9

Der umgedrehte Clou

Der Film *"The Sting – Der Clou"* ist meiner Ansicht nach wahrscheinlich der beste, jemals gedrehte Film über einen Trickbetrug. Dort wird ein komplizierter Plot faszinierend detailliert ausgebreitet. Der Schwindel in diesem Film ist eine genaue Beschreibung, wie Top-Gangster *"The Wire*[1]*"* aufziehen, eine der drei Typen von Betrügereien großen Stils, die man *"Big Cons*[2]*"* nennt. Wenn Sie wissen wollen, wie ein Profi-Team eine Hochstapelei bewerkstelligt und dabei an einem einzigen Abend eine Riesenmenge Geld abzockt, gibt es keinen besseren Leitfaden.

Aber traditionelle Betrügereien, egal an welchem Gimmick sie sich aufhängen, werden nach einem bestimmten Muster abgewickelt. Manchmal wird eine List auch in umgekehrter Richtung durchgezogen, was man einen *reverse sting* nennt. Dies mischt auf faszinierende Weise die Karten neu, denn der Angreifer fädelt die Situation derart ein, dass das Opfer den *Angreifer* um Hilfe bittet, oder ein Mitarbeiter hat ein Anliegen, auf das der Angreifer reagiert.

Wie das funktioniert? Das werden Sie gleich sehen.

DIE KUNST DER FREUNDLICHEN ÜBERREDUNG

Wenn Otto Normalverbraucher sich einen Computer-Hacker vorstellt, kommt ihm gewöhnlich das nicht sehr schmeichelhafte Bild eines einsamen, introvertierten Strebers in den Sinn, dessen bester Freund ein PC ist und der Schwierigkeiten hat, sich zu unterhalten, außer durch Instant Messaging. Der Social Engineer, der oft große Hacker-Fähigkeiten hat, besitzt am anderen

---

1. wörtlich: Der Draht
2. wörtlich: Große Schwindeleien

Ende des Spektrums auch große soziale Kompetenzen – gut entwickelte Bega-
bungen, um andere Menschen auszunutzen und zu manipulieren, die es ihm
erlauben, sich durchs Reden Zugang zu Informationen zu verschaffen, die Sie
niemals für möglich gehalten hätten.

Jargon

Reverse Sting Eine Hochstapelei, bei der das Opfer den Angreifer
von sich aus um Hilfe bittet.

Angelas Anrufer

Ort: Industrial Federal Bank, Zweigstelle Valley.

Zeit: 11:27

Angela Wisnowski beantwortete den Anruf eines Mannes, der behauptete, er
werde in Kürze eine große Erbschaft antreten, und er wünsche Informationen
über die unterschiedlichen Arten von Sparkonten, festverzinsliche Wertpa-
piere und weitere Geldanlagen, die sie ihm als sicher empfehlen würde, aber
auch anständige Zinsen brächten. Sie erklärte ihm, es gäbe da eine Reihe von
Möglichkeiten, und fragte ihn, ob er nicht vorbeikommen und Näheres mit
ihr persönlich besprechen wolle. Er entgegnete, er müsse verreisen, sobald das
Geld da sei, und er habe noch eine Menge Vorkehrungen dafür zu treffen.
Also begann sie mit dem Aufzählen der verschiedenen Möglichkeiten und gab
ihm Details über die Zinsraten, und was passiere, wenn man ein Wertpapier
früh wieder verkauft und ähnliches. Dabei versuchte sie, seine Anlageziele klar
zu definieren.

Sie schien Fortschritte zu machen, als er auf einmal ausrief: „Oh, entschuldigen Sie bitte, ich muss da noch einen dringenden Anruf machen. Wann
kann ich mit Ihnen weiterreden, damit ich mich entscheiden kann? Wann
gehen Sie zu Tisch?" Sie sagte, etwa gegen halb eins, und er sagte, er werde bis
dahin oder erst am nächsten Tag zurückrufen.

Louis' Anrufer

Große Banken setzen interne Sicherheitscodes ein, die täglich
wechseln. Wenn jemand aus einer Abteilung Informationen aus
einer anderen benötigt, beweist er seine Berechtigung zu dieser
Information, indem er den Tagescode nennt. Für noch größere
Sicherheit und Flexibilität geben einige Großbanken täglich
mehrere Codes heraus. Bei einer Firma an der Westküste, die wir
hier Industrial Federal Bank nennen wollen, findet jeder Angestellte jeden Morgen auf dem Computer eine Liste von fünf
Codes für jeden Tag, durchnummeriert von A bis E.

Louis' Anrufer (Forts.)

Ort: wie gehabt

Zeit: 12:48, gleicher Tag.

Louis Halpburn dachte sich nichts Besonderes dabei, als an diesem Nachmittag einer jener Anrufe einging, von denen er jede Woche viele bearbeitete.

„Hallo", sagte der Anrufer. „Mein Name ist Neil Webster. Ich rufe aus der Zweigstelle 3182 in Boston an und möchte bitte Angela Wisnowski sprechen."

„Sie ist zu Tisch. Kann ich Ihnen weiterhelfen?"

„Nun ja, sie hat eine Nachricht hinterlassen, dass wir ihr irgendwelche Daten über einen unserer Kunden faxen sollten."

Der Anrufer hörte sich an, als ob er einen schlechten Tag hätte.

„Der Kollege, der solche Anfragen normalerweise bearbeitet, hat sich krank gemeldet", sagte er. „Ich habe noch einen ganzen Stapel solcher Sachen vor mir, hier ist es schon fast vier Uhr, und in einer halben Stunde muss ich beim Arzt sitzen."

Diese Manipulation – bei der alle Gründe gegeben werden, warum die andere Person Mitleid empfinden sollte – diente dem Mürbemachen der Zielperson. Er fuhr fort: „Wer immer das Telefonat von ihr angenommen hat, hat eine echt miese Handschrift. Die Faxnummer ist unlesbar, 213 und dann irgendwas. Wie lautet der Rest?"

Louis gab ihm die Faxnummer, und der Anrufer sagte: „Okay, danke. Aber bevor ich das hier faxen kann, muss ich Sie nach Code B fragen."

„Aber Sie haben doch mich angerufen", sagte er kühl genug, damit der Mann aus Boston Bescheid wusste.

Das ist klasse, dachte der Anrufer. Es ist so cool, wenn Leute nicht gleich beim ersten leichten Schubs umfallen. Wenn sie nicht ein wenig widerspenstig sind, wird der Job zu leicht, und ich könnte faul werden.

Zu Louis sagte er: „Es ist bloß, wir haben hier einen Filialleiter, der wirklich zwanghaft dahinter her ist, dass wir eine Verifikation einholen sollen, bevor wir etwas versenden. Aber hören Sie, wenn wir dieses Fax mit der Info nicht schikken sollen, geht das schon in Ordnung. Kein Grund für eine Bestätigung."

„Hören Sie", sagte Louis. „Angela wird in etwa einer halben Stunde wieder da sein. Sie wird dann sicher zurückrufen."

„Ich werde ihr einfach sagen, ich konnte die Information heute nicht schicken, weil Sie dies nicht als eine legitime Anfrage identifizieren wollten, indem Sie mir den Code sagen. Wenn ich morgen nicht krank bin, werde ich sie anrufen."

„Okay."

„Die Nachricht war als ‚Dringend‘ eingestuft. Aber egal, ohne Verifikation sind mir die Hände gebunden. Sagen Sie ihr bitte, dass ich versucht habe, es ihr zu faxen, aber Sie konnten mir den Code nicht geben, okay?"

Unter diesem Druck gab Louis nach. Man konnte einen Seufzer der Verstimmung über das Telefon hören.

„Tja", sagte er. „Warten Sie mal eine Minute, ich muss an meinen Rechner gehen. Welchen Code wollen Sie?"

„B", sagte der Anrufer.

Er verschwand einen Augenblick aus der Leitung und war gleich wieder da. „Das ist 3184."

„Das ist nicht der richtige Code."

„Aber sicher – B ist 3184."

„Ich habe nicht B gesagt, sondern E."

„Oh, verflixt. Moment mal."

Wieder Pause, während er die Codes nachschlug.

„E ist 9697."

„9697 – richtig. Das Fax geht gleich bei Ihnen ein. Okay?"

„Sicher. Danke."

Walters Anrufer

„Industrial Federal Bank, Walter am Apparat."

„Hallo Walter, hier spricht Bob Grabowski von Filiale 38 in Studio City", sagte der Anrufer. „Ich brauche von Ihnen die Signatur-karte eines Kundenkontos per Fax." Auf einer Signaturkarte befindet sich nicht nur die Unterschrift des Kunden, sondern weitere Identifikationsdaten wie die Sozialversicherungsnummer, Geburtsdatum, Geburtsname der Mutter und manchmal sogar die Führerscheinnummer. Sehr praktisch für einen Social Engineer.

„Kein Problem. Wie lautet Code C?"

„Ein anderer Kassierer arbeitet gerade an meinem PC", sagte der Anrufer. „Aber eben habe ich B und E benutzt. Fragen Sie mich doch nach einem davon."

Walters Anrufer (Forts.)

„Okay, wie lautet E?"

„E ist 9697."

Einige Minuten später faxte Walter wie gewünscht die Signaturkarte.

Donna Plaices Anrufer

„Hallo, Mr. Anselmo am Apparat."

„Was kann ich für Sie tun?"

„Wie lautet noch mal die 800er Nummer, die ich anrufen muss, wenn ich wissen will, ob eine Einzahlung schon gutgeschrieben wurde?"

„Sind Sie Kunde unserer Bank?"

„Ja, und ich habe diese Nummer schon länger nicht mehr benutzt, und jetzt weiß ich nicht, wo ich sie hingeschrieben habe."

„Die Nummer lautet 800-555-8600."

„Vielen herzlichen Dank."

Die Geschichte von Vince Capelli

Als Sohn eines Straßenpolizisten in Spokane wusste Vince schon von Kindesbeinen an, dass er auf keinen Fall für einen Hungerlohn seinen Hals riskieren und lange Stunden Fronarbeit leisten wollte. Die zwei Hauptziele seines Lebens waren, aus Spokane zu verduften und sich geschäftlich selbstständig zu machen. Dass ihn seine Kumpels während der ganzen Zeit in der Highschool auslachten, stachelte ihn nur noch mehr an – sie fanden, es sei absolut lächerlich, dass er so sehr darauf bedacht sei, ein eigenes Geschäft aufzumachen, aber keine Ahnung hatte, in welchem Bereich.

Insgeheim wusste Vince, dass sie recht hatten. Seine einzige gute Fähigkeit war, im Highschool-Baseball-Team den Catcher zu spielen. Aber nicht gut genug, um ein College-Stipendium zu bekommen, und weit davon entfernt, als Baseball-Profi weiterzukommen. In welche Art von Geschäft sollte er also einsteigen?

Eine Sache haben die Typen von Vinces Clique nie herausgefunden: Besaß einer von ihnen etwas Neues – ein Taschenmesser, ein schickes Paar Handschuhe, eine sexy neue Freundin – und Vince fand das klasse, dauerte es nicht lange, und es gehörte ihm. Er hat es nicht geklaut oder jemanden darum betrogen, das brauchte er gar nicht. Der Typ, dem es gehörte, gab es ihm bereitwillig – und fragte sich hinterher, was eigentlich gerade passiert sei.

Auch wenn man Vince danach gefragt hätte, wäre es nicht klarer geworden: Er wusste es selbst nicht. Die Leute gaben ihm scheinbar einfach, was er haben wollte.

Vince Capelli war schon von Kindesbeinen an ein Social Engineer, obwohl er diesen Ausdruck noch nie gehört hatte.

Seinen Freunden verging das Lachen, als sie erst alle ihren Hochschulabschluss in Händen hielten. Während die anderen sich in der Stadt auf der Suche nach Jobs abmühten, bei denen man nicht zu fragen brauchte: „Wollen Sie Pommes dazu haben?", schickte Vinces Vater ihn zu einem alten Kollegen, der die Polizei verlassen hatte, um seine eigene Detektei in San Francisco zu eröffnen. Er fand schnell heraus, wie talentiert Vince für diese Arbeit war, und stellte ihn ein.

Das war vor sechs Jahren. Ihm war der Teil der Arbeit verhasst, untreuen Eheleuten hinterher zu spionieren, denn das beinhaltete schmerzhaft langweilige Stunden des Herumsitzens und Wartens. Doch er fühlte sich stets durch Aufträge herausgefordert, bei denen er für Anwälte Vermögensauskünfte besorgen sollte, die herausfinden wollten, ob jemand reich genug war, dass sich eine Klage lohnte. Diese Aufgaben gaben ihm eine Menge Möglichkeiten, seinen Verstand einzusetzen.

Wie zu der Zeit, als er einmal in den Bankkonten eines gewissen Joe Markowitz schnüffeln musste. Joe hatte wahrscheinlich einen zweifelhaften Deal mit einem früheren Freund durchgezogen, und dieser Freund wollte nun vor einer Anzeige wissen, ob Markowitz so gut bei Kasse sei, dass der Freund einen Teil des Geldes zurück bekommen konnte.

Vinces erster Schritt musste sein, möglichst einen oder besser noch zwei der Sicherheitscodes der Bank für diesen Tag herauszufinden. Das hört sich nach einer fast unmöglichen Herausforderung an: Was in aller Welt sollte einen Bankangestellten dazu verleiten, selbst ein Loch in das eigene Sicherheitssystem zu reißen? Überlegen Sie mal – wenn Sie so etwas machen wollten, hätten Sie irgendeine Idee, wie das anzupacken ist?

Für Leute wie Vince bloß eine Lappalie.

Leute bringen einem Vertrauen entgegen, wenn man den Insider-Jargon der Arbeit und der Firma kennt. Das macht deutlich, man gehöre zu ihrem Kreis der Eingeweihten. Es ist wie ein geheimes Zeichen beim Händeschütteln.

Für so einen Job benötigt man kein dickes Studium. Als Einstieg brauchte ich nur die Nummer einer Zweigstelle. Ich rief das Büro in der Beacon Street in Buffalo an, und der Typ am Apparat hörte sich an wie ein Kassierer.

„Hier ist Tim Ackermann", habe ich gesagt. Hier reicht irgendein Name, er würde ihn bestimmt nicht aufschreiben. „Wie lautet Ihre Zweigstellennummer?"

„Vom Telefon oder von der Zweigstelle?" wollte er wissen. Ziemlich idiotisch, weil ich ja gerade die Telefonnummer gewählt hatte, oder?

„Von der Zweigstelle."

„3182", antwortete er. Einfach so. Nix mit „Warum wollen Sie das wissen?" oder so etwas. Ist halt keine vertrauliche Info, weil es praktisch auf jedem Zettel steht, den sie benutzen.

Schritt Zwei: Die Bank anrufen, bei der meine Zielperson die Konten hat, den Namen einer ihrer Angestellten herausfinden und checken, wann diese Person zu Tisch geht. Angela. Geht um halb eins essen. So weit, so gut.

Schritt Drei: Die gleiche Bank in Angelas Mittagspause anrufen, behaupten, ich rufe von der Zweigstelle so-und-so aus Boston an, Angela brauche diese Infos per Fax, und geben Sie mir den Tagescode! Das war ziemlich heikel, damit geht's ans Eingemachte. Wenn ich mal einen Test für Social Engineers erfinden sollte, würde ich so was wie dieses hier mit reinnehmen. Das Opfer wird misstrauisch – aus gutem Grund –, und man bleibt am Ball, bis man es eingesackt und die gewünschte Info bekommen hat. So etwas klappt nicht, indem man auswendig gelernte Sachen anbringt, sondern man muss ein Gespür für das Opfer bekommen und seine Stimmungslage auffangen. Wie beim Angeln – da gibt man dem Fisch Leine, rollt ein Stück auf, gibt wieder nach und zieht wieder an. Bis man ihn am Ufer hat und – zack! – ist er im Netz.

So habe ich ihn also zur Strecke gebracht und den Tagescode abgefischt. Ein prima Fang! Bei den meisten Banken reicht ein Code, also war ich auf der sicheren Seite. Industrial Federal Bank benutzt fünf, wenn ich also einen von fünf sicher hatte, war die Bahn frei. Mit zwei von fünfen stiegen meine Chancen deutlich, durch den nächsten Akt dieses kleinen Dramas zu kommen. Ich liebe diesen Teil mit „Ich habe nicht B gesagt, sondern E." Wenn's klappt, ist es prächtig. Und es klappt meistens.

Noch einen dritten zu kriegen wäre noch besser gewesen. Ich habe es schon mal geschafft, bei einem einzigen Anruf drei zu bekommen – „B", „D" und „E" hören sich so ähnlich an, dass man prima behaupten kann, sie hätten einen schon wieder falsch verstanden. Aber dafür muss man es schon mit einem ziemlichen Dämlack zu tun haben. War dieser Kerl aber nicht. Zwei mussten reichen.

Die Tagescodes waren mein Trumpf, mit dem ich die Signaturkarte abgreifen wollte. Ich rufe an, und der Typ fragt nach dem Code. C will er haben, aber ich hab nur B und E. Aber das ist nicht das Ende der Welt. In solchen

Momenten muss man einfach cool bleiben, überzeugend klingen, einfach weitermachen. Ganz leichthin hab ich ihm einen erzählt, dass „da einer an meinem PC arbeitet, fragen Sie mich nach einem der anderen Codes."

Wir gehören alle zur gleichen Firma, wir ziehen alle am selben Strang, wir wollen's dem Kollegen nicht schwer machen – du hoffst, dass dem Opfer in solchen Augenblicken diese Gedanken durch den Kopf gehen. Und er reagierte, wie es im Buche steht. Er akzeptierte, dass ich ihm was zum Aussuchen anbot, ich gab ihm die richtige Antwort, und er faxte mir die Signaturkarte.

So, beinahe alles in trockenen Tüchern. Ein weiteres Telefonat brachte mir die 800er-Nummer, über den die Kunden den automatischen Dienst erreichen, bei dem eine elektronische Stimme einem die gewünschte Information vorliest. Mit der Signaturkarte hatte ich alle Kontonummern meiner Zielperson und seine PIN, weil diese Bank die ersten fünf oder die letzten vier Ziffern der Sozialversicherungsnummer verwendet. Mit bereitgehaltenem Stift rief ich die 800er-Nummer an, und nach einigem Drücken auf den Telefontasten hatte ich den aktuellen Stand aller Konten von dem Kerl und der Vollständigkeit halber die kürzlich erfolgten Ein- und Auszahlungen von jedem Konto.

Alles, wonach mein Kunde mich gefragt hatte – und noch einiges mehr. Ich finde es immer gut, noch was draufzulegen. Macht den Kunden glücklich. Schließlich lassen Folgeaufträge das Geschäft laufen, oder?

Trickanalyse

Der Schlüssel zu dieser ganzen Episode war, die höchst wichtigen Tagescodes zu ergaunern, und dazu hat der Angreifer Vince mehrere verschiedene Techniken eingesetzt.

Er begann mit ein wenig verbalem Schwitzkasten, als sich herausstellte, dass Louis den Code nicht einfach so herausgeben wollte. Es war richtig von Louis, misstrauisch zu sein – die Codes sollten in umgekehrter Richtung eingesetzt werden. Er wusste, dass im normalen Arbeitsablauf der unbekannte Anrufer *ihm* den Sicherheitscode zu geben hatte. Dies war der kritische Moment für Vince, der springende Punkt, von dem der gesamte Erfolg seiner Bemühungen abhing.

Angesichts des Argwohns von Louis trug Vince die Manipulation sehr dick auf, appellierte an die Sympathie („habe einen Arzttermin"), Druck („habe noch einen ganzen Stapel vor mir, es ist fast vier") und Manipulation („Sagen Sie Ihr, dass Sie mir den Code nicht geben wollten"). Vince hat klugerweise eigentlich nichts angedroht, aber eine Drohung impliziert: Wenn Sie mir den Sicherheitscode nicht geben, werde ich die Kundeninformation nicht schicken, die Ihre Kollegin braucht, und ich werde ihr mitteilen, dass ich das wegen Ihrer mangelnden Kooperationsbereitschaft nicht senden konnte.

Aber wir wollen Louis nicht vorschnell beschuldigen. Immerhin war der Person am Telefon bekannt (oder es *erschien* zumindest so), dass die Kollegin Andrea ein Fax angefordert hatte. Dem Anrufer waren die Sicherheitscodes bekannt, und er wusste, dass sie über einen Buchstaben identifiziert werden. Weiter lieferte er die Begründung, dass sein Zweigstellenleiter die Codes aus Sicherheitsgründen forderte. Also gab es keinen Grund, ihm die angefragte Verifikation nicht zu geben.

Louis steht nicht alleine da. Bankangestellte geben täglich Sicherheitscodes an Social Engineers weiter. Unglaublich, aber wahr!

Die Techniken eines Privatdetektivs befinden sich auf einem schmalen Grad zwischen Legalität und Illegalität. Vince blieb legal, als er die Zweigstellennummer erfragte. Auch als er Louis trickreich dazu brachte, ihm zwei der Sicherheitscodes des Tages anzugeben. Als er sich vertrauliche Informationen über einen Bankkunden faxen ließ, war dies eindeutig illegal.

Aber für Vince und seinen Arbeitgeber ist das ein Verbrechen mit geringem Risiko. Wenn man Geld oder Waren klaut, merkt jemand, dass die Sachen weg sind. Wenn man Informationen stiehlt, wird das die meiste Zeit niemand merken, weil die Information immer noch im Besitz des Eigentümers ist.

Mitnick

Spot

Verbale Sicherheitscodes muss man Passwörtern gleichsetzen, weil sie eine bequeme und zuverlässige Art von Datenschutz darstellen. Aber jeder Angestellte sollte sich bei den Tricks eines Social Engineers auskennen und darin ausgebildet werden, nicht die Schlüssel zur Schatzkammer herauszurücken.

UMLEITUNG FÜR POLIZISTEN

Für einen zwielichtigen Privatdetektiv oder Social Engineer gibt es verschiedene Gelegenheiten, bei denen es sehr nützlich ist, wenn man jemandes Führerscheinnummer kennt – um sich beispielsweise die Identität einer anderen Person anzueignen, damit man Bankauskünfte über sie bekommt.

Abgesehen vom Diebstahl der Brieftasche oder einem Blick über die Schulter in einem passenden Moment ist das Herausfinden der Führerscheinnummer fast unmöglich. Aber für jeden mit auch nur wenig Geschick beim Social Engineering stellt es kaum eine Herausforderung dar.

Ein bestimmter Social Engineer – nennen wir ihn Eric Mantini – brauchte immer wieder mal die Nummern von Führerscheinen und Autokennzeichen. Eric war der Meinung, es sei unnötig, sein Risiko dadurch zu erhöhen, dass er dafür jedes Mal die Kraftfahrzeugbundesbehörde anruft und den gleichen Kniff anwendet, wenn er diese Daten wissen musste. Er fragte sich, ob es keinen Weg gebe, diesen Prozess zu vereinfachen.

Möglicherweise ist das noch niemandem vorher in den Sinn gekommen, aber er fand einen Weg heraus, wie er blitzschnell an diese Daten kommen konnte, wann immer er sie brauchte. Dabei machte er sich einen Service der Zulassungsstelle seines Bundesstaates zunutze. Viele Zulassungsstellen geben eigentlich privilegierte Informationen an Versicherungsunternehmen, Privatdetektive und gewisse andere Gruppen weiter, die vom Gesetzgeber als berechtigt angesehen werden, diese Daten zum Nutzen des Kommerzes und des Gemeinwohls mitgeteilt zu bekommen.

Natürlich hat die Zulassungsstelle angemessene Grenzen dabei, welche Arten von Daten herausgegeben werden dürfen. Die Versicherungsunternehmen dürfen bestimmte Arten von Informationen aus den Akten erhalten, aber andere nicht. Für Privatdetektive gelten wiederum andere Vorschriften usw.

Für die Strafverfolgungsbehörden findet eine andere Regel generelle Anwendung: Die Zulassungsstelle wird alle Daten aus den Unterlagen jedem Gesetzeshüter zur Verfügung stellen, der sich angemessen selbst identifiziert. In dem Bundesstaat, in dem Eric damals lebte, bestand die erforderliche Information aus einem von der Zulassungsstelle herausgegebenen Anfrage-Code und der Führerscheinnummer des Polizisten. Die Sachbearbeiter bei der Zulassungsstelle überprüften dies immer durch den Vergleich der Führerscheinnummer und dem Namen des Polizisten mit einer anderen Information (gewöhnlich dem Geburtsdatum), bevor etwas herausgegeben wurde.

Unser Social Engineer Eric wollte nichts weniger, als sich die Identität eines Polizisten überzustreifen.

Wie hat er das bewerkstelligt? Indem er bei den Cops einen *reverse sting* durchzog!

Erics Tricks

Als Erstes rief er die Auskunft an und fragte nach der Telefonnummer der zentralen Zulassungsstelle in der Hauptstadt. Er bekam die Nummer 503-555-5000; das ist natürlich die für alle Anrufer allgemein zugängliche Nummer. Er rief dann im nächsten Büro eines Sheriffs an und fragte nach dem Teletype-Büro – der Abteilung, in der alle Nachrichten von anderen Strafverfolgungsbehörden, der nationalen Kriminaldatenbank, Fahndungsbefehle usw. empfangen und versandt werden. Als er dorthin durchgestellt wurde, behauptete er, er suche die Durchwahl für die Gesetzeshüter, wenn sie die Zentrale Zulassungsstelle erreichen wollen.

„Wer sind Sie?" fragte der Polizeioffizier aus dem Teletype-Büro.

„Hier ist Al. Ich habe unter 503-555-5753 angerufen", antwortete er. Das war teils eine Annahme, und teils hatte er diese Nummer frei erfunden, denn sicherlich würde das Büro der Zulassungsstelle, die Anrufe der Strafverfolger entgegennahm, die gleiche Vorwahl haben wie die Nummer, die von der Öffentlichkeit benutzt wurde, und es war praktisch sicher, dass die nächsten drei Ziffern (die Hauptnummer) ebenfalls die gleiche war. Er musste nur noch die letzten vier herausfinden.

Im Teletype-Büro eines Sheriffbüros kommen normalerweise keine Anrufe aus der Öffentlichkeit an. Und der Anrufer hatte schon fast die ganze Nummer. Er war offensichtlich legitimiert.

„Das ist die 503-555-6127", sagte der Polizist.

Nun war Eric also im Besitz der speziellen Durchwahl für die Polizei, wenn sie die Zulassungsstelle anrufen will. Aber nur mit dieser Nummer war er nicht zufrieden, denn die Zentrale hatte bestimmt nicht nur diese eine Telefonleitung, und Eric musste in Erfahrung bringen, wie viele es gab und wie die Durchwahlen lauteten.

Die Schaltstelle

Um seinen Plan durchführen zu können, brauchte er den Zugang zu der Telefonschaltzentrale, über die die Strafverfolgungsbehörden die Zulassungsstelle erreichen konnte. Er rief bei der staatlichen Telekommunikationsbehörde an und behauptete, er sei von Nortel, dem Hersteller der DMS-100, eine der am weitesten verbreiteten kommerziellen Telefonschaltanlagen. Er sagte: „Können Sie mich bitte mit einem der Techniker verbinden, die mit der DMS-100 arbeiten?"

Als er mit dem Techniker verbunden war, gab er sich als Mitarbeiter der Technischen Abteilung von Nortel aus Texas aus und erklärte, dass sie an einer Master-Datenbank arbeiteten, über die alle Schaltzentralen mit den neuesten Software-Updates versorgt werden sollten. Das werde alles zentral geregelt – es gebe keinen Bedarf daran, dass irgendein Schalttechniker daran mitarbeiten müsse. Aber sie bräuchten die Einwahlnummer zu dieser Schaltzentrale, damit sie die Updates direkt vom Support Center durchführen können.

Das hörte sich absolut plausibel an, und der Techniker gab Eric die Telefonnummer. Er konnte sich nun direkt in eine der staatlichen Telefonzentralen einwählen.

Um sich gegen Eindringlinge von außen zu schützen, sind kommerzielle Schaltanlagen wie diese mit einem Passwort geschützt – so wie jedes Unternehmensnetzwerk. Jeder gute Social Engineer mit einem Background in Phone Phreaking weiß, dass es bei den Schaltzentralen von Nortel einen Standard-Benutzernamen für Software-Updates gibt: NTAS (die Abkürzung für *Nortel Technical Assistance Support* – nicht gerade subtil). Aber ein Passwort? Eric wählte sich mehrmals ein und wählte jedes Mal eine der offensichtlichen und allgemein üblichen Möglichkeiten. Den Benutzernamen als Passwort einzugeben funktionierte nicht. „*Helper*" nicht, auch nicht „*patch*".

Dann versuchte er sein Glück mit *„update"* ... und er war drin. Typisch. Die Verwendung eines offensichtlichen, leicht zu erratenden Passworts ist nur wenig besser, als überhaupt keines zu haben.

Es ist sehr hilfreich, sich in seinem Fach auszukennen. Eric wusste wahrscheinlich genauso viel wie der Techniker über diese Schaltanlage, wie man sie programmiert und repariert. Als er erst als autorisierter User Zugang zur Schaltanlage hatte, besaß er die volle Kontrolle über die Telefonleitungen, die sein Ziel waren. Von seinem Computer fragte er über die Schaltzentrale die Telefonnummer ab, die er als Durchwahl für die Strafverfolgungsbehörden an die Zulassungsstelle (555-6127) bekommen hatte. Er entdeckte 19 andere Telefonleitungen in die selbe Abteilung. Offensichtlich wurde darüber eine Menge Anrufe abgewickelt.

Die Schaltzentrale war so programmiert, dass sie bei jedem eingehenden Anruf alle zwanzig Leitung durchsuchte, bis sie eine nicht belegte Leitung gefunden hatte. Als Nummer zur Rufweiterleitung gab er die Nummer seines neuen, billigen Karten-Handys ein. Drogendealer lieben diese Geräte, weil sie so wenig kosten, dass man sie ruhig nach Gebrauch wegwerfen kann, wenn der Job vorbei ist.

Die Rufweiterleitung war nun auf der achtzehnten Leitung eingerichtet. Wenn das Büro nun siebzehn Anrufe bearbeitet, wird der nächste Anruf nicht im Büro der Zulassungsstelle landen, sondern an Erics Handy weitergeleitet. Er lehnte sich nun einfach zurück und wartete.

Ein Anruf beim Amt

Kurz vor acht Uhr an diesem Morgen piepste das Handy. Dieser Teil war der beste, der köstlichste. Hier war Eric, der Social Engineer, und sprach mit einem Bullen, jemand mit der Autorität, ihn einfach einzusperren oder auf der Suche nach Beweisen seine Wohnung zu filzen.

Und nicht nur ein Polizist würde anrufen, sondern eine ganze Reihe, einer nach dem anderen. Bei einer Gelegenheit saß Eric mit Freunden beim Mittagessen in einem Restaurant, wickelte alle fünf Minuten einen Anruf ab und schrieb die Informationen mit einem geliehenen Kuli auf eine Papierserviette. Das bringt ihn noch heute zum Lachen.

Aber das Gespräch mit Polizeioffizieren beunruhigt einen guten Social Engineer kein bisschen. Tatsächlich trug der Kitzel, die Strafverfolgungsbehörden zu foppen, für Eric noch zusätzlich zum Genuss bei.

Nach Erics Angaben verliefen die Anrufe in etwa wie folgt:

„Zulassungsstelle, was kann ich für Sie tun?"

„Hier spricht Detective Andrew Cole."

„Hallo, Detective. Wie kann ich Ihnen behilflich sein?"

„Ich brauche ein Soundex für die Führerscheinnummer 005602789", sagte er und benutzte dabei den üblichen Ausdruck der Gesetzeshüter, um nach einem Foto zu fragen – das ist beispielsweise sehr hilfreich, wenn die Polizei einen Verdächtigen verhaften soll und wissen will, wie er ausschaut.

„Sicher, ich schaue gleich in die Akte", sagte Eric dann. „Und, Detective Cole, von welcher Behörde sind Sie?"

„Jefferson County." Und dann hat Eric die heiklen Fragen gestellt: „Detectiv, wie lautet Ihr Anfrage-Code?" „Wie ist Ihre Führerscheinnummer?" „Wann sind Sie geboren?"

Der Anrufer hat dann seine persönlichen Identifizierungsdaten angegeben. Eric tat dann so, als ob er diese Informationen überprüfe, und erzählte dem Anrufer schließlich, dass dessen Angaben bestätigt wurden und fragte dann nach den Details, die der Anrufer über die Zulassungsstelle wissen wollte. Dann gab er vor, nach dem Namen zu suchen, und der Anrufer konnte sogar das Klicken von Tasten hören, aber dann sagte Eric: „Oh verdammt, mein PC ist schon wieder abgestürzt. Tut mir leid, Detective, aber mein Rechner ist die ganze Woche schon so instabil. Könnten Sie bitte noch einmal anrufen und sich von einem Kollegen helfen lassen?"

Auf diese Weise konnte er den Anruf abbrechen und nichts im Raume stehen lassen, was möglicherweise Verdacht ausgelöst hätte, warum er dem Officer nicht bei dessen Anfrage hatte helfen können. In der Zwischenzeit hatte Eric eine gestohlene Identität – und mit diesen Details konnte er immer bei Bedarf der Zulassungsstelle vertrauliche Informationen abluchsen.

Nachdem er mehrere Stunden lang die Anrufe entgegen genommen und dadurch Dutzende von Abfrage-Codes einsacken konnte, wählte sich Eric wieder in die Schaltzentrale ein und deaktivierte die Rufweiterleitung.

Noch Monate danach konnte er die Aufträge von legitimen Detekteien ausführen, die gar nicht wissen wollten, wie er an die Informationen kam. Bei Bedarf konnte er sich wieder in die Schaltzentrale einwählen, die Rufweiterleitung einschalten und einen weiteren Stapel von Polizeiausweisen einsammeln.

Trickanalyse

Wir wollen die verschiedenen Tricks noch einmal durchgehen, mit denen Eric eine Reihe von Leuten hereingelegt hat, damit diese Täuschung funktionieren konnte. Beim ersten erfolgreichen Schritt brachte er den Stellvertreter des Sheriffs in einem Teletype-Büro dazu, eine vertrauliche Nummer der Zulassungsstelle an einen völlig Fremden herauszugeben, der ihn ohne weitere Überprüfung als Gesetzeshüter akzeptierte.

Dann hat jemand von der staatlichen Telekommunikationsgesellschaft das Gleiche getan, indem er Erics Behauptung akzeptierte, er gehöre zu einem

Hardware-Hersteller, und dem Fremden die Durchwahl der Telefonschaltanlage gab, an der die Zulassungsstelle angeschlossen war.

Im Grunde konnte Eric Zugang zu dieser Schaltzentrale bekommen, weil die Sicherheitspraktiken auf Seiten des Schaltzentralenherstellers besonders schlecht waren, da alle Schaltanlagen den gleichen Benutzernamen aufwiesen. Diese Unvorsichtigkeit machte es für den Social Engineer zu einem Kinderspiel, das Passwort zu raten, weil er sich wieder zunutze machen konnte, dass die Techniker – so wieder jeder andere – Passwörter aussuchen, die man sich mit Leichtigkeit merken kann.

Mit dem Zugang zur Schaltzentrale richtete er die Rufweiterleitung einer der Anschlüsse, die die Zulassungsstelle für die Strafverfolgungsbehörden bereithielt, zu seinem eigenen Handy ein.

Und dann – und das war wirklich himmelschreiend! – betrog er einen Polizisten nach dem anderen nicht nur um seinen Abfrage-Code, sondern auch um die persönlichen Daten zur Identifizierung, und dadurch hatte Eric die Möglichkeit, sich als diese Personen auszugeben.

Obschon gewisse technische Kenntnisse vorhanden sein müssen, um diese List so trickreich durchzuführen, hätte sie ohne die Unterstützung einer Reihe von Leuten nicht funktioniert, die ganz ahnungslos einem Hochstapler geholfen haben.

Diese Geschichte illustriert ein weiteres Mal das Phänomen, warum Leute nicht einfach „Warum gerade ich?" fragen. Warum gab der Officer aus dem Teletype-Büro diese Information einem ihm unbekannten Kollegen – oder wie in diesem Fall einem Fremden, der sich als Kollege ausgegeben hat –, statt ihn aufzufordern, sich diese Informationen von einem eigenen Kollegen vor Ort oder seinem eigenen Vorgesetzten zu holen? Wieder einmal ist die einzige Antwort, die ich anbieten kann, dass Leute selten diese Frage stellen. Ist es ihnen nicht in den Sinn gekommen? Wollen sie vielleicht vermeiden, anmaßend und wenig hilfsbereit zu erscheinen? Vielleicht. Jede weitere Erklärung wäre reines Rätselraten. Aber Social Engineers ist das Warum egal; ihnen geht es nur darum, dass diese kleine Tatsache es ihnen erleichtert, an Informationen zu gelangen, die anderweitig nur sehr beschwerlich zu kriegen wären.

Mitnick
Spot

Wenn in Ihrem Unternehmen eine Telefonschaltzentrale eingesetzt wird, was würde Ihr Rezeptionist machen, wenn er den Anruf des Lieferanten erhielte, der nach der Einwahlnummer fragt? Und hat übrigens diese Person jemals das Standard-Passwort der Schaltzentrale geändert? Ist dieses Passwort ein leicht zu ratendes Wort aus einem Wörterbuch?

SCHUTZMASSNAHMEN

Wenn ein Sicherheitscode angemessen verwendet wird, fügt er eine sehr wertvolle Sicherheitszone hinzu. Ein falsch benutzter Sicherheitscode kann sich schlimmer erweisen als gar keiner, weil er die Illusion einer Sicherheit vorgaukelt, die gar nicht existiert. Wie gut sind Codes, wenn Ihre Angestellten sie nicht geheim halten?

In jeder Firma, die einen Bedarf an verbalen Sicherheitscodes hat, muss klar und eindeutig geregelt sein, wann und wie die Codes von den Angestellten benutzt werden dürfen. Mit guter Ausbildung hätte der Beteiligte aus der ersten Geschichte dieses Kapitels sich nicht auf sein Gefühl verlassen brauchen, das man leicht überwinden kann, als er von einem Fremden nach dem Sicherheitscode gefragt worden war. Er hatte schon bemerkt, dass er unter diesen Umständen nicht nach solchen Daten gefragt werden dürfte, aber mangels einer klaren Sicherheitsrichtlinie – und einem gesunden Menschenverstand – knickte er bereitwillig ein.

Sicherheitsprozeduren sollten ebenfalls Maßnahmen berücksichtigen, wenn ein Angestellter unangemessene Anfragen nach einem Sicherheitscode bemerkt. Alle Mitarbeiter sollten dahingehend ausgebildet werden, dass sie sofort jegliche Anfragen auf Identifizierungsmerkmale wie den Tages-Code oder das Passwort berichten, wenn es verdächtige Begleitumstände gibt. Sie sollten ebenfalls berichten, wenn der Versuch, die Identität eines Anfragers zu klären, nicht befriedigend gelöst wurde.

Als Mindestvorgabe sollte der Angestellte Name, Durchwahl und Büro oder Abteilung des Anrufers feststellen und dann auflegen. Vor einem Rückruf sollte er feststellen, ob die Organisation wirklich einen Angestellten mit diesem Namen führt und die Rückrufnummer mit der Durchwahl im Telefonverzeichnis der Firma online oder als Ausdruck übereinstimmt. Meistens reicht diese einfache Taktik aus, um zu überprüfen, ob der Anrufer wirklich der ist, für den er sich ausgibt.

Die Verifikation wird komplizierter, wenn die Firma nur ein gedrucktes Telefonverzeichnis hat und keine Online-Version. Dauernd werden Personen eingestellt oder verlassen das Unternehmen, man wechselt die Abteilungen und Zuständigkeiten und damit die Telefonnummern. Ein gedrucktes Telefonverzeichnisses ist am Tage nach der Veröffentlichung schon veraltet, oft sogar noch vor der Auslieferung. Auch auf Online-Verzeichnisse kann man sich nicht immer verlassen, weil Social Engineers wissen, wie man sie ändert. Wenn ein Angestellter die Durchwahl nicht über eine unabhängige Quelle verifizieren kann, sollte er angewiesen werden, andere Möglichkeiten heranzuziehen – z.B. einen Anruf beim Vorgesetzten des Angestellten.

Der umgedrehte Clou

Teil 3

Vorsicht – Hausfriedensbruch

Kapitel

Durch das Firmentor

Warum ist es für einen Außenseiter so leicht, sich die Identität eines Firmenmitarbeiters überzustreifen und sie so überzeugend zu verkörpern, dass sogar Leute mit einem besonders großen Sicherheitsbewusstsein auf diesen Schwindel hereinfallen? Warum ist es so einfach, Leute hereinzulegen, denen alle Sicherheitsprozeduren genau bekannt sind, die Unbekannten gegenüber recht argwöhnisch reagieren und die alles für den Schutz ihrer Firma machen?

Behalten Sie diese Fragen im Hinterkopf, wenn Sie die Geschichten aus diesem Kapitel lesen.

WACHPERSONAL – PEINLICH VORGEFÜHRT

Zeitpunkt: Dienstag, der 17. Oktober, 2:16

Ort: Skywatcher Luftfahrttechnik AG, Produktionsfirma am Rande von Tucson, Arizona.

Die Geschichte des Wachmannes

Leroy Greene fühlte sich deutlich besser, wenn er das Klicken seiner Ledersohlen auf dem Boden der fast verlassenen Fabrikhallen hören konnte, als wenn er die Nachtstunden seiner Schicht vor einem Videomonitor im Sicherheitsbüro zubringen musste. Dort war ihm nur erlaubt, auf die Bildschirme zu starren, nicht einmal in einer Zeitschrift oder seiner in Leder eingebundenen Bibel durfte er blättern. Man musste einfach nur da sitzen und auf die Standbilder der Fernseher schauen, und dort bewegte sich niemals etwas.

Aber bei den Wachgängen durch die Hallen konnte er sich wenigstens die Beine vertreten, und wenn er mal daran dachte, Arme und Schultern in die Bewegung mit einzubeziehen, war das wie ein kleines bisschen Training. Obwohl man das bei einem Mann, der als rechter Stürmer im Champion-

Highschool-Teams Football gespielt hatte, eigentlich nicht als Training zählen konnte. Aber, dachte er, Dienst ist Dienst.

Er wandte sich der südwestlichen Ecke zu und begann den Weg auf der Galerie, von der man eine halbe Meile lang die Fabrikhalle überblicken konnte. Er schaute flüchtig nach unten und sah zwei Leute, die neben einer Reihe fast fertiger Hubschrauber entlanggingen. Das Paar hielt an und schien sich gegenseitig Dinge zu zeigen. Merkwürdiger Anblick zu dieser nachtschlafenden Zeit. „Mal nachsehen", dachte er.

Leroy steuert eine Treppe an, die ihn auf den Boden der Fabrikhalle genau hinter das Paar bringen würde. Sie hörten ihn nicht kommen, bis er sich neben sie stellte. „Morgen! Kann ich bitte mal Ihre Sicherheitsausweise sehen?" fragte er. Leroy versuchte in solchen Momenten stets, seine Stimme gedämpft zu halten, weil er wusste, dass allein seine Größe schon bedrohlich wirken konnte.

„Hallo Leroy", sagte einer von ihnen, nachdem er seinen Namen auf der Dienstmarke gelesen hatte. „Ich bin Tom Stilton vom Marketingbüro der Zentrale in Phoenix. Ich bin wegen einiger Besprechungen hier in der Stadt und wollte meinem Freund zeigen, wo die besten Helikopter der Welt gebaut werden."

„Ja, Sir. Bitte Ihre Kennkarte", sagte Leroy. Ihm war gleich aufgefallen, wie jung beide wirkten. Der Typ aus der Marketingabteilung sah aus wie ein Highschool-Abgänger, und der andere hatte schulterlange Haar und wirkte wie fünfzehn.

Der mit der ordentlichen Frisur langte in seiner Hosentasche nach dem Mitarbeiterausweis und begann dann, alle seine Taschen abzuklopfen. Leroy bekam plötzlich bei der Sache ein ziemlich mieses Gefühl. „Verdammt", sagte der Kerl. „Muss ich wohl im Wagen liegen gelassen haben. Ich hol das gerade mal – ich brauche nur eben zehn Minuten zum Parkplatz und bin dann gleich wieder da."

Leroy hatte seinen Notizblock mittlerweile gezückt. „Wie war doch gleich Ihr Name, Sir?" fragte er und schrieb die Antwort sorgfältig auf. Dann forderte er sie auf, mit ihm in das Sicherheitsbüro zu gehen. Im Fahrstuhl auf dem Weg zum zweiten Stock schwatzte Tom darüber, dass er erst seit sechs Monaten bei der Firma sei und hoffte, wegen dieser Sache nun keinen Ärger zu bekommen.

Im Überwachungsraum der Sicherheitsabteilung gesellten sich die beiden anderen Kollegen der Nachtschicht zu Leroy und befragten mit ihm das Paar. Stilton nannte seine Telefonnummer, sagte, dass Judy Underwood seine Chefin sei, und gab auch ihre Telefonnummer an. Die Informationen stimmten mit denen im Computer überein. Leroy nahm die beiden anderen Sicherheitsleute beiseite und besprach mit ihnen das weitere Vorgehen. Niemand wollte hier einen Fehler machen, und darum beschlossen sie, die Vorgesetzte von diesem Kerl anzurufen, auch wenn das bedeutete, sie mitten in der Nacht aus dem Bett zu werfen.

Leroy rief selbst Mrs. Underwood an, erklärte, wer er sei und fragte, ob ein Mr. Tom Stilton für sie arbeite. Sie hörte sich an, als ob sie noch nicht ganz aufgewacht sei. „Ja", sagte sie.

„Nun, wir haben ihn gerade am Fließband mitten in der Nacht um halb zwei ohne Kennkarte angetroffen."

Mrs. Underwood sagte: „Lassen Sie mich mal mit ihm reden."

Stilton nahm den Hörer und sagte: „Judy, es tut mir schrecklich leid, dass diese Leute Sie mitten in der Nacht aufgeweckt haben. Ich hoffe, dass Sie mir das nicht ankreiden werden."

Er hörte zu und sagte dann: „Es war nur so, dass ich sowieso frühmorgens wegen dieser Besprechung über die neue Pressemitteilung hier sein musste. Aber egal – haben Sie die Email über den Thompson-Deal bekommen? Wir müssen uns dringend mit Jim am Montag morgen treffen, damit uns das nicht durch die Lappen geht. Und es bleibt doch bei unserem Termin zum Mittagessen am Dienstag, oder?"

Er lauschte noch ein wenig, verabschiedete sich dann und legte auf.

Das überraschte Leroy denn doch. Er hatte angenommen, dass er das Telefon zurückbekäme, damit die Dame ihm versichern konnte, dass alles in Ordnung sei. Er fragte sich, ob er sie nicht noch einmal anrufen und sie danach fragen solle, aber entschied sich anders. Er hatte sie schon einmal mitten in der Nacht belästigt. Wenn er sie noch ein zweites Mal anriefe, wäre sie vielleicht verärgert und würde sich bei seinem Boss beschweren. „Warum soll ich hier groß Wellen machen?" dachte er.

„Kann ich meinem Freund nun den Rest vom Fließband zeigen?" fragte Stilton Leroy. „Kommen Sie mit und behalten uns im Auge?"

„Gehen Sie schon", sagte Leroy, „und schauen Sie sich um. Aber vergessen Sie beim nächsten Mal Ihren Ausweis nicht. Und informieren Sie die Sicherheitsleute, wenn Sie nach Feierabend in der Fabrik sein müssen – so lautet die Regel!"

„Daran werde ich bestimmt denken, Leroy", erwiderte Stilton. Und sie gingen weiter.

Kaum zehn Minuten, nachdem sie gegangen waren, klingelte das Telefon im Sicherheitsbüro. Mrs. Underwood war am Apparat. „Was war das für ein Typ gerade am Telefon?" wollte sie wissen. Sie sagte, sie habe dauernd versucht, Fragen zu stellen, aber er habe einfach weitergeredet, dass er mit ihr zu

Mittag essen werde und so, und sie habe verdammt noch mal keine Ahnung, wer das gewesen sei.

Die Sicherheitsleute riefen bei den Wachen am Haupteingang und am Eingang des Parkplatzes an. Beide berichteten, dass die beiden jungen Leute gerade vor einigen Minuten gegangen waren.

Wenn er diese Geschichte später mal erzählte, schloss Leroy immer mit den Worten: „Meine Güte – hat mein Boss mich lang gemacht! Bin froh, dass ich den Job nicht verloren habe."

Die Geschichte von Joe Harper

Nur um herauszufinden, zu was er imstande ist, war der siebzehnjährige Joe Harper schon seit über einem Jahr in Gebäude geschlichen, manchmal tagsüber und oft auch in der Nacht. Als Sohn eines Musikers und einer Kellnerin in einer Cocktail-Bar, die beide auf Nachtschicht arbeiteten, hatte Joe viel zu viel Zeit für sich alleine. Seine Version des selben Vorgangs erhellt die Geschehnisse vielsagend.

Mein Freund Kenny will Helikopterpilot werden. Er hat mich danach gefragt, ob ich ihn in die Skywatcher-Fabrik bringen kann, damit er mal die Produktionsstätte sehen kann, wo die Hubschrauber gebaut werden. Er wusste, dass ich auch schon in andere Plätze reingekommen war. Es gibt einem einen ordentlichen Adrenalin-Kick, wenn man sich unerlaubt irgendwo reinschleicht.

Aber man geht nicht einfach so in eine Fabrik oder ein Bürogebäude. Muss man schon drüber nachdenken, bisschen planen und das Ziel komplett aufklären – wie beim Militär. Man muss die Website der Firma nach Namen und Titeln, Berichtswesen und Telefonnummern durchsuchen. Presseausschnitte und Zeitschriftenartikel lesen. Peinlich genaue Recherche ist meine eigene Schutzmaßnahme, damit ich bei jedem, der mir in die Quere kommt, mit genauso viel Insiderwissen wie ein Angestellter kontern kann.

Wo also anfangen? Zuerst habe ich im Internet nachgesehen, wo die Firma ihre Büros hat, und fand heraus, dass die Zentrale in Phoenix sitzt. Perfekt. Ich rief dort an und ließ mich mit der Marketing-Abteilung verbinden – das gibt es bei jedem Unternehmen. Eine Dame nahm das Gespräch entgegen, und ich sagte, ich käme von Blue Pencil Graphics, und wir wollten ihnen unsere Leistungen anbieten, und mit wem ich dafür sprechen müsse. Sie meinte, das wäre bestimmt Tom Stilton. Ich bat um seine Durchwahl, und sie meinte, die werde nicht weitergegeben, aber sie könne mich weiterverbinden. Der Anruf landete bei der Mailbox, und er hatte Folgendes draufgesprochen:

„Hier ist Tom Stilton von der Grafikabteilung, Apparat 3147, bitte hinterlassen Sie eine Nachricht." Klar – die Firma gibt keine Telefonnummern heraus, aber dieser Typ spricht seine einfach auf die Mailbox. Coole Sache – nun hatte ich einen Namen und die Durchwahl.

Ein anderer Anruf im selben Büro. „Hallo, ich versuche gerade, Tom Stilton zu erreichen, aber er ist nicht da. Ich wollte kurz etwas mit seinem Chef besprechen." Die Chefin, wie sich herausstellte, war auch gerade außer Haus, aber als ich fertig war, kannte ich ihren Namen. Und sie hatte – sehr praktisch – ebenfalls die Durchwahlnummer auf ihre Mailbox gesprochen.

Ich hätte uns wohl problemlos am Wachdienst vom Haupteingang vorbeibekommen, aber ich war schon an der Fabrik vorbeigefahren und erinnerte mich vage, dass der Parkplatz eingezäunt war. Ein Zaun bedeutet, dass ein Wachmann dich überprüft, wenn du reinfährst. Und nachts schreiben sie wahrscheinlich auch die Autokennzeichen auf, also habe ich noch ein altes Schild auf dem Flohmarkt gekauft.

Aber zuerst musste ich die Telefonnummer vom Wachhäuschen herauskriegen. Ich wartete noch ein bisschen, damit die Telefonistin meine Stimme nicht wiedererkennt. Ich rief also nach einiger Zeit wieder an und sagte: „Wir haben hier eine Beschwerde, dass das Telefon in der Wache an der Ridge Road zwischenzeitlich immer mal aussetzt – gibt es dort immer noch Probleme?" Sie sagte, das wisse sie nicht, aber sie werde mich durchstellen.

Der Mann sagte: „Hier ist die Pforte an der Ridge Road, Ryan am Apparat." Ich sagte: „Hallo Ryan, hier spricht Ben. Habt ihr immer noch Probleme mit eurem Telefon?" Er war nur ein unterbezahlter Wachmann, aber ich wette, er hatte gerade eine Fortbildung gemacht, weil er gleich sagte: „Ben wer – wie war Ihr Nachname?" Ich habe einfach weitergemacht, als ob ich ihn nicht gehört hätte. „Da hat jemand vor kurzem bei euch ein Problem gemeldet."

Ich hörte, wie er den Hörer beiseite hielt und rief: „Hey, Bruce, Roger, hat's mit diesem Telefon hier Ärger gegeben?" Er meinte dann: „Nein, nicht dass ich wüsste."

„Wie viele Telefonleitungen haben Sie bei sich?"

Das mit meinem Namen hatte er schon vergessen. „Zwei", antwortete er.

„Auf welcher sprechen Sie gerade?"

„3140."

Volltreffer! „Und beide funktionieren gut?"

„Scheint so."

„Okay", sagte ich. „Hören Sie, Ryan, wenn es Probleme mit dem Telefon gibt, können Sie uns jederzeit bei der Telecom anrufen. Wir helfen Ihnen dann weiter."

Mein Kumpel und ich wollten gleich in der nächsten Nacht die Fabrik besuchen. Später an diesem Nachmittag rief ich das Wachhäuschen an und benutzte den Namen von diesem Typ aus der Marketingabteilung. Ich sagte: „Hi, hier spricht Tom Stilton von der Grafikabteilung. Wir haben hier eine vorgezogene Deadline, und ich habe ein paar Leute gebeten, uns dabei zu helfen. Sie kommen von außerhalb und werden nicht vor ein oder zwei Uhr morgens eintreffen. Sind Sie dann noch auf Schicht?"

Er war ganz froh, dass er sagen konnte, er habe um Mitternacht Feierabend.

Ich sagte: „In Ordnung, aber könnten Sie Ihrem Kollegen eine Nachricht aufschreiben? Wenn zwei Leute kommen und sagen, sie wollten zu Tom Stilton, dann soll er sie einfach reinlassen, okay?"

Ja, sagte er, kein Problem. Er schrieb meinen Namen, Abteilung und Durchwahl auf und versicherte, er werde sich drum kümmern.

Wir sind dann gegen kurz nach zwei an der Pforte gewesen. Ich gab den Namen von Tom Stilton an, und ein verschlafener Wachmann zeigte uns, wo wir parken und hineingehen konnten.

Als wir das Gebäude betraten, war im Eingangsbereich ebenfalls eine Wachstation mit dem üblichen Eintragungsbuch für Besucher nach Geschäftsschluss. Ich erzählte der Wache, dass ich einen Bericht bis morgen früh fertig haben müsse, und dass mein Freund hier sich die Fabrik anschauen wolle. „Er ist ganz verrückt nach Helikoptern", sagte ich. „Er will lernen, wie man so ein Ding fliegt." Er fragte mich nach meinem Sicherheitsausweis. Ich griff in meine Tasche, klopfte dann die anderen Taschen ab und sagte, ich hätte das Ding wohl im Auto gelassen und werde es schnell holen. Ich fügte hinzu: „Dauert nur zehn Minuten." Er meinte: „Kein Problem, ist schon in Ordnung, tragen Sie sich einfach eben ein."

Dann der Weg durch die Fabrikhallen – der absolute Wahnsinn! Bis dieser Schrank von einem Kerl Leroy uns aufhielt.

Im Wachbüro dachte ich daran, dass jemand, der nicht hierher gehört, nervös und ängstlich wirken müsse. Wenn es eng wird, höre ich mich meist so an, als ob ich richtig unter Dampf stehe. Als ob ich wirklich genau der bin, für den ich mich ausgebe, und es mich sehr verärgert, dass man mir nicht glaubt.

Als sie darüber sprachen, dass sie vielleicht die Dame anrufen sollten, von der ich gesagt hatte, sie sei meine Chefin, und sie losgingen, um ihre Telefonnummer aus dem Computer zu holen, stand ich da und dachte: „Vielleicht sollten wir jetzt zügig einen Abgang machen." Aber da war noch die Schranke am Parkplatz – auch wenn wir es aus dem Gebäude schaffen sollten, hätten sie die Schranke geschlossen, und wir hätten es nicht rausgeschafft.

Als Leroy die Dame am Apparat hatte, die die Chefin von Stilton war, und mir den Apparat gab, schrie sie mich gleich an: „Wer ist da, was wollen Sie?" und ich habe einfach weitergeredet, als ob wir eine nette Unterhaltung hätten, und legte dann auf.

Wie lange braucht man, um mitten in der Nacht jemanden zu finden, der einem eine Durchwahl aus der Firma geben kann? Ich schätzte, dass wir weniger als fünfzehn Minuten hatten, um es hier rauszuschaffen, bevor die Chefin das Sicherheitsbüro erreicht und sie stramm stehen lässt.

Wir sind dann so schnell wie möglich raus, ohne dass es nach Flucht aussah. Und ich war schon ziemlich happy, als der Typ an der Schranke uns einfach durchwinkte.

Trickanalyse

Es ist bemerkenswert, dass in dem realen Vorfall, auf dem diese Geschichte beruht, die Eindringlinge tatsächlich Teenager waren. Der Einbruch war ein Jux, nur um zu sehen, ob sie das hinkriegten. Aber wenn es einem paar Jugendlichen so leicht fällt, wäre es für erwachsene Diebe, Industriespione oder Terroristen noch viel einfacher.

Wie konnten drei erfahrene Sicherheitsleute es zwei Eindringlingen erlauben, einfach so wegzugehen? Und nicht nur einfach Eindringlinge, sondern ein Paar, das so jung war, dass jede vernünftige Person schnell hätte Verdacht schöpfen müssen?

Leroy *war* anfangs entsprechend misstrauisch. Es war korrekt, sie gleich mit ins Sicherheitsbüro zu nehmen, um den jungen Mann, der sich Tom Stilton nannte, zu befragen und die von ihm angegebenen Namen und Telefonnummern zu prüfen. Es war genau richtig, die Chefin anzurufen.

Aber am Ende war er doch von der Ausstrahlung des jungen Mannes, seiner Überzeugungskraft und Entrüstung eingenommen. Das war nicht das Verhalten, dass er von einem Dieb oder Eindringling erwartet hätte – nur ein echter Angestellter hätte so reagiert ... oder zumindest nahm er das an. Leroy hätte darin ausgebildet werden müssen, sich nicht auf die eigene Wahrnehmung, sondern auf eine solide Identifikation zu verlassen.

Warum war er nicht argwöhnischer, als der junge Mann den Hörer selbst auflegte, ohne ihn Leroy zurückzugeben, damit er die Bestätigung direkt von Judy Underwood hören konnte? Damit hätte er die Zusicherung gehabt, dass der nächtliche Aufenthalt in der Fabrik begründet war.

Leroy war auf einen derart dreisten Schwindel hereingefallen, dass es hätte offensichtlich sein müssen. Aber führen Sie sich die Szene aus seiner Perspektive vor Augen: Ein Hochschulabgänger, der sich um seinen Job sorgt, unsicher, ob er Ärger kriegt, weil er zum zweiten Mal mitten in der Nacht eine

Managerin der Firma belästigt. Wären Sie an seiner Stelle gewesen, hätten Sie da den zweiten Anruf getätigt?

Aber natürlich war ein zweites Telefonat nicht die einzige mögliche Aktion. Was hätte der Wachmann noch anstellen können?

Sogar vor dem Telefonat hätte er die beiden nach einem Ausweis mit Lichtbild fragen können. Sie sind mit dem Auto zur Fabrik gekommen, also müsste wenigstens einer einen Führerschein dabeihaben. Die Tatsache, dass sie falsche Namen angegeben hatten, wäre sofort aufgeflogen (ein Profi hätte sich eine gefälschte ID zugelegt, aber diese Vorsichtsmaßnahme haben die Jugendlichen nicht beachtet). Auf jeden Fall hätte Leroy sich Ausweise oder Führerschein zeigen lassen und die Angaben schriftlich festhalten müssen. Wenn beide dabei geblieben wären, keine Ausweispapiere dabei zu haben, hätte er sie zum Wagen begleiten müssen, um sich den Mitarbeiterausweis zeigen zu lassen, von dem „Tom Stilton" behauptete, er hätte ihn dort vergessen.

Im Anschluss an das Telefonat hätte einer der Sicherheitsleute das Paar bis zum Verlassen des Gebäudes begleiten, sie dann zum Parkplatz bringen und sich die Autonummer aufschreiben sollen. Wäre er aufmerksam genug gewesen, hätte er auch bemerkt, dass das Kennzeichen (das der Angreifer auf dem Flohmarkt gekauft hat) ohne gültigen Zulassungsaufkleber war – und das wäre Grund genug gewesen, das Paar für weitere Befragungen aufzuhalten.

Mitnick
Spot

Personen mit manipulativen Fähigkeiten haben gewöhnlich ein sehr einnehmendes und attraktives Wesen. Typischerweise sind sie sehr aufgeweckt und können sich gut artikulieren. Social Engineers sind ebenfalls sehr geschickt darin, andere Leute vom Nachdenken abzuhalten und zur Mitarbeit zu bewegen. Die Annahme, dass irgend eine bestimmte Person für diese Art von Manipulation nicht anfällig sei, hieße das Geschick und den Killer-Instinkt des Social Engineers zu unterschätzen.

Auf der anderen Seite wird ein guter Social Engineer seinen Gegner niemals unterschätzen.

DUMPSTER DIVING

Dumpster Diving[1] ist ein Ausdruck, der beschreibt, wie jemand die Mülltonne einer Zielperson auf der Suche nach wertvollen Informationen durchwühlt. Es ist erstaunlich, wie viel man dadurch über die Zielperson erfahren kann.

Die meisten Leute denken nicht groß darüber nach, was sie zu Hause alles so wegwerfen: Telefonrechnungen, Kreditkartenauszüge, Waschzettel von Medikamenten, Kontoauszüge, Unterlagen von der Arbeit etc.

---

1. Wörtlich: Mülltonnentauchen

Bei der Arbeit müssen alle Mitarbeiter darauf aufmerksam gemacht werden, dass Fremde tatsächlich den Müll durchwühlen könnten, um für sie vorteilhafte Informationen zu finden.

Als ich auf der Highschool war, habe ich gewöhnlich hinter den Gebäuden der Telefongesellschaft in den Mülltonnen herumgesucht – oft allein, aber auch gelegentlich mit Freunden, die ebenfalls mehr über die Telefongesellschaft herausfinden wollten. Wenn man erst mal ein erfahrener Dumpster Diver ist, hat man ein paar Tricks drauf. Man gibt sich zum Beispiel besondere Mühe, die Beutel aus den Damentoiletten zu vermeiden und trägt generell Handschuhe.

Dumpster Diving macht keinen großen Spaß, aber es lohnt sich sehr oft. Man kommt an interne Firmentelefonverzeichnisse, Computerhandbücher, Mitarbeiterlisten, ausrangierte Ausdrucke mit der Programmierung von Schaltanlagen und vieles mehr – alles zum Mitnehmen.

Ich habe meine Besuche auf die Tage gelegt, an denen die neuen Handbücher herausgegeben werden, weil sich dann abends in den Mülltonnen bestimmt viele der alten finden ließen, die einfach gedankenlos fortgeworfen wurden. Und zu anderen Zeiten tauchte ich dort unregelmäßig auf – immer auf der Suche nach Notizen, Briefen, Berichten usw., aus denen ich dann vielleicht interessante Infos ableiten konnte.

Beim Ankommen habe ich erst mal ein paar Pappkartons beiseite gelegt, falls mich jemand danach fragt, was ich hier zu suchen haben. Das passierte gelegentlich, und ich konnte dann antworten, dass ein Freund von mir Kartons zum Umziehen braucht. Den Wachen ist nie aufgefallen, wie viele Dokumente in den Kartons lagen, die ich mit nach Hause nehmen wollte. Manchmal wurde ich fortgejagt, und dann bin ich einfach zum Gebäude der nächsten Telefongesellschaft gegangen.

Jargon

Dumpster Diving Das Durchwühlen von Abfall einer Firma (oft in Mülltonnen, die außerhalb der Gebäude leicht zugänglich sind), um ausrangierte Informationen zu finden, die entweder selbst von Wert sind oder die man als Werkzeug bei einem Social Engineering-Angriff einsetzen kann – wie z.B. interne Nummern oder die Namen von Schlüsselpersonen.

Ich habe keine Ahnung, wie es heute ist, aber damals konnte man ziemlich leicht erkennen, welche Beutel interessant sind. Der Cafeteria-Abfall und das Aufgefegte lagen lose in großen Beuteln, während die Büropapierkörbe alle mit weißen Müllbeuteln ausgekleidet waren, die von den Reinigungskräften einzeln herausgenommen und mit einem Band zugebunden wurden.

Einmal, als ich mit einigen Freunden mal wieder am Suchen war, fanden wir einige Stücke Papier, die von Hand zerrissen worden waren. Und nicht einfach nur durchgerissen, sondern es hatte sich jemand die Mühe gemacht, alles in kleinste Stücke zu zerreißen und sie dann in einen einzigen großen Beutel zu stopfen. Wir nahmen den Beutel mit zu einem Donut-Shop um die Ecke, kippten die Stücke auf den Tisch und setzten so nach und nach alles zusammen.

Wir alle liebten Puzzles, und dies hier war eine prächtige Herausforderung: ein riesiges Puzzle ... aber die Belohnung war mehr als nur ein Bonbon. Als wir fertig waren, hielten wir eine Liste mit allen Benutzernamen und Passwörtern für eine der wichtigsten Computersysteme der Firma in den Händen!

Ob unsere Heldentaten beim Dumpster Diving die Mühe und das Risiko wert waren? Darauf können Sie Gift nehmen! Und noch mehr, als Sie glauben, denn das Risiko ging gegen null. Es stimmte damals und heute immer noch: Solange Sie nichts unbefugt betreten, ist das Durchwühlen von anderer Leute Müll hundertprozentig legal.

Natürlich stecken nicht nur Phone Phreaks und Hacker ihre Köpfe in die Mülltonnen. Im ganzen Land wühlen Gesetzeshüter regelmäßig durch die Abfalleimer, und vom kleinen Steuerbetrüger bis zum Mafia-Paten sind eine ganze Reihe Leute verurteilt worden, weil sie teilweise von belastendem Material aus ihrem Müll zur Strecke gebracht wurden. Spionagedienste (auch unser eigener) haben über Jahre immer wieder zu dieser Methode Zuflucht genommen.

Diese Taktik ist vielleicht eines James Bond nicht würdig – Kinobesucher wollen lieber, dass er den Schurken überlistet und die Schönheit verführt, als dass er knietief im Abfall steht. Spione aus dem wirklichen Leben sind weniger zimperlich, wenn sich etwas Wertvolles unter Bananenschalen und Filtertüten verbergen könnte. Insbesondere wenn sie sich bei diesem Sammeln von Informationen nicht in Gefahr begeben müssen.

Müll gegen Moneten

Auch manche Firmen spielen in der Abfall-Liga mit. Die Zeitungen hatten ihren großen Tag im Juni 2000, als sie darüber berichten konnten, dass Oracle Corporation (dessen Vorstandsvorsitzender Larry Ellison wahrscheinlich der größte erklärte Erzfeind von Microsoft ist) eine Detektei angeheuert hat, die auf frischer Tat ertappt wurde. Es schien so, also wollten die Privatdetektive an den Müll der Microsoft-nahen Gesellschaft ACT kommen, aber nicht das Risiko eingehen, erwischt zu werden. Nach Presseberichten hat eine Detektivin dieser privaten Agentur dem Hausmeister 60 Dollar für den Müll von

ACT angeboten. Das hat er abgelehnt. Am nächsten Abend ist sie wieder erschienen und hat das Angebot auf 500 Dollar für die Reinigungskräfte und 200 Dollar für ihren Chef erhöht.

Das wurde auch abgelehnt, aber es hatte eine Anzeige zur Folge.

Der führende Online-Journalist Declan McCullah machte eine Anspielung auf die Literatur und nannte seine Story in *Wired News* über diese Episode „'Twas Oracle That Spied on MS." Die Zeitschrift *Time* brachte es bei Oracles Ellison auf den Punkt, indem sie ihren Artikel einfach „Peeping Larry" überschrieben.

Trickanalyse

Aufgrund meiner eigenen Erfahrungen und denen von Oracle fragen Sie sich vielleicht, warum jemand es riskiert, anderer Leute Müll zu klauen.

Die Antwort lautet meiner Meinung nach, weil das Risiko gleich Null ist und der Nutzen immens sein kann. Okay, vielleicht erhöht der Versuch, den Hausmeister zu bestechen, die Möglichkeit negativer Konsequenzen, aber alle, denen es nichts ausmacht, sich die Finger schmutzig zu machen, brauchen keine Bestechungsgelder.

Für einen Social Engineer hat Dumpster Diving seine Vorzüge. Er kann genug Infos bekommen, um sich seinen Angriff gegen die Zielfirma genau zu überlegen, indem er Daten aus Notizen, Agenden, Briefen u.ä. entnimmt, die Namen, Abteilungen, Titel, Durchwahlen und Projektaufträge enthüllen können. Ein Abfallhaufen kann einem die Organisationsskizze eines Unternehmens, Daten über die Firmenstruktur, Reisepläne und so weiter liefern. Alle diese Details erscheinen einem Insider trivial, aber einem Angreifer können diese Angaben höchst wertvoll sein.

Mark Joseph Edwards schreibt in seinem Buch *Internet Security with Windows NT* von „ganzen Berichten, die wegen Tippfehlern entsorgt wurden, auf Papierfetzen gekritzelte Passwörter, Abwesenheitsnotizen mit Telefonnummern, ganze Aktenordner vollständig mit Dokumenten, Disketten und Bänder, die weder gelöscht noch unbrauchbar gemacht wurden – alles das kann einem potentiellen Eindringling helfen."

Der Autor fährt mit der Frage fort: „Und was sind das für Leute in Ihrer Reinigungskolonne? Sie haben festgelegt, dass diese Kolonne nicht [die Erlaubnis zum] Zugang zum Computerraum erhält, aber vergessen Sie nicht die anderen Papierkörbe. Wenn Bundesbehörden es für notwendig erachten, bei Leuten, die Zugang zu ihren Mülleimern und Schreddern haben, die Vorgeschichte zu untersuchen, sollten Sie das ebenso machen."

Der Feind kann Ihren Müll zu Moneten machen. Wir denken wenig darüber nach, wie wir privat den Abfall entsorgen, warum sollten wir also davon ausgehen, dass Leute am Arbeitsplatz plötzlich eine andere Einstellung dazu haben? Alles läuft darauf hinaus, die Mitarbeiterschaft über die Gefahren (skrupellose Personen graben im Müll nach wertvollen Daten) und die Verwundbarkeit (heikle Informationen werden nicht angemessen gelöscht oder geschreddert) zu informieren.

DER BESCHÄMTE BOSS

Niemand hat sich etwas dabei gedacht, als Harlan Fortis am Montag morgen wie gewöhnlich zur Autobahn-Straßenmeisterei kam und sagte, er habe in der Eile heute morgen seine Kennkarte vergessen. Die Frau vom Wachdienst hatte Harlan in den zwei Jahren, die sie dort beschäftigt war, jeden Werktag kommen und gehen sehen. Sie ließ ihn eine temporäre Kennkarte unterschreiben, überreichte sie ihm, und er ging seiner Wege.

Erst zwei Tage später brach die Hölle los. Die Geschichte verbreitete sich wie ein Lauffeuer in der gesamten Abteilung. Die einen meinten, das könne einfach nicht wahr sein. Die anderen wussten nicht, ob sie lachen oder weinen oder den armen Kerl einfach bemitleiden sollten.

Immerhin war George Adamson ein freundlicher und mitfühlender Mann, der beste Chef, den diese Abteilung bisher gehabt hat. Diese Geschichte hatte er einfach nicht verdient. Vorausgesetzt natürlich, dass das alles tatsächlich wahr ist.

Der Ärger hatte angefangen, als George am späten Freitagnachmittag Harlan in sein Büro gebeten und ihm so freundlich wie möglich mitgeteilt hatte, dass sich Harlan am kommenden Montag bei einer neuen Arbeit melden solle. In der Abteilung für sanitäre Einrichtungen. Für Harlan war das kein Rausschmiss. Es war schlimmer – das war eine Demütigung. Das wollte er nicht einfach so hinnehmen.

Er setzte sich an diesem Abend auf seine Veranda und schaute dem Feierabendverkehr zu. Schließlich entdeckte er den Jungen aus der Nachbarschaft namens David, den alle das „War Games Kid" nannten. David fuhr auf seinem Moped von der Highschool heim. Er hielt David an, gab ihm ein Red Bull, das er extra für diese Gelegenheit gekauft hatte, und bot ihm einen Deal an: das neueste Videogame-Gerät und sechs Spiele dazu für ein wenig Hilfe am PC und das Versprechen, den Mund zu halten.

Nachdem Harlan sein Vorhaben erläutert hatte, ohne kompromittierende Details zu verraten, willigte David ein. Er beschrieb, was er von Harlan brauchte. Er sollte ein Modem kaufen, ins Büro gehen, einen PC neben einer freien Telefonanschlußdose finden und das Modem anschließen. Das Modem sollte unter dem Tisch liegen, wo keiner es entdecken kann. Dann kam der riskante Teil. Harlan musste sich an den Computer setzen, eine Software für einen Fernzugang installieren und alles ans Laufen kriegen. Jeden Moment hätte der Kollege, der in diesem Büro arbeitet, auftauchen können, oder jemand wäre vorbeigekommen und hätte ihn in einem fremden Büro werkeln sehen. Er war so aufgeregt, dass er kaum die Instruktionen lesen konnte, die der Junge ihm aufgeschrieben hatte. Aber er hatte es hingekriegt und verschwand unbemerkt aus dem Gebäude.

Die Bombe wird scharf gemacht

Nach dem Abendessen kam David rüber. Die beiden setzten sich an Harlans Computer, und nach einigen Minuten hatte sich der Junge über das Modem eingewählt, den Zugang erlangt und die Maschine von George Adamson erreicht. Keine große Sache, weil George nie Zeit für Vorsichtsmaßnahmen wie regelmäßig geänderte Passwörter gefunden hatte und dauernd andere Leute darum bat, ihm dies herunterzuladen oder jene Datei per Email zu verschicken. Bald kannte jeder im Büro sein Passwort.

Nach ein wenig Schnüffelei fanden sie eine Datei mit dem Namen BudgetFolien2002.ppt, die der Junge auf Harlans Rechner herunterlud. Harlan schickte ihn dann mit der Bitte nach Hause, in ein paar Stunden wiederzukommen.

Als David wieder auftauchte, sagte Harlan zu ihm, er solle sich wieder mit dem Computersystem der Straßenmeisterei verbinden und die selbe Datei dort abspeichern, wo er sie gefunden hatte, und somit die frühere Version überschreiben. Harlan zeigte David das Videospielgerät und versprach, dass er es gleich morgen bekäme, wenn alles geklappt hat.

Eine Überraschung für George

Man würde nicht annehmen, dass so etwas Trockenes wie Etatverhandlungen andere besonders interessieren könnte, aber der Versammlungssaal im Rathaus war vollgestopft mit Reportern, den Abgesandten von Interessensgruppen, vielen Bürgern und sogar zwei Fernsehteams.

George hatte stets das Gefühl, dass für ihn bei diesen Sitzungen einiges auf dem Spiel stand. Die Ratsversammlung hielt den Daumen auf dem Budget, und wenn George keine überzeugende Präsentation hinlegen konnte, würde das Budget der Straßenmeisterei drastisch gekürzt. Dann gäbe es Klagen über Schlaglöcher, falsche Ampelschaltungen und gefährliche Kreuzungen, er würde dafür verantwortlich gemacht, und das Leben im folgenden Jahr wäre ziemlich schrecklich. Aber als er an diesem Abend vorgestellt wurde, stand er zuversichtlich auf. Er hatte sechs Wochen an dieser Präsentation und der Visualisierung mittels PowerPoint gearbeitet. Dann hatte er es seiner Frau, den Kollegen aus den oberen Rängen und einigen geschätzten Freunden vorgestellt. Alle waren der Überzeugung, dass es seine bisher beste Präsentation war.

Die ersten drei PowerPoint-Folien liefen richtig gut. Zur Abwechslung passten alle Ratsmitglieder mal auf. Er stellte seine Punkte überzeugend und effektiv dar.

Und dann lief plötzlich alles schief. Das vierte Bild sollte eigentlich ein wunderschönes Foto einer im letzten Jahr freigegebenen Autobahnzufahrt bei Sonnenuntergang sein. Aber da kam etwas völlig anderes, etwas sehr Peinliches. Ein Foto aus einer Zeitschrift wie *Penthouse* oder *Hustler*. Er konnte die Unruhe in Publikum hören, als er blitzschnell auf die Taste seines Laptops drückte, um das nächste Bild aufzurufen.

Dies war noch schlimmer. Nichts blieb der Fantasie überlassen.

Er versuchte immer noch, die nächsten Bilder aufzurufen, als jemand den Stecker für den Projektor herauszog, während der Vorsitzende laut mit seinem Hämmerchen klopfte und über den Lärm hinweg rief, dass diese Sitzung vertagt sei.

Trickanalyse

Ein verärgerter Angestellter macht sich die Fachkenntnisse eines jugendlichen Hackers zu eigen und verschafft sich den Zugang zum Computer seines Abteilungschefs, lädt eine wichtige PowerPoint-Präsentation herunter und ersetzt einige der Folien mit Bildern, bei denen man sich peinlicher Reaktionen gewiss sein kann. Dann legt er die Präsentation wieder zurück auf den Computer des Chefs.

Weil das Modem in eine Telefondose eingesteckt und mit einem der dortigen Bürocomputer verbunden war, konnte der junge Hacker sich von außen einwählen. Der Junge hatte im Vorfeld schon die Fernzugangssoftware einrichten lassen, so dass er bei bestehender Verbindung mit diesem Computer den vollständigen Zugang zu allen Dateien auf dem ganzen System hatte. Weil der Computer mit dem Netzwerk des Unternehmens verbunden war und er den Benutzernamen und das Passwort des Chefs schon kannte, war es für ihn ein Leichtes, Zugriff auf die Daten des Chefs zu erlangen.

Der gesamte Aufwand hatte inklusive der Zeit, die Bilder aus den Zeitschriften einzuscannen, nur wenige Stunden benötigt. Der Schaden im Ansehen eines ehrbaren Mannes übertraf jegliche Vorstellung.

Mitnick Spot

Die große Mehrheit aller Angestellten, die umgesetzt, gefeuert oder bei Betriebskürzungen entlassen werden, verursachen keine Probleme. Aber es braucht nur einen einzigen, und das Unternehmen erkennt zu spät, welche Schritte man hätte einleiten müssen, um eine Katastrophe zu verhindern.

Erfahrungen und Statistiken zeigen sehr deutlich auf, dass für ein Unternehmen die größte Bedrohung von Insidern ausgeht. Es sind die Insider mit den intimen Kenntnissen, die wissen, wo sich die wertvollen Informationen befinden und wo man das Unternehmen am besten treffen kann, um den größten Schaden anzurichten.

EINE EMPFEHLUNG ZUR BEFÖRDERUNG

An einem schönen Herbsttag betrat kurz vor Mittag Peter Milton den Eingangsbereich der Büros von Honorable Auto Parts in Denver, einem Großhändler für Automobilteile. Er wartete am Empfangsschalter, bis die junge Dame einen Besucher eingetragen, einem Anrufer eine Wegbeschreibung gegeben und das Paket eines UPS-Boten entgegengenommen hatte – alles mehr oder weniger gleichzeitig.

„Wie haben Sie bloß gelernt, so viele Sachen auf einmal zu schaffen?" fragte Pete, als sie endlich Zeit hatte, sich um ihn zu kümmern. Sie lächelte, offensichtlich zufrieden, dass er es bemerkt hatte. Er sei von der Marketingabteilung aus der Niederlassung in Dallas, erzählte er ihr, und fuhr dann fort, dass Mike Talbot von der Verkaufsabteilung für Atlanta sich mit ihm treffen werde. „Wir müssen heute Nachmittag einen Kunden besuchen", erklärte er ihr. „Ich warte einfach hier in der Lobby."

„Marketing." Sie sprach das Wort fast sehnsüchtig aus, und Pete lächelte sie an, erwartungsvoll, was nun kommen mochte. „Wenn ich zum College gehen könnte, würde ich mich da einschreiben", sagte sie. „Ich würde schrecklich gerne im Marketing arbeiten."

Er lächelte wieder: „Kaila", sagte er, als er ihren Namen vom Schild auf der Theke gelesen hatte, „in unserem Büro in Dallas haben wir eine Dame, die mal Sekretärin gewesen ist. Sie hat sich bis zum Marketing hochgearbeitet. Das war vor drei Jahren, heute ist die Assistentin des Marketing-Managers und verdient doppelt soviel wie vorher."

Kaila schaute ungläubig drein. Er fuhr fort: „Können Sie mit Computern umgehen?"

„Klar", erwiderte sie.

„Wie fänden Sie es, wenn ich Sie für eine Stelle als Sekretärin beim Marketing vorschlage?"

Sie strahlte. „Dafür würde ich sogar nach Dallas umziehen."

„Sie werden Dallas lieben", sagte er. „Ich kann Ihnen hier keine offene Stelle versprechen, aber ich werde sehen, was sich machen lässt."

Sie hoffte, dass dieser nette Mann im Anzug und mit dem gutgeschnittenen Haar vielleicht für einen großen Wechsel in ihrer beruflichen Zukunft sorgen könnte.

Pete setzte sich auf die andere Seite der Lobby, öffnete seinen Laptop und begann zu arbeiten. Nach etwa zehn oder fünfzehn Minuten kehrte er an den Schalter zurück: „Hören Sie", sagte er, „sieht so aus, als ob Mike aufgehalten worden ist. Gibt es hier einen Besprechungsraum, wo ich mal kurz meine Emails checken kann, während ich warte?"

Kaila sprach mit dem Mann, der die Nutzung der Konferenzräume einteilte, und arrangierte es, dass Pete einen momentan nicht gebuchten Raum nutzen konnte. Dem Vorbild einiger Unternehmen in Silicon Valley folgend (Apple war wahrscheinlich das erste, das dies getan hatte) waren einige der Konferenzräume nach Trickfilmfiguren benannt, andere nach Restaurantketten, Filmstars oder Comic-Helden. Er sollte sich nach dem „Minnie Mouse"-Raum umschauen. Er trug sich bei ihr ein, und sie zeigte ihm, wie er Minnie Mouse finden konnte.

Er fand den Raum, machte es sich dort bequem und verband seinen Laptop mit dem Ethernet-Port.

Na, ist der Groschen bei Ihnen gefallen?

Richtig – der Eindringling hat sich mit dem Netzwerk *hinter der Firewall des Unternehmens* verbunden!

Anthonys Geschichte

Ich glaube, als Geschäftsmann könnte man Anthony Lake faul nennen. Oder vielleicht ist „falsch" zutreffender.

Anstatt für andere Leute zu knechten, hatte er sich entschieden, nur für sich selbst zu arbeiten. Er wollte einen Laden eröffnen, wo er den ganzen Tag bleiben konnte und nicht im ganzen Land herumreisen musste. Er wusste nur eines: dass es ein Geschäft sein sollte, bei dem er so sicher wie möglich viel Geld verdienen konnte.

Was für eine Art Laden? Er brauchte nicht lange, bis er das für sich klar hatte. Er kannte sich bei Autoreparaturen aus, also musste es der Handel mit Autoteilen sein.

Und wie baut man einen garantierten Erfolg ein? Die Antwort traf ihn wie ein Blitz: Er musste nur den Großhändler Honorable Auto Parts überreden, dass dieser ihm alle benötigten Waren auf dessen Kosten verkauft.

Natürlich wäre er dazu nicht freiwillig bereit. Aber Anthony wusste, wie man Leute reinlegt, sein Freund Mickey kannte sich damit aus, in fremder Leute Rechner einzubrechen, und gemeinsam heckten sie einen cleveren Plan aus.

An diesem herbstlichen Tag ging er überzeugend als Angestellter Peter Milton durch, und er hatte sich seinen Weg in die Geschäftsräume von Honorable Auto Parts geflunkert und sogar seinen Laptop schon in ihr Netzwerk eingeklinkt. So weit, so gut, aber das war nur der erste Schritt. Was vor ihm lag, war nicht gerade einfach, insbesondere weil Anthony sich selbst ein Zeitlimit von 15 Minuten gesetzt hatte – nicht mehr, sonst war seiner Meinung nach das Risiko einer Entdeckung einfach zu hoch.

Bei einem vorangegangenen Telefonat, bei dem er sich als Kundendienstler ihres Computer-Lieferanten ausgegeben hatte, hatte er eine plausible, aber frei erfundene Geschichte erzählt. „Ihr Unternehmen hat einen Kundendienst-Rahmenvertrag über zwei Jahre abgeschlossen, und wir werden Sie jetzt in die Datenbank eintragen, damit wir Sie informieren können, wenn bei einem Ihrer Softwareprogramme ein Patch oder ein Update erscheint. Ich möchte Sie also bitten, mir zu sagen, mit welchen Anwendungen Sie arbeiten." Als Antwort erhielt er eine Liste mit Programmen, und ein befreundeter Buchhalter identifizierte eine Applikation namens MAS 90 als das Ziel – das Programm, in dem die Liste von Händlern und die Rabatt- und Zahlungsbedingungen eines jeden Lieferanten zu finden sei.

Mitnick
Spot

Trainieren Sie Ihre Leute darin, nicht nach dem äußeren Anschein zu urteilen – nur weil jemand gut gekleidet und anständig frisiert ist, sollte man nicht von seiner Glaubwürdigkeit ausgehen.

Mit diesem Schlüsselwissen benutzte er als Nächstes ein Softwareprogramm, um alle arbeitenden Hosts im Netzwerk zu identifizieren, und es dauerte nicht lange, bis er den richtigen Server gefunden hatte, der vom Rechnungs- und Finanzwesen genutzt wird. Aus dem Arsenal von Cracker-Tools auf seinem Laptop ließ er ein Programm los, um alle autorisierten User auf dem Zielserver zu identifizieren. Mit einem anderen ließ er dann eine Liste von weit verbreiteten Passwörtern wie „blank" oder „passwort" selbst durchlaufen. „passwort" funktionierte. Kein Wunder. Den Leuten geht jegliche Kreativität ab, wenn es um die Auswahl von Passwörtern geht.

Erst sechs Minuten um, und das Spiel war schon halb vorbei. Er war drin!

In weiteren drei Minuten fügte er sehr sorgfältig den Namen und die Adresse seiner neuen Firma sowie Telefonnummer und Kontaktperson der

Liste der Kunden hinzu. Und dann der wichtigste Eintrag, der den entscheidenden Unterschied darstellte: Der Eintrag, der besagte, dass alle Waren beim Verkauf an ihn 1 Prozent über den Kosten für Honorable Auto Parts liegen sollten.

In knapp zehn Minuten war alles geschehen. Er stoppte lange genug, um sich bei Kaila zu bedanken, dass er seine Emails hatte abrufen dürfen. Und auch Mike Talbot hatte er erreicht, alles sei umgeworfen worden, er müsse nun zu einer Besprechung im Büro eines Kunden. Und er werde auch nicht vergessen, sie für den Job beim Marketing zu empfehlen!

Trickanalyse

Der Eindringling, der sich Peter Milton nannte, hat zwei subversive psychologische Techniken eingesetzt – eine vorsätzlich geplant, die andere Hals über Kopf improvisiert.

Er hatte sich wie ein gut verdienender Mitarbeiter aus dem Management gekleidet. Schlips und Anzug, Haar sorgfältig gestylt – das mögen kleine Details sein, aber sie schinden Eindruck. Unbeabsichtigt habe ich das selbst erfahren. In der kurzen Zeit als Programmierer bei GTE California – eine große, nicht mehr existierende Telefongesellschaft – habe ich entdeckt, wenn ich an einem Tag ohne Kennkarte, sauber, aber sportlich gekleidet – T-Shirt, Jeans und Dockers – erschien, wurde ich angehalten und befragt. Zeigen Sie bitte Ihre Kennkarte, wer sind Sie, wo arbeiten Sie? An anderen Tagen kam ich schon wieder ohne Kennkarte, aber mit Schlips und Kragen und sah sehr geschäftsmäßig aus. Ich habe eine Variation der alten Huckepack-Technik benutzt und mich unter eine Gruppe von Leuten gemischt, die in das Gebäude kamen oder einen gesicherten Eingang benutzten. Ich hänge mich an einige Leute, die auf den Haupteingang zugingen, und schlüpfte mit ihnen hinein, während ich mit ihnen plauderte, als wäre ich einer von ihnen. Ich ging vorbei, und auch wenn die Sicherheitsleute bemerkt hätten, dass ich keine Kennkarte trug, hätten sie mich nicht belästigt, weil ich schwer nach Management aussah und mit Leuten *mit* Kennkarten unterwegs war.

Aus dieser Erfahrung konnte ich ableiten, wie berechenbar das Verhalten des Wachpersonals ist. Wie wir alle lassen sie sich bei ihren Beurteilungen von der äußeren Erscheinung leiten – ein ernsthafter Schwachpunkt, den sich Social Engineers stets zunutze machen.

Die zweite psychologische Waffe des Angreifers kam ins Spiel, als er die ungewöhnlichen Bemühungen der Dame am Empfangsschalter bemerkte. Obwohl sie mehrere Dinge auf einmal abwickelte, war sie nicht ungeduldig, sondern schaffte es, dass alle das Gefühl hatten, sie hätten ihre volle Aufmerksamkeit. Er interpretierte dies als Merkmal von jemandem, der sich bewähren und weiterkommen wollte. Und als er dann behauptete, er arbeite für die Marketingabteilung, achtete er genau auf ihre Reaktion, ob es Hinweise dafür gab, dass er eine Beziehung zu ihr aufbauen konnte. Und das traf zu! Für den Angreifer führte das dazu, dass er sie durch das Versprechen manipulieren konnte, sie für einen besseren Job zu empfehlen. (Wenn sie angegeben hätte, sie wolle in die Buchhaltung, hätte er natürlich behauptet, dass er dort auf jeden Fall seine Beziehungen für sie spielen lassen könnte.)

Angreifer setzen ebenfalls eine andere psychologische Waffe ein, wie man in dieser Geschichte erkennen kann: der Aufbau von Vertrauen über eine zweistufige Attacke. Er plauderte scheinbar ohne Hintergedanken über den Job im Marketing, und dann führte er scheinbar zufällig auch per „Name Dropping" (den Namen eines anderen Mitarbeiters beiläufig fallen lassen) eine reale Person ein, so wie der Name, den er selbst führte, der Name eines echten Mitarbeiters war.

Er hätte dem Eingangsgespräch auch gleich die Bitte folgen lassen können, ob er einen Besprechungsraum benutzen dürfe. Aber statt dessen setzte er sich eine Zeitlang hin und tat so, als arbeite er, offenbar bis sein Geschäftspartner kommt. Das ist eine weitere Art, jeden möglichen Verdacht zu zerstreuen, weil ein Angreifer sich bestimmt nicht einfach dort hinsetzen wird. Er hielt sich trotzdem nicht besonders lange dort auf – ein Social Engineer weiß, dass man am Tatort nicht länger als unbedingt nötig verweilen sollte.

Nur fürs Protokoll: Anthony hatte nach den Buchstaben des Gesetzes zu der Zeit, in der ich schreibe, kein Gesetz gebrochen, als er die Lobby betrat. Er hatte kein Gesetz missachtet, als er den Namen des echten Angestellten benutzte. Er hatte keine kriminelle Tat begangen, als er darum bat, den Besprechungsraum benutzen zu dürfen. Es stellte kein Verbrechen dar, dass er sich mit dem Unternehmensnetzwerk verbunden und nach dem Zielcomputer gesucht hatte.

Erst, als er tatsächlich in das Computersystem eingedrungen war, hatte er ein Verbrechen begangen.

Mitnick
Spot

Wenn man einen Fremden in einen Bereich eintreten lässt, in dem er einen Laptop in das Firmennetzwerk einklinken kann, erhöht dies das Risiko eines Sicherheitsvorfalls. Es ist völlig nachvollziehbar, wenn ein Angestellter, insbesondere ein Kollege von außerhalb, in einem Besprechungsraum seine Emails checken will. Bis sich aber der Besucher als ein vertrauenswürdiger Angestellter erwiesen hat oder das Netzwerk segmentiert eingerichtet ist, um nichtautorisierte Verbindungen zu verhindern, kann sich dies als die Schwachstelle erweisen, über die Dateien der Firma kompromittiert werden können.

EIN KIEBITZ BEI KEVIN

Vor vielen Jahren, als ich in einem kleinen Betrieb arbeitete, fiel mir auf, dass jedes Mal, wenn ich in das Büro kam, das ich mir mit den drei anderen Computerleuten teilte, aus denen die IT-Abteilung bestand, dieser eine Kerl (den ich hier Joe nennen will) schnell seinen Bildschirm auf ein anderes Fenster umschaltete. Ich hielt das sofort für schwer verdächtig. Als das noch zweimal am gleichen Tag passierte, war mir klar, dass hier etwas ablief, von dem ich mehr wissen sollte. Was führte dieser Kerl im Schilde, was er mir nicht zeigen wollte?

Joes Computer fungierte als Terminal für den Zugang zu den Minicomputern der Firma, also installierte ich ein Überwachungsprogramm auf dem VAX-Minicomputer, das es mir erlaubte, seine Aktionen auszuspionieren. Über dieses Programm konnte ich genau sehen, was er auf seinem Bildschirm betrachtete, als ob ihm eine Fernsehkamera über die Schulter schaute.

Mein Tisch stand neben dem von Joe. Ich drehte meinen Monitor, so weit ich konnte, um seinem Blick auszuweichen, aber er hätte jeden Moment herüberschauen und erkennen können, dass ich ihn bespitzele. Kein Problem, weil er viel zu sehr mit seiner Aktion beschäftigt war.

Was ich sah, ließ mir die Kinnlade herunterfallen. Ich beobachtete, völlig fasziniert, wie der Dreckskerl *meine* Gehaltsdaten aufrief. Er schaute sich meinen Gehaltsbogen an!

Ich war damals erst ein paar Monate bei dem Unternehmen, und ich nahm an, dass Joe die Vorstellung nicht ertrug, dass ich mehr Geld verdiente als er.

Einige Minuten später sah ich, dass er sich Hacker-Tools herunterlud, die von weniger erfahrenen Hackern benutzt werden, die nicht genug Ahnung vom Programmieren haben, um diese Tools selbst herzustellen. Also hatte Joe überhaupt keine Ahnung, dass einer der erfahrensten Hacker von Amerika direkt neben ihm saß. Ich fand das zum Schreien!

Er hatte mittlerweile die Daten über mein Gehalt, also war es zu spät, um ihn aufzuhalten. Nebenbei bemerkt kann jeder Angestellte mit einem Computerzugang zum IRS[1] oder der Sozialversicherungsbehörde Gehälter einsehen. Ich wollte mich nicht unabsichtlich verraten, indem ich ihn wissen ließ, dass ich seine Aktivitäten bemerkt hatte. Mein Hauptziel zu jener Zeit war, mich im Hintergrund zu halten, und ein guter Social Engineer posaunt seine Fähigkeiten und Kenntnisse nicht heraus. Die Leute sollen einen eher unterschätzen, als dass sie einen als Bedrohung ansehen.

Kapitel 10

---

1. *Internal Revenue Service* – Amerikanische Steuerbehörde

Also ließ ich es ihm durchgehen und lachte für mich selbst darüber, dass Joe meinte, er habe ein Geheimnis über mich herausgefunden, obwohl es genau andersherum war: Ich hatte die Oberhand, weil ich wusste, wonach er gesucht hat.

Nach kurzer Zeit hatte ich heraus, dass alle meine drei Kollegen aus der IT-Gruppe ihren Spaß daran hatten, das Gehalt dieser süßen Sekretärin oder (für das Mädchen in der Gruppe) jenes netten jungen Mannes nachzuschlagen. Und sie fanden alle Gehälter und Zulagen aller Firmenmitarbeiter heraus, die sie interessierten, inklusive des Vorstandes.

Trickanalyse

Diese Geschichte illustriert ein interessantes Problem. Die Leute, die verantwortlich waren für die Wartung der Computersysteme in der Firma, hatten Zugang zu den Lohnabrechnungsdateien. Also läuft alles auf das persönliche Problem hinaus zu entscheiden, wem man vertrauen kann. In manchen Fällen findet es das IT-Team unwiderstehlich, ein wenig herumzuschnüffeln. Und dazu sind sie auch in der Lage, weil ihre Privilegien es ihnen erlauben, die Zugangskontrollen zu diesen Dateien zu umgehen.

Eine Schutzmaßnahme kann sein, jeglichen Zugang zu besonders heiklen Dateien wie denen der Lohnabrechnung zu überwachen. Natürlich kann jeder mit den erforderlichen Privilegien die Überwachung deaktivieren oder möglicherweise alle Einträge löschen, die auf ihn hinweisen könnte, aber für den skrupellosen Angestellten braucht jede zusätzliche Hürde mehr Aufwand, das Tun zu verstecken.

SCHUTZMASSNAHMEN

Vom Durchwühlen des Abfalls bis zum Täuschen des Wachpersonals oder der Empfangssekretärin können Social Engineer in Ihr Unternehmen physisch eindringen. Aber Sie werden froh sein, dass Sie sich davor mit folgenden Präventivmaßnahmen bewahren können.

Schutz nach Feierabend

Alle Angestellten, die ohne ihre Kennkarte zur Arbeit kommen, sollten sich beim Empfangsschalter oder dem Sicherheitsbüro melden müssen, um eine nur für diesen Tag gültige Kennkarte zu erhalten. Der Vorfall in der ersten Geschichte dieses Kapitels wäre völlig anders ausgegangen, wenn das Wachpersonal des Unternehmens besondere Vorschriften hätte befolgen müssen für den Fall, dass sie jemanden ohne die erforderliche Angestelltenkennkarte antreffen.

Für Unternehmen oder Bereiche innerhalb einer Firma, in denen die Sicherheit nicht besonders hoch sein muss, mag es nicht so wichtig sein, auf dem sichtbaren Tragen einer Kennkarte zu bestehen. Aber in Unternehmen mit heiklen Bereichen sollte es eine grundlegende Anforderung sein, die ausnahmslos durchgesetzt wird. Alle Angestellten sollten ausgebildet und dazu motiviert werden, jede Person anzusprechen, die keine Kennkarte sichtbar trägt, und höhergestellten Mitarbeitern muss beigebracht werden, dass sie diese Anfrage akzeptieren, ohne die Personen, die sie anhalten, dafür in peinliche Situationen zu bringen.

Unternehmensrichtlinien sollten die Angestellten auf die Konsequenzen für diejenigen aufmerksam machen, die dauerhaft ihre persönliche Kennkarte nicht bei sich führen. Das könnte bedeuten, diese Mitarbeiter für den heutigen Tag ohne Vergütung wieder nach Hause zu schicken oder einen Eintrag in die Personalakte vorzunehmen. Einige Firmen haben eine Folge von sich steigernden Sanktionen eingeführt, wozu eine Meldung an den Vorgesetzten und schließlich eine Abmahnung gehören kann.

Falls es sensible Informationen zu schützen gilt, kann die Firma zusätzlich Prozeduren zur Autorisierung von Personen einführen, die nach Geschäftsschluss aufs Gelände oder in die Büros müssen. Eine Lösung könnte sein, dass man sich mit dem Sicherheitspersonal des Unternehmens oder einer anderen festgelegten Gruppe absprechen muss. Diese Gruppe könnte routinemäßig die Identität eines bei der Firma angestellten Anrufers verifizieren, der einen Besuch nach Dienstschluss durchführen will, indem der Vorgesetzte dieser Person zurückgerufen oder anderweitig eine vernünftige und sichere Methode eingesetzt wird.

Angemessener Umgang mit Abfall

Aus der Geschichte mit dem Dumpster Diving können Sie entnehmen, wie man mit Firmenabfall umgehen sollte. Die acht Goldenen Regeln zum Umgang mit Müll:

- Klassifizieren Sie alle sensiblen Informationen aufgrund des Vertraulichkeitsgrades.

- Führen Sie unternehmensweite Prozeduren für die Entsorgung sensibler Informationen ein.

- Bestehen Sie darauf, dass alle zu entsorgenden Informationen zuerst geschreddert werden müssen, und kümmern Sie sich um einen sicheren Weg zur Entsorgung aller wichtigen Informationen, die sich auf fürs Schreddern zu kleinem Papier befinden. Als Schredder sollten keine Billiggeräte verwendet werden, deren Papierschnipsel ein entschlossener Angreifer mit ausreichender Geduld wieder zusammensetzen kann. Stattdessen sollten es sogenannte Kreuzschredder sein oder solche, die nutzlose Papierfasern ausgeben.

- Legen Sie fest, wie Computermedien (Disketten, Zip-Disketten, CDs und DVD zur Datenspeicherung, Backup-Bänder, alte Festplatten und andere Speichermedien) unbrauchbar gemacht oder *völlig* gelöscht werden müssen, bevor sie entsorgt werden. Denken Sie daran, dass ein Löschen der Dateien sie *nicht wirklich* entfernt. Man kann sie immer noch wiederherstellen – wie die Enron-Chefs und viele anderen zu ihrem Entsetzen feststellen mussten. Speichermedien einfach in den Müll zu werfen, ist eine freundliche Einladung an Ihren örtlichen Dumpster Diver (Lesen Sie in Kapitel 16 die speziellen Richtlinien der Entsorgung von Medien und Geräten).

- Halten Sie eine angemessene Kontrolle über die Auswahl des Personals Ihrer Reinigungstruppe aufrecht und erwägen Sie gegebenenfalls auch die Prüfung des persönlichen Backgrounds.

- Erinnern Sie die Angestellten regelmäßig daran, darüber nachzudenken, welche Art von Müll sie wegwerfen.

- Schließen Sie die Mülltonnen ab.

- Verwenden Sie besondere Abfalltonnen für sensibles Material, und schließen Sie Verträge mit speziellen Firmen ab, die sich um die Entsorgung dieser Art von Sondermüll kümmert.

Abschied von Angestellten

Schon vorher wurde in diesem Buch aufgezeigt, wie nötig stahlharte Prozeduren sind, wenn ein entlassener Angestellter Zugang zu sensiblen Informationen, Passwörtern, Einwahlnummern u.ä. hatte. Ihre Sicherheitsprozeduren müssen einen Weg festlegen, wie man feststellen kann, wer für den Zugang zu verschiedenen Systemen autorisiert ist. Es ist wahrscheinlich ein hartes Spiel, einen entschlossenen Social Engineer davon abzuhalten, an Ihren Sicherheitsbarrieren vorbeizuschlüpfen, aber machen Sie es einem ehemaligen Mitarbeiter nicht zu leicht.

Ein anderer Schritt, der leicht übersehen wird: Wenn ein Angestellter die Bevollmächtigung hatte, Datensicherungsbänder aus dem Archiv zu holen und nun die Firma verlässt, muss es eine schriftliche Anweisung für das Archivunternehmen geben, dass dieser Name sofort von der Liste der autorisierten Personen gestrichen werden muss.

In Kapitel 16 finden Sie detaillierte Informationen über dieses wesentliche Thema, aber es ist hilfreich, schon hier einige der wichtigsten Sicherheitsmaßnahmen aufzuführen, die eingerichtet werden müssen, wie es durch diese Geschichte verdeutlicht wurde:

- Eine vollständige und gründliche Checkliste der Schritte, die man bei der Entlassung eines Angestellten durchführen muss, mit speziellen Angaben für Personen, die Zugang zu sensibeln Daten hatten.

- Eine Richtlinie zur *sofortigen* Beendigung der Computerzugangs dieser Person – vorzugsweise schon bevor sie das Gebäude verlassen hat.

- Ein Verfahren, um an die Kennkarte dieser Person zu gelangen, ebenso wie an irgendwelche Schlüssel oder elektronischen Geräte zur Zugangskontrolle.

- Maßnahmen, die es erfordern, dass sich das Sicherheitspersonal einen Ausweis mit Foto des Angestellten zeigen lässt und über eine Liste prüft, ob diese Person immer noch bei der Firma angestellt ist, bevor man jemanden ohne Sicherheitsausweis Eintritt gewährt.

Einige weitere Schritte mögen übertrieben erscheinen oder einigen Firmen zu teuer sein, aber für andere könnten sie passen. Unter diesen noch strengeren Sicherheitsmaßnahmen findet sich Folgendes:

- Elektronische Kennkarten und ein Scanner am Eingang. Alle Angestellten ziehen ihre Kennkarte durch den Scanner, damit sofort eine Bestätigung erfolgt, dass diese Person immer noch angestellt und berechtigt ist, das Gebäude zu betreten. (Achten Sie jedoch immer noch darauf, dass das Sicherheitspersonal weiterhin darauf trainiert sein muss, auf Personen zu achten, die im Pulk mit anderen legitimen Angestellten einfach durchschlüpfen wollen.)

- Die Forderung, dass alle Angestellten aus der gleichen Workgroup wie die scheidende Person (insbesondere wenn die Person gefeuert wurde) ihre Passwörter ändern. (Hört sich das extrem an? Viele Jahre, nachdem ich mal kurz bei General Telephone gearbeitet hatte, erfuhr ich, dass das Sicherheitspersonal bei Pacific Bell „sich vor Lachen auf dem Boden gewälzt hatte", als sie hörten, dass General Telephone mich eingestellt hatte. Aber um ein Wort für General Telephone einzulegen: als sie erkannten, dass ein berüchtigter Hacker bei ihnen gearbeitet hatte, setzten sie nach meiner Entlassung durch, dass für *jeden im gesamten Unternehmen* alle Passwörter geändert werden müssen.)

In Ihren Einrichtungen soll man sich nicht wie im Knast fühlen, aber gleichzeitig müssen Sie sich gegen den Kerl absichern, der gestern gefeuert wurde, aber heute zurückkommt, um schlimmen Schaden anzurichten.

Vergessen Sie niemanden

Sicherheitsrichtlinien neigen dazu, den neuen Kollegen zu vergessen, Leute wie die Sekretärin, die keinen Umgang mit sensiblen Firmendaten haben. Wir haben anderweitig gesehen, dass Personen aus dem Empfangsbereich ein sehr brauchbares Ziel für Angreifer darstellen, und die Geschichte vom Einbruch bei der Autoteilefirma bietet ein weiteres Beispiel: Der freundliche, wie ein Geschäftsmann gekleidete Herr, der behauptet, er sei Kollege aus einer anderen Zweigstelle, ist möglicherweise nicht der, als der er wahrgenommen wird. Das Empfangspersonal muss gut darin ausgebildet sein, höflich und angemessen nach einem Unternehmensausweis zu fragen, und das Training darf nicht nur auf den Hauptempfangschef beschränkt sein, sondern muss auch alle Aushilfen für die Mittagszeit oder die Kaffeepause erreichen.

Für Besucher von außerhalb der Firma sollte die Richtlinie es erforderlich machen, dass ein Lichtbildausweis vorgezeigt und die Informationen festgehalten werden. Man kann sich leicht einen gefälschten Ausweis verschaffen, aber die Forderung nach Vorzeigen eines Ausweises erschwert den Einsatz eines Vorwandes für den Möchtegern-Angreifer um einen Grad mehr.

In einige Firmen macht es Sinn, nach einer Richtlinie zu arbeiten, dass Besucher ab Haupteingang und von Meeting zu Meeting eskortiert werden. Bei diesem Verfahren sollte die Eskorte beim Übergeben des Besuchers an seine erste Verabredung deutlich machen, ob diese Person das Gebäude als Angestellter oder Nicht-Angestellter betreten hat. Warum ist das so wichtig? Wie wir in früheren Geschichten gesehen haben, kann ein Angreifer beim ersten Kontakt sich selbst in dieser Gestalt zeigen und bei der nächsten Gelegenheit als jemand anderes. Es ist sehr einfach für einen Angreifer, am Haupteingang aufzutauchen und den Empfangschef davon zu überzeugen, dass er eine Verabredung z.B. mit einem Ingenieur hat ... dann wird er zum Büro des Ingenieurs begleitet, wo er dann behauptet, er sei ein Vertreter eines Unternehmens, das der Firma bestimmte Produkte verkaufen möchte ... und nach dem Treffen mit dem Ingenieur hat er dann freien Zugang zum gesamten Gebäude.

Bevor man einem Angestellten von außerhalb den Zugang zum Gelände erlaubt, müssen angemessene Prozeduren befolgt werden, um zu verifizieren, dass diese Person wirklich zur Firma gehört. Empfangs- und Wachpersonal muss auf Methoden aufmerksam gemacht werden, wie ein Angreifer die Identität eines Angestellten vortäuschen kann, um Zugang zu den Firmengebäuden zu bekommen.

Wie schützt man sich gegen einen Angreifer, der sich in das Gebäude hineinflunkert und es schafft, seinen Laptop in einen Netzwerk-Port hinter der Firewall des Unternehmens einzustecken? Bei der heutigen Technologie ist das eine besondere Herausforderung: Besprechungs- oder Weiterbildungsräume und ähnliche Bereiche sollten keine ungesicherten Netzwerk-Ports anbieten, sondern sie über Firewalls oder Router schützen. Aber ein besserer Schutz wird durch die Nutzung von sicheren Methoden erreicht, um alle User zu authentifizieren, die sich mit dem Netzwerk verbinden.

Sichern Sie Ihre IT!

Ein Wort an die Einsichtigen: In Ihrer eigenen Firma kennt jeder Mitarbeiter aus der IT-Abteilung wahrscheinlich Ihr Gehalt oder kann in wenigen Augenblicken herauskriegen, wie viel der Vorstandsvorsitzende mit nach Hause nimmt und wer mit dem Firmenjet zum Skiurlaub fliegt.

Bei einigen Firmen ist es den IT-Leuten oder der Buchhaltung sogar möglich, ihre eigenen Gehälter aufzustocken, die Rechnungen eines falschen Lieferanten zu bezahlen, negative Beurteilungen aus der Personalakte zu entfernen usw. Manchmal ist es nur die Angst, erwischt zu werden, die sie ehrlich bleiben lässt ... und dann kommt eines Tages jemand, der aus Gier oder angeborener Unehrlichkeit das Risiko ignoriert und sich alles nimmt in der Hoffnung, nicht erwischt zu werden.

Dafür gibt es natürlich Lösungen. Sensible Dateien können über entsprechende Zugangskontrollen geschützt werden, so dass nur autorisierte Personen sie öffnen können. Einige Betriebssysteme weisen Überwachungskontrollen auf, deren Konfiguration gewisse Vorkommnisse festhalten kann, so wie jeden Versuch einer Person, auf eine geschützte Datei zuzugreifen, egal ob der Zugriff erfolgreich war oder nicht.

Wenn Ihre Organisation dieses Problem verstanden und ausreichende Zugangskontrollen sowie einen Überwachungsschutz sensibler Dateien eingeführt hat, sind das schon große Schritte in die richtige Richtung.

Kapitel

11

Die Kombination von Social Engineering und Technologie

Ein Social Engineer lebt von der Fähigkeit, durch Manipulation andere zu Dingen zu bringen, die ihm beim Erreichen seines Zieles helfen, aber sein Erfolg hängt auch oft von profunden Kenntnissen und Geschick bei Computer- und Telefonsystemen ab.

Nun folgen eine Auswahl von typischen Social Engineer-Schwindeleien, bei denen Technologie eine wichtige Rolle gespielt hat.

HACKEN HINTER GITTERN

Woran denken Sie, wenn Sie die am besten gesicherten Einrichtungen – geschützt gegen Einbruch, egal ob physisch, elektronisch oder per Telekommunikation – nennen sollen? Fort Knox? Sicher. Das Weiße Haus? Völlig richtig. NORAD – die nordamerikanische Luftverteidigung, die tief unter einem Berg vergraben liegt? Auf jeden Fall.

Aber was ist mit Staatsgefängnissen und Haftanstalten? Die sind bestimmt wie viele andere Orte im Staat ebenfalls besonders gut gesichert, oder? Es kommt selten vor, dass jemand entkommt, und falls doch, wird er meistens schnell wieder gefasst. Man sollte annehmen, dass ein staatliches Gefängnis gegenüber Social Engineering-Angriffen unempfindlich ist. Aber das ist falsch – es gibt einfach nirgendwo absolut garantierte Sicherheit.

Vor einigen Jahren standen zwei Gauner vor einem Problem. Sie hatten einem Richter aus der Gegend einen größeren Geldbetrag entwendet. Über die Jahre waren sie immer wieder mit dem Gesetz in Konflikt geraten, aber dieses Mal schien für die Bundesbehörden das Maß voll zu sein. Einer der Gauner, Charles Gondorff, wurde geschnappt und in eine Haftanstalt in der

Nähe von San Diego gesteckt. Der Bundesrichter hielt ihn mit der besonderen Auflage in Haft, dass Fluchtgefahr bestünde und er gemeingefährlich sei.

Sein Kumpel Johnny Hooker wusste, dass Charlie jetzt einen wirklich guten Verteidiger brauchte. Aber wie sollte der bezahlt werden? Wie bei den meisten Gaunern war ihr Geld, sobald sie etwas auf Tasche hatten, für gute Kleidung, schicke Autos und die Damen draufgegangen. Johnny hatte kaum genug zum Leben.

Das Geld für einen guten Anwalt musste durch einen weiteren Betrug zu holen sein. Johnny wollte dieses Ding nicht alleine durchziehen. Charlie Gondorff war bei ihren Hochstapeleien immer das Hirn gewesen. Aber Johnny wollte keinen Besuch in der Strafanstalt riskieren, um sich mit Charlie zu beratschlagen, nicht so lange die Bullen wussten, dass der letzte Schwindel von zwei Leuten angezettelt wurde und sie sicher scharf darauf waren, auch den anderen in die Finger zu kriegen. Insbesondere da Charlie nur Familienbesuche erhalten durfte, und das hieß, Johnny musste gefälschte Ausweispapier vorzeigen und behaupten, er sei ein Verwandter. Der Gebrauch von gefälschten Ausweisen in einem Bundesgefängnis schien keine pfiffige Idee zu sein.

Nein, er musste sich auf andere Art und Weise mit Gondorff in Verbindung setzen.

Keine leichte Angelegenheit. Kein Insasse in einem staatlichen oder Bundesgefängnis darf Telefonanrufe entgegennehmen. In einem staatlichen Gefängnis hängt an jedem für Insassen zugänglichen Telefon ein Schild etwa mit folgendem Inhalt: „Jeder Benutzer wird hiermit darauf aufmerksam gemacht, dass alle Gespräche von diesem Apparat überwacht werden. Die Benutzung des Telefons schließt die Zustimmung zu einer Überwachung mit ein." Lässt man Beamte bei einem Telefonat über eine Gaunerei mithören, kommt das einer Verlängerung der staatlich geförderten Urlaubspläne gleich.

Allerdings war Johnny bekannt, dass einige Telefonate nicht überwacht werden: Gespräche zwischen Gefangenem und Rechtsanwalt zum Beispiel, die von der Verfassung als Kommunikation zwischen Klient und Anwalt geschützt sind. Tatsächlich verfügt die Einrichtung, in der Gondorff einsaß, über Direktleitungen zum Büro der staatlichen Pflichtverteidiger (PDO[1]). Man brauchte nur den Hörer abzunehmen und war gleich mit dem entsprechenden Apparat bei der PDO verbunden. Die Telefongesellschaft nennt diesen Dienst eine *direkte Verbindung*. Die arglosen Behörden nehmen an, dass dieser Dienst sicher ist und nicht manipuliert werden kann, da ausgehende Telefonate nur an die PDO gehen können und eingehende komplett blockiert

---

1. *Public Defenders Office*

werden. Auch falls jemand irgendwie die entsprechende Durchwahl herausfinden sollte, sind die Geräte in der Schaltzentrale der Telefonanlage als *deny
terminate* (Empfangssperre) programmiert. Dies ist ein unbeholfener Begriff
der Telefongesellschaft und meint, dass eingehende Telefonate nicht zugelassen sind.

Da sich jeder halbwegs anständige Gauner gut in der Kunst der Täuschung
auskennt, wollte Johnny diese Kunst zur Lösung des Problems nutzen. Von
drinnen hatte Gondorf schon mal probiert, ein PDO-Telefon abzuheben und
zu sagen: „Hier ist Tom von der Reparaturstelle der Telefongesellschaft. Wir
machen gerade ein paar Tests auf dieser Leitung, und ich möchte Sie bitten,
die Nummer Neun und dann Null Null zu wählen." Mit der 9 wäre die Amts-
leitung gekommen, und über Null Null hätte man die Telefonistin für Ferngespräche erreicht. Es klappte nicht – die Person, die das Gespräch beim PDO
annahm, kannte diesen Trick bereits.

Jargon

Direktverbindung (direct connect) Ein Ausdruck der Telefongesellschaft für eine Telefonleitung, bei der man beim Abheben direkt mit
einer speziellen Nummer verbunden wird.
Empfangssperre (deny terminate) Ein Dienst der Telefongesellschaft, bei dem die Schaltzentrale so eingestellt wird, dass eine
bestimmte Telefonnummer keine Anrufe entgegennehmen kann.

205

Johnny hatte mehr Erfolg. Er fand mühelos heraus, dass es zehn Gebäude
zur Unterbringung in der Strafanstalt gab, die alle mit einer direkten Telefonverbindung zum PDO ausgestattet waren. Johnny musste einige Hindernisse
überwinden, aber als Social Engineer konnte er sich um diese ärgerlichen
Hürden herumdenken. In welchem Gebäude war Gondorff untergebracht?
Wie war die Durchwahl zu den Direktverbindungsdiensten in dieser Wohneinheit? Und wie konnte er von seiner Seite aus eine Botschaft an Gondorff
übermitteln, ohne von Gefängnismitarbeitern abgefangen zu werden?

Was dem Durchschnittsmenschen unmöglich erscheint – das Herausfinden
einer geheimen Telefonnummer aus einer staatlichen Haftanstalt –, ist für
einen guten Hochstapler oft nur ein paar Telefonate entfernt. Nachdem er
einige unruhige Nächte gehabt hatte, in denen er seinen Plan ausbrütete,
wachte Johnny eines Morgens auf und hatte die ganze Sache fertig im Kopf.
Er brauchte fünf Schritte.

Zuerst müsste er die Telefonnummern für die zehn Apparate mit der
Direktverbindung zum PDO herausfinden.

Er müsste alle zehn derart verändern, dass sie eingehende Anrufe durchließen.

Dann müsste er das Wohngebäude von Gondorff herausfinden.

Er hätte dann herauszukriegen, welches Telefon zu diesem Gebäude führte.

Und schließlich müsste er mit Gondorff vereinbaren, wann der seinen Anruf erwarten konnte, ohne das die Behörden etwas spitzkriegen.

Kinderspiel, dachte er.

Anruf bei Ma Bell

Johnny begann mit einem Anruf im Büro der Telefongesellschaft unter dem Vorwand, von der General Services Administration zu sein, der Behörde, die für die Anschaffungen von Waren und Dienstleistungen für Regierungsbehörden zuständig ist. Er behauptete, er arbeite an einem Beschaffungsauftrag für zusätzliche Dienste und müsse die Rechnungsdaten aller Direktverbindungsdienste wissen, die aktuell eingerichtet sind, einschließlich der gängigen Durchwahlen und der monatlichen Kosten in der Haftanstalt von San Diego. Die Dame am Apparat war sehr freundlich und hilfsbereit.

Nur um sicherzugehen, versuchte er, sich über eine dieser Leitungen einzuwählen, und bekam die typische automatische Ansage mit „Diese Leitung ist abgeschaltet oder nicht mehr in Benutzung" – was seines Wissens nicht die wörtliche Bedeutung hatte, sondern stattdessen hieß, dass diese Leitung auf Blockierung der eingehenden Anrufe programmiert war, und genau das hatte er erwartet.

Aus seinen umfassenden Kenntnissen von Betriebsabläufen und Prozeduren in Telefongesellschaften war ihm bekannt, dass er die interne Hotline erreichen musste, die für diesen Funktionsbereich zuständig ist. Er rief als Erstes das Büro der Telefongesellschaft an, sagte, er sei vom Reparaturdienst und müsse die Nummer des für den Bereich zuständigen Serviceplatzes haben, dessen Vorwahl er angab. Dieses Zentralbüro bediente ebenfalls alle Telefonleitungen der Strafanstalt. Es war eine Routineanfrage von der Art, die dauernd von Technikern draußen zur Unterstützung ihrer Arbeit abgerufen wird, und der Angestellte hatte keinen Anlass, ihm die Nummer nicht zu geben.

Er rief beim Serviceplatz an, nannte einen falschen Namen und stellte sich erneut als Servicetechniker vor. Er ließ die Dame, die seinen Anruf entgegennahm, eine der Telefonnummern aufrufen, die er einige Anrufe früher dem Büro abgeschwindelt hatte. Als sie sie ausgewählt hatte, fragte Johnny: „Ist die Nummer als *deny termination* eingestellt?"

„Ja", sagte sie.

„Also das erklärt ja einiges, warum der Kunde keine Anrufe mehr empfangen kann!" sagte Johnny. „Hören Sie, können Sie mir einen Gefallen tun? Ich möchte, dass Sie den Klassifizierungscode der Leitung ändern oder dieses *deny termination* löschen, okay?" Es gab eine Pause, als sie über ein anderes Computersystem prüfte, ob ein Serviceauftrag angemeldet worden war, der die

Änderung autorisierte. Sie sagte: „Bei dieser Nummer sollen auf jeden Fall nur ausgehende Telefonate erlaubt sein. Hier liegt kein Serviceauftrag zur Änderung vor!"

„Richtig, aber das ist ein Fehler. Wir sollten schon gestern diesen Auftrag erledigen, aber der für diesen Kunden zuständige Sachbearbeiter hat sich krankgemeldet und vergessen weiterzugeben, dass sich jemand anderes um diesen Auftrag kümmern sollte. Und jetzt ist der Kunde natürlich völlig empört."

Nach einer kurzen Pause, in der die Dame dieses Anliegen durchdachte, das unüblich erschien und den Richtlinien der Arbeitsabläufe widersprach, sagte sie: „Okay." Er konnte hören, wie sie die Änderungen eintippte. Nach einigen Sekunden war das erledigt.

Das Eis war gebrochen, eine Art geheimes Einverständnis war zwischen ihnen entstanden. Als er die Hilfsbereitschaft der Frau spürte, zögerte Johnny nicht, aufs Ganze zu gehen. Er sagte: „Haben Sie wohl noch einen Augenblick Zeit, mir zu helfen?"

„Natürlich", entgegnete sie. „Was kann ich für Sie tun?"

„Ich habe da noch eine Reihe anderer Leitungen, die zum gleichen Kunden gehören, und alle weisen das gleiche Problem auf. Ich lese Ihnen die Nummern vor, dann können Sie prüfen, ob die auf *deny terminate* eingestellt sind – okay?"

Einige Minuten später waren alle zehn Leitungen „repariert", so dass eingehende Anrufe angenommen werden konnten.

Auf der Suche nach Gondorff

Nun musste er Gondorff ausfindig machen. Diese Art Information wollen die Betreiber von Haftanstalten und Gefängnissen auf keinen Fall an Außenstehende durchsickern lassen, und darum musste Johnny sich erneut auf sein Geschick als Social Engineer verlassen.

Er machte einen Anruf bei einem staatlichen Gefängnis in einer anderen Stadt – in Miami, aber es hätte auch woanders funktioniert – und gab an, er riefe aus der Haftanstalt von New York an. Er wolle mit jemandem sprechen, der mit dem Sentry-Computer arbeitete, dem Computersystem, das alle Daten über jeden Gefangenen gespeichert hat, der irgendwo im Land in einer Anstalt der Gefängnisbehörde einsitzt.

Als dieser an den Apparat kam, ließ Johnny seinem Brooklyn-Akzent freien Lauf. „Hi", sagte er. „Hier ist Thomas vom Staatsgefängnis New York. Unsere Verbindung mit Sentry stürzt dauernd ab. Können Sie bitte einen Gefangenen für mich lokalisieren? Meines Wissens sitzt dieser Häftling in Ihrer Institution." Dann gab er Gondorffs Namen und seine Registrierungsnummer an.

„Nein, den haben wir hier nicht", sagte der Mann nach einigen Momenten. „Der sitzt im Knast von San Diego."

Johnny tat ganz überrascht. „San Diego! Er sollte eigentlich letzte Woche per Flug nach Miami verlegt werden! Reden wir überhaupt über den gleichen Kerl – wie lautet sein Geburtsdatum?"

„3.12.60", las der Mann vom Bildschirm ab.

„Genau, das ist der Typ. In welcher Wohneinheit sitzt er?"

„Das ist die Zehn Nord", sagte der Mann – und beantwortet somit ganz unbefangen eine Frage, obwohl es überhaupt keinen nachvollziehbaren Grund gibt, warum ein Gefängnismitarbeiter in New York dies wissen müsste.

Johnny hatte nun die Telefone für die eingehenden Anrufe vorbereitet und wusste, in welchem Gebäude Gondorff einsaß. Als nächstes brauchte er die Durchwahl für das Telefon in der Einheit Zehn Nord.

Das war nun ein wenig schwieriger. Johnny rief eine der Nummern an. Er wusste, dass die Schelle des Telefons abgestellt war, keiner konnte hören, dass es klingelte. Also setzte er sich mit einem dicken Buch hin und hörte dem dauernden Klingeln über das Headset zu, bis endlich jemand abnahm. Der Insasse am anderen Ende wollte natürlich den Anwalt anrufen, der ihm vom Gericht zugewiesen wurde. Johnny war darauf mit der richtigen Antwort vorbereitet: „PDO", sagte er.

Als der Mann nach seinem Anwalt fragte, sagte Johnny: „Ich schau mal nach, ob er zu sprechen ist. Aus welcher Wohneinheit rufen Sie an?" Er schrieb die Antwort des Mannes schnell auf, legte den Anruf dann auf Warten und nahm nach einer halben Minute wieder auf: „Er ist im Gericht, Sie müssen ihn später noch mal anrufen", und legte auf.

Das könnte nun so den ganzen Vormittag dauern, aber es hätte schlimmer kommen können. Beim vierten Versuch hatte er jemanden von Zehn Nord am Apparat. Nun kannte Johnny die Nummer des PDO-Apparates in der Wohneinheit von Gondorff.

Uhrenvergleich!

Jetzt brauchte er nur noch eine Nachricht an Gondorff übermitteln, wann dieser das Telefon zum PDO abheben sollte. Das war leichter, als es sich anhört.

Johnny rief die Haftanstalt an, stellte sich mit einer offiziell klingenden Stimme als Mitarbeiter vor und wollte nach Zehn Nord durchgestellt werden. Der Anruf wurde gleich weitergeleitet. Als der Haftbeamte dort abnahm, trickste Johnny ihn aus, indem er die Insiderbezeichnung für *Aufnahme und Entlassung* benutzte, dem Bereich, der die neuen Insassen aufnimmt und die

Entlassenen nach draußen begleitet: „Hier ist Tyson von A & E", sagte er. „Ich muss mit dem Häftling Gondorff reden. Wir haben hier Sachen, die ihm gehören und verschickt werden sollen. Wir brauchen eine Adresse, wo er das Zeug hinhaben will. Können Sie ihn bitte für mich an den Apparat rufen?"

Johnny hörte, wie der Gefängnisbeamte durch den Tagesraum rief. Nach einigen Minuten ungeduldigen Wartens hörte er in der Muschel eine vertraute Stimme.

Johnny sagte als erstes zu ihm: „Sag kein Wort, bis ich dir erklärt habe, worum es geht." Er erklärte den vorhin benutzten Vorwand, damit Gondorff so sprechen konnte, als ob er über die Zustellung seiner persönlichen Sachen diskutiere. Dann sagte Johnny: „Wenn du heute um 13 Uhr an das Telefon für die Pflichtverteidiger kommen kannst, sage nichts. Wenn das nicht geht, sag mir, wann du da sein kannst." Gondorff sagte nichts. Johnny fuhr fort: „Gut. Sei um eins da. Ich rufe dich dann an. Nimm den Hörer ab. Wenn es anfängt, beim Büro der Pflichtverteidiger zu läuten, drück alle zwanzig Sekunden auf die Gabel. Mach solange weiter, bis du mich am anderen Ende der Leitung hörst."

Als Gondorff um dreizehn Uhr den Hörer abhob, wartete Johnny schon auf ihn. Sie hatten eine ausgedehnte, erfreuliche und gelassene Unterhaltung, die zu einer Reihe von ähnlichen Anrufen führte, um den Schwindel zu besprechen, aus dem das Geld für Gondorffs Anwalt kommen sollte – alles frei von staatlicher Überwachung.

Trickanalyse

Diese Episode zeigt ein erstklassiges Beispiel, wie ein Social Engineer das Unmögliche vollbringen kann, indem er verschiedene Leute täuscht, von denen jeder etwas macht, das nur für sich selbst genommen bedeutungslos erscheint. In Wahrheit kommt er durch jede Aktion einen kleinen Schritt weiter, bis die Hochstapelei vollendet ist.

Die erste Angestellte der Telefongesellschaft war der Ansicht, dass sie Informationen an jemanden von der staatlichen Behörde für die Beschaffung von Dienstleistungen weitergab.

Die nächste Angestellte wusste, dass sie eigentlich ohne Serviceauftrag nicht die Klasse der Telefondienste ändern dürfte, aber half dem freundlichen Mann trotzdem weiter. So konnte Johnny dann auf allen zehn Telefonleitungen für die Pflichtverteidiger in der Strafanstalt anrufen.

Für den Mann aus der Strafanstalt in Miami schien das Anliegen eines Kollegen aus einer anderen staatlichen Einrichtung, der sich mit einem Computerproblem herumschlagen musste, völlig vernünftig. Und obwohl kein Grund vorlag, die Wohneinheit zu kennen, hatte er die Frage einfach so beantwortet.

Und der Wachmann in Zehn Nord, der glaubte, dass der Anrufer in Wirklichkeit aus der gleichen Einrichtung anruft und ein offizielles Anliegen hat? Es war eine durchaus nachvollziehbare Anfrage, also rief er den Häftling Gondorff an den Apparat. Kein Problem.

Eine Reihe von gut eingefädelten Geschichten, die zusammengenommen den Betrug perfekt gemacht haben.

EIN GESCHWINDER DOWNLOAD

Zehn Jahre, nachdem sie ihr Jurastudium beendet hatten, sah Ned Racine seine alten Kommilitonen in schönen Häusern mit großem Garten wohnen und in Country Clubs ein oder zwei Mal die Woche Golf spielen. Er dagegen musste sich immer noch mit dem juristischen Kleinkram von Leuten, die niemals genug Geld zum Bezahlen seiner Rechnungen hatten, herumschlagen. Neid kann ein hässlicher Begleiter sein. Eines Tages hatte Ned schließlich die Nase voll.

Der einzige gute Klient, den er jemals hatte, war eine kleine, aber sehr erfolgreiche Beraterfirma, die auf Firmenfusionen und Akquisitionen spezialisiert war. Besonders viele Aufträge hatte Ned von ihnen noch nicht bekommen, aber er konnte schon erkennen, dass ihre Deals, wenn sie erst einmal in der Zeitung standen, sich deutlich auf die Börsennotierungen von ein oder zwei öffentlich gehandelten Unternehmen auswirken könnten. Alles Kleinkram, *Bulletin-Board Stocks*, aber in gewisser Weise war das sogar besser – ein geringer Anstieg des Preises konnte prozentual einen großen Gewinn bei einem Investment bedeuten. Wenn er nur ihre Dateien anzapfen und herausfinden könnte, woran sie gerade arbeiteten ...

Ein Bekannter nannte ihm jemanden, der sich bei Sachen gut auskannte, die etwas abseits lagen. Der Mann hörte sich den Plan an, war gleich Feuer und Flamme und bot seine Hilfe an. Normalerweise verlangte er ein höheres Entgeld, aber gegen einen Anteil von seinem Börsenpaket gab der Mann Ned genaue Anweisungen. Er steckte ihm auch so ein kleines, praktisches Gerät zu, das er benutzen sollte, ganz brandneu auf dem Markt.

Für mehrere aufeinanderfolgende Tage schob Ned auf dem Parkplatz des kleinen Büroblocks Wache, wo die Beraterfirma ihre Büros in anspruchslosen Ladengeschäften hatte. Die meisten Leute machten zwischen halb sechs und sechs Feierabend. Gegen 19 Uhr war der Platz leer. Die Reinigungskräfte kamen gegen 19.30 Uhr. Perfekt.

Am nächsten Abend parkte Ned kurz vor acht Uhr abends auf der anderen Straßenseite gegenüber dem Parkplatz. Wie er erwartet hatte, war der Platz leer, nur der Bulli von der Reinigungsfirma parkte dort. Ned lauschte am Eingang. Drinnen konnte er den Staubsauger hören. Er klopfte sehr laut an die

Tür und wartete, bekleidet mit Anzug, Schlips und Kragen, die abgewetzte Aktentasche in der Hand. Keine Antwort, aber er hatte Geduld. Er klopfte erneut. Ein Mann von der Reinigungstruppe erschien schließlich. „Hallo," rief Ned durch die Glastür und hielt die Visitenkarte vor das Glas, die er vor einiger Zeit von einem der Partner bekommen hatte. „Ich habe meine Schlüssel im Wagen eingeschlossen und muss an meinen Schreibtisch."

Der Mann öffnete die Tür, schloss sie hinter Ned wieder ab und ging dann den Flur entlang, um das Licht einzuschalten, damit Ned den Weg sehen konnte. Und warum auch nicht – er war bloß freundlich zu einem der Leute, durch die er seine Brötchen verdiente. Oder zumindest nahm er das an.

Ned setzte sich an den Rechner von einem der Geschäftsinhaber und schaltete ihn ein. Während der PC hochfuhr, steckte er das kleine Gerät seines Bekannten in den USB-Port des Computers, ein Teil, das klein genug war, um an einen Schlüsselring zu passen, aber trotzdem mehr als 120 MB Daten speichern konnte. Er loggte sich in das Netzwerk mit dem Namen und dem Passwort der Sekretärin einer der Partner ein, das praktischerweise auf einem Post-It-Zettel am Monitor klebte. Nach weniger als fünf Minuten hatte Ned alle Spreadsheets und Dokumente heruntergeladen, die auf der Workstation und dem Netzwerklaufwerk des Partners gespeichert waren, und befand sich schon wieder auf dem Weg nach Hause.

Mitnick
Spot

Industriespione und Computereindringlinge werden gelegentlich einen physischen Einbruchsversuch in das Zielunternehmen vornehmen. Dabei wird ein Social Engineer wahrscheinlich kein Brecheisen, sondern die Kunst der Täuschung benutzen, um die Person auf der anderen Seite der Tür zum Öffnen zu manipulieren.

LEICHTES GELD

Als ich das erste Mal in der Highschool mit Computern zu tun bekam, mussten wir uns alle über ein Modem mit dem zentralen DEC PDP 11 Minicomputer in Los Angeles verbinden, den sich alle Highschools in L.A. teilten. Das Betriebssystem dieses Computers nannte sich RSTS/E, und es war das erste Betriebssystem, mit dem ich zu arbeiten lernte.

Im Jahre 1981 sponserte DEC eine jährliche Konferenz für die User ihrer Produkte, und einmal las ich, dass die Konferenz in L.A. abgehalten werden sollte. Ein populäres Magazin für die Anwender dieses Betriebssystems veröffentlichte eine Ankündigung für ein neues Sicherheitsprodukt namens LOCK-11. Das Gerät wurde mit einer pfiffigen Werbekampagne beworben, die etwa wie folgt lautet: „Es ist halb vier Uhr morgens, und Johnny von der anderen

Seite der Straße hat beim 336. Versuch deine Einwählnummer 555-0336 rausgekriegt. Er ist drin, und du bist raus. Hol dir LOCK-11." Das Produkt war, wie die Werbung suggerierte, hackersicher. Und es sollte bei der Konferenz vorgestellt werden.

Ich war sehr gespannt darauf, mir das Gerät selbst anzuschauen. Ein befreundeter Klassenkamerad namens Vinny, für mehrere Jahre mein Hacker-Partner, der später als staatlicher Informant gegen mich agierte, teilte mein Interesse an dem neuen DEC-Produkt und forderte mich auf, ihn zur Konferenz zu begleiten.

Bar auf die Kralle

Als wir ankamen, war das LOCK-11 bei der Messe schon mächtig im Gespräch. Von überall hörten wir, dass die Entwickler einen Geldpreis ausgesetzt hatten, weil sie wetteten, dass niemand ihr Produkt knacken könnte. Hörte sich schwer nach einer Herausforderung an, der ich nicht widerstehen konnte.

Wir steuerten geradewegs den Messestand mit der LOCK-11 an und trafen dort auf drei Männer, die Entwickler des Gerätes. Ich erkannte sie und sie erkannten mich – sogar als Teen hatte ich schon einen Ruf als Phreaker und Hacker, weil die *LA Times* mal einen großen Artikel über mein erstes jugendliches Scharmützel mit den staatlichen Behörden veröffentlicht hatte. In dem Artikel wurde beschrieben, wie ich mitten in der Nacht mir den Weg in ein Gebäude von Pacific Telephone freigeredet hatte und mit einem Stapel Computerhandbücher unter der Nase der Sicherheitskräfte wieder herausspaziert war. (Es stellte sich heraus, dass die *Times* eine aufsehenerregende Story herausbringen wollte und es ihren Zwecken diente, meinen Namen zu veröffentlichen. Weil ich immer noch ein Jugendlicher war, verletzte der Artikel die übliche Verfahrensweise, wenn nicht gar das Gesetz, den Namen einer minderjährigen Person zurückzuhalten, die einer Straftat bezichtigt wird.)

Als Vinny und ich näher kamen, wuchs die Spannung auf beiden Seiten. Sie waren interessiert, weil sie mich als den Hacker erkannten, über den sie gelesen hatten, und sie waren ziemlich geschockt, mich zu treffen. Unser Interesse war geweckt, weil jeder der drei Entwickler dort sich einen Hundert-Dollar-Schein hinter den Messeausweis geklemmt hatte. Das Preisgeld für jeden, der ihr System schlagen konnte, wären die kompletten dreihundert Dollar gewesen – und das kam uns Teenagern als mächtig viel vor. Wir konnten es kaum erwarten anzufangen.

Lock-11 war nach einem gut eingeführten Prinzip gestaltet, das sich auf zwei Ebenen von Sicherheit verließ. Ein User musste eine gültige Identifikation und ein Passwort haben, eine übliche Konstellation, aber zusätzlich funktionierte diese ID und das Passwort nur, wenn es von einem autorisierten Terminal eingegeben wurde. Dieses Verfahren nennt man *terminal-basierte Sicherheit*. Um das System zu schlagen, musste ein Hacker nicht nur eine Benutzer-ID und das Passwort dazu kennen, sondern diese Information auch noch vom korrekten Terminal aus eingeben. Die Methode war wohldurchdacht, und die Erfinder von Lock-11 waren davon überzeugt, dass es alle Bösewichte fernhalten würde. Wir beschlossen, ihnen eine Lektion zu erteilen, die dreihundert Kröten zu verdienen und die dann auf den Kopf zu hauen.

Ein Bekannter von mir, der den Ruf eines RSTS/E-Guru hatte, war schon vor uns am Messestand eingetroffen. Vor einigen Jahren war er einer derjenigen gewesen, die mich herausgefordert hatten, in den internen Entwicklungscomputer bei DEC einzubrechen, und danach haben mich seine Verbündeten verpfiffen. Mittlerweile war er ein respektierter Programmierer geworden. Wir fanden heraus, dass er vor unserem Kommen vergeblich versucht hatte, das Sicherheitsprogramm des LOCK-11 zu knacken. Dieser Vorfall hatte den Entwicklern noch größeres Vertrauen gegeben, dass ihr Produkt wirklich sicher war.

Jargon

Terminal-basierte Sicherheit Eine Sicherheit, die auf der Identifikation speziell des verwendeten Computer-Terminals basiert. Diese Sicherheitsmethode war besonders bei den IBM-Mainframe-Computern populär.

Der Wettkampf bestand aus einer ganz schlichten Herausforderung: Du knackst den Code und gewinnst das Geld. Ein prima Publicity-Trick ... bis jemand sie bloßstellt und das Geld abkassiert. Sie waren sich ihres Produkts so sicher, dass sie die Kühnheit besaßen, am Messestand einen großen Ausdruck anzubringen, auf dem die Account-Nummern von Benutzerkonten zusammen mit den entsprechenden Passwörtern verzeichnet waren, aber nicht von normalen Usern, sondern es waren alles privilegierte Accounts.

Das war nun nicht mehr so verwegen, wie es klingt: Bei dieser Art von Setup wusste ich, dass jedes Terminal in einen Port auf dem Computer selbst gesteckt wird. Man brauchte kein Hochschulstudium, um sich denken zu können, dass sie die fünf Terminals in der Messehalle derart eingerichtet hatten, dass ein Besucher sich nur als nicht-privilegierter User einloggen konnte – das bedeutet: Log-Ins waren nur auf Accounts möglich, die keine Privilegien als Systemadministrator besaßen. Es sah so aus, als gäbe es nur zwei Wege: Entweder die Sicherheitssoftware komplett zu umgehen (um gerade das zu verhindern, wurde Lock-11 entwickelt) – oder die Software auf eine Weise zu überlisten, die sich die Entwickler nicht hatten vorstellen können.

Herausforderung angenommen

Vinny und ich gingen beiseite, um die Aufgabe zu besprechen, und ich schlug einen Plan vor. Wir wanderten ein wenig unschuldig herum und behielten aus sicherer Entfernung den Messestand im Auge. Als sich gegen Mittag die Menge ausdünnte, nutzten die drei Entwickler die Gelegenheit und verschwanden gemeinsam zum Essen, wobei sie eine Frau am Stand zurückließen, die möglicherweise die Ehefrau oder Freundin von einem war. Wir schlenderten gemächlich zu ihr hinüber, und ich lenkte die Frau mit einem Schwatz über dieses und jenes ab: „Wie lange sind Sie schon bei der Firma?" „Welche anderen Produkte hat Ihre Firma auf dem Markt?" usw.

Währenddessen machte sich Vinny außer Sichtweite an die Arbeit. Dabei nutzte er etwas, was wir beide schon vielfach trainiert hatten. Neben der Faszination, in Computer einzubrechen, und meinem eigenen Interesse an der Zauberei waren wir beide davon begeistert zu lernen, wie man Schlösser öffnet. Als kleiner Junge durchforstete ich im San Fernando Valley die Regale eines Underground-Buchladens auf der Suche nach Büchern über Dietriche, wie man sich aus Handschellen befreit oder sich falsche Identitäten verschafft – alles Sachen, die Kinder eigentlich nicht wissen sollten.

Vinny hatte wie ich das Knacken von Schlössern geübt, bis wir uns sehr gut mit allen handelsüblichen Schlössern und Riegeln auskannten. Es gab da eine Zeit, als ich ganz heiß auf jeglichen Schabernack mit Schlössern war und hatte mal jemandem, der zur Erhöhung seiner Sicherheit zwei Schlösser angebracht hatte, diese geöffnet und in umgekehrter Reihenfolge wieder eingesetzt. Es verwirrt und frustriert den Besitzer sehr, wenn er versucht, beide Schlösser mit dem falschen Schlüssel zu öffnen.

In der Messehalle lenkte ich weiter die Aufmerksamkeit der jungen Frau ab, während Vinny, der sich, um nicht gesehen zu werden, im hinteren Bereich des Messestandes auf den Boden gehockt hatte, das Schloss an dem Schrank mit dem PDP-11 Minicomputer und den Kabelausgängen knackte. Die Sicherung war lachhaft, denn es war mit einem sogenannten Scheibenschloss gesichert, kinderleicht zu öffnen, sogar für recht ungeschickte Amateur-Einbrecher wie uns.

Vinny brauchte eine ganze Minute, um das Schloss aufzukriegen. Im Schrank fand er, was wir vermutet hatten: Die Leiste mit den Ports, in die man die User-Terminals stecken konnte, und einen Port für das sogenannte Konsolenterminal. Mit diesem Terminal kontrollierte der Computertechniker oder Systemadministrator alle Computer. Vinny steckte das Kabel, das vom Konsolenport ausging, in eines der Terminals auf der Ausstellungsfläche.

Das hieß, dass dieses eine Terminal nun als ein Konsolenterminal erkannt wurde. Ich setzte mich an die frisch verschaltete Maschine und loggte mich mit einem der Passworte ein, die die Entwickler so leichtfertig zugänglich gemacht hatten. Weil die Software des LOCK-11 nun erkannte, dass ich mich von einem autorisierten Terminal einloggte, gewährte sie mir Zugang, und ich war mit den Privilegien eines Systemadministrators verbunden. Ich patchte das Betriebssystem, indem ich es derart änderte, dass man sich von jedem der Terminals im Ausstellungsbereich als privilegierter User einwählen konnte.

Nachdem mein geheimer Patch installiert war, ging Vinny wieder an die Arbeit, trennte das Terminalkabel und steckte es wieder an die ursprüngliche Stelle zurück. Dann knackte er das Schrankschloss erneut, diesmal zum Schließen der Tür.

Ich rief die Verzeichnisse auf diesem Rechner auf, um zu sehen, welche Dateien gespeichert waren, suchte das Programm des LOCK-11 und dazugehörige Dateien und stolperte über etwas, das mich schockierte: ein Verzeichnis, das nicht auf dieser Maschine hätte sein sollen. Die Entwickler waren derart anmaßend und so völlig von der Unüberwindlichkeit ihrer Software überzeugt, dass sie sich nicht darum gekümmert hatten, den Quellcode ihres neuen Produktes zu entfernen. Ich begann, Teile des Quellcodes auf dem benachbarten Drucker auf dem damals üblichen grüngestriften Endlos-Computer-Papier auszugeben.

Vinny war mit dem Verschließen des Schranks fertig geworden und hatte sich gerade neben mich gestellt, als die Männer vom Mittagessen zurückkamen. Sie fanden mich am Computer sitzend, wie ich auf die Tasten hackte, während der Drucker endlose Papierstreifen ausspuckte. „Was machst du denn da, Kevin?" fragte einer von ihnen.

„Ach, ich drucke gerade euren Quellcode aus", antwortete ich. Sie glaubten natürlich, das solle ein Scherz sein. Bis sie auf den Drucker schauten und sahen, dass es *wirklich* der eifersüchtig gehütete Quellcode ihres Produktes war.

Sie konnten kaum glauben, dass ich wirklich als privilegierter User eingeloggt war. „Tipp mal STRG-T ein", befahl einer der Entwickler. Das tat ich. Der Bildschirm, der daraufhin erschien, bestätigte meine Anfrage. Der Typ raufte sich die Haare, als Vinny sagte: „Die dreihundert Dollar, bitte!"

Mitnick
Spot

Dies ist ein weiteres Beispiel, wie kluge Leute den Feind unterschätzen können. Wie sieht es bei Ihnen aus – trauen Sie den Schutzvorrichtungen in Ihrem Unternehmen so sehr, dass Sie $ 300 Dollar darauf aussetzen würden, dass niemand bei Ihnen einbrechen kann? Manchmal wird ein technologisches Sicherheitsgerät nicht auf die Weise umgangen, die Sie eingeplant haben.

Sie rückten das Geld heraus. Vinny und ich liefen den Rest des Tages auf der Messe herum und hatten uns die Hundert-Dollar-Scheine hinter die Messeausweise gesteckt. Jeder, der die Scheinchen sah, wusste, wofür sie standen.

Natürlich hatten Vinny und ich nicht ihre Software ausgetrickst, und wenn das Entwicklerteam daran gedacht hätte, bessere Regeln für diesen Wettbewerb einzuführen oder ein wirklich sicheres Schloss einzubauen oder ihren Messestand besser zu bewachen, dann wären sie nicht die Dummköpfe des Tages gewesen – bloßgestellt von einem Teenagerpaar.

Später habe ich herausgefunden, dass das Entwicklerteam bei einer Bank anhalten musste, um Geld abzuheben: Diese drei Hundert-Dollar-Scheine waren ihr komplettes Bargeld gewesen.

DAS WÖRTERBUCH ALS ANGRIFFSWERKZEUG

Wenn jemand Ihr Passwort bekommen hat, kann er in Ihr System eindringen. Meistens werden Sie nicht einmal mitbekommen, dass irgend etwas Schlimmes passiert ist.

Ein junger Angreifer, den ich Ivan Peters nennen will, hatte sich als Ziel gesetzt, an den Quellcode für ein neues elektronisches Spiel zu gelangen. Er kam problemlos in das Fernverkehrsnetz des Unternehmens, weil einer seiner Hackerkumpel schon einen der Webserver dieser Firma kompromittiert hatte. Nachdem er eine ungepatchte Schwachstelle in der Software des Webservers gefunden hatte, war sein Kumpel beinahe vom Stuhl gekippt, als er erkannte, dass das System als *dual-homed host* [1] eingerichtet war. Also hatte er einen Zugangspunkt in das Intranet gefunden.

Aber nach dem Verbindungsaufbau sah Ivan sich mit einer Herausforderung konfrontiert, die der Aufgabe glich, einfach in den Louvre zu gehen und zu hoffen, die Mona Lisa zu finden. Ohne einen Lageplan konnte man wochenlang herumlaufen. Diese Company war weltweit tätig, hatte Hunderte von Büros und Tausende von Computerservern, und da war kein Verzeichnis der Entwicklungssysteme oder der Service eines Museumsführers, der ihn zum Ziel geleiten konnte.

Anstatt mit technischen Mitteln den gesuchten Server zu finden, probierte Ivan es mit Social Engineering. Er führte Telefonate mit Methoden durch, die schon verschiedentlich in diesem Buch erwähnt wurden. Beim ersten Anruf im technischen Support der IT-Abteilung behauptete er, er sei Firmenmitarbeiter und habe ein Interface-Problem mit einem Produkt, das seine Gruppe

---

1. Ein Computer mit zwei Netzwerkschnittstellen – zum Internet und zum internen Netzwerk

gerade entwickele. Er benötige dringend die Durchwahl des Projektleiters für das Spieleentwicklungsteam.

Dann rief er den Kollegen an, der ihm gerade genannt worden war, und gab vor, ein Kollege aus der IT-Abteilung zu sein. „Heute werden wir spät nachts einen Router austauschen", sagte er, „und wir müssen sicherstellen, dass Ihr Team nicht die Connectivity mit Ihrem Server verliert. Also müssen wir wissen, auf welchen Servern Ihr Team arbeitet." Das Netzwerk wird dauernd ausgebaut, und die Weitergabe des Servernamens tut niemandem weh, oder etwa nicht? Das Ding ist ja passwortgeschützt, also kann allein die Kenntnis des Namens einem Einbruch keinen Vorschub leisten, oder? Und so nannte der Kollege dem Angreifer den Servernamen. Hat sich nicht mal die Mühe gegeben, ihn zurückzurufen, um sich diese Geschichte bestätigen zu lassen, oder sich den Namen und die Telefonnummer aufzuschreiben. Er gab einfach die Namen der Server an: ATM5 und ATM6.

Der Passwort-Angriff

An diesem Punkt sattelte Ivan auf ein technisches Vorgehen um, damit er an die Authentifizierungsdaten kommen konnte. Der erste Schritt bei den meisten technischen Angriffen auf Systeme, die einen Fernzugang bereitstellen, ist die Identifizierung eines Kontos mit einem schwachen Passwort, das dann den ersten Zugangspunkt zu diesem System bietet.

Wenn ein Angreifer versucht, Hacking-Tools für die Remote-Identifikation von Passwörtern zu benutzen, kann es erforderlich sein, dass er stundenlang mit dem Firmennetzwerk verbunden bleibt. Das macht er eindeutig auf eigene Gefahr hin: Je länger er verbunden bleibt, desto größer ist das Risiko, entdeckt und gefasst zu werden.

Als ersten Schritt führte Ivan eine Enumeration durch, mit der man Details über das Zielsystem herausfinden kann. Wieder einmal stellt uns das Internet zu diesem Zweck nützliche Software bereit (unter `http://ntsleuth.0catch.com` - das Zeichen vor „catch" ist eine Null). Ivan fand mehrere öffentlich verfügbare Hackingtools im Web, die den Enumerationsprozess automatisierten, damit dieser nicht per Hand durchgeführt werden muss, was länger dauert und mit größerem Risiko behaftet ist. Er wusste, dass diese Organisation meistens Windows-basierte Server einsetzte, darum lud er eine Kopie von NBTEnum (ein NetBIOS-(Basic Input/Output System) Utility zur Enumeration) herunter. Er gab die IP-Adresse des ATM5-Servers ein und startete das Programm. Das Enumerations-Tools konnte mehrere auf dem Server existierende Konten identifizieren.

> **Enumeration** Ein Prozess, der bei einem Zielsystem die aktiven Dienste, das Betriebssystem und eine Liste von Kontonamen der User, die Zugang zu diesem System haben, aufführt.

Wenn die existierenden Konten erst einmal identifiziert sind, kann das gleiche Enumerations-Tool einen Wörterbuch-Angriff gegen dieses Computersystem starten. Den meisten Leuten aus der Computersicherheit und den Angreifern ist ein Wörterbuch-Angriff sehr vertraut, aber jeder, der sich in diesen Bereichen nicht auskennt, ist zutiefst erschrocken darüber, dass so etwas möglich ist. Dieser Angriff soll das Passwort eines jeden Users auf dem System durch die Verwendung allgemein gebräuchlicher Worte aufdecken.

Jeder hat so seinen Bereich, bei dem er ein wenig schludrig ist, aber es erstaunt mich immer wieder, dass die Leute bei der Wahl des Passwortes völlig ihre Kreativität und Fantasie zu verlieren scheinen. Die meisten von uns wollen ein Passwort, das uns schützt, aber gleichzeitig leicht zu merken sein soll. Und das bedeutet gewöhnlich, das wir dafür etwas Vertrautes heranziehen – zum Beispiel die Initialen, der mittlere Name, der Spitzname, der Name des Ehepartners oder ein bevorzugter Song, Film oder Drink, Namen von Straße oder Stadt, in der wir leben, unsere Automarke, das bevorzugte Reiseziel oder den See mit dem besten Angelplatz. Erkennen Sie das zugrundeliegende Muster? Es kommen meistens persönliche oder Namen von Orten vor oder Begriffe aus dem Lexikon. Ein Wörterbuch-Angriff durchläuft mit hoher Geschwindigkeit allgemein übliche Wörter und probiert dabei jedes einzelne als Passwort bei einem oder mehreren Benutzerkonten.

Ivan ließ den Wörterbuch-Angriff in drei Phasen durchlaufen. In der ersten setzte er eine einfache Liste von 800 der am weitesten verbreiteten Passwörter ein, darin findet sich auch *secret, work* oder *password*. Das Programm war ebenfalls in der Lage, die Wörter zu verändern, indem jedes Wort durch eine angehängte Ziffer oder der Zahl des aktuellen Monats ergänzt wird. Das Programm probierte solchermaßen alle identifizierten Benutzerkonten durch. Erfolglos.

Beim nächsten Versuch ging Ivan auf die Website der Suchmaschine Google, gab *„wordlists dictionaries"* ein und fand Tausende von Seiten mit ausführlichen Wörterlisten und Wörterbüchern für Englisch und verschiedene ausländische Sprachen. Er lud sich ein vollständiges elektronisches Englisch-Wörterbuch herunter. Dann erweiterte er dies alles durch eine Reihe von Wörterlisten, die er über Google gefunden und heruntergeladen hatte. Ivan wählte dafür die Site mit der Adresse `www.outpost9.com/files/WordLists.html`.

Auf dieser Site konnte er eine Reihe von Files mit Vor- und Nachnamen, Namen von Kongressmitgliedern und -begriffen, Namen von Schauspielern und Worte und Namen aus der Bibel downloaden.

Eine andere Site mit vielen Wörterlisten wird zur Zeit von der Universität in Oxford unter `ftp://ftp.ox.ac.uk/pub/wordlists` vorgehalten.

Andere Sites verfügen über Listen mit den Namen von Zeichentrickfiguren, Wörtern aus den Werken von Shakespeare, der Odyssee, Tolkien und der Star-Trek-Serie genauso wie mit Begriffen aus Wissenschaft und Religion und so weiter und so fort. (Ein Online-Versand bietet eine Liste mit 4,4 Millionen Wörtern und Namen für nur 20 Dollar an!) Das Angriffsprogramm kann so eingestellt werden, dass es die Wörter aus diesen Sammlungen auch als Anagramme einsetzt – dies ist eine andere Methode, durch die viele Computerbenutzer ihre Sicherheit zu erhöhen hoffen.

Schneller als gedacht

Nachdem Ivan sich für bestimmte Wörterlisten entschieden und den Angriff gestartet hatte, lief die Software selbstständig weiter. Er konnte sich anderen Dingen zuwenden. Und das ist das Unglaubliche: Man würde annehmen, dass ein solcher Angriff nur zu machen ist, wenn der Hacker sich in einen Dornröschen-Schlaf versenkt, und beim Erwachen hat die Software vielleicht nur wenige Fortschritte gemacht. Aber tatsächlich – abhängig von der angegriffenen Plattform, der Sicherheitskonfiguration des Systems und der Netzwerk-Connectivity – kann jedes Wort aus einem englischen Wörterbuch erstaunlicherweise in weniger als dreißig Minuten ausprobiert werden!

Während diese Attacke voranschritt, startete Ivan einen anderen Computer und ließ dort einen entsprechenden Angriff auf den anderen Server los, der ebenfalls von der Entwicklergruppe benutzt wurde, den ATM6. Zwanzig Minuten später hatte die Angriffssoftware geschafft, was die meisten ahnungslosen User lieber für unmöglich halten: Ein Passwort wurde geknackt, und das Programm spuckte aus, dass einer der User das Passwort „Frodo" gewählt hatte, einer der Hobbits aus dem *Herrn der Ringe*.

Mit diesem Passwort konnte Ivan sich dann über dieses Benutzerkonto mit dem ATM6-Server verbinden.

Dort warteten schon gute und schlechte Nachrichten auf unseren Hacker. Die gute Nachricht: Das geknackte Konto hatte Administratorprivilegien, und das stellte eine wesentliche Grundlage für den nächsten Schritt dar. Aber die schlechte Nachricht lautete, dass der Quellcode für das Spiel nirgends zu finden war. Also musste er sich auf der anderen Maschine befinden, der ATM5, die einem Wörterbuch-Angriff widerstand, wie er zwischenzeitlich schon erkennen konnte. Aber Ivan gab jetzt nicht auf, er hatte noch ein paar Trümpfe im Ärmel.

Die Kombination von Social Engineering und Technologie

Auf manchen Windows- und UNIX-Betriebssystemen sind Passwort-Hashes (verschlüsselte Passwörter) für jeden offen zugänglich, der auf den Computer zugreifen kann, auf dem diese gespeichert sind. Man geht davon aus, dass die verschlüsselten Passwörter sowieso nicht geknackt werden können und darum nicht geschützt zu werden brauchen. Diese Theorie ist falsch. Mit einem anderen Tool namens pwdump3 (ebenfalls im Internet verfügbar) konnte er die Passwort-Hashes von der ATM6-Maschine extrahieren und downloaden.

Eine typische Datei mit Passwort-Hashes sieht wie folgt aus:

```
Administrator:500:95E4321A38AD8D6AB75E0C8D76954A50:2E48927A0
B04F3BFB341E26F6D6E9A97:::
akasper:1110:5A8D7E9E3C3954F642C5C736306CBFEF:393CE7F90A8357
F157873D72D0490821:::
digger:1111:5D15C0D58DD216C525AD3B83FA6627C7:17AD564144308B4
2B8403D01AE256558:::
ellgan:1112:2017D4A5D8D1383EFF17365FAF1FFE89:07AEC950C22CBB9
C2C734EB89320DB13:::
tabeck:1115:9F5890B3FECCAB7EAAD3B435B51404EE:1F0115A72844721
2FC05E1D2D820B35B:::
vkantar:1116:81A6A5D035596E7DAAD3B435B51404EE:B933D36DD12258
946FCC7BD153F1CD6E:::
vwallwick:1119:25904EC665BA30F4449AF42E1054F192:15B2B7953FB6
32907455D2706A432469:::
mmcdonald:1121:A4AED098D29A3217AAD3B435B51404EE:E40670F936B7
9C2ED522F5ECA9398A27:::
kworkman:1141:C5C598AF45768635AAD3B435B51404EE:DEC8E827A1212
73EF084CDBF5FD1925C:::
```

Bei den nun auf seinem Computer heruntergeladenen Hashes setzte Ivan ein anderes Tool ein, das eine andere Art von Passwort-Angriff mit Namen *brute force* durchführte. Diese Art von Angriff probiert jegliche Kombination von alphanumerischen Zeichen und die meisten speziellen Symbole.

Ivan benutzte ein Softwareprogramm mit Namen L0phtcrack3 (ausgesprochen „loft-crack" und unter www.atstake.com erhältlich; eine andere Quelle mit einigen exzellenten Tools zur Passwortwiederherstellung liegt bei www.elcomsoft.com). Systemadministratoren setzten L0phtcrack3 ein, um schwache Passwörter zu überwachen; Angreifer knacken damit die Passwörter. Das *Brute-Force*-Feature von LC3 probiert Passwörter in Kombinationen von Buchstaben, Ziffern und den meisten Symbolen (wie !@#$%^&) aus. Systematisch wird jede mögliche Kombination der meisten Zeichen durchprobiert (Anmerkung: Werden jedoch nicht-druckbare Zeichen eingesetzt, kann LC3 das Passwort nicht aufdecken!).

Das Programm hat eine fast unglaubliche Geschwindigkeit, die auf einer Maschine mit einem 1-GHz-Prozessor bis zu 2,8 Millionen Versuche pro Sekunde erreichen kann. Aber sogar bei dieser Geschwindigkeit und wenn der Systemadministrator das Windows-Betriebssystem korrekt eingerichtet hat (indem er die Verwendung von LANMAN-Hashes deaktiviert hat), kann das Knacken eines Passwortes immer noch sehr lange dauern. Aus diesem Grund lädt sich der Hacker oft die Hashes auf seine eigene Maschine herunter und lässt den Angriff dann auf seiner oder einer anderen Maschine laufen, anstatt online im Netzwerk der Zielfirma zu bleiben und zu riskieren, entdeckt zu werden.

Jargon

Brute-Force-Angriff Eine Strategie zur Aufdeckung von Passwörtern, bei der jede mögliche Kombination von alphanumerischen Zeichen und besonderen Symbolen benutzt wird.

Aber Ivan brauchte sich nicht so lange zu gedulden. Nach einigen Stunden präsentierte ihm das Programm die Passwörter aller Mitglieder des Entwicklungsteams. Nur waren das die Passwörter der Nutzer auf der ATM6-Maschine, aber er wusste mittlerweile, dass sich der Quellcode für das Spiel, hinter dem er her war, nicht auf diesem Server befand.

Was nun? Er hatte immer noch kein Passwort für ein Konto auf der ATM5-Maschine abgreifen können. Er schaltete sein Hacker-Hirn ein und dachte an die mangelhaften Sicherheitsgewohnheiten des typischen Users. Ihm kam die Erleuchtung: Vielleicht hatte eines der Teammitglieder das selbe Passwort für beide Maschinen benutzt.

Und das war der Volltreffer! Einer aus dem Team benutzte das Passwort *„gamers"* sowohl auf der ATM5 als auch auf der ATM6.

Plötzlich stand die Tür für Ivan weit offen, und er konnte sich auf die Jagd nach den gesuchten Programmen machen. Nachdem er das Verzeichnis mit dem Quellcode gefunden und es frohgemut heruntergeladen hatte, ging er noch einen Schritt weiter. Das war typisch für Systemcracker: Er änderte das Passwort eines ungenutzten Kontos mit Administrator-Rechten für den Fall, dass er später mal ein Update dieser Software haben wollte.

Trickanalyse

Bei diesem Angriff, der gleichermaßen technische und auf Personen beruhende Schwachstellen ausnutzte, begann der Angriff mit einem Telefonat, bei dem er sich unter einem Vorwand den Standort und die Hostnamen der Entwicklungsserver mit den proprietären Informationen erschlichen hatte.

Dann benutzte er eine Software, mit der er gültige Benutzernamen und -konten für alle identifizieren konnte, die ein Konto auf dem Entwicklungsserver hatten. Nun ließ er zwei erfolgreiche Passwort-Angriffe los, einer davon ein Wörterbuch-Angriff, bei dem allgemein übliche Passwörter aus einem englischen Wörterbuch ausprobiert werden, die gegebenenfalls durch mehrere Wörterlisten mit Namen, Orten und anderen besonderen Begriffen erweitert werden.

Weil sowohl kommerzielle als auch Public-Domain-Hacker-Tools jedem für alle möglichen Zwecke zugänglich sind, ist es äußerst wichtig, dass Sie beim Schutz Ihrer betrieblichen Computersysteme und der Netzwerk-Infrastruktur besonders wachsam sind.

Die Ausmaße dieser Bedrohung können nicht überschätzt werden. Nach einem Artikel aus dem Magazin *ComputerWorld* hat eine Analyse des Oppenheimer Funds aus New York zu einer alarmierenden Entdeckung geführt. Der Vizepräsident der Abteilung für Netzwerksicherheit und Datenwiederherstellung ließ unter Verwendung eines Standard-Softwarepaktes einen Passwort-Angriff gegen die eigenen Firmenmitarbeiter laufen. Das Magazin berichtete, dass er es innerhalb von *drei Minuten* geschafft hatte, die Passwörter von 800 Angestellten zu knacken!

Mitnick
Spot

In der Begrifflichkeit des Monopoly-Spiels hieße die Verwendung eines Wortes aus dem Lexikon als Passwort: Gehen Sie direkt ins Gefängnis. Gehen Sie nicht über Los, ziehen Sie keine 2.000 Euro ein. Sie müssen Ihren Angestellten beibringen, wie sie Passwörter auswählen, die Ihr Firmenkapital tatsächlich schützen.

SCHUTZMAßNAHMEN

Die Angriffe von Social Engineers können noch destruktiver werden, wenn der Angreifer Elemente aus der Technologie einsetzt. Schutzmaßnahmen gegen diese Art von Angriff beinhalten typischerweise Schritte sowohl auf der menschlichen als auch auf der technischen Ebene.

Sag einfach nein

In der ersten Geschichte dieses Kapitels hätte die Angestellte der Telefongesellschaft aus der internen Serviceabteilung niemals den Status *deny terminate* der zehn Telefonleitungen ändern dürfen, solange es keinen Serviceauftrag gab, der die Änderung autorisiert hätte. Es reicht nicht, wenn Angestellte die Sicherheitsrichtlinien und -prozeduren *kennen*, sondern sie müssen auch begreifen, warum diese Richtlinien bei der Bewahrung vor Schaden wichtig sind.

Sicherheitsrichtlinien sollten das Abweichen von den Richtlinien durch ein System von Belohnungen und Konsequenzen unterbinden. Selbstverständlich müssen diese Richtlinien realistisch sein und den Angestellten keine Vorsichtsmaßnahmen abverlangen, die ihnen so lästig sind, dass sie wahrscheinlich doch ignoriert werden. Ebenfalls sollte ein Programm zur Bewusstmachung von Sicherheit die Angestellten davon überzeugen, dass es zwar wichtig ist, Arbeitsaufträge unter Berücksichtigung eines passenden zeitlichen Rahmens durchzuführen, aber die Benutzung einer Abkürzung zur Umgehung angemessener Sicherheitsmaßnahmen für den Betrieb und die Kollegen sehr nachteilig sein kann.

Die gleiche Vorsicht sollte geboten sein, wenn man einem Fremden am Telefon Auskunft erteilt. Egal wie überzeugend sich die Person selbst darstellt, egal wie der Status oder das Dienstalter der Person sein mag – es sollten *absolut keine* Informationen weitergegeben werden, die nicht als öffentlich verfügbar gekennzeichnet ist, bis die Identität des Anrufers bestätigt wurde. Wenn diese Richtlinie strikt eingehalten worden wäre, hätte der Social Engineering-Betrug aus dieser Geschichte nicht greifen können, und der Strafgefangene Gondorff hätte mit seinem Kumpel Johnny keine weiteren Betrügereien planen können.

Dieser einzelne Punkt ist so überaus wichtig, dass ich ihn in diesem ganzen Buch ständig wiederhole: Prüfen, prüfen, prüfen! Jede Anfrage, die nicht persönlich gestellt wird, sollte niemals ohne Prüfung der Identität des Anfragers akzeptiert werden – basta!

Saubermänner

Für jedes Unternehmen, dass keine Bewachung rund um die Uhr vorweisen kann, stellt ein Komplott, bei der der Angreifer sich nach Geschäftsschluss Zugang verschafft, eine besondere Herausforderung dar. Das Reinigungspersonal wird normalerweise jeden mit Respekt behandeln, der zur Firma zu gehören scheint und den Eindruck von Rechtmäßigkeit erweckt. Immerhin ist das jemand, der ihnen Ärger machen oder sie feuern kann. Aus diesem Grund muss das Reinigungspersonal, egal ob es zur Firma gehört oder extern angestellt ist, in Sachen physischer Sicherheit ausgebildet werden.

Saubermachen erfordert nicht eigentlich eine Schulbildung und noch nicht mal die Kenntnis der Landessprache, und wenn das Personal überhaupt ausgebildet wird, bezieht sich der Unterricht nicht auf Sicherheitsprobleme, sondern darauf, welche Reinigungsmittel man für welche Aufgabe benutzt. Generell bekommen diese Leute keine Anweisungen wie „Wenn jemand Sie nach Geschäftsschluss bittet, ihm die Tür aufzuschließen, müssen Sie sich dessen Mitarbeiterkennkarte ansehen und dann das Büro der Reinigungsfirma anrufen, die Situation erklären und auf weitere Anweisungen warten."

Eine Organisation muss schon vor Eintreten einer Situation wie die aus diesem Kapitel Pläne für den Umgang damit machen und das Personal entsprechend ausbilden. Aus meiner persönlichen Erfahrung kann ich sagen, dass die meisten, wenn nicht alle Privatfirmen im Bereich der physischen Sicherheit sehr lax sind. Man kann das Pferd auch anders herum aufzäumen und den eigenen Firmenangestellten die Last aufbürden. Ein Betrieb ohne durchgehende Überwachungsdienste sollte seinen Angestellten mitteilen, dass sie zum Betreten der Firma nach Geschäftsschluss auf jeden Fall ihre eigenen Schlüssel oder elektronischen Karten mitbringen sollen und auf keinen Fall die Reinigungsleute in die Verlegenheit bringen dürfen, entscheiden zu müssen, wer hinein darf. Dann muss der Putzfirma mitgeteilt werden, dass ihre Angestellten niemals jemanden hereinlassen dürfen. Das ist eine einfache Regel: Mach niemandem die Türe auf! Das kann auch entsprechend schriftlich in den Vertragsbedingungen mit der Putzfirma festgehalten werden.

Das Reinigungspersonal sollte auf jeden Fall auch über die Mitschwimmer-Technik aufgeklärt werden (nicht autorisierte Personen schlüpfen mit einer autorisierten Person durch einen gesicherten Eingang). Sie sollten ebenfalls angewiesen werden, keinem zu erlauben, mit ihnen in das Gebäude zu kommen, einfach nur weil diese Person wie ein Firmenangestellter aussieht.

Das sollte gelegentlich – drei oder vier Mal im Jahr – durch einen Penetrationstest oder eine Gefahrenprüfung gefolgt werden. Schicken Sie jemanden an die Tür, während die Putzleute ihren Dienst tun, der versuchen soll, durch Reden ins Gebäude zu gelangen. Statt einen eigenen Kollegen zu beauftragen, können Sie auch eine Firma betrauen, die sich auf diese Art von Penetrationstest spezialisiert hat.

Sag es weiter: Schütze deine Passwörter

Immer mehr Organisationen achten in steigendem Maße auf die Durchsetzung ihrer Sicherheitsrichtlinien durch technische Maßnahmen – indem zum Beispiel die Betriebssysteme so konfiguriert werden, dass Richtlinien für Passwörter streng eingehalten werden müssen und die Anzahl der ungültigen Log-In-Versuche begrenzt werden, die man vor der Sperrung des Kontos vornehmen darf. Tatsächlich haben die Business-Plattformen von Microsoft Windows diese Möglichkeiten standardmäßig eingebaut. Trotzdem werden diese Produkte gewöhnlich mit ausgeschalteten Sicherheitseigenschaften ausgeliefert, weil man erkannt hat, wie leicht die Kunden bei Features verärgert sind, die zusätzliche Anstrengungen brauchen. Es ist wirklich höchste Zeit, dass Software-Hersteller damit aufhören, Produkte ab Werk mit ausgeschalteten Sicherheitsmaßnahmen auszuliefern, wo es doch genau andersherum sein sollte (Ich halte es für möglich, dass sie das ziemlich schnell selbst herausfinden werden.).

Natürlich sollten die Sicherheitsrichtlinien eines Unternehmens die Systemadministratoren bevollmächtigen, dass sie wo immer möglich diese Richtlinien durch technische Vorkehrungen durchsetzen, mit dem Ziel, sich so wenig wie möglich auf fehlbare Menschen zu verlassen. Man braucht kein bisschen Grips, um zum Beispiel einem Angreifer das Leben deutlich zu erschweren, indem man die Anzahl der ungültigen Log-In-Versuche bei einem bestimmten Konto begrenzt.

Jede Organisation wird mit dieser unsicheren Balance zwischen starker Sicherheit und Produktivität der Arbeitskräfte konfrontiert, die bei einigen Angestellten dazu führt, dass sie die Sicherheitsrichtlinien ignorieren und somit nicht akzeptieren, wie wesentlich diese Absicherungen für den Schutz der Integrität sensibler Firmendaten sind.

Wenn die Richtlinien eines Unternehmens einige Probleme außer acht lassen, können die Angestellten den Weg des geringsten Widerstandes gehen und sich so verhalten, wie es für sie am bequemsten ist und was ihren Job so leicht wie möglich macht. Einige Angestellte werden sich Änderungen widersetzen und offen gute Sicherheitsregeln missachten. Vielleicht sind Sie schon mal einem solchen Kollegen begegnet, der alle Regeln der Kunst über Passwortlänge und -komplexität befolgt, aber das Passwort dann auf einen Post-It-Zettel schreibt und diesen trotzig an den Bildschirm klebt.

Ein wesentlicher Teil des Schutzes Ihrer Organisation ist die Verwendung von schwer zu erratenden Passwörtern, kombiniert mit starken Sicherungseinstellungen in Ihrer Technologie.

Eine detaillierte Besprechung von empfehlenswerten Passwortrichtlinien finden Sie in Kapitel 16.

Kapitel 12

Angriffe auf den Neuen im Betrieb

Viele der Geschichten hier demonstrieren, wie der geschickte Social Engineer oft auf das Personal der unteren Ränge in der Unternehmenshierarchie abzielt. Es kann sehr leicht sein, diese Leute derart zu manipulieren, dass sie scheinbar harmlose Informationen weitergeben, über die der Angreifer sich einen Schritt weiter an die sensiblen Informationen des Unternehmens herantasten kann.

Ein Angreifer nimmt die Angestellten auf dem unteren Level aufs Korn, weil sie sich normalerweise nicht im Klaren darüber sind, welchen Wert bestimmte Firmendaten besitzen oder welche Auswirkungen bestimmte Handlungen haben können. Ebenfalls neigen sie dazu, sich von den verbreiteteren Kunstgriffen der Social Engineers leichter beeinflussen zu lassen – ein Anrufer, der an die Autorität appelliert, eine Person, die freundlich und liebenswert erscheint, oder jemand, der Leute in der Firma kennt, die auch dem Opfer bekannt sind, eine Anfrage, die der Angreifer besonders dringend macht, oder der Rückschluss, dass das Opfer einen bestimmten Gefallen oder eine gewisse Anerkennung erlangen wird.

Wir wollen uns nun anschauen, wie ein Angriff auf die unteren Ränge des Personals ausschauen kann.

DER HILFREICHE WACHMANN

Hochstapler hoffen, dass sie eine habgierige Person treffen, weil diese am ehesten auf einen Trickbetrug hereinfallen wird. Social Engineers, die sich als Ziel jemanden aus der Putzkolonne oder einen Wachmann aussuchen, hoffen darauf, dass diese Person anderen Menschen gutartig, freundlich und vertrauensvoll gegenübertritt. Diese sind am ehesten bereit, anderen zu helfen. Genau das führte der Angreifer in der folgenden Geschichte im Schilde.

Elliots Standpunkt

Zeitpunkt: 3:26 an einem Dienstag morgen im Februar 1998.

Ort: Fabrikgebäude von Marchand Microsystems, Nashua, New Hampshire.

Elliot Staley wusste, dass er seine Station nicht verlassen durfte, wenn er nicht gerade einen seiner regelmäßigen Rundgänge machte. Aber – meine Güte! – es war mitten in der Nacht, und er hatte seit Dienstantritt keine Menschenseele gesehen. Und es war sowieso beinahe Zeit, seine Tour zu machen. Der arme Kerl am Telefon hörte sich an, als ob er wirklich Hilfe bräuchte. Und jeder fühlt sich gut, wenn man einem anderen einen Gefallen tun kann.

Bills Story

Bill Goodrock hatte ein einfaches Ziel, an dem er festhielt, unabänderlich, seit er zwölf war: er wollte sich mit vierundzwanzig zur Ruhe setzen und keinen Pfennig vom Ersparten anrühren müssen. Damit wollte er seinem alten Herrn, dem allmächtigen und gnadenlosen Banker, zeigen, dass er aus eigener Kraft erfolgreich sein konnte.

Zwei Jahre hatte er noch, aber mittlerweile war absolut klar, dass er in den nächsten 24 Monaten durch eine Tätigkeit als brillanter Geschäftsmann kein Vermögen mehr verdienen konnte und auch nicht als gerissener Investor. Er hatte mal davon geträumt, eine Bank mit vorgehaltener Waffe auszurauben, aber das war Kram aus dem Kino – die Risiko-Nutzen-Analyse ist ziemlich mies. Stattdessen hing er Tagträumen nach, einen Rifkin durchzuziehen – einen elektronischen Bankraub.

Als Bill das letzte Mal mit der Familie in Europa gewesen war, hatte er in Monaco ein Konto mit 100 Francs eingerichtet. Es waren immer noch 100 Francs darauf, aber er hatte einen Plan, mit dem er das Konto blitzschnell auf sieben Stellen jagen konnte. Mit ein bisschen Glück vielleicht sogar acht.

Bills Freundin Annemarie arbeitete für eine große Bostoner Bank in der Abteilung für Firmenfusionen. Als er eines Tages in ihrem Büro darauf wartete, dass sie aus einer langer Besprechung herauskam, gab er seiner Neugier nach und steckte seinen Laptop in einen Ethernet-Port in dem Konferenzraum, in dem er saß. Ja! – Er war im internen Netzwerk, verbunden mit dem Netzwerk der Bank – hinter der Unternehmens-Firewall! Da kam ihm eine Idee.

Er machte gemeinsame Sache mit einem Klassenkameraden, der eine junge Frau namens Julia kannte, eine brillante Ph.D.-Kandidatin für Computerwissenschaften, die gerade ein Praktikum bei Marchand Microsystems ableistete. Julia schien eine großartige Quelle für wesentliche Insiderinformationen zu sein. Sie erzählten ihr, dass sie an einem Drehbuch für einen Film schrieben, und Julia kaufte ihnen das auch ab. Ihr machte es mächtig Spaß, sich mit ihnen eine Geschichte auszudenken und ihnen alle Details zu geben, wie sie den fiktiven Betrug tatsächlich angehen könnten. Sie fand die Idee in der Tat brillant und lag ihnen dauernd damit in den Ohren, dass sie auf jeden Fall im Abspann erwähnt werden wolle. Sie warnten Julia davor, dass Ideen für Filme sehr oft geklaut werden, und ließen sie schwören, dass sie es keinem erzählte.

Mit Julias praktischer Unterstützung hat Bill den riskanten Teil selbst durchgeführt und niemals daran gezweifelt, dass er es selbst zustande bringen kann.

•••••••●•●•●•••••

Ich rief am Nachmittag an und fand heraus, dass nachts der Chef vom Dienst für die Sicherheitskräfte ein Mann namens Isaiah Adams war. Ich rief um halb zehn Uhr abends dort im Gebäude an und sprach mit dem Wachmann im Sicherheitsbüro des Eingangsbereiches. Ich baute bei meiner Geschichte komplett auf großer Eile und ließ mich selbst ein wenig panisch klingen. „Mein Wagen ist liegen geblieben und ich kann nicht in die Fabrik kommen", sagte ich. „Das ist ein Notfall, und ich brauche wirklich Ihre Hilfe. Ich habe versucht, Isaiah, den Chef für die Sicherheitsleute zu erreichen, aber er ist nicht zu Hause. Können Sie mir wohl diesen einen Gefallen tun? Ich wäre Ihnen so dankbar dafür!"

Die Räume in dieser Fabrik hatten alle einen Code für Mailstop, also gab ich ihm den Mailstop für das Computerlabor und fragte ihn, ob er wisse, wo das sei. Er bejahte und willigte ein, für mich dorthin zu gehen. Er sagte, das dauere jetzt ein paar Minuten, bis er dort sei, und ich sagte, dass ich ihn dort im Labor anrufen werde mit der Begründung, dass ich die einzige, mir zu Verfügung stehende Telefonleitung benutzte, die ich aber brauchte, um mich zur Lösung des Problems in das Netzwerk einwählen zu können.

Als ich anrief, war er schon dort und wartete auf mich, und ich erzählte ihm, wo er die Konsole finden könne, die mich interessierte, die mit einem Aufkleber, auf dem „Elmer" stand. Dies war nach Julias Angaben der Host, auf der die Endversionen des Betriebssystems zusammengestellt werden, die das Unternehmen vermarktete. Als er mir sagte, er habe es gefunden, war ich völlig sicher, dass Julias Informationen wirklich gut waren, und mein Herz setzte einen kleinen Moment aus. Ich bat ihn, einige Male auf die Eingabetaste zu drücken, und er meinte, auf dem Bildschirm sei ein Pfundzeichen zu sehen. Das sagte mir, dass der Computer als Root angemeldet war, das Superuser-Konto mit allen Systemprivilegien. Mit seinem Adlersuchsystem kam er ganz schön in Schweiß, als ich ihm die Eingabe meines nächsten Befehls diktierte, der mehr als nur ein bisschen umständlich war.

```
echo 'fix:x:0:0::/:/bin/sh' >> /etc/passwd
```

Aber schließlich hatte er es richtig eingetippt, und wir hatten nun ein Konto mit einem festgelegten Namen. Dann ließ ich ihn Folgendes eingeben:

```
echo 'fix::10300:0:0' >> /etc/shadow
```

Dieser Befehl richtet ein verschlüsseltes Passwort, welches zwischen den ersten beiden Doppelpunkten steht. Wenn man dort nichts eingibt, bedeutete dies, dass das Konto ein leeres Passwort hat. Mehr als diese beiden Befehle braucht man nicht, um den Accountfix mit einem leeren Passwort an die Passwort-Datei zu hängen. Und das Beste daran: Das Konto hatte die gleichen Privilegien wie ein Superuser.

Als Nächstes ließ ich ihn einen rekursiven Verzeichnisbefehl eingeben, mit dem eine lange Dateienliste ausgedruckt wurde. Dann sollte er diesen Ausdruck abreißen und zu seinem Schreibtisch mit zurücknehmen, weil „Sie mir bitte vielleicht noch später etwas daraus vorlesen müssen".

Das Schönste daran war, dass er überhaupt keine Ahnung hatte, dass er ein neues Konto erstellt hatte. Und ich ließ ihn das Verzeichnis der Dateinamen ausdrucken, weil ich sichergehen wollte, dass die Befehle, die er vorher eingegeben hatte, mit ihm den Computerraum verlassen. Auf diese Weise fiele dem Systemadministrator am nächsten Tag nichts auf, und er hätte keinen Hinweis, dass es einen Sicherheitsvorfall gegeben hatte.

Nun war ich mit einem Konto, einem Passwort und allen Privilegien ausgestattet. Kurz vor Mitternacht wählte ich mich ein und folgte den Anweisungen, die Julia „für das Drehbuch" sorgfältig aufgeschrieben hatte. Nach wenigen Augenblicken hatte ich Zugang zu einem der Entwicklungssysteme, die die Master-Kopie des Quellcodes für die neue Version der Betriebssystemsoftware dieser Firma enthielten.

Ich lud einen von Julia geschriebenen Patch hoch, die nach ihrer Aussage eine Routine in einer der Bibliotheken des Betriebssystems modifizierte. Tatsächlich richtete dieser Patch eine verdeckte Backdoor ein, über die man mit einem geheimen Passwort per Fernzugang auf das System zugreifen konnte.

Hinweis

Die hier verwendete Backdoor verändert das eigentliche Log-In-Programm des Betriebssystems selbst nicht. Statt dessen wird eine spezielle Funktion aus der dynamischen Bibliothek, die vom Log-In-Programm verwendet wird, ersetzt, damit der geheime Zugangspunkt geschaffen werden kann. Bei typischen Angriffen ersetzen oder patchen Computereindringlinge das Log-In-Programm selbst, aber wachsame Systemadministratoren können die Änderung feststellen, indem sie sie mit der Version auf dem Speichermedium wie der CD oder einem anderen Auslieferungsmedium vergleichen.

Ich folgte sorgfältig den Angaben, die sie mir aufgeschrieben hatte, installierte zuerst den Patch, dann unternahm ich alle Schritte, die das Fix-Konto wieder löschten, und bereinigte alle Überwachungsprotokolle, damit meine Aktivitäten keine Spuren hinterließen. Insgesamt verwischte ich effektiv alle meine Spuren.

Bald würde diese Firma das Upgrade für das neue Betriebssystem an alle Kunden ausliefern, und das waren Finanz-Institutionen in der ganzen Welt. Und jede Kopie, die sie auslieferten, hat diese Backdoor eingebaut, die ich in der Master-Distribution platzierte, bevor sie ausgeliefert wurde, und das erlaubte mir den Zugang zu jedem Computersystem jeder Bank und jedes Börsenmaklers, die das Upgrade installiert hatten.

Jargon

Patch Traditionellerweise ein Stück Code, der ein Problem bereinigt, wenn er in einem ausführbaren Programm eingesetzt wird.

Natürlich hatte ich meine Schäfchen noch nicht vollständig ins Trockene gebracht – es gab immer noch genug zu tun. Ich musste erst den Zugang zum internen Netzwerk jeder Finanzorganisation bekommen, die ich „besuchen" wollte. Dann musste ich herausfinden, welche ihrer Computer die Geldtransaktionen bearbeiteten, und eine Überwachungssoftware installieren, um die Einzelheiten dieser Arbeitsgänge kennen zu lernen und wie ein Kapitaltransfer nun genau abläuft.

Aber das würde ich auf lange Sicht bestimmt hinkriegen. Von einem Computer, der irgendwo stehen könnte. Sagen wir mal – mit Blick auf einen schönen Sandstrand. Auf nach Tahiti!

Ich rief den Wachmann zurück, bedankte mich vielmals für seine Hilfe und bat ihn, den Ausdruck nun wegzuwerfen.

Trickanalyse

Der Wachmann hatte genaue Anweisungen über seine Pflichten, aber nicht einmal gründliche, wohldurchdachte Direktiven können jede mögliche Situation berücksichtigen. Niemand hatte ihm von dem Schaden erzählt, den man durch ein paar Tasteneingaben auf einem Computer anrichten kann, wenn man bloß einer Person einen Gefallen tun will, von der man annimmt, sie gehöre zur Firma,.

Durch die Hilfsbereitschaft des Wachmannes war es relativ leicht, den Zugang zu einem wichtigen System zu bekommen, auf dem die Master-Kopie des Quellcodes gespeichert war, trotz der Tatsache, dass sie hinter den verschlossenen Türen eines sicheren Laboratoriums untergebracht war. Der Wachmann hatte natürlich die Schlüssel zu allen abgeschlossenen Türen.

Sogar eine im Grunde ehrliche Angestellte (oder in diesem Fall die Ph.D.-Kandidatin und Firmenangehörige Julia) kann manchmal bestochen oder derart getäuscht werden, dass sie für einen Social Engineering-Angriff existenziell wichtige Informationen enthüllt, so wie z.B. Angaben darüber, wo sich das Zielcomputersystem befindet und – der Schlüssel zu dieser Art von Angriff – wann die neue Software zur Veröffentlichung freigegeben wird. Das ist wichtig, denn falls eine Änderung dieser Art zu früh vorgenommen wird, ist das Risiko einer Entdeckung größer oder die ganze Aktion möglicherweise wirkungslos, wenn das Betriebssystem von einer sauberen Quelle erneut wieder hergestellt wird.

Ist Ihnen das Detail aufgefallen, dass der Wachmann den Ausdruck zu seinem Schreibtisch mitgenommen hat und ihn später vernichtete? Das war ein wichtiger Schritt. Der Angreifer wollte vermeiden, dass das Bedienungspersonal der Rechner am nächsten Tag dieses belastende Beweismaterial am Druckerterminal oder im Abfall vorfindet. Dem Wachmann eine plausible Erklärung zu bieten, warum er den Ausdruck mitnehmen sollte, vermied dieses Risiko.

Mitnick
Spot

Wenn der Computer-Eindringling keinen physischen Zugang zu einem Computersystem oder Netzwerk bekommen kann, wird er versuchen, eine andere Person derart zu manipulieren, dass sie es für ihn tut. In Fällen, wo der Plan einen physischen Zugang voraussetzt, ist die Stellvertretung durch das Opfer immer noch besser als es selbst zu erledigen, weil der Angreifer damit das Risiko der Entdeckung und Verhaftung deutlich verringert.

EIN PATCH FÜR DEN NOTFALL

Man sollte annehmen, dass jemand vom technischen Support die Gefahren kennt, wenn man einem Externen einen Netzwerkzugang gewährt. Aber wenn dieser Externe ein schlauer Social Engineer ist, der sich als hilfsbereiter Software-Händler maskiert, kann das Ergebnis die Erwartungen übertreffen.

Ein hilfreicher Anruf

Der Anrufer wollte wissen, wer für die Rechner verantwortlich ist, und der Telefonist stellte ihn zu Paul Ahearn durch, dem Kollegen aus dem technischen Support.

Der Anrufer stellte sich vor als „Edward von SeerWare, Ihrem Datenbank-Verkäufer. Offensichtlich haben eine Reihe unserer Kunden die Email über unser Notfall-Update nicht erhalten, darum rufen wir jetzt aus Gründen der Qualitätssicherung einige direkt an, um zu hören, ob es beim Installieren des Patches Probleme gegeben hat. Haben Sie mittlerweile das Update installiert?"

Paul entgegnete, er sei ziemlich sicher, dass ihm das bisher noch nicht untergekommen sei.

Edward sagte: „Nun, das kann zwischenzeitlich zu einem katastrophalen Datenverlust führen, darum empfehlen wir Ihnen dringendst, es so schnell wie möglich nachzuholen." Ja, das wolle er nun wirklich gerne tun, erwiderte Paul. „In Ordnung", antwortete der Anrufer. „Wir können Ihnen ein Band oder eine CD mit dem Patch schicken, und ich will Ihnen noch mal ganz deutlich sagen, wie immens wichtig das ist – zwei Organisationen haben schon die Daten von mehreren Tagen Arbeit verloren. Also sollten Sie es wirklich sofort installieren, wenn es ankommt, bevor Ihrer Firma das Gleiche passiert."

„Kann ich das nicht von Ihrer Website downloaden?" wollte Paul wissen.

„Es sollte dort in nächster Zeit verfügbar sein – das Tech-Team arbeitet gerade mit Hochdruck daran. Wenn Sie wollen, kann unser Kundendienst-Center das Update für Sie remote installieren. Das läuft entweder per Einwahl oder über eine Verbindung per Telnet, wenn Ihr System das unterstützt."

„Wir erlauben kein Telnet, insbesondere nicht aus dem Internet – weil es nicht sicher ist", antwortete Paul. „Wenn Sie SSH benutzen können, wäre das okay", sagte er und nannte dabei ein Produkt, das einen sicheren Datentransfer gewährleistet.

„Kein Problem, wir haben SSH. Wie ist also die IP-Adresse?"

Paul gab ihm die IP-Adresse, und als Edward fragte, welchen Namen und welches Passwort er benutzen solle, gab Paul ihm das ebenfalls.

Trickanalyse

Natürlich hätte dieser Anruf tatsächlich vom Hersteller der Datenbank kommen können. Aber dann gehörte diese Geschichte nicht in dieses Buch.

Der Social Engineer hat hier das Opfer beeinflusst, indem er ein Gefühl der Bedrohung hervorgerufen hat, dass wichtige Daten verloren gehen könnten, und eine sofortige Lösung angeboten, die das Problem beheben konnte.

Außerdem muss ein Social Engineer, der jemanden mit einer Vorstellung vom Wert der Daten täuschen will, sehr gravierende und überzeugende Argumente darlegen, warum er einen Fernzugang braucht. Manchmal muss er über Eile einen Zeitdruck aufbauen, damit das Opfer abgelenkt wird und mitarbeitet, bevor es die Möglichkeit hatte, die Anfrage zu durchdenken.

DIE NEUE

Auf welche Art von Informationen aus Ihren Firmendateien könnte ein Angreifer zugreifen wollen? Manchmal kann das etwas sein, von dem Sie niemals gedacht hätten, dass man es schützen sollte.

Sarahs Anruf

„Personalabteilung, Sarah am Apparat."

„Hallo Sarah. Hier spricht George von der Parkgarage. Sie kennen doch die Zugangskarte, mit der man in die Parkgarage und die Fahrstühle kommt, nicht wahr? Nun, es hat da Probleme gegeben, und wir müssen die Karten für alle Leute, die in den vergangenen zwei Wochen neu eingestellt wurden, neu programmieren."

„Also brauchen Sie alle Namen?"

„Und deren Telefonnummern."

„Ich kann auf der Liste der Neueinstellungen nachsehen und Sie zurückrufen. Wie ist Ihre Durchwahl?"

„Sie können mich unter 73 ... oh, meine Pause fängt gleich an. Kann ich Sie einfach in einer halben Stunde noch mal anrufen?"

„Ja, kein Problem."

Bei seinem Rückruf sagte sie:

„So, also da hat es nur zwei gegeben. Anna Myrtle aus der Finanzabteilung, sie ist die Sekretärin. Und der neue Vizepräsident Mr. Underwood."

„Und die Telefonnummern?"

„Ja richtig ... Okay, Mr. Underwood hat 6973 und Anna Myrtle 2127."

„Fantastisch, Sie waren mir eine große Hilfe. Vielen Dank."

Annas Anruf

„Finanzabteilung, Anna am Apparat."

„Mensch, bin ich froh, jemanden gefunden zu haben, der noch so spät arbeitet. Hören Sie, hier ist Ron Vittaro, ich bin der Herausgeber im Geschäftsbereich. Ich glaube, wir sind einander noch nicht vorgestellt worden. Herzlich willkommen in der Firma!"

„Oh, vielen Dank."

„Anna, ich bin in Los Angeles, und ich kriege hier die Krise. Ich brauche mal zehn Minuten Ihrer wertvollen Zeit."

„Natürlich, was kann ich für Sie tun?"

„Gehen Sie bitte in mein Büro. Wissen Sie, wo das ist?"

„Leider nicht."

„Okay, es ist das Eckbüro im 14. Stock, Raum 1402. Ich rufe Sie dort in ein paar Minuten an. Wenn Sie in das Büro kommen, müssen Sie am Telefon den Knopf zur Weiterleitung drücken, damit mein Anruf nicht direkt auf die Mailbox geht."

„In Ordnung, bin schon unterwegs."

Zehn Minuten später war sie in seinem Büro, hatte die Rufweiterleitung deaktiviert und wartete, als das Telefon schellte. Er
bat sie, sich an den Rechner zu setzen und den Internet Explorer
zu starten. Als dieser lief, sollte sie eine Adresse eingeben:
`www.geocities.com/ron_insen/manuscript.doc.exe`.

Eine Dialog-Box erschien, und er sagte ihr, sie solle auf Öffnen
klicken. Der Computer lud offensichtlich das Manuskript herunter, und dann wurde der Bildschirm schwarz. Als sie berichtete,
dass scheinbar etwas schiefgegangen war, rief er: „Oh nein,
nicht schon wieder. Ich habe immer wieder dieses Problem,
wenn ich etwas von dieser Website herunterladen will, aber ich
hatte angenommen, dass das Problem nun repariert sei. Na ja,
in Ordnung, kein Grund zur Aufregung, ich komme schon
irgendwie an diese Datei." Dann bat er sie, den Computer noch
einmal zu starten, damit er sicher sein konnte, dass er nach diesem Problem wieder korrekt hochfährt. Er gab ihr die Anweisungen, wie man einen Neustart durchführt.

Als der Computer wieder problemlos lief, bedankte er sich vielmals und legte auf, und Anna wandte sich wieder ihrer Arbeit in
der Finanzabteilung zu, um die Sache, an der sie gerade gearbeitet hatte, fertig zu kriegen.

235

Kurt Dillons Geschichte

Der Verlag Millard-Fenton war sehr begeistert von dem neuen Autor, den sie
bald unter Vertrag nehmen wollten: ein in Ruhestand gegangener Vorstandsvorsitzender eines Unternehmens aus den Fortune 500, der eine faszinierende
Geschichte zu erzählen hatte. Jemand hatte ihn zu einem Manager gelotst, um
die Vertragsbedingungen auszuhandeln. Der Manager wollte nicht zugeben
müssen, dass er absolut keine Ahnung von Autorenverträgen hatte, also stellte
er einen alten Freund ein, der ihm helfen sollte, alles Notwendige darüber herauszufinden. Der alte Freund war unglücklicherweise keine gute Wahl. Kurt
Dillon benutzte bei seiner Recherche ... wir wollen mal sagen: ungewöhnliche
Methoden, die einer ethischen Untersuchung nicht vollständig standhalten.

Kurt richtete bei Geocities eine kostenlose Site unter dem Namen Ron Vit-
taro ein und lud ein Spyware-Programm auf die neue Site. Er änderte den
Namen des Programms auf `manuscript.doc.exe`, damit der Name wie ein
Word-Dokument aussah und unverdächtig wirkte. In der Tat klappte dies
besser, als Kurt angenommen hatte, weil der echte Vittaro niemals eine der
Standard-Einstellungen seines Windows-Betriebssystems geändert hatte, die
„Dateinamenerweiterungen bei bekannten Dateitypen ausblenden" hieß.
Darum wurde diese Datei auf dem Bildschirm als `manuscript.doc` angezeigt.

Dann ließ er eine gute Freundin die Sekretärin von Vittaro anrufen. Nach Dillons Anweisungen stellte sie sich folgendermaßen vor: „Ich bin die Chefsekretärin von Paul Spadone, dem Präsident von Ultimate Bookstores in Toronto. Mr. Vittaro hat meinen Chef vor einiger Zeit bei einer Buchmesse kennen gelernt und ihn gebeten anzurufen, damit beide gemeinsam eine Projektidee besprechen können. Mr. Spadone ist viel unterwegs, also soll ich herausfinden, wann Mr. Vittaro im Büro erreichbar ist."

Als sie dann mit dem Vergleichen der unterschiedlichen Terminpläne fertig waren, hatte die gute Freundin ausreichend Informationen, um den Angreifer mit einer Liste von Terminen zu versorgen, wann Mr. Vittaro im Büro sein werde. Und außerdem wusste er nun ebenfalls, wann Vittaro *nicht* dort anzutreffen war. Es hatte nicht viel zusätzliche Konversation gebraucht, um herauszufinden, dass Vittaros Sekretärin sich dessen Abwesenheit zunutze machen würde, um ein wenig Ski zu fahren. Für diese kurze Zeit wären beide nicht im Büro. Perfekt.

Am ersten Tag, als beide abwesend sein sollten, machte er unter einem Vorwand einen dringenden Anruf, um sicherzugehen, und wurde vom Empfang darüber informiert, dass „weder Mr. Vittaro noch seine Sekretärin im Büro erreichbar seien. Beide werden weder heute noch morgen oder übermorgen zurück erwartet."

Sein allererster Versuch, eine jüngere Angestellte in seinen Plan einzubinden, war erfolgreich, und sie zuckte mit keiner Wimper, als er sie bat, ihm beim Download eines „Manuskripts" zu helfen, das in Wahrheit ein populäres, kommerziell erhältliches Spyware-Programm war, das der Angreifer für ein *silent install* modifiziert hatte. Bei dieser Methode würde die Installation von keiner Anti-Virensoftware gefunden werden. Aus nicht nachvollziehbaren Gründen bieten die Hersteller von Antiviren-Programmen keine Software an, die kommerziell erhältliche Spyware entdecken kann.

Jargon

Spyware Spezialisierte Software, mit der die Computeraktivitäten einer Zielperson verdeckt überwacht werden können. Eine ihrer Abarten wird verwendet, um die von Internet-Kunden besuchten Sites zu verfolgen, damit Online-Werbung genau auf das Surf-Verhalten zugeschnitten werden kann. Die andere Form entspricht dem Anzapfen einer Telefonleitung, außer dass das Zielgerät ein Computer ist. Die Software fängt die Aktivitäten des Benutzers ab, einschließlich aller Eingaben wie Passwörter, Email, Chats, Instant Messaging, alle besuchten Websites und Screenshots des User-Bildschirms.

Sofort nachdem die junge Frau die Software auf Vittaros Computer heruntergeladen hatte, ging Kurt zurück auf die Site bei Geocities und ersetzte die doc.exe-Datei mit einem Buchmanuskript, das er im Internet gefunden hatte. Falls jemandem diese Finte auffallen sollte und er auf diese Site ging, um den Vorfall zu untersuchen, würde er ein harmloses, amateurhaftes und kaum zur Veröffentlichung geeignetes Buchmanuskript vorfinden.

Jargon

Silent Install Eine Methode zur Installation einer Software-Anwendung, ohne dass der Computer-User erfährt, dass eine derartige Aktion durchgeführt wird.

Nach der Installation und dem Neustart des Computers war das Programm so eingestellt, dass es sofort aktiv werden sollte. Wenn Ron Vittaro einige Tage später in die Stadt zurückkommt und mit seiner Arbeit beginnt, würde die Spyware alle Tastatureingaben auf seinem Computer weiterleiten, inklusive aller ausgehenden Emails und Screenshots von allem, was gerade auf dem Bildschirm angezeigt wird. Das alles ginge in regelmäßigen Abständen zu einem kostenlosen Email-Provider in der Ukraine.

Einige Tage nach Vittaros Rückkehr konnte Kurt sich schon durch die Protokolldateien wühlen, die sich in seiner ukrainischen Mailbox stapelten, und es brauchte nicht lange, bis er vertrauliche Emails ausgemacht hatte, die anzeigten, wie weit der Verlag Millard-Fenton bei ihrem Deal mit dem Autor zu gehen bereit waren. Mit diesen Kenntnissen bewaffnet war es ein Leichtes für den Agenten des Autoren, viel bessere als die Eingangsbedingungen auszuhandeln, ohne sich jemals dem Risiko auszusetzen, dass die Verhandlungen platzen. Und das bedeutete natürlich eine größere Provision für den Agenten.

Trickanalyse

Bei dieser Intrige steigerte der Angreifer die Wahrscheinlichkeit seines Erfolges durch die Wahl einer neuen Angestellten, die an seiner Statt handelte. Dabei konnte er darauf zählen, dass sie eine größere Bereitschaft zur Zusammenarbeit hatte und den Wunsch besaß, ein Teamplayer zu sein. Ihre geringeren Kenntnisse der Firma, der Angestellten und der guten Sicherheitsvorkehrungen konnten dem Vorhaben nicht so leicht gefährlich werden.

Weil Kurt bei seinem Gespräch mit Anna, der Angestellten aus der Finanzabteilung, vorspiegelte, Vizepräsident zu sein, wusste er um die geringe Wahrscheinlichkeit, dass sie seine Autorität in Frage stellen würde. Im Gegenteil – sie ging wahrscheinlich davon aus, dass eine Hilfsbereitschaft dem Vizepräsidenten gegenüber ihr von Vorteil sein könnte.

Und die Schritte, bei denen er Anna anleitete und deren Ergebnis die Installation der Spyware war, erschienen oberflächlich als völlig harmlos. Anna hatte überhaupt keine Vorstellung davon, dass ihre scheinbar unschuldigen Handlungen einen Angreifer dazu in die Lage versetzt hatten, an wertvolle Informationen zu kommen, die gegen die Interessen der Organisation eingesetzt werden konnten.

Und warum richtete er es so ein, dass die Nachrichten des Vizepräsidenten an ein Email-Konto in der Ukraine geschickt werden? Aus mehreren Gründen macht ein weit abgelegener Bestimmungsort eine Verfolgung oder Maßnahmen gegen die Angreifer deutlich unwahrscheinlicher. Diese Art von Kriminalität hat in solchen Ländern keine hohe Priorität, wo die Strafverfolgungsbehörden zu der Ansicht neigen, dass ein über das Internet begangenes Verbrechen kein beachtenswertes Delikt sei. Aus diesem Grund ist der Einsatz von Mailboxen in Ländern, die wahrscheinlich nicht zur Zusammenarbeit mit amerikanischen Gesetzeshütern bereit sind, eine attraktive Strategie.

SCHUTZMAßNAHMEN

Ein Social Engineer wird sich stets einen Angestellten als Ziel aussuchen, der wahrscheinlich nicht erkennen wird, dass das Anliegen verdächtig ist. Es erleichtert ihm nicht nur seinen Job, sondern senkt auch das Risiko – wie die Geschichten in diesem Kapitel illustrieren.

Mitnick
Spot

Einen Mitarbeiter oder Untergebenen um einen Gefallen zu bitten, ist eine übliche Praxis. Jeder Social Engineer weiß, wie er das natürliche Bedürfnis der Menschen, anderen zu helfen und ein Teamplayer zu sein, ausnutzen kann. Ein Angreifer schlachtet diese positive menschliche Charaktereigenschaft für sich aus, um arglose Angestellte zu täuschen, damit sie Handlungen ausführen, die ihn seinem Ziel näher bringen. Es ist immens wichtig, sich dieses einfache Konzept klarzumachen, damit Sie es besser erkennen können, wenn jemand Sie zu manipulieren versucht.

Täusche die Unachtsamen

Ich habe schon mehrfach die Notwendigkeit betont, dass Angestellte so gut ausgebildet werden müssen, dass sie sich niemals dazu überreden lassen, die Anweisungen eines Fremden auszuführen. Alle Mitarbeiter müssen ebenfalls die Gefahren bei der Ausführung eines Auftrages verstehen, die mit der Benutzung des Computers einer anderen Person verbunden sind. Die Unternehmensrichtlinien sollten dies explizit untersagen, außer wenn es durch einen Vorgesetzten genehmigt wird. Zu den akzeptablen Situationen können wir folgende zählen:

- Wenn die Anfrage von einer bekannten Person kommt, die das Anliegen entweder persönlich vorbringt oder am Telefon mitteilt und die Stimme unverkennbar dieser Person zugeordnet werden kann.

- Wenn man die Identität der Person mit dem Anliegen eindeutig durch anerkannte Prozeduren bestätigen kann.

- Wenn die Handlung durch einen Vorgesetzten oder eine andere Person mit Autorität gebilligt wird, der denjenigen mit dem Anliegen persönlich kennt.

Angestellte müssen so ausgebildet werden, dass sie keinen Personen behilflich sind, die sie nicht persönlich kennen, auch wenn diese behaupten, sie gehörten zu den höheren Rängen der Firma. Wenn erst einmal die Sicherheitsrichtlinien über die Verifikation eingerichtet sind, muss das Management alle Angestellten dazu anhalten, sich streng nach diesen Vorgaben zu richten, auch wenn das bedeuten könnte, dass ein Angestellter sich mit jemandem aus der Vorstandsetage anlegen muss, weil dieser ihn zur Umgehung einer Sicherheitsrichtlinie auffordert.

Jedes Unternehmen muss auch Richtlinien und Prozeduren vorweisen, nach denen sich Mitarbeiter bei Anfragen bezüglich Handlungen an Computern und dazugehörigem Equipment richten können. In der Geschichte mit dem Verlag zielte der Social Engineer auf eine neue Angestellte ab, die noch keine Ausbildung in Richtlinien und Abläufen für die Informationssicherheit genossen hatte. Um diese Art von Angriff abzuwehren, müssen alle Firmenmitarbeiter und neu eingestelltes Personal eine einfache Regel befolgen: Benutzen Sie kein Computersystem, um eine von einem Fremden angeforderte Handlung auszuführen. Basta.

Denken Sie daran, dass jeder Angestellte, der physischen oder elektronischen Zugang zu einem Computer oder Computerzubehör hat, Gefahr laufen kann, zu einer bösartigen Handlung manipuliert zu werden, die einem Angreifer zuträglich ist.

Generell alle Angestellten und speziell alle IT-Mitarbeiter müssen begreifen, dass wenn man einem Externen den Zugang zu ihren Computernetzwerken erlaubt, dies der Weitergabe der eigenen Bankkontonummer an einen Telemarketer oder der Nummer der Telefon-Calling-Card an einen Fremden im Gefängnis gleicht. Alle Angestellten müssen überlegt und aufmerksam darauf achten, ob sie eine Anfrage ausführen, die zur Enthüllung von sensiblen Informationen oder zur Kompromittierung des Firmennetzwerkes führen können.

Alle Personen aus dem IT-Bereich müssen ebenfalls davor auf der Hut sein, dass Unbekannte sich als Händler oder Lieferanten ausgeben könnten. Generell sollte man sich im Unternehmen überlegen, ob nicht spezielle Kontaktpersonen für jeden Lieferanten von technischem Gerät bestimmt werden sollten, wobei eine Richtlinie vorhanden sein muss, dass kein anderer Angestellter auf Händler-Anfragen nach Informationen über oder Änderungen an Telefon- oder Computergeräten reagieren darf. Auf diese Weise werden die zuständigen Leute mit dem Personal der Händler und Lieferanten vertraut, die anrufen oder als Vertreter kommen, und können wahrscheinlich weniger leicht durch einen Hochstapler hereingelegt werden. Wenn ein Händler anruft, auch wenn die Organisation gar keinen Kundendienstvertrag abgeschlossen hat, sollte dies ebenfalls Verdacht hervorrufen.

Alle Personen in der Organisation sollten für Bedrohungen und Angriffspunkte bei der Informationssicherheit sensibilisiert werden. Beachten Sie, dass Wach- und ähnliches Personal nicht nur in Fragen des Sicherheitstrainings ausgebildet werden muss, sondern auch bei der *Information*ssicherheit. Weil das Sicherheitspersonal regelmäßig physischen Zugang zur gesamten Einrichtung hat, muss es in der Lage sein, die Arten von Social Engineering-Angriffen zu erkennen, die gegen die Wachleute eingesetzt werden können.

Vorsicht vor Spyware

Kommerzielle Spyware wurde früher meistens von Eltern benutzt, um zu überwachen, was ihre Sprösslinge im Internet so treiben, und von Arbeitgebern, die den Internet-Aktivitäten ihres Personals auf die Schliche kommen wollten. Ein ernsthafterer Einsatzbereich war die Entdeckung von potenziellem Informationsdiebstahl oder Industriespionage. Die Hersteller vermarkten ihre Spyware, indem sie diese Software als ein Instrument zum Schutz der Kinder anbieten, aber in Wirklichkeit ist die eigentliche Zielgruppe diejenigen, die andere ausspionieren wollen. Heutzutage erreichen die Verkaufszahlen von Spyware ungeahnte Höhen, weil Leute getrieben sind von dem Wunsch herauszukriegen, ob der Ehepartner oder Lebensabschnittsgefährte sie betrügt.

Kurz bevor ich die Spyware-Story in diesem Buch aufgeschrieben habe, bekam die Person, die für mich die Emails empfängt (weil mir die Nutzung des Internet untersagt ist), eine Spam-Mail mit Werbung für eine Gruppe von Spyware-Produkten. Eines der Angebote wurde folgendermaßen beworben:

> ***Supersache! Ein Muss für jeden!*** Dieses mächtige Überwachungs- und Spionageprogramm fängt insgeheim sowohl alle Tasteneingaben als auch Zeit und Namen aller aktiven Fenster ab und speichert sie im Hintergrund in einer Text-Datei. Protokolle können verschlüsselt und

automatisch an eine festgelegte Email-Adresse versandt oder einfach auf der Festplatte aufgezeichnet werden. Der Zugang zum Programm ist passwortgeschützt, und auch im Menü STRG+ALT+ENTF wird das Programm nicht erkennbar.

Nutzen Sie es zur Überwachung von eingegebenen URLs, Chat-Sessions, Email und vielen anderen Dingen (sogar Passwörtern ;-)).

Installieren Sie es unentdeckt auf jedem beliebigen PC und lassen Sie sich die Logs per Email zustellen!!!!!!

Antivirus-Lücke?

Antiviren-Software entdeckt keine kommerzielle Spyware, und damit wird die Software nicht als bösartig eingestuft, obwohl die Absicht ist, andere damit auszuspionieren. Somit kann dieses Äquivalent zu angezapften Telefonleitungen unbemerkt vonstatten gehen und das Risiko schaffen, dass jeder von uns jederzeit unter illegaler Überwachung stehen könnte. Natürlich argumentieren die Hersteller von Antiviren-Software, dass Spyware für legitime Zwecke eingesetzt werden kann und darum nicht als bösartig eingestuft werden sollte. Aber gewisse Tools, die seinerzeit von der Hacker-Gemeinde benutzt wurden und heutzutage frei zugänglich sind oder als sicherheitsbezogene Software verkauft wird, werden nichtsdestotrotz als bösartiger Code eingestuft. Hier finden wir unterschiedliche Standards, und ich frage mich immer noch nach der Begründung.

Eine andere Eigenschaft, die in dieser Email angeboten wurde, verspricht die Erstellung von Screenshots vom Bildschirm des Users, als ob eine Videokamera dem User über die Schulter schaut. Einige dieser Software-Produkte erfordern noch nicht einmal den physischen Zugang zum PC des Opfers. Installieren und konfigurieren Sie diese Applikation einfach über einen Fernzugang, und Sie können sofort diesen Computer anzapfen. Das FBI muss Technologie lieben.

Weil diese Spyware so frei verfügbar ist, muss Ihre Organisation zwei Ebenen des Schutzes einführen. Sie sollten Software zum Erkennen von Spyware auf allen Workstations installieren (wie SpyCop – erhältlich unter www.spycop.com), und es muss erforderlich sein, dass alle Mitarbeiter regelmäßige Scans ausführen. Zusätzlich müssen Sie die Angestellten so ausbilden, dass sie sich nicht dazu bringen lassen, ein Programm herunterzuladen oder einen Email-Anhang zu öffnen, der bösartige Software installieren könnte.

Um außerdem zu verhindern, dass Spyware während einer Arbeits- oder Essenspause installiert werden kann, sollte über eine Richtlinie geregelt werden, dass alle Angestellten ihre Computersysteme mit einem Bildschirmschoner-Passwort oder einer entsprechenden Methode abriegeln. Dies wird jeglichen unerlaubten Zugang zu einem fremden Computer erschweren. Niemand, der gerade mal eben in ein Büro schlüpfen konnte, kann auf die Daten zugreifen, die Emails lesen oder Spyware oder andere bösartige Software installieren. Die nötigen Ressourcen, um das Bildschirmschoner-Passwort einzurichten, sind praktisch Null, aber der Vorteil für den Schutz der Workstations aller Angestellten ist immens. Bei dieser Kosten-Nutzen-Analyse braucht man nicht zu überlegen.

∙∙∙●∙●●●●●●∙●∙∙∙∙

Kapitel

13

Clevere Betrügereien

Mittlerweile ist Ihnen also klar, dass die Person, die den Anruf eines Unbekannten mit Fragen bezüglich sensibler Informationen (oder etwas, was für einen Angreifer von Wert sein könnte) entgegennimmt, instruiert sein muss, die Telefonnummer des Anrufers zu bekommen. Danach wird durch einen Rückruf abgeklärt, ob der Anrufer wirklich die angebliche Person ist – zum Beispiel ein Kollege aus der Firma, der Angestellte eines Geschäftspartners oder jemand vom Kundendienst einer Ihrer Zulieferer.

Auch wenn das Unternehmen eine von den Angestellten sorgfältig befolgte Prozedur zur Bestätigung der Identität eines Anrufers eingeführt hat, sind raffinierte Angreifer immer noch in der Lage, mit einer Reihe von Tricks ihre Opfer so zu täuschen, dass sie die ihnen vorgespielte Person tatsächlich als echt akzeptieren. Auch sicherheitsbewusste Angestellte können durch Methoden wie die folgenden hereingelegt werden.

DIE IRREFÜHRENDE RUFIDENTIFIKATION

Jeder, der jemals einen Anruf auf einem Handy erhalten hat, kennt das Feature der Rufidentifikation – die vertraute Anzeige der Telefonnummer des Anrufers. In einer geschäftlichen Umgebung bietet dies einem Angestellten den Vorteil, auf einen Blick zu erkennen, ob der Anruf von einem Kollegen innerhalb der Firma oder von draußen kommt.

Vor vielen Jahren haben sich ehrgeizige Phone Phreaker in die Wunder der Rufidentifikation eingearbeitet, noch ehe der Telefongesellschaft erlaubt wurde, diesen Dienst öffentlich anzubieten. Sie hatten mächtig Spaß dabei, die Anrufer zu überraschen, indem sie diese mit Namen begrüßten, bevor die Anrufer überhaupt einen Ton gesagt hatten.

Nun meinen Sie womöglich, dass dies eine ganz verlässliche Sache sei, aber der Angreifer zielt genau auf diese Praxis ab, die Identität eines Anrufers mit einem Blick auf das eigene Display festzustellen.

Lindas Anruf

Datum / Uhrzeit: Dienstag, 23. Juli, 15:12

Ort: Die Geschäftsräume der Finanzabteilung von Starbeat Aviation

Das Telefon von Linda Hill läutete gerade, als sie dabei war, eine Notiz für ihren Chef zu schreiben. Sie warf einen Blick auf die Anrufidentifikation, was ihr verriet, dass der Anruf aus dem Firmenbüro in New York kam, aber von einer Person namens Victor Martin – kein Name, der ihr bekannt vorkam.

Sie überlegte kurz, nicht dranzugehen, damit der Anruf vom Voice Mail entgegengenommen wurde und sie beim Schreiben der Notiz nicht aus dem Fluss der Gedanken geriet. Aber die Neugier nahm überhand. Sie hob ab, und der Anrufer stellte sich als jemand von Public Relations vor, der gerade Material für den CEO bearbeite. „Er ist auf dem Weg nach Boston zu einem Treffen mit einigen unserer Bankleute. Er braucht die Finanzübersichten für das aktuelle Quartal", sagte er. „Und noch was: Er braucht die finanziellen Hochrechnungen für das Apache-Projekt", fügte Victor hinzu und benutzte dabei den Code-Namen für ein Produkt, das im Frühjahr eine der großen Veröffentlichungen des Unternehmens sein sollte.

Sie fragte nach seiner Email-Adresse, aber er erwiderte, er habe ein Problem beim Email-Empfang, der Kundendienst arbeite schon dran, und ob sie ihm das nicht faxen könne? Sie sagte, das wäre kein Problem, und er gab ihr die interne Durchwahl zu seinem Fax-Apparat.

Ein paar Minuten später übersandte sie das Fax.

Aber Victor arbeitete nicht für die PR-Abteilung. Tatsächlich arbeitete er nicht einmal für das Unternehmen.

Jacks Geschichte

Jack Dawkins begann seine berufliche Karriere als Taschendieb bei Spielen im Yankee-Stadion, auf überfüllten U-Bahnsteigen und unter den nächtlichen Touristenhorden auf dem Times Square. Er war so behände und listig geworden, dass er einem Mann die Armbanduhr abnehmen konnte, ohne dass dieser es merkte. Aber als Teenager wurde er unbeholfen und ungeschickt, und man erwischte ihn. In der Jugendstrafanstalt lernte Jack ein neues Handwerk, bei dem das Risiko deutlich geringer war, geschnappt zu werden.

Sein aktueller Auftrag bestand darin, bei einem Unternehmen die Gewinn- und Verlustkalkulationen und Informationen über dessen Cashflow zu erlangen, bevor die Daten die SEC[1] erreichten und veröffentlicht wurden. Sein Kunde war ein Zahnarzt, der nicht erläutern wollte, warum er die Informationen benötigte. Für Jack war die Vorsicht des Mannes lachhaft. Das hatte er alles schon mal gesehen – der Typ hatte wahrscheinlich Probleme durch Glücksspiel oder eine teure Freundin, von der seine Frau noch nichts wusste. Oder vielleicht hatte er bei seiner Frau auch schon geprahlt, wie clever er an der Börse agieren konnte, hatte aber einen Haufen Geld verloren und wollte nun erneut viel in eine sichere Sache investieren und vorher wissen, wie sich die Firma an der Börse entwickeln werde, wenn sie die vierteljährlichen Bilanzen veröffentlichen.

Die Leute sind überrascht, wenn sie herausfinden, wie wenig Zeit ein aufmerksamer Social Engineer zum Überlegen braucht, wie er mit einer neuen Situation umgehen sollte. Auf dem Heimweg nach dem Treffen mit dem Zahnarzt hatte Jack sich schon einen Plan zurechtgelegt. Sein Freund Charles Bates war bei einer Firma namens Panda Importing beschäftigt, die ihre eigene hausinterne Telefonschaltanlage (PBX)[2] besaß.

Für Leute, die sich mit den Begrifflichkeiten von Telefonsystemen auskennen, war die PBX mit einem digitalen Telefondienst namens T1 verbunden und als PRI[3] ISDN[4] konfiguriert. Dies bedeutete, dass jedes Mal, wenn ein Telefonat von Panda aus geführt wurde, die Einstellungen und andere Informationen über die Verarbeitung des Anrufs über einen Datenkanal zur Schaltzentrale der Telefongesellschaft ging; die Information beinhaltete die Nummer der anrufenden Seite, die (falls nicht blockiert) auf der den Anruf empfangenden Seite an das für die Rufidentifikation zuständige Gerät übermittelt wurde.

Jacks Freund wusste, wie man die Schaltzentrale so programmieren musste, dass die angerufene Person seine Rufidentifikation auf dem Display sehen würde, also nicht die tatsächliche Telefonnummer aus dem Büro von Panda, sondern diejenige, die er der Schaltzentrale einprogrammiert hatte. Dieser Trick funktioniert, weil die örtlichen Telefonzentralen sich nicht darum kümmern, die vom Kunden empfangene Telefonnummer mit den Nummern zu vergleichen, für die der Kunde bezahlt.

Jack Dawkins brauchte also nur einen Zugang zu irgend einem solchen Telefondienst. Zum Glück war sein Freund und gelegentlicher Kumpan bei Gaunereien Charles Bates gerne bereit, gegen ein gewisses Entgelt hilfsbereit

---

1. *Securities and Exchange Commission* – Amerikanische Wertpapier- und Börsenaufsichtsbehörde
2. *Private Branch Exchange* – Hausinterne Telefonschaltanlage
3. *Primary Rate Interface* – Primärmultiplexanschluss
4. *Integrated Services Digital Network* – Dienste-integrierendes digitales Fernmeldenetz

zu sein. Bei dieser Gelegenheit programmierten Jack und Charles die Schalt-zentrale der Telefongesellschaft kurzfristig um, so dass Anrufe von einem bestimmten Telefonanschluss, der sich auf dem Gelände von Panda Importing befand, fälschlich die interne Telefonnummer von Victor Martin anzeigte und damit den Eindruck erweckte, der Anruf käme intern von Starbeat Aviation.

Die Tatsache, dass man eine Rufidentifikation derart verändern kann, dass sie jede gewünschte Nummer anzeigt, ist so wenig bekannt, dass die Echtheit der Identifikation selten in Frage gestellt wird. In diesem Falls war Linda gerne bereit, die gewünschte Information der Person zu faxen, von der sie annahm, sie sei aus der PR-Abteilung.

Als Jack auflegte, programmierte Charles die Schaltzentrale seiner Telefon-gesellschaft um und stellte die ursprünglichen Einstellungen wieder her.

Trickanalyse

Einige Unternehmen wünschen nicht, dass Kunden oder Händler die Tele-fonnummern ihrer Angestellten erfahren. Beispielsweise könnte Ford sich dazu entschließen, dass Telefonate aus der Kundendienstabteilung die 800er-Nummer der Abteilung und einen Namen wie „Ford-Kundendienst" zeigen sollen, anstatt die direkte Durchwahl eines jeden Kundendienstmitarbeiters, der einen Anruf tätigt. Microsoft könnte seinen Angestellten die Möglichkeit geben, bei einem Telefonat die eigene Durchwahl mitzuteilen, anstatt dass jeder, der von dort aus angerufen wird, mit einem Blick auf das Display die Durchwahlnummer erkennen kann. Auf diese Art kann ein Unternehmen die Vertraulichkeit interner Telefonnummern wahren.

Aber diese Möglichkeit der Umprogrammierung stellt für jeden Bösewicht, Rechnungseintreiber, Telefonvermarkter und natürlich den Social Engineer eine nützliche Taktik bereit.

VARIATION: DER PRÄSIDENT DER VEREINIGTEN STAATEN RUFT AN

Als zweiter Moderator einer Radioshow in Los Angeles mit dem Namen „Darkside of the Internet" bei KFI Talk Radio arbeitete ich mit dem Pro-grammdirektor des Senders zusammen. David, einer der engagiertesten und am härtesten arbeitenden Menschen, die ich kenne, ist telefonisch sehr schwer zu erreichen, weil er so vielbeschäftigt ist. Er ist einer der Personen, die keinen Anruf entgegennehmen, wenn sie nicht über die Rufidentifikation erkennen können, dass da jemand am Apparat ist, den sie unbedingt sprechen müssen.

Immer wenn ich ihn anrief, nahm er nicht ab, weil ich die Rufidentifikation auf meinem Handy abgeschaltet habe und er mich nicht erkennen konnte. Der Anruf ging dann weiter an die Mailbox, und es wurde für mich sehr frus-trierend.

Ich sprach darüber mit einem langjährigen Freund, einem Mitbegründer einer Immobilienfirma, die Büroräume für High-Tech-Unternehmen vermittelt. Zusammen heckten wir einen Plan aus. Er hatte Zugang zur Meridian-Telefonzentrale seiner Firma, was ihm die Möglichkeit gab, wie in der vorhergehenden Geschichte die Nummer des Anrufers zu programmieren. Immer, wenn ich den Programmdirektor sprechen musste und telefonisch nicht zu ihm durchkommen konnte, bat ich meinen Freund, eine von mir ausgewählte Nummer einzuprogrammieren, die dann auf dem Display des Angerufenen erscheinen sollte. Manchmal ließ ich einen Anruf so aussehen, als käme er von Davids Sekretär, oder manchmal auch, als käme er von der Gesellschaft, der die Station gehört.

Aber am liebsten ließ ich die Nummer so programmieren, dass sie aussah, als käme sie von Davids eigener Privatnummer zu Hause, und bei dieser Nummer nahm er jedes Mal ab. Eines muss ich dem Typ lassen – er hatte einen guten Sinn für Humor, wenn er den Hörer abnahm und entdecken musste, dass ich ihn wieder geleimt hatte. Das Beste war, dass er solange am Apparat blieb, um herauszufinden, was ich wollte, um das Problem dann schließlich zu lösen.

Als ich diesen kleinen Trick in der Art Bell Show demonstrierte, veränderte ich meine Rufidentifikation derart, dass die Anzeige den Namen und die Nummer des FBI-Hauptquartiers in Los Angeles anzeigte. Art war ziemlich entsetzt über diese ganze Geschichte und warnte mich davor, etwas Illegales zu begehen. Aber ich erklärte ihm, dass dies völlig legal sei, solange es nicht einem Betrug diene. Nach der Sendung erhielt ich mehrere Hundert Emails, in denen ich um Erklärung gebeten wurde, wie ich das gemacht hatte. Nun wissen Sie Bescheid.

Dies ist das perfekte Werkzeug für den Social Engineer, um Vertrauenswürdigkeit aufzubauen. Wenn sich beispielsweise während der Ermittlungsphase eines Social-Engineering-Angriffs herausstellt, dass das Ziel Rufidentifikation nutzt, kann der Angreifer seine Nummer so „spoofen" (vortäuschen), dass sie als von einem vertrauten Unternehmen oder einer vertrauenswürdigen Person stammend erscheint. Ein Rechnungseintreiber kann seine Anrufe so erscheinen lassen, als ob sie aus Ihrem Geschäft kämen.

Aber stellen Sie sich einmal vor, welche Ausmaße das annehmen kann! Ein Computerangreifer kann Sie zu Hause anrufen und behaupten, er wäre von der IT-Abteilung Ihrer Firma. Der Anrufer am Apparat kann dringend Ihr Passwort anfordern, um Ihre Dateien nach einem Serverabsturz wiederherzustellen. Oder die Rufidentifikation zeigt den Namen und die Nummer Ihres Bankhauses oder Ihres Börsenberaters, und das Mädchen mit der netten Stimme möchte eben gerade Ihre Kontonummern und den Geburtsnamen

Ihrer Mutter überprüfen. Und weiterhin brauche sie wegen eines Systemproblems auch noch eben Ihre Geheimzahl. Bei einem subversiven Börsenangriff könnte man die Telefonnummer so aussehen lassen, als käme sie von Merrill Lynch oder Citibank. Jemand, der darauf aus ist, Ihre Identität zu stehlen, könnte scheinbar von Visa anrufen und Sie dazu überreden, Ihre VisaCard-Nummer mitzuteilen. Jemand, der Ihnen Übles will, könnte bei einem Anruf behaupten, er käme vom IRS[1] oder dem FBI.

Wenn Sie Zugang zu einem mit einem PRI verbundenen Telefonsystem haben und ein wenig über Programmierkenntnisse verfügen, die Sie vielleicht von der Website der Telefongesellschaft bekommen, können Sie mit dieser Taktik Ihre Freunde ganz cool reinlegen. Kennen Sie jemanden mit hochtrabenden politischen Ambitionen? Sie können seinen Anschluss auf 202 456-1414 umprogrammieren, und auf seiner Rufidentifikation wird der Name „White House" erscheinen.

Er glaubt, er bekomme einen Anruf vom Präsidenten!

Die Moral der Geschichte ist einfach: Man kann der Rufidentifikation nicht trauen, außer wenn sie dazu verwendet wird, interne Anrufe zu identifizieren. Sowohl auf der Arbeit als auch zu Hause muss jeder sich über den Trick mit der Rufidentifikation klar sein und erkennen, dass man den Namen oder die Telefonnummer, die auf einem Display erscheinen, auf keinen Fall als Beweis für eine Identität nehmen kann.

Mitnick Spot

Wenn Sie das nächste Mal einen Anruf erhalten, und die Rufidentifikation zeigt an, dass er von Ihrer lieben alten Mutter kommt, seien Sie auf der Hut: Er könnte auch von einem lieben alten Social Engineer kommen.

DIE UNSICHTBARE ANGESTELLTE

Shirley Cutlass hat einen neuen und aufregenden Weg gefunden, ohne langes Schuften schnelles Geld zu verdienen. Sie macht wie Hunderte anderer Trickbetrüger beim Verbrechen des Jahrhunderts mit: Sie ist ein Identitätsdieb!

Heute hat sie sich vorgenommen, vertrauliche Informationen von der Kundendienstabteilung einer Kreditkartenfirma zu erlangen. Nachdem sie die nötigen Hausaufgaben gemacht hat, ruft sie das Ziel-Unternehmen an und erzählt dem Angestellten in der Telefonzentrale, der den Anruf annimmt, sie möchte bitte mit der Telecom-Abteilung verbunden werden. Als dort abgenommen wird, fragt sie nach dem Administrator für die Voice Mail.

---

1. *Internal Revenue Service* – Amerikanische Bundessteuerbehörde

Sie nutzt Informationen aus früheren Erkundungen und erklärt, ihr Name sei Norma Todd aus dem Büro in Cleveland. Dabei setzt sie einen Trick ein, der Ihnen mittlerweile vertraut sein dürfte, indem sie erklärt, sie werde für eine Woche in die Zentrale der Firma reisen und brauche dort eine Voice-Mailbox für die Fernabfrage ihrer Nachrichten. Eine physische Telefonverbindung sei nicht nötig, meint sie, nur eine Voice-Mailbox. Er sagt, er werde sich drum kümmern und sie anrufen, wenn alles eingerichtet sei, um ihr die nötigen Informationen zu geben.

Mit einer verführerischen Stimme sagt sie: „Ich bin gerade auf dem Weg zu einem Meeting, kann ich Sie in einer Stunde zurückrufen?"

Als sie wieder anruft, sagt er, alles sei eingerichtet, und gibt ihr die Informationen – ihre Durchwahl und das temporäre Passwort. Er fragt, ob sie wisse, wie man das Passwort für die Voice Mails ändern kann, und sie lässt sich von ihm die Schritte erklären, obwohl sie diese mindestens genauso gut kennt wie er.

„Ach übrigens", sagt sie, „welche Nummer muss ich von meinem Hotel anrufen, um meine Nachrichten zu checken?" Auch diese Nummer gibt er ihr.

Shirley wählt sich ein, ändert das Passwort und zeichnet ihre persönliche Ansage auf.

Shirley greift an

Bis jetzt ist alles noch ein Kinderspiel. Nun ist sie soweit, die Kunst der Täuschung einzusetzen.

Sie ruft die Kundendienstabteilung der Firma an. „Ich bin von der Inkasso-Abteilung aus dem Büro in Cleveland", sagt sie und steigt mit einer Variation der inzwischen vertrauten Begründung ein. „Mein Computer wird gerade von der Technischen Abteilung repariert, und ich brauche Ihre Hilfe, um nach einer bestimmten Information zu suchen." Und sie macht weiter, indem sie Namen und Geburtsdatum der Person angibt, deren Identität sie stehlen will. Dann führt sie die gewünschten Informationen an: Adresse, Geburtsname der Mutter, Kreditkartennummer, Kreditlimit, verfügbare Kreditlinie und Angaben zu den bisherigen Zahlungen. „Rufen Sie mich bitte unter folgender Nummer zurück", sagt sie und gibt die interne Durchwahl an, die der Administrator für sie eingerichtet hat. „Und wenn ich gerade nicht an den Apparat gehen kann, sprechen Sie bitte die Information auf die Mailbox."

Den Rest des Morgens verbringt sie mit verschiedenen Besorgungen und checkt am Nachmittag ihre Mailbox. Es ist alles da, wonach sie gefragt hat. Bevor sie auflegt, löscht Shirley ihre Ansage; es wäre unvorsichtig, eine Aufzeichnung ihrer eigenen Stimme zu hinterlassen.

Und wieder ist jemand dem Identitätsdiebstahl, dem am schnellsten wachsenden Verbrechen in Amerika, dem Modeverbrechen des neuen Jahrhunderts, zum Opfer gefallen. Shirley nutzt die Informationen über die Kreditkarte und die Identität, die sie erlangt hat, und belastet die Karte des Opfers mit jeder Menge Buchungen.

Trickanalyse

Bei diesem Trick spiegelte die Angreiferin dem Administrator der Voice Mails vor, sie sei eine Angestellte der Firma, damit er ihr eine temporäre Voice-Mailbox einrichtet. Wenn ihm danach gewesen wäre, diesen Anruf zu überprüfen, hätte er nur herausgefunden, dass der von ihr angegebene Name und die Telefonnummer zu der Liste der Firmenangestellten in der Datenbank passt.

Der Rest war simpel: man gibt eine vernünftige Begründung für ein Problem mit dem Computer, fragt nach der gewünschten Information und bittet, die Angaben auf einer Voice-Mailbox zu hinterlassen. Und warum sollte ein Angestellter etwas dagegen haben, einer Kollegin mit Informationen auszuhelfen? Da die Telefonnummer, die Shirley angegeben hatte, eindeutig eine interne Durchwahl war, gab es keinen Grund zum Misstrauen.

Mitnick
Spot

Rufen Sie gelegentlich mal Ihre eigene Mailbox an; wenn Sie eine Ansage hören, die nicht von Ihnen stammt, sind Sie vielleicht gerade Ihrem ersten Social Engineer begegnet.

DIE HILFSBEREITE SEKRETÄRIN

Der Cracker Robert Jorday war regelmäßig in die Computernetzwerke einer weltweit operierenden Firma namens Rudolfo Shipping, Inc., eingedrungen. Nach und nach bemerkte das Unternehmen, dass jemand ihren Terminal Server hackt und dass sich ein User über diesen Server mit jedem beliebigen Computersystem der Firma verbinden konnte. Um das Netzwerk abzuschirmen, entschloss sich das Unternehmen dazu, ein Einwählpasswort auf jedem Terminal Server einzurichten.

Robert rief die Zentralverwaltung des Netzwerks an und gab sich als Rechtsanwalt der juristischen Abteilung des Unternehmens aus. Er sagte, er habe Schwierigkeiten, einen Zugang zum Netzwerk zu bekommen. Der Netzwerkadministrator wies darauf hin, dass es kürzlich eine Reihe von Sicherheitsproblemen gegeben habe, so dass nun alle User, die sich einwählen wollen, das monatliche Passwort von ihrem Manager bekommen. Robert fragte sich, auf welche Art und Weise dieses monatliche Passwort den Managern kommuniziert werde und wie er es erlangen könne. Wie sich herausstellte, wurde das

Passwort für den kommenden Monat in einer Notiz per Büromail jedem Manager zugesandt.

Das erleichterte die Dinge. Robert macht sich ein wenig kundig, rief die Firma kurz nach dem Ersten des Monats an und erwischte die Sekretärin eines Managers, die sich als Janet vorstellte. „Hallo Janet", sagte er. „Hier ist Randy Goldstein von der Forschungs- und Entwicklungsabteilung. Ich weiß, dass ich irgendwo die Memo mit dem aktuellen Passwort habe, damit ich mich von außerhalb der Firma in den Terminal Server einloggen kann, aber ich kann das Ding nirgends finden. Haben Sie Ihr Memo für diesen Monat schon bekommen?"

Ja, sagte sie, das habe sie.

Er fragte sie, ob sie es ihm zufaxen könne, und sie willigte ein. Er gab ihr die Faxnummer der Rezeption in einem anderen Gebäude auf dem Firmengelände, wo er schon arrangiert hatte, dass Faxe für ihn angenommen werden, und nun musste er sich noch darum kümmern, dass das Passwort-Fax weitergeleitet wurde. Aber diesmal verwendete Robert eine andere Methode zur Fax-Weiterleitung. Er gab dem Empfangschef eine Faxnummer, die an einen Online-Faxdienst ging. Wenn dieser Dienst ein Fax erhält, schickt das automatisierte System das Fax an die Email-Adresse des Teilnehmers weiter.

Das neue Passwort traf als Email bei dem „Toten Briefkasten" ein, den Robert bei einem kostenlosen Email-Dienst in China eingerichtet hatte. Er war sicher, dass jemand, der das Fax zu verfolgen suchte, sich die Haare ausraufen würde, wenn er die chinesischen Behörden zu einer Zusammenarbeit bringen wollte. Dort war man seines Wissens mehr als nur ein bisschen abgeneigt, in solchen Angelegenheiten hilfreich zu sein. Aber am besten war natürlich, dass er nicht persönlich am Standort der Faxmaschine erscheinen musste.

Mitnick
Spot

Der geschickte Social Engineer ist äußerst clever, wenn es darum geht, andere Menschen um einen Gefallen zu bitten. Ein Fax anzunehmen und es an eine andere Stelle weiterzuleiten, erscheint als eine derart harmlose Angelegenheit, dass es völlig unproblematisch ist, einen Empfangschef oder eine andere Person dazu zu bringen. Wenn jemand Sie um einen Gefallen bittet, bei dem es um Informationen geht, sagen Sie einfach Nein, wenn Sie diese Person nicht kennen oder die Identität nicht klären können.

VOR DEM VERKEHRSGERICHT

Praktisch jeder mit einem Strafmandat wegen zu schnellen Fahrens hat schon mal davon geträumt, sich vor dem Bezahlen zu drücken. Nicht durch eine Nachschulung in einer Fahrschule oder einfach durch Zahlen der Strafe oder indem man durch die Erörterung technischer Fragen (z.B. darüber, wie lange die letzte TÜV-Prüfung des Radarmessgerätes her ist) versucht, den Richter davon zu überzeugen, die Anzeige fallen zu lassen. Nein, das herrlichste Szenario wäre, das Ticket zu umgehen, indem man das System selbst austrickst.

Der Trick

Obwohl ich diese Methode, sich vor einem Strafmandat zu drücken, nicht empfehle (wie man so schön sagt: Versuchen Sie dies nicht zu Hause!), ist sie doch ein gutes Beispiel dafür, wie die Kunst der Täuschung einem Social Engineer hilfreich werden kann.

Wir geben dem Verkehrssünder den Namen Paul Durea.

Erste Schritte

„Los Angeles Police Department, Abteilung Hollenbeck."

„Hallo, ich möchte gerne mit der Abteilung sprechen, die sich um die Vorladungen kümmert."

„Ich bin selbst für die Vorladungen zuständig."

„Sehr gut. Hier spricht Rechtsanwalt John Leland von Meecham, Meecham und Talbot. Ich muss für einen Fall einen Ihrer Beamten vorladen lassen."

„In Ordnung, um wen geht es?"

„Ist ein Officer Kendall in Ihrer Abteilung?"

„Haben Sie seine Dienstnummer?"

„21349."

„Ja, der ist hier. Wann soll er erscheinen?"

„Irgendwann im nächsten Monat, aber für diesen Fall muss ich noch einige andere Zeugen vorladen lassen und dem Gericht dann mitteilen, an welchen Tagen das möglich ist. Gibt es im nächsten Monat Tage, an denen Officer Kendall nicht verfügbar ist?"

„Moment mal ... Vom 20. bis zum 23. ist er im Urlaub, und vom 8. bis zum 16. geht er auf eine Fortbildung."

„Vielen Dank. Das reicht mir erst einmal. Ich rufe Sie wieder an, wenn der Gerichtstermin feststeht."

Verwaltungsgericht, Sekretariat

Paul: „Ich möchte einen Gerichtstermin für dieses Strafmandat haben."

Gerichtsangestellter: „In Ordnung. Ich kann Ihnen im nächsten Monat den 26. anbieten."

„Nun, ich brauche einen Termin für eine Anklage."

„Sie wollen einen Klagetermin für ein Strafmandat?"

„Ja."

„Okay, wir können die Klage auf morgen Vormittag oder morgen Nachmittag legen. Was wäre Ihnen lieber?"

„Am Nachmittag."

„Die Klage wird morgen um 13.30 im Gerichtssaal 6 verhandelt."

„Vielen Dank, ich werde dann morgen kommen."

Verwaltungsgericht, Gerichtssaal 6

Datum: Donnerstag, 13.45 Uhr

Gerichtsangestellter: „Mr. Durea, bitte kommen Sie nach vorne."

Richter: „Mr. Durea, haben Sie die Rechte verstanden, die Ihnen heute Nachmittag erklärt worden sind?"

Paul: „Ja, Euer Ehren."

Richter: „Wollen Sie die Möglichkeit der Nachschulung in einer Fahrschule wahrnehmen? Ihr Anklage wird fallen gelassen, wenn Sie einen achtstündigen Fahrkurs erfolgreich abgeschlossen haben. Ich habe Ihr Strafregister geprüft, und zum gegenwärtigen Zeitpunkt erscheinen Sie für so einen Kurs geeignet."

Paul: „Nein, Euer Ehren. Ich möchte darum ersuchen, den Fall vor Gericht zu bringen. Da ist noch etwas, Euer Ehren. Ich muss ins Ausland reisen, aber am 8. oder 9. bin ich noch hier. Wäre es wohl möglich, meinen Fall an einem von diesen Tagen vor Gericht zu bringen? Ich muss morgen geschäftlich nach Europa reisen und komme erst in vier Wochen zurück."

Richter: „Nun gut, das Verfahren findet am 8. Juni um 8.30 in Gerichtssaal 4 statt."

Paul: „Vielen Dank, Euer Ehren."

Verwaltungsgericht, Gerichtssaal 4

Am frühen Morgen des 8. Juni erschien Paul bei Gericht. Als der Richter hereinkam, gab ihm der Saaldiener eine Liste der Fälle, bei denen die Officers nicht erschienen waren. Der Richter bat die Beklagten zu sich, darunter auch Paul, und sagte ihnen, dass ihre Fälle niedergeschlagen werden.

Clevere Betrügereien

Trickanalyse

Wenn ein Officer ein Strafmandat ausstellt, unterzeichnet er mit seinem Namen und seiner Dienstausweisnummer (oder wie man in seiner Behörde die Personalnummer nennt). Es ist ein Kinderspiel, seine Dienststelle zu finden. Ein Anruf bei der Adressauskunft mit dem Namen der Strafverfolgungsbehörde, die auf der Vorladung steht (Verkehrswacht, County Sheriff o.ä.), reicht, um den Fuß in die Tür zu bekommen. Wenn man Kontakt zu der Behörde aufgenommen hat, wird man von dort zum richtigen Apparat durchgestellt, an dem der für die Vorladungen zuständige Angestellte sitzt, der sich um den geografischen Bereich kümmert, in dem das Strafmandat ausgestellt wurde.

Die Officers aus der Strafverfolgung werden regelmäßig vor Gericht geladen, abhängig vom Zuständigkeitsbereich. Wenn ein Distriktanwalt oder ein Verteidiger einen Officer für eine Zeugenaussage braucht, wird er, wenn er das System kennt, als Erstes überprüfen, ob der Officer verfügbar ist. Das ist eine einfache Sache, dafür muss man nur den für Vorladungen zuständigen Angestellten anrufen.

Gewöhnlich fragt bei solchen Telefonaten der Anwalt danach, ob der fragliche Officer an dem und dem Datum verfügbar ist. Bei dieser List brauchte Paul ein wenig Feingefühl; er musste einen vernünftigen Grund angeben, warum der Angestellte ihm die Daten sagen sollte, an denen der Officer *nicht* verfügbar war.

Als er anfangs zum Gericht ging, warum hat Paul da nicht einfach gesagt, welchen Termin er haben wolle? Ganz einfach – soviel ich weiß, erlauben die Angestellten von Verkehrsgerichten es Außenstehenden nicht, Gerichtstermine selbst auszuwählen. Wenn ein vom Gericht angegebener Termin dem Frager nicht passen sollte, wird der Angestellte so weit gehen, noch einen oder zwei alternative Termine vorzuschlagen. Andererseits hat wahrscheinlich jeder mehr Spielraum, der bereit ist, die zusätzliche Zeit für das persönliche Erscheinen bei einem Anklageverfahren auf sich zu nehmen.

Paul wusste, dass er berechtigt war, nach einem Gerichtstermin zu fragen. Und er wusste, dass die Richter oft bereit sind, die Bitte nach einem besonderen Termin zu berücksichtigen. Sorgfältig fragte er nach Terminen, die in den Fortbildungstagen des Officers lagen, weil er wusste, dass in diesem Bundesstaat die Fortbildung der Kriminalbeamten Vorrang vor einem Erscheinen bei Gericht haben.

Mitnick Spot

Der menschliche Geist ist eine bewundernswerte Schöpfung. Es ist interessant zu beobachten, wie fantasievoll Menschen sein können, wenn sie sich trickreiche Wege ausdenken, um etwas Gewünschtes zu bekommen oder sich aus einer vertrackten Situation heraus zu manövrieren. Die gleiche Kreativität und Vorstellungskraft brauchen Sie, um Informationen und Computersysteme im öffentlichen und privaten Bereich abzusichern. Also, Leute – wenn ihr Sicherheitsrichtlinien für eure Firma erfindet, seid kreativ und verlasst eingefahrene Wege.

Und wenn beim Verkehrsgericht der Officer nicht erscheint – wird der Fall niedergeschlagen. Keine Geldbuße. Keine Fahrschule. Keine Punkte. Und am besten: Keine Eintragung ins Verkehrsregister.

Ich glaube, dass einige Offizielle bei Polizei, Gericht, Distriktanwälte und dergleichen diese Geschichte lesen und mit dem Kopf schütteln, weil sie wissen, dass diese List glückt. Aber es bleibt beim Kopfschütteln. Nichts wird sich ändern. Darauf gehe ich jede Wette ein. In dem Film *Sneakers – Die Lautlosen* sagt Cosmo: „Es geht nur um die Nullen und Einsen." Und das bedeutet, letzten Endes geht es nur um Information.

Solange Strafverfolgungsbehörden bereit sind, praktisch jedem Anrufer Informationen über den Dienstplan eines Officers mitzuteilen, wird es stets die Möglichkeit geben, Strafmandate loszuwerden. Haben Sie ähnliche Löcher in den Verfahren Ihrer Organisation oder Firma, die sich ein cleverer Social Engineer zunutze machen kann, um Informationen zu erlangen, die Sie ihm lieber nicht geben wollen?

Samanthas Rache

Samantha Gregson war sauer.

Sie hatte hart daran gearbeitet, ihren College-Abschluss in Wirtschaft zu erreichen, und dafür einige Kredite für ihr Studium aufgenommen. Ihr war stets eingehämmert worden, dass sie einen College-Abschluss brauche, um statt eines reinen Jobs eine Karriere zu machen, mit der sie das große Geld verdienen könne. Und dann hat sie ihren Abschluss gemacht und konnte nirgends eine anständige Arbeit bekommen.

Wie glücklich sie war, als sie das Angebot von Lambeck Manufacturing bekam. Sicher, es war beschämend, eine Position als Sekretärin anzunehmen, aber Mr. Cartright hatte gesagt, wie sehr man an ihrer Einstellung interessiert sei, und von der Stelle als Sekretärin könne sie die nächstbeste Gelegenheit für eine nicht-administrative Tätigkeit ergreifen.

Zwei Monate später erfuhr sie, dass einer der Junior-Produktmanager von Cartright gehen werde. Sie konnte in dieser Nacht kaum schlafen, stellte sich vor, wie es sei, im vierten Stock in einem Büro mit Tür zu arbeiten, zu Meetings zu gehen und Entscheidungen zu treffen.

Am nächsten Morgen ging sie als Erstes zu Mr. Cartright. Er sagte, man habe den Eindruck, dass sie noch mehr über die Branche lernen müsse, bevor sie für eine professionelle Position bereit sei. Und danach stellte man einen Anfänger von außerhalb ein, der noch weniger über die Branche wusste als sie.

In dieser Zeit dämmerte es ihr: In diesem Unternehmen arbeiteten eine Menge Frauen, aber fast alle waren nur Sekretärinnen. Man würde ihr keine Aufgabe im Management geben. Niemals.

Vergeltung

Sie brauchte fast eine Woche, um sich zu überlegen, wie sie es ihnen heimzahlen könne. Vor ungefähr einem Monat hatte ein Typ von einem Handelsmagazin aus der Branche versucht, sie anzubaggern, als er zu einer Produktpräsentation im Haus war. Einige Wochen später rief er sie auf der Arbeit an und sagte, wenn sie ihm im Vorfeld einige Infos über das Produkt Cobra 273 schicken könnte, würde er sich mit Blumen revanchieren, und wenn es ganz heiße Infos seien, die er im Magazin verwenden könne, dann werde er von Chicago kommen und sie zum Abendessen ausführen.

Kurz nach diesem Vorfall war sie im Büro des jungen Mr. Johannson, als er sich in das Unternehmensnetzwerk einloggte. Ohne zu überlegen hatte sie auf seine Finger geschaut (man nennt dies manchmal *shoulder surfing*[1]). Er hatte „marty63" als Passwort eingegeben.

Langsam begann ihr Plan zu entstehen. Seinerzeit hatte sie kurz nach ihrer Einstellung bei der Firma einen Vermerk schreiben müssen. In den Akten fand sie eine Kopie und tippte eine neue Version davon, wobei sie den Sprachgebrauch des Originals einsetzte. Ihre Version lautete:

> AN: C. Pelton, IT-Abteilung
> VON: L. Cartright, Entwicklung
> Martin Johannson wird in meiner Abteilung bei einem Team für ein besonderes Projekt arbeiten.
> Hiermit autorisiere ich seinen Zugang zu den Servern, die von der Technikergruppe verwendet werden. Das Sicherheitsprofil von Mr. Johannson wird aktualisiert, um ihm die gleichen Zugriffsrechte wie ein Produktentwickler zu gewähren.
>
> Louis Cartright

---

1. wörtlich: Schultersurfen

Shoulder Surfing Der Vorgang, eine Person beim Tippen am Computerkeyboard zu beobachten, um sein Passwort und andere User-Informationen ausfindig zu machen und zu stehlen.

Als die meisten Leute beim Mittagessen waren, schnitt sie die Unterschrift von Mr. Cartright aus dem Originalvermerk aus, klebte sie auf ihre neue Version und schmierte Tipp Ex über die Ränder. Vom Ergebnis machte sie eine Fotokopie und davon wiederum eine Kopie. Man konnte die Ränder um die Unterschrift praktisch nicht mehr erkennen.

Sie schickte das Fax vom Apparat neben Mr. Cartrights Büro.

Drei Tage später blieb sie noch ein bisschen länger und wartete, bis alle gegangen waren. Sie betrat Johannsons Büro und versuchte, sich mit seinem Benutzernamen und seinem Passwort marty63 einzuloggen. Es funktionierte.

Minuten später hatte sie die Produktbeschreibungen für Cobra 273 lokalisiert und speicherte sie auf einer Zip-Diskette ab.

Als sie in der kühlen Nachtluft über den Parkplatz ging, befand sich die Diskette sicher in ihrer Handtasche. Sie würde noch in dieser Nacht zum Reporter gesandt werden.

257

Trickanalyse

Eine verärgerte Angestellte, Stöbern in den Akten, eine flotte Aktion mit Schere und Tipp Ex, ein wenig kreatives Kopieren und ein Fax. Und voilà – sie hat Zugang zu vertraulichen Marketing- und Produktbeschreibungen.

Und ein paar Tage später hat ein Journalist eines Handelsblattes eine Sensation zu vermelden: Spezifikationen eines Top-Produktes und Pläne zu dessen Vermarktung sind Monate vor der eigentlichen Veröffentlichung schon in den Händen aller Abonnenten des Branchenmagazins! Konkurrenzunternehmen haben einen Vorsprung von mehreren Monaten, um äquivalente Produkte zu entwickeln und ihre Werbekampagnen darauf auszurichten, Cobra 273 das Wasser abzugraben.

Natürlich wird das Magazin keine Auskünfte über die Quelle der sensationellen Meldung geben.

SCHUTZMASSNAHMEN

Wenn sie nach wertvollen, sensiblen oder kritischen Informationen gefragt werden, die für einen Konkurrenten oder jemand anderes von Vorteil sein könnten, müssen sich die Angestellten darüber im Klaren sein, dass die Verwendung von Rufidentifikation als Beweis für die Identität eines Anrufers

Clevere Betrügereien

nicht akzeptabel ist. Andere Methoden der Klärung müssen herangezogen werden, indem man z.B. den Vorgesetzten dieser Person fragt, ob die Anfrage zulässig und der User autorisiert ist, diese Information zu bekommen.

Im Prozess der Verifikation muss jedes Unternehmen für sich selbst die Sicherheit gegenüber der Produktivität ausbalancieren. Welche Priorität wird der Durchsetzung von Sicherheitsmaßnahmen zugewiesen? Werden die Angestellten abgeneigt sein, Sicherheitsprozeduren zu befolgen, und sie gar umgehen, um ihre Arbeitsaufgaben zu erfüllen? Verstehen die Angestellten, welche Bedeutung Sicherheit für das Unternehmen und auch für sie selbst besitzt? Diese Fragen müssen beantwortet werden, um zur Unternehmenskultur und den geschäftlichen Anforderungen passende Sicherheitsrichtlinien zu entwerfen.

Die meisten Leute sehen in allem eine Belästigung, was ihnen bei der Durchführung ihrer Arbeit in die Quere kommt, und könnten alle Sicherheitsmaßnahmen umgehen, die ihnen als Zeitverschwendung erscheinen. Der Schlüssel ist, die Angestellten durch Fortbildung und Aufmerksamkeit derart zu motivieren, dass Sicherheit ein Teil ihrer alltäglichen Verantwortung wird.

Obwohl die Rufidentifikation niemals als Beweis für Anrufe von außerhalb des Unternehmens genutzt werden sollte, kann eine andere Methode namens Automatische Rufnummernidentifizierung (ANI[1]) dies tun. Dieser Dienst wird bereitgestellt, wenn ein Unternehmen gebührenfreie Dienste ermöglicht, bei denen das Unternehmen für eingehende Anrufe bezahlt und sich auf die Identifikation verlässt. Anders als bei der Rufidentifikation verwendet die Schaltzentrale der Telefongesellschaft keine Informationen, die vom Kunden übermittelt werden, wenn es sich um die Nummer des Anrufers bereitstellt. Die von ANI übermittelte Nummer ist die Rechnungsnummer, die der anrufenden Seite zugeordnet wird.

Beachten Sie, dass einige Modemhersteller zum Schutz für Unternehmensnetzwerke in ihre Produkte ein Feature zur Rufidentifikation eingebaut haben, um den Fernzugang nur für eine bestimmte Liste von vorher autorisierten Telefonnummern zu ermöglichen. Modems mit Rufidentifikation sind in einer Umgebung mit niedriger Sicherheit eine akzeptable Möglichkeit der Authentifizierung, aber mittlerweile sollte deutlich geworden sein, dass das Spoofen einer Rufidentifikation für Computerangreifer eine relativ einfache Technik ist, und darum sollte man sich in einer Umgebung mit hoher Sicherheit nicht darauf verlassen, wenn man die Identität oder den Standort eines Anrufers überprüfen möchte.

Kapitel 13

---

1. *Automatic Number Identification*

Bezogen auf den Fall des Identitätsdiebstahls (wie in der Story über die Täuschung eines Administrators, um im Firmentelefonsystem eine Mailbox einzurichten) sollten Sie eine Richtlinie einführen, dass alle Telefondienste, alle Voice-Mailboxen und alle Einträge in das Firmenverzeichnis, sowohl auf Papier als auch online, schriftlich auf einem zu diesem Zwecke erstellten Formular angefordert werden müssen. Der Vorgesetzte des Angestellten sollte die Anfrage abzeichnen, und der Administrator für die Voice Mail sollte die Unterschrift überprüfen.

Die Sicherheitsrichtlinien eines Unternehmens sollten es erforderlich machen, dass neue Computer-Konten oder die Erweiterung der Zugriffsrechte erst nach einer positiven Verifikation der anfragenden Person gewährt werden dürfen, z.B. über Rückruf an den Systemmanager oder -administrator oder deren Stellvertreter mittels einer Nummer aus dem Online- oder gedruckten Telefonverzeichnis der Firma. Falls die Firma sicheres Email einsetzt, bei dem die Angestellten die Nachrichten digital signieren können, kann diese alternative Methode zur Verifikation auch akzeptabel sein.

Denken Sie daran, dass jeder Angestellte, egal ob er Zugang zu den Computersystemen der Firma hat oder nicht, von einem Social Engineer hereingelegt werden kann. Bei Fortbildungen zum Sicherheitsbewusstsein sollte niemand ausgeschlossen werden. Verwaltungsassistenten, Empfangschefs, Telefonisten und Sicherheitskräfte müssen mit den Möglichkeiten der Angriffe über Social Engineering vertraut gemacht werden, denen sie wahrscheinlich ausgesetzt sein könnten, damit sie auf eine Verteidigung besser vorbereitet sind.

Kapitel

14

Industriespionage

Die Bedrohung durch Informationsangriffe auf Regierungen, Unternehmen und Universitätssysteme ist gut dokumentiert. Praktisch jeden Tag berichten die Medien über einen neuen Computervirus, Denial-of-Service-Angriffe oder den Diebstahl von Kreditkarteninformationen von einer Website aus dem eCommerce-Bereich.

Wir lesen über Fälle von Industriespionage, als zum Beispiel Borland Symantec des Diebstahls von Geschäftsgeheimnissen bezichtigte oder Cadence Design Systems gegen einen Konkurrenten einen Prozess wegen des Vorwurfs des Diebstahls von Quellcode anstrengte. Viele Leute aus dem Business lesen diese Geschichten und glauben, dass ihrer Firma so etwas nie passieren könnte.

Es passiert jeden Tag.

VARIATIONEN EINER INTRIGE

Der in der folgenden Geschichte beschriebene Betrug ist wahrscheinlich schon viele Male angezettelt worden, obwohl es sich anhört, als sei es aus einem Hollywood-Film wie „The Insider" (mit Al Pacino und Russell Crowe) oder aus einem Roman von John Grisham abgeschaut.

Sammelklagen

Stellen Sie sich vor, dass eine riesige Prozesslawine mit Sammelklagen auf ein großes pharmazeutisches Unternehmen namens Pharmomedic niedergeht. Die Anklage beruht darauf, dass diesem Unternehmen die verheerenden Nebenwirkungen eines ihrer sehr populären Medikamente bekannt waren. Diese treten aber erst dann auf, nachdem der Patient das Medikament jahrelang eingenommen hat. Der Anklagevorwurf führt aus, dass man die Ergebnisse einer Reihe von Studien vorliegen hatte, in der auf diese Gefahr hingewiesen wurde, aber man habe alle Beweise unterdrückt und sie nicht wie erforderlich an die FDA[1] weitergegeben.

William („Billy") Chaney, *Attorney of Record* an der Spitze der Anwaltskanzlei aus New York, die die Sammelklage angestrengt hatte, lagen zwei Aussagen von Ärzten von Pharmomedic vor, die die Klage unterstützten. Aber beide befinden sich im Ruhestand, keiner hat irgendwelche Dateien oder Dokumentationen, und keiner von beiden gibt einen starken, überzeugenden Zeugen her. Billy weiß, er bewegt sich auf unsicherem Terrain. Er muss an eine Kopie von einem der beiden Berichte oder ein internes Memo oder eine Gesprächsnotiz von Mitgliedern der Vorstandsetage kommen, oder sein ganzer Fall wird auseinander brechen.

Also beauftragt er eine Detektei, mit der er schon einmal zusammen gearbeitet hat: Andreeson and Sons, Privatdetektive. Billy hat keine Ahnung, wie Pete und seine Leute ihre Arbeit erledigen, und er will es auch nicht wissen. Er ist nur davon überzeugt, dass Pete Andreeson ein ziemlich guter Privatdetektiv ist.

Für Andreeson ist ein Auftrag wie dieser etwas, was er einen Schwarze-Tasche-Job nennt. Die erste Regel lautet, dass die Kanzleien und Unternehmen, die ihn beauftragen, niemals erfahren, wie er an seine Informationen kommt, damit sie immer vollständig und plausibel alles abstreiten können. *Wenn* jemandem die Hölle heiß gemacht wird, wird das Pete sein, und er ist der Ansicht, was er durch die großen Aufträge einfahren kann, ist das Risiko wert. Außerdem gibt es ihm große persönliche Befriedigung, wenn er smarte Leute übertrumpfen kann.

Falls die Dokumente, die er für Chaney finden soll, tatsächlich existieren und nicht vernichtet wurden, werden sie sich irgendwo in den Akten von Pharmomedic befinden. Aber sie in den Aktenbergen einer großen Organisation zu finden, käme der sprichwörtlichen Suche im Heuhaufen gleich. Andererseits – angenommen, man hat bei Pharmomedic der Anwaltskanzlei Jenkins & Petry davon Kopien überlassen? Wenn die Anwälte der Verteidigung wussten, dass diese Dokumente existierten und sie nicht als Teil des Aufklärungsprozesses angegeben haben, haben sie die ethischen Wertmaßstäbe des juristischen Standes verletzt und sich ebenso nicht an das Gesetz gehalten. Nach Petes Maßstäben war somit jeder Angriff einfach nur fair.

Kapitel 14

---

1. *Food & Drug Administration* – Amerikanische Lebensmittelkontrollbehörde

Petes Angriff

Pete setzt mehrere seiner Leute auf die Fährte, und innerhalb weniger Tage weiß er, bei welcher Firma Jenkins & Petry ihr Datensicherungsarchiv lagern. Und er weiß, dass diese Asservatenfirma eine Liste der Namen von Personen führt, die von der Kanzlei zum Transport der Bänder aus dem und in das Archiv autorisiert sind. Ihm ist ebenfalls bekannt, dass jeder dieser Leute ein eigenes Passwort besitzt. Pete schickt zwei seiner Leute zu einem Schwarze-Tasche-Job.

Die Männer nehmen sich das Schloss vor und benutzen dabei eine Art Pistole zum Schlösserknacken, die man im Web bei www.southord.com beziehen kann. Gegen 3 Uhr früh schlüpfen sie innerhalb weniger Minuten in die Büros der Lagerfirma und starten einen PC. Sie lächeln, als sie das Logo von Windows 98 sehen, weil sie wissen, dass das Weitere nur ein Kinderspiel ist. Windows 98 erfordert keinerlei Authentifizierung. Nach ein wenig Suchen lokalisieren sie eine Microsoft Access Datenbank mit den Namen der Personen, die von den Kunden der Asservatenfirma dazu autorisiert sind, Datenbänder abzuholen. Sie fügen der Autorisierungsliste von Jenkins & Petry einen falschen Namen hinzu, der zu einem der gefälschten Führerscheine, die sich die Männer im Vorfeld schon besorgt hatten, passt. Hätten sie nicht einfach in den verschlossenen Lagerbereich einbrechen und versuchen können, die von ihrem Klienten gewünschten Bänder zu finden? Sicher, aber dann wären alle Kunden der Firma einschließlich der Kanzlei über diesen Einbruch informiert worden. Und die Angreifer hätten einen Vorteil verloren: Profis ziehen es immer vor, sich einen Zugang für weitere Gelegenheiten offen zu halten.

Sie halten eine weitere übliche Regel von Industriespionen ein, die für alle Fälle gerne etwas zur zukünftigen Verwendung in der Hinterhand halten wollen, und kopieren sich die Datei mit der Autorisierungsliste auf eine Diskette. Keiner von ihnen weiß, ob sie diese Datei jemals verwenden werden, aber es ist einfach etwas wie „Nun sind wir schon mal hier, also machen wir das auch noch", und gelegentlich kann es sich doch als sehr wertvoll herausstellen.

Am nächsten Tag ruft einer dieser Männer die Lagerfirma an, benutzt den Namen, den sie auf der Autorisierungsliste eingefügt haben, und nennt das entsprechende Passwort. Er bittet um alle Datenbänder von Jenkins & Petry aus dem letzten Monat und sagt, dass ein Botendienst dieses Paket bald abholen werde. Am späten Nachmittag hält Andreeson die Bänder in den Händen. Seine Leute speichern alle Daten auf ihren eigenen Computersystemen ab, damit man sie in Ruhe durchsuchen kann. Andreeson ist sehr zufrieden, dass die Kanzlei wie die meisten anderen Firmen keinen Wert darauf legt, ihre Datensicherungsdateien zu verschlüsseln.

Am folgenden Tag werden die Bänder wieder bei der Lagerfirma abgegeben, und niemals hat jemand etwas davon erfahren.

Trickanalyse

Wegen laxer physischer Sicherheit waren die Bösewichte ungehindert in der Lage, die Schlösser des Lagerunternehmens zu knacken, Zugang zum Computer zu erlangen und die Datenbank zu modifizieren, die eine Liste der Personen mit der Berechtigung zum Kontakt mit der Asservatenfirma enthielt. Durch das Hinzufügen eines Namens bekamen die Betrüger die Datenbänder in die Finger, hinter denen sie her waren, ohne dass sie in das Lager der Firma einzubrechen brauchten. Weil Datensicherungen in den meisten Firmen nicht verschlüsselt sind, standen ihnen die Informationen offen zur Verfügung.

Dieser Vorfall illustriert ein weiteres Mal, dass eine Dienstleistungsfirma, die keine vernünftigen Sicherheitsvorkehrungen trifft, es einem Angreifer erleichtert, das Informationskapital ihrer Kunden zu kompromittieren.

Mitnick Spot

Wertvolle Informationen – egal in welcher Form oder wo sie abgelegt sind – müssen geschützt werden. Die Kundenliste einer Organisation ist immer gleich wertvoll, egal ob als Druckwerk oder als elektronische Datei in Ihrem Büro oder einem Archivkarton. Social Engineers ziehen stets den Angriffspunkt vor, der am leichtesten zu brechen ist und am schlechtesten verteidigt wird. Der Social Engineer beurteilt die Lagerung einer Datensicherung außerhalb des Betriebsgeländes durch eine andere Firma als für ihn mit geringerem Risiko von Entdeckung und Festnahme behaftet. Jede Organisation, die wertvolle, sensible oder kritische Daten von anderen speichert, sollte ihre Daten verschlüsseln, um ihre Vertraulichkeit zu schützen.

DER NEUE GESCHÄFTSPARTNER

Social Engineers genießen gegenüber Trickbetrügern und Gaunern einen großen Vorteil, und das ist die Distanz. Ein Gauner kann Sie nur betrügen, wenn er vor Ihnen steht, und somit können Sie hinterher eine gute Personenbeschreibung liefern oder die Polizei vielleicht sogar rechtzeitig rufen, wenn Sie seine Machenschaften früh genug bemerken.

Social Engineers meiden dieses Risiko gewöhnlich wie die Pest. Manchmal ist dieses Risiko allerdings erforderlich und durch die potenzielle Belohnung gerechtfertigt.

Jessicas Geschichte

Jessica Andover fühlte sich sehr wohl, als sie einen Job bei einem aufstrebenden Robotertechnik-Unternehmen bekam. Sicher, die Firma war neu, und sie konnten nicht viel zahlen, aber sie war überschaubar, die Leute freundlich, und alles wurde noch spannender durch das Wissen, dass ihre Börsenoptionen sie vielleicht ja sogar reich machen konnten. Gut, vielleicht langte es nicht zur Millionärin wie bei den Firmengründern, aber sie könnte reich genug werden.

Und darum empfing sie Rick Daggot mit einem strahlenden Lächeln, als er an diesem Dienstag morgen im August in die Lobby trat. In seinem teuer aussehenden Anzug von Armani, seiner schweren goldenen Armbanduhr, einer Rolex President, und mit seiner tadellosen Frisur hatte er die gleiche männliche, selbstbewusste Ausstrahlung, die alle Mädchen in Jessicas Highschool-Zeit verrückt gemacht hatte.

„Hi", sagte er. „Ich bin Rick Daggot. Ich bin hier, weil ich ein Meeting mit Larry habe."

Jessicas Lächeln verschwand. „Larry?" antwortete sie. „Larry ist die ganze Woche im Urlaub."

„Ich habe mit ihm einen Termin um 13 Uhr. Ich bin gerade von Louisville hergeflogen, um ihn zu treffen", sagte Rick, als er seinen Palm herauszog, ihn umdrehte und Jessica darauf schauen ließ.

Sie sah ihn an und schüttelte vorsichtig den Kopf. „Der Zwanzigste", sagte sie. „Das ist *nächste* Woche." Er nahm den Palmtop wieder an sich und starrte darauf. „Das darf nicht wahr sein!" stöhnte er. „Ich fasse es nicht – was für ein blöder Fehler."

„Kann ich wenigstens einen Rückflug für Sie buchen?" fragte sie mitfühlend.

Bevor sie das Telefonat machte, vertraute Rick ihr an, dass er und Larry vereinbart hatten, ein strategisches Marketing-Bündnis einzustielen. Ricks Firma stellte Produkte für Fertigungsanlagen und Fließbänder her, und diese Geräte würden perfekt durch das neue Produkt von Larrys Firma, das C2Alpha, ergänzt werden. Ricks Produkte und das C2Alpha stellten eine starke Lösung dar, die für beide Unternehmen wichtige industrielle Märkte erschließen könnten.

Als Jessica die Reservierung für einen Flug am späten Nachmittag abgeschlossen hatte, sagte Rick: „Nun, ich könnte wenigstens mit Steve sprechen, wenn er es einrichten kann." Aber Steve, der Vizepräsident und Mitbegründer der Firma, war ebenfalls außer Haus.

Rick war sehr freundlich zu Jessica und flirtete sogar ein wenig mit ihr. Er schlug dann vor, da er nun schon hier sitze und sein Flug erst am späten Nachmittag sei, könne er wenigstens noch einige wichtige Leute zum Essen einladen. Und er fügte hinzu: „Und natürlich mit Ihnen – ist da jemand, der Sie in der Mittagszeit vertreten kann?"

Sie errötete bei der Vorstellung, eingeladen zu sein, und fragte: „Wen möchten Sie denn dabei haben?" Er tippte wieder auf seinen Palmtop und nannte einige Personen – zwei Ingenieure aus dem Forschungsbereich, der neue Marketing-Mann und der zum Projekt gehörige Kollege aus der Finanzabteilung. Rick schlug vor, dass sie ihnen von seiner Beziehung zur Firma erzähle und dass er sich ihnen dann selbst vorstellen werde. Er nannte das beste Restaurant in der Gegend, dorthin hatte Jessica schon immer mal gehen wollen, und sagte, er werde den Tisch selbst für 12 Uhr 30 reservieren und kurz vor Mittag noch mal zurückrufen, um zu hören, ob alles geklärt sei.

Als sie sich im Restaurant trafen – alle vier plus Jessica –, war ihr Tisch noch nicht fertig, also setzten sie sich an die Bar, und Rick stellte klar, dass die Getränke und das Essen auf ihn gingen. Rick war ein Mann mit Klasse und Stil, einer, zu dem man gleich von Anfang den richtigen Draht hat, als ob man sich schon jahrelang kennt. Er schien stets genau das Richtige zu sagen, ließ eine lebhafte Bemerkung fallen oder machte einen Scherz, wenn die Konversation etwas durchhing, und alle fühlten sich mit ihm richtig wohl.

Er ließ gerade genug Details über die Produkte seines eigenen Konzerns durchblicken, dass sie eine Vorstellung davon bekamen, wie die gemeinsame Marketing-Lösung ausschauen konnte, von der er so begeistert war. Er nannte mehrere Organisationen aus den Fortune 500, denen sein Konzern bereits Produkte lieferte, bis jeder an der Bar im Geiste sah, wie ihre Firmenerzeugnisse schon vom ersten Tag, an dem sie aus der Fabrik rollten, ein Riesenerfolg werden würden.

Dann setzte Rick sich zu Brian, einem der Ingenieure. Während die anderen gemeinsam plauderten, teilte Rick vertraulich Brian einige seiner Ideen mit und entwarf vor ihm einige der besonderen Merkmale des C2Alpha und was es von allen anderen Konkurrenzprodukten unterschied. Rick fand heraus, welche der Features, auf die Brian ziemlich stolz war und die er „klasse" fand, von der Firma heruntergespielt wurden.

Rick arbeitete sich ebenfalls zu den anderen vor und hielt mit jedem im Vertrauen einen Schwatz. Der Kollege vom Marketing freute sich, dass er über den Auslieferungstermin und Werbemaßnahmen sprechen konnte. Und der Erbsenzähler zog gleich einen Umschlag aus der Tasche, auf den er Details der Material- und Produktionskosten, Verkaufspreis und erwartete Gewinnspanne notierte und welche Art von Deal er mit jedem der Lieferanten auszuhandeln versuchte, die er auch namentlich nannte.

Als ihr Tisch endlich fertig gedeckt war, hatte jeder mit Rick Ideen entwickelt, und alle waren von ihm begeistert. Am Ende des Essens schüttelten sie alle Rick die Hand und bedankten sich bei ihm. Rick tauschte mit jedem Visitenkarten aus und ließ dabei Brian gegenüber die Bemerkung fallen, er wolle gerne ein längeres Gespräch, sobald Larry wieder im Haus sei.

Als Brian am folgenden Tag den Hörer abnahm, war Rick am Apparat, der ihm mitteilte, er habe sich gerade mit Larry unterhalten. „Ich werde am Montag wieder bei euch sein, um einige der technischen Einzelheiten mit ihm zu besprechen", sagte Rick, „und er will, dass ihr mich bei eurem Produkt auf dem Laufenden haltet. Er sagte, Sie möchten ihm bitte die neuesten Entwürfe und Spezifikationen per Email zuschicken. Er wird die Abschnitte, die ich kriegen soll, herausnehmen und sie an mich weiterleiten."

Der Ingenieur sagte, das sei in Ordnung. „Gut", antwortete Rick. Er fuhr dann fort: „Larry lässt weiterhin ausrichten, dass er Ärger mit seinem Email-Empfang hat. Statt ihm die Unterlagen an sein normales Email-Konto zu schicken, hat er mit der Rezeption von seinem Hotel geklärt, dass ihm dort ein Yahoo-Konto eingerichtet wird. Er sagt, Sie möchten die Dateien bitte an `larryrobotics@yahoo.com` schicken."

Als am folgenden Montag morgen Larry sonnengebräunt und offensichtlich sehr ausgeruht in das Büro spazierte, rauschte Jessica gleich ganz begeistert auf ihn zu und schwärmte ihm von Rick vor. „Was für ein großartiger Mann. Er hat ein paar von uns zum Essen eingeladen, sogar mich." Larry wirkte verwirrt. „Rick? Wer zum Teufel ist Rick?"

„Wovon redest Du? Dein neuer Geschäftspartner."

„Wie bitte???!!!"

„Und alle waren so beeindruckt davon, was für treffende Fragen er gestellt hat."

„Ich kenne keinen Rick ..."

„Was soll das denn heißen? Soll das ein Scherz sein, Larry – du willst mich auf den Arm nehmen, oder?"

„Das gesamte Team sofort in den Konferenzraum! Aber dalli! Egal was sie gerade machen. Und alle, die bei diesem Essen dabei waren. Auch du."

Sie saßen schweigsam und in gedrückter Stimmung um den Tisch. Larry kam herein, setzte sich und begann sofort: „Ich kenne niemanden namens Rick. Ich habe keinen Geschäftspartner, den ich vor euch geheim gehalten habe. Ich dachte, das wäre klar gewesen. Wenn hier ein Witzbold unter uns ist, dann soll er es jetzt sofort sagen."

Kein Geräusch war zu hören. Der Raum schien mit jedem Moment dunkler zu werden.

Schließlich ergriff Brian das Wort. „Warum hast du nichts dazu gesagt, als ich dir diese Email mit den Produktbeschreibungen und dem Quellcode geschickt habe?"

„*Welche* Email?"

Brian erstarrte. „Oh ... Scheiße!"

Cliff, der andere Ingenieur, klinkte sich ein. „Er gab uns allen seine Visitenkarte. Wir brauchen ihn nur anzurufen und zu klären, was verdammt noch mal hier los ist."

Brian zog seinen Palmtop heraus, rief einen Eintrag auf und ließ das Gerät über den Tisch zu Larry rutschen. Immer noch wider besseres Wissen hoffend beobachteten sie wie in Trance, wie Larry wählte. Nach einem Moment stach er mit dem Finger auf den Mithör-Knopf, und alle hörten das Besetzt-Zeichen. Nachdem er diese Nummer mehrfach innerhalb von zwanzig Minuten gewählt hatte, wählte Larry frustriert den Operator an und bat um eine Notfall-Unterbrechung.

Nach einigen Momenten kam die Telefonistin wieder in die Leitung. Sie sagte in herausforderndem Tonfall: „Woher haben Sie diese Nummer, lieber Mann?" Larry teilte ihr mit, dass er sie von der Visitenkarte eines Herren habe, den er sehr dringend erreichen müsse. Die Telefonistin sagte: „Es tut mir leid, aber dies ist eine Testnummer der Telefongesellschaft. Sie gibt immer das Besetztzeichen."

Larry stellte eine Liste der Informationen zusammen, die Rick mitgeteilt worden waren. Es ergab kein schönes Bild.

Zwei Polizeibeamte kamen und nahmen einen Bericht auf. Nachdem sie sich die Geschichte angehört hatten, erklärten sie, dass nach den Gesetzen dieses Bundesstaates kein Tatbestand vorliege – es gebe nichts, was sie tun konnten. Sie rieten Larry, Kontakt mit dem FBI aufzunehmen, weil von dort aus Delikte verfolgt werden konnten, die den Geschäftsverkehr über die Grenzen von Bundesstaaten hinweg betreffen. Als Rick Daggot unter Vorspiegelung einer falschen Identität den Ingenieur gebeten hatte, die Testergebnisse an ihn weiterzuleiten, hat er möglicherweise ein Verbrechen gegen ein Bundesgesetz begangen, aber um das herauszufinden, müsse Larry mit dem FBI sprechen.

Drei Monate später las Larry in seiner Küche die Morgenzeitung beim Frühstück und verschüttete beinahe seinen Kaffee. Was er befürchtet hatte, seit er zum ersten Mal etwas von diesem Rick gehört hatte, war nun wahr geworden – sein schlimmster Alptraum! Da war es schwarz auf weiß, als Schlagzeile der Business-Beilage: Eine Firma, von der er noch nie gehört hatte, kündigte das Erscheinen eines neuen Produktes an, das sich genau wie das C2Alpha anhörte, das seine Firma seit über zwei Jahren entwickelte.

Durch einen Betrug hatten es diese Leute geschafft, vor ihm auf dem Markt zu sein. Sein Traum war zerstört. Millionen von Dollar, die in Forschung und Entwicklung gesteckt wurden, waren sinnlos ausgegeben. Und wahrscheinlich konnte er ihnen kein bisschen nachweisen.

Die Geschichte von Sammy Sanford

Obwohl Sammy Sanford klug genug war, mit regulärer Arbeit viel Geld zu verdienen, zog er es – verdorben, wie er war – doch vor, seinen Lebensunterhalt als Trickbetrüger zu verdienen, und dabei war er sehr erfolgreich. Nach einiger Zeit fiel er einem Agenten auf, der wegen seines Alkoholproblems frühzeitig in den Ruhestand gehen musste. Bitter und rachsüchtig hatte der Mann Wege gefunden, die Talente zu Geld zu machen, bei denen die Regierung ihn zum Experten hatte werden lassen. Stets auf der Suche nach Menschen, die er für seine Zwecke einsetzen konnte, war ihm Sammy gleich bei der ersten Begegnung ins Auge gefallen. Sammy hatte es sehr leicht und äußerst profitabel gefunden, seinen Schwerpunkt vom Abzocken anderer Leute Geld auf das Abzocken von Firmengeheimnissen zu verlegen.

....••••●●●●••••....

Die meisten Leute haben nicht den Mumm dazu, das durchzuziehen, was ich mache. Kinderspiel, andere Leute am Telefon oder über das Internet reinzulegen, weil dich niemand sieht. Aber jeder gute Trickgangster, so ein altmodischer, der dir persönlich gegenübertritt (und davon gibt es noch eine ganze Menge, mehr als Sie annehmen würden), sieht dir in die Augen, bindet dir einen riesengroßen Bären auf, und du kaufst ihm alles ab. Ich kenne da einen oder zwei Staatsanwälte, die das für ein Verbrechen halten. Ich finde, das ist eine Gabe.

Aber man kann nicht einfach blind reingehen, man muss die Sache erst mal abchecken. Auf der Straße funktioniert so eine Abzocke über ein bisschen Reden, da schätzt man die Stimmung mit ein wenig freundlichem Geplauder und ein paar gut formulierten Vorschlägen ein. Kriegst du die richtigen Antworten – Bingo! Du hast die Katze im Sack.

Aber so eine Sache mit einer Firma, das nennen wir die große Abzocke. Du musst schon einiges im Vorfeld regeln. Finde heraus, worauf sie reagieren, was sie wollen. Was sie brauchen. Leg dir einen Angriffsplan zurecht. Sei geduldig, mach deine Hausaufgaben. Überleg dir, welche Rolle du zu spielen hast, und lerne deinen Text. Und geh bloß nicht durch die Tür, bevor du nicht absolut gut vorbereitet bist.

Ich habe mehr als drei Wochen dafür gebraucht, für diese Sache auf Zack zu sein. Der Kunde hat mir eine zweitägige Session darüber verpasst, was ich über „meine" Firma und ihre Branche sagen sollte, und wie ich erklären sollte, warum das so eine prima Sache wird, wenn wir unsere Produkte gemeinsam auf den Markt bringen.

Dann hatte ich Glück. Ich rief bei dieser Firma an und sagte, ich sei von einer Risikoanlagefirma, und wir seien daran interessiert, ein Meeting zu vereinbaren. Nun sei ich dabei, mit den Terminen herumzujonglieren, um einen Zeitpunkt zu finden, an dem alle unsere Partner innerhalb der nächsten paar Monate verfügbar sind, und ob es da ein Zeitfenster gebe, das ich vermeiden solle, eine Zeit, in der Larry nicht in der Stadt sei? Und sie meinte, ja, er habe in den zwei Jahren seit Firmengründung keinen Urlaub mehr gemacht, und nun drängt seine Frau darauf, dass beide in der ersten Augustwoche Golfurlaub machen sollen.

Das war schon in zwei Wochen. Ich konnte warten.

In der Zwischenzeit bekam ich von einem Fachmagazin der Branche den Namen der PR-Firma, die für diesen Betrieb tätig ist. Ich sagte, dass mir die Medienpräsenz gefiele, die sie für ihren Kunden aus dem Robotik-Bereich erreichen könnten, und ich suchte den Kontakt zu der Person, die diesen Auftrag makelt, um über Möglichkeiten der Zusammenarbeit mit meiner Firma zu sprechen. Es stellte sich heraus, dass es eine junge, energische Frau war, der die Vorstellung sehr gefiel, einen neuen Auftrag an Land zu ziehen. Bei einem luxuriösen Essen, bei dem sie einen Drink mehr hatte, als sie eigentlich wollte, versuchte sie ihr Bestes, mich davon zu überzeugen, dass sie – oh! – so gut darin seien, die Probleme ihrer Kunden zu verstehen und dafür die richtigen PR-Lösungen zu finden. Ich tat so, als sei ich schwer zu überzeugen. Ich brauchte mehr Details. Ich hakte so hier und da nach, und als die Teller abgeräumt wurden, hatte ich sie soweit, dass sie mir mehr über das neue Produkt und die Probleme der Firma erzählt hatte, als ich gehofft hatte.

Das Ganze lief wie am Schnürchen. Die Flunkerei über den Ärger auf mich selbst und das Versehen, dass die Besprechung erst *nächste* Woche sei, aber ich mich ja trotzdem mit dem Team treffen könne, solange ich noch hier sei, hat die Sekretärin komplett geschluckt. Darüber hinaus hat sie mich sogar sehr bedauert. Für das Essen habe ich insgesamt 150 Dollar springen lassen. Mit Trinkgeld. Und ich hatte alles, was ich brauchte. Telefonnummern, Zuständigkeiten und einen der ganz wichtigen Kollegen, der tatsächlich glaubte, dass ich der bin, für den ich mich ausgebe.

In Brian habe ich mich getäuscht, muss ich zugeben. Er schien mir wie ein Typ, der einem alles rübermailt, wonach man verlangt. Aber es kam mir so vor, als hielte er etwas zurück, als ich auf das Thema zu sprechen kam. Es zahlt sich aus, wenn man mit dem Unerwarteten rechnet. Dieses Email-Konto auf Larrys Namen hatte ich für alle Fälle schon in der Hinterhand. Wahrscheinlich sitzen die Sicherheitsleute von Yahoo immer noch da rum und warten, dass das Konto wieder benutzt wird, damit sie es rückverfolgen können. Da können sie lange warten. Das Vöglein ist ausgeflogen. Ich sitze schon an einem anderen Projekt.

Trickanalyse

Jeder, der persönlich einen Trickbetrug begeht, muss sich selbst gegenüber der Zielperson so darstellen, dass er von ihr akzeptiert wird. Seine Präsentation muss an der Rennbahn anders aussehen als in der Eckkneipe und wieder anders in der mondänen Bar eines In-Hotels.

Genauso funktioniert es bei der Industriespionage. Ein Angriffsplan kann Schlips und Kragen mit teurer Aktenmappe erforderlich machen, wenn sich der Spion als Manager einer etablierten Firma, Berater oder Verkaufsvertreter ausgibt. Bei einem anderen Job, bei dem er für einen Softwareentwickler, einen Techniker oder jemand aus der Poststelle gehalten werden will, werden Kleidung oder Uniform – der gesamte Look – ganz anders sein.

Um die Firma zu infiltrieren, wusste der Mann, der sich Rick Daggot nannte, dass er sich den Anschein von Vertrauen und Kompetenz geben musste, unterstützt durch gründliche Kenntnisse des Firmenproduktes und der Branche.

Es bereitete keine Schwierigkeiten, sich im Vorfeld die benötigten Informationen zu besorgen. Er dachte sich einen kleinen Schwindel aus, um zu erfahren, wann der CEO abwesend ist. Eine kleine, aber nicht sehr anspruchsvolle Herausforderung bestand darin, genug Details über das Projekt herauszufinden, damit er sich seinen Kenntnissen über ihr Produkt nach als „Insider" anhörte. Oft sind diese Informationen bei verschiedenen Firmenzulieferern und auch Investoren, Spekulanten, an die sie sich wegen Kapital gewandt haben, ihrer Bank und der Anwaltskanzlei bekannt. Der Angreifer muss trotzdem sehr umsichtig vorgehen: es kann sehr schwierig sein, jemanden zu finden, den man nach seinem Insider-Wissen fragen kann. Aber wenn man mehrere Quellen auftreiben muss, um dann eine auf Informationen anzapfen zu können, erhöht sich das Risiko, dass die Sache auffliegt, und das macht es gefährlich. Die Rick Daggots dieser Welt müssen ihre Informationskanäle sorgfältig auswählen und nur einmal nutzen.

Das Essen war eine andere diffizile Geschichte. Zuerst war da das Problem, die Dinge so zu arrangieren, dass er mit jeder Person ein paar Minuten alleine haben konnte, ohne dass die anderen mithören. Er hat Jessica erzählt, der Tisch sei für 12.30 bestellt, aber in Wirklichkeit hatte er in diesem teuren, auf Geschäftsessen spezialisierten Restaurant für 13 Uhr reserviert. Er hoffte, dass sie an der Bar ein paar Drinks nehmen mussten, und darauf lief es tatsächlich hinaus. Eine perfekte Gelegenheit, ein wenig herumzugehen und mit jedem persönlich zu plaudern.

Die meisten Social Engineering-Angriffe finden per Telefon oder Email statt, aber deswegen dürfen Sie nicht davon ausgehen, dass ein mutiger Angreifer niemals persönlich in Ihrem Geschäft erscheint. In den meisten Fällen benutzt der Betrüger eine Form des Social Engineering, um Zugang zum Gebäude zu erlangen, nachdem er mit allgemein zugänglicher Software wie Photoshop den Mitarbeiterausweis eines Angestellten gefälscht hat.

Was ist mit den Visitenkarten, auf der die Testnummer der Telefongesellschaft aufgedruckt war? In der Fernsehserie Rockford über einen Privatdetektiv (gespielt von James Garner) wird eine schlaue und auch ganz lustige Technik gezeigt. Rockford hat in seinem Wagen eine tragbare Maschine zum Drucken von Visitenkarten, mit der er zu jeder Gelegenheit passende Karten ausdrucken konnte. Heutzutage kann sich ein Social Engineer Visitenkarten innerhalb einer Stunde in jedem Kopierladen drucken lassen oder selbst an einem Laserdrucker erstellen.

Aber es gab immer noch viele Möglichkeiten, dass ein Fehltritt – eine falsche Antwort oder eine unvorsichtige Bemerkung – Ricks Hochstapelei aufdecken konnte. Nur ein überaus selbstsicherer und schlauer Industriespion konnte das Risiko eingehen, sich auf diese Art und Weise der Gefahr auszusetzen. Aber Jahre der Arbeit als Trickbetrüger auf der Straße hatten Ricks Fertigkeiten geschärft und aufgebaut und ihm das Zutrauen gegeben, dass er auch Unvorsichtigkeiten überspielen konnte, damit kein Argwohn entsteht. Dies war der gefährlichste und herausforderndste Abschnitt der gesamten Operation, und die Begeisterung darüber, dass er solche Ränkespiele erfolgreich durchführen konnte, machte ihm klar, warum er keine schnellen Wagen fahren oder Fallschirm springen oder seine Frau betrügen musste – er hatte genug Aufregung, wenn er einfach nur seinen Job machte. Wie viele Leute konnten das von sich sagen? fragte er sich.

Hinweis

John Le Carré, der Autor von Der Spion, der aus der Kälte kam, Ein blendender Spion und vielen anderen bemerkenswerten Büchern, wuchs als Sohn eines eleganten, sympathischen Trickbetrügers auf, der ein Leben lang seinem Beruf nachging. Le Carré hat es wie ein Schlag getroffen, als er in jugendlichem Alter entdecken musste, dass sein Vater, obwohl er so erfolgreich andere zu täuschen vermochte, trotzdem leichtgläubig war und mehr als einmal selbst auf einen anderen Schwindler oder Trickbetrüger hereingefallen ist. Was wieder verdeutlicht, dass jeder dem Risiko ausgesetzt ist, von einem Social Engineer betrogen zu werden – sogar ein anderer Social Engineer.

Was bringt eine Gruppe kluger Frauen und Männer dazu, einem Hochstapler Glauben zu schenken? Wir schätzen eine Situation sowohl durch Instinkt als auch durch Intellekt ein. Wenn die Story plausibel erscheint – das ist der intellektuelle Part – und der Trickbetrüger ein glaubwürdiges Bild hervorzurufen vermag, sind wir gewöhnlich gerne dazu bereit, unsere Schutzvorkehrungen beiseite zu schieben. Eine glaubwürdige Verkörperung ist es, die einen erfolgreichen Hochstapler oder Social Engineer von jemandem unterscheidet, der schnell hinter schwedischen Gardinen landet.

Fragen Sie sich selbst: Wie sicher bin ich, dass ich niemals auf so eine Story wie die von Rick hereinfallen werde? Wenn Sie sicher sind, dass Ihnen das nicht passieren kann, fragen Sie sich, ob schon mal jemand Ihnen gegenüber etwas erfolgreich durchgesetzt hat. Wenn die Antwort auf diese zweite Frage Ja lautet, ist das möglicherweise auch die korrekte Antwort auf die erste Frage.

BOCKSPRINGEN

Eine Aufgabe für Sie: In der folgenden Geschichte geht es nicht um Industriespionage. Finden Sie beim Lesen heraus, warum ich mich entschlossen habe, sie in dieses Kapitel aufzunehmen.

Harry Tardy wohnte wieder zu Hause, und er war verbittert. Das Marine-Corps war ihm wie die große Rettung erschienen, bis er aus dem Rekrutierungslager rausgeworfen wurde. Nun war er in seine verhasste Heimatstadt zurückgekehrt, nahm Computerkurse in der Volkshochschule und suchte einen Weg, um es der Welt heimzuzahlen.

Schließlich war er auf einen Gedanken gekommen. Beim Bier mit einem Kumpel aus dem Kurs hatte er sich über den Kursleiter beschwert, ein sarkastischer Besserwisser, und gemeinsam heckten sie einen Plan aus, um es dem Kerl heimzuzahlen. Sie wollten den Quellcode für einen populären PDA[1] abgreifen und ihn auf den Computer des Kursleiters speichern. Dabei sollten die Spuren nachvollziehbar sein, damit die Firma annimmt, dass der Kursleiter der Bösewicht ist.

Der neue Freund, Karl Alexander, sagte, er kenne da „ein paar Tricks", und wollte Harry zeigen, wie man diese anwendet. Und damit durchkommt.

Hausaufgaben machen

Ein wenig Recherche zeigte Harry, dass das Produkt beim Entwicklungscenter in der Firmenzentrale des PDA-Herstellers auf der anderen Seite des Großen Teichs entwickelt worden war. Aber es gab ebenfalls eine Forschungs- und

---

1. *Personal Digital Assistant* – Elektronischer Terminkalender

Entwicklungsabteilung in den Vereinigten Staaten. Das sei gut, erklärte Karl, weil es für die gemeinsame Zusammenarbeit eine Einrichtung der Firma in den USA geben müsse, die ebenfalls den Zugang zum Quellcode brauche.

Der Ausgangspunkt ihrer Operation sollte also ein Anruf bei diesem Entwicklungscenter sein, in dem Harry alle Register ziehen wollte, um Sympathie zu erheischen: „Oh bitte, ich habe großen Ärger, ich brauche Hilfe, helfen Sie mir bitte, bitte, bitte!" Natürlich formulierte Harry dies um einiges subtiler. Karl schrieb ein Skript nieder, aber Harry hörte sich völlig unecht an, als er es laut vorlas. Am Ende übte er mit Karl ein, das Nötige in einem echten Gesprächstonfall sagen zu können.

Schließlich lautete das, was Harry sagte, während Karl neben ihm saß, in etwa wie folgt an:

„Ich rufe von der Forschungs- und Entwicklungsabteilung in Minneapolis an. Einer unserer Server hat die ganze Abteilung mit einem Wurm infiziert. Wir mussten das Betriebssystem neu installieren, und als wir die Datensicherung wieder einspielen wollten, war keines der Backups in Ordnung. Raten Sie mal, wer dafür verantwortlich war, die Integrität der Backups zu prüfen? Natürlich meiner einer. Also staucht mein Boss mich zusammen, und das gesamte Management ist absolut sauer, dass wir die Daten verloren haben. Hören Sie, ich brauche dringend die letzte Revision des Quellcode-Baums, so schnell wie möglich. Ich möchte Sie bitten, mir den Quellcode zu gzippen und mir zuzuschicken."

Jargon

GZIP Mehrere Dateien in einer einzelnen Datei unter Verwendung eines Linux GNU-Werkzeuges komprimieren.

An diesem Punkt kritzelte Karl etwas auf einen Block, und Harry erzählte dem Mann am anderen Ende der Leitung, dass er diese Datei von ihm nur intern transferiert haben wolle, also zur Forschungs- und Entwicklungsabteilung in Minneapolis. Das war höchst wichtig: Wenn dem Mann in Europa klar war, dass von ihm nur verlangt wurde, die Datei in einen anderen Firmenbereich zu schicken, war sein Gewissen beruhigt – was konnte daran falsch sein?

Er willigte ein, die Datei als gepacktes File zu versenden. Schritt für Schritt mit Karl an seiner Seite führte Harry den Mann durch den Vorgang, den riesigen Quellcode in eine einzelne, kompakte Datei zu komprimieren. Er nannte ihm ebenfalls einen Namen, den er der komprimierten Datei geben sollte, „neuedaten", und erklärte, dass mit diesem Namen eine Verwechslung mit ihren alten, beschädigten Dateien ausgeschlossen sei.

Karl musste den nächsten Schritt zweimal erklären, bevor Harry es begriffen hatte, aber er war für das kleine Bocksprungspiel wesentlich, das Karl sich ausgedacht hatte. Harry sollte die Forschungs- und Entwicklungsabteilung in Minneapolis anrufen und jemandem dort erzählen, dass „ich Ihnen eine Datei schicken will und Sie bitten möchte, sie für mich weiterzuleiten" – natürlich alles mit Begründungen verkleidet, die sich plausibel anhörten. Was Harry verwirrte, war Folgendes: Er sollte am Telefon sagen, dass *„ich* Ihnen die Datei übersende", obwohl die Datei ja überhaupt nicht von Harry abgeschickt werden würde. Er sollte den Kollegen aus dem Forschungscenter glauben machen, dass die Datei von ihm, Harry, komme, obwohl das Center in Wirklichkeit die Datei mit dem proprietären Quellcode aus Europa bekäme. „Warum soll ich ihm sagen, dass sie von mir kommt, wenn sie in Wirklichkeit aus Übersee geschickt wird?" wollte Harry wissen.

„Der Typ aus dem Entwicklungscenter ist der Angelpunkt", erklärte Karl. „Er muss glauben, dass er bloß einem Kollegen hier in den Staaten einen Gefallen tut, weil er eine Datei von dir bekommt und sie einfach für dich weiterleitet."

Das hatte schließlich auch Harry begriffen. Er rief das Forschungs- und Entwicklungscenter an, bat darum, mit dem Computercenter verbunden zu werden, und dort verlangte er dann einen Computeroperator. Jemand kam an den Apparat, der so jung klang wie Harry selbst. Harry begrüßte ihn, erklärte, das er aus der Fabrikationsabteilung der Chicagoer Niederlassung anriefe. Er müsse eine bestimmte Datei an einen ihrer Partner schicken, mit denen sie an einem Projekt arbeiteten, aber, sagte er, „wir haben da dieses Problem mit dem Router und können ihr Netzwerk nicht erreichen. Ich möchte Ihnen gerne die Datei zuschicken, und wenn Sie sie erhalten haben, rufe ich Sie an und helfe Ihnen dabei, sie auf den Computer unserer Partner zu senden."

So weit, so gut. Harry fragte dann den jungen Mann, ob ihr Computercenter einen anonymen FTP-Account haben, eine Einrichtung, mit der jedermann Dateien in einem Verzeichnis ohne Passwort ablegen und wieder daraus abholen kann. Ja, anonymes FTP sei hier vorhanden, und er gab Harry die interne IP-Adresse, damit er es erreichen konnte.

Industriespionage

Jargon

Anonymes FTP Ein Programm, mit dem man per FTP (File Transfer Protocol) einen Fernzugang zu einem Computer bekommen kann, ohne ein Konto dort zu besitzen. Obwohl anonymes FTP einen Zugang ohne Passwort gewährt, sind die nutzerbezogenen Zugriffsrechte auf gewisse Ordner eingeschränkt.

Mit dieser Information in der Hand rief Harry wiederum im Entwicklungs-
zentrum in Übersee an. Mittlerweile war dort die komprimierte Datei bereit,
und Harry gab die Anweisungen, damit die Datei auf die anonyme FTP-Site
transferiert werden konnte. In weniger als fünf Minuten wurde die komprimierte Datei mit dem Quellcode an den jungen Mann aus der Forschungs-
und Entwicklungsabteilung geschickt.

Vorbereitung eines Opfers

Die halbe Strecke zum Ziel war geschafft. Für die nächsten Schritte mussten
Harry und Karl warten, bis sie sichergehen konnten, dass die Datei angekom-
men war. In der Zwischenzeit gingen sie hinüber zum Tisch des Kursleiters
und kümmerten sich um zwei weitere Dinge. Sie richteten einen anonymen
FTP-Server auf seiner Maschine ein, der im letzten Abschnitt ihres Plans als
Bestimmungsort für die Datei dienen sollte.

Der zweite Schritt bot auch eine Lösung für ein sonst anderweitig sehr heik-
les Problem. Sie konnten natürlich dem Mann aus der Forschungs- und Entwicklungsabteilung nicht sagen, er solle die Datei an eine Adresse wie
`warren@rms.ca.edu` schicken. Der Domänenname „edu" wäre ein sicherer
Hinweis, weil jeder einigermaßen wache Computermensch es als Adresse
einer Schule erkennen würde, was die gesamte Operation sofort auffliegen lassen würde. Um dies zu vermeiden, schauten sie auf dem PC des Kursleiters die
IP-Adresse der Maschine nach, die sie dann als Adresse zum Zusenden der
Datei verwenden wollten.

Nun war es Zeit geworden, den Computeroperator aus der Forschungs- und
Entwicklungsabteilung zurückzurufen. Harry bekam ihn an den Apparat und
sagte: „Ich habe gerade die Datei transferiert, über die wir gesprochen haben.
Können Sie bitte mal checken, ob Sie sie erhalten haben?" Ja, war eingetroffen. Harry bat ihn dann, sie weiterzuleiten, und gab ihm die IP-Adresse. Er
blieb am Apparat, als der junge Mann die Verbindung aufbaute und die Übertragung der Datei einleitete, und sie beobachteten mit breitem Grinsen, wie
auf der anderen Seite des Raumes das Lämpchen für die Festplatte am PC des
Kursleiters regelmäßig blinkte – der Download war im Gange.

Harry tauschte mit dem Kollegen ein paar Bemerkungen darüber aus, dass
hoffentlich eines Tages die Rechner und die dazugehörigen Geräte verlässli-
cher werden würden, bedankte und verabschiedete sich.

Die beiden kopierten die Datei vom Rechner des Kursleiters auf zwei Zip-
Disketten, so dass jeder eine Kopie hatte, die er später betrachten konnte, als
wenn man aus einem Museum ein Gemälde stiehlt und sich im Stillen daran
freut, aber es keinen Freunden zu zeigen wagt. Außer dass es in diesem Fall
mehr darauf hinauslief, dass sie ein Duplikat des Gemäldes mitgehen ließen,
aber das Original immer noch im Museum hing.

Karl entfernte dann gemeinsam mit Harry den FTP-Server vom Computer des Kursleiters und löschte die Protokolldateien, damit von ihrem Streich keine verräterische Spur mehr zurückblieb – außer der gestohlenen Datei, die sie leicht auffindbar abgespeichert hatten.

Als letzten Schritt haben sie direkt vom Rechner des Kursleiters einen Abschnitt des Quellcodes im Usenet gepostet. Nur einen kleinen Abschnitt, damit der Firma kein großer Schaden entstünde, aber trotzdem eine deutliche Spur zum Kursleiter zurückführte. Nun würde er beim Erklären ziemlich ins Schwitzen kommen.

Trickanalyse

Obwohl bei dieser Intrige eine Reihe von Elementen kombiniert werden mussten, wäre sie ohne geschicktes Schauspielern zum Erlangen von Sympathie und Hilfe nicht erfolgreich gewesen: Der Boss brüllt mich an, das Management ist total sauer auf mich etc. pp. Kombiniert mit einer zutreffenden Erklärung, warum der Mann am anderen Ende der Leitung bei der Lösung des Problems behilflich sein konnte, führte das zu einem besonders überzeugenden Trickbetrug. Es hat hier und auch bei vielen anderen Gelegenheiten funktioniert.

Das zweite wesentliche Element: Der Mann, der um den Wert dieser Datei wusste, wurde gebeten, sie an eine Adresse *innerhalb* des Unternehmens zu senden.

Und das dritte Puzzle-Teil: Der Computeroperator konnte erkennen, dass die Datei innerhalb des Unternehmens an ihn transferiert worden war. Das konnte nur bedeuten – oder so erschien es zumindest –, dass der Mann, von dem er sie bekommen hatte, sie selbst an die Zieladresse hätte schicken können, wenn bloß seine externe Netzwerkverbindung funktioniert hätte. Was könnte daran falsch sein, wenn man ihm bei der Übersendung behilflich ist?

Und was war mit der Umbenennung der komprimierten Datei? Scheinbar nur eine Kleinigkeit, aber eine folgenreiche. Der Angreifer konnte das Risiko nicht eingehen, dass die eintreffende Datei einen Namen hat, der auf einen Inhalt mit dem Quellcode schließen ließ oder sich auf das Produkt bezog. Die Bitte, eine Datei mit einem Namen wie diesen aus der Firma hinauszuschicken, hätte vielleicht die Alarmglocken losgehen lassen. Es war wesentlich, der Datei einen unschuldig klingenden Namen zu geben. So wie es die Angreifer vorhergesehen hatten, sandte der zweite junge Mann ohne zu zögern die Datei an eine Adresse außerhalb der Firma. Eine Datei mit einem Namen wie „neuedaten", der man somit den wahren Informationsgehalt nicht ansehen konnte, machte ihn schwerlich argwöhnisch.

Die grundlegende Regel, die sich alle Angestellten ins Hirn einprägen sollten, lautet: Kein Transfer von Dateien an andere, die man nicht persönlich kennt, ohne Zustimmung des Managements – auch wenn die Zieladresse scheinbar innerhalb des eigenen Firmennetzwerks liegt.

Haben Sie nun schließlich herausbekommen, was diese Geschichte in einem Kapitel über Industriespionage zu suchen hat? Wenn nicht, nun, hier ist die Antwort: Dieser bösartige Streich der beiden Kursteilnehmer hätte genauso leicht von einem professionellen Industriespion verübt werden können, der vielleicht von einem Konkurrenten beauftragt wurde oder bei einer ausländischen Regierung in Lohn und Brot steht. Auf die eine oder andere Art hätte der Schaden für die Firma verheerend sein können, und wenn das Konkurrenzprodukt sich auf dem Markt durchgesetzt hätte, wären die Verkaufszahlen für ihr neues Produkt sicher untergraben worden.

Wie leicht kann die gleiche Art von Angriff auf Ihre Firma durchgeführt werden?

SCHUTZMAßNAHMEN

Schon lange ist Industriespionage eine Bedrohung fürs Business gewesen, aber nun verdienen sich traditionelle Spione ihre Brötchen nach Ende des Kalten Krieges mit der Suche nach Firmengeheimnissen, um sie zu Geld zu machen. Ausländische Regierungen und Körperschaften setzen freischaffende Industriespione ein, um Informationen zu stehlen. Einheimische Unternehmen beauftragen Informationsbroker, die bereit sind, die Seite zu wechseln, mit der verdeckten Aufklärung bei der Konkurrenz. In vielen Fällen sind dies frühere militärische Spione, die zu Informationsbrokern geworden sind. Sie besitzen das erforderliche Wissen zum Auskundschaften von Organisationen und die nötige Erfahrung, insbesondere bei solchen Firmen, die sich nicht um die Einrichtung von Maßnahmen zum Schutze ihrer Daten und die Ausbildung ihres Personals gekümmert haben.

Sicherheit außerhalb der Firma

Was hätte dem Unternehmen helfen können, das mit seiner außerhalb des Betriebsgeländes gelegenen Asservatenfirma Probleme bekommen hat? Die Gefahren hätte man durch die Verschlüsselung der Daten vermeiden können. Ja, eine Verschlüsselung erfordert zusätzlich Zeit und weitere Ausgaben, aber es ist die Mühe auf jeden Fall wert. Verschlüsselte Dateien müssen regelmäßig punktuell geprüft werden, um sicherzugehen, dass die Ver- und Entschlüsselung reibungslos klappt.

Es besteht immer die Gefahr, dass die Chiffrierschlüssel verloren gehen oder dass die einzige Person, die den Schlüssel kennt, von einem Bus überfahren wird. Aber dieser Grad von Unbequemlichkeit kann minimiert werden, und jeder, der sensible Informationen bei einer kommerziellen Firma lagern lässt und keine Verschlüsselung einsetzt, ist – entschuldigen Sie das deutliche Wort – ein Idiot! Das kommt einem Spaziergang in einer bekanntermaßen gefährlichen Gegend gleich, und einem lugen die Scheinchen nur so aus der Tasche – man bettelt förmlich darum, überfallen zu werden.

Die Lagerung von Medien mit Datensicherungen in einem Bereich, aus dem jemand sie einfach herausholen kann, ist eine weit verbreitete Sicherheitsschwachstelle. Vor einigen Jahren habe ich bei einer Firma gearbeitet, die sich auch mehr Mühe beim Schutz der Klientendaten hätte geben können. Die Computerleute legten jeden Tag die Datensicherungsbänder *außerhalb* des abgeschlossenen Computerraums zum Abholen durch einen Boten bereit. Jeder hätte mit den Datensicherungsbändern, auf denen alle Textverarbeitungsdokumente unverschlüsselt gespeichert waren, stiften gehen können. Wenn Datensicherungen verschlüsselt sind, ist ein Verlust dieses Materials ziemlich ärgerlich; wenn sie nicht verschlüsselt sind, ... nun, Sie können sich die Auswirkungen auf Ihre Organisation besser vorstellen als ich.

Größere Firmen haben auf jeden Fall einen Bedarf an verlässlichen Speichermöglichkeiten außerhalb des Betriebsgeländes. Aber die Sicherheitsprozeduren Ihres Unternehmens müssen eine Untersuchung der Lagerungsfirma vorsehen, um zu prüfen, wie gewissenhaft sie sich bei ihren eigenen Sicherheitsrichtlinien und -praktiken verhalten. Wenn sie nicht so streng sind wie die Ihrer eigenen Firma, dann können alle Ihre Sicherheitsbemühungen untergraben werden.

Kleinere Organisationen haben eine gute alternative Möglichkeit der Datensicherung: Sie können die neuen und geänderten Dateien jeden Abend an eine der Firmen mit einer Online-Speichermöglichkeit schicken. Wiederum betone ich die Wichtigkeit, diese Daten zu verschlüsseln. Sonst wären diese Informationen nicht nur einem unehrlichen Angestellten in der Lagerungsfirma zugänglich, sondern auch jedem Computereindringling, der in die Computersysteme oder Netzwerke dieser Online-Speicherfirma einbrechen kann.

Und natürlich müssen Sie, wenn Sie ein Verschlüsselungssystem zum Schutz der Sicherheit Ihrer Backups einführen, ebenfalls eine besonders sichere Prozedur für die Speicherung der Chiffrierschlüssel oder der Zeichenfolgen zur Entschlüsselung einführen, durch die alles wieder entschlüsselt werden kann. Geheimschlüssel zur Verschlüsselung von Daten sollten in einem Safe oder Tresor gelagert werden. Es müssen im Unternehmen Vorkehrungen für den Fall getroffen werden, dass die mit der Abwicklung dieser Daten beauftragte Person plötzlich nicht erreichbar ist, den Job wechselt oder stirbt. Es muss immer wenigstens zwei Leute geben, die den Speicherort und die Ver- und Entschlüsselungsprozeduren kennen – genauso wie die Richtlinien, wie und wann Schlüssel gewechselt werden müssen. Die Richtlinien müssen ebenfalls erfordern, dass die Chiffrierschlüssel beim Weggang eines Mitarbeiters, der Zugang dazu hatte, sofort geändert werden.

Wer bist Du?

Das Beispiel aus diesem Kapitel mit dem raffinierten Trickbetrüger, der seinen Charme bei den Mitarbeitern einsetzt, damit sie ihm Informationen überlassen, verstärkt die Wichtigkeit der Verifikation von Identität. Die Anfrage, Quellcode an eine FTP-Site weiterzuleiten, weist ebenfalls auf die Relevanz hin, die anfragende Person zu kennen.

In Kapitel 16 werden Sie spezielle Richtlinien finden, wie die Identität eines Unbekannten festgestellt werden kann, der eine Informationsanfrage vorbringt oder eine Handlung ausgeführt haben will. Wir haben immer wieder in diesem Buch über den Bedarf an Verifikation gesprochen, und in Kapitel 16 bekommen Sie Handreichungen, wie dies durchgeführt werden kann.

Teil 4

Schutzwälle

Kapitel
15

Informationssicherheit: Sensibilisierung und Training

Ein Social Engineer hat den Auftrag bekommen, die Pläne Ihres fantastischen neuen Produktes zu besorgen, das in zwei Monaten der Öffentlichkeit vorgestellt werden soll. Was wird ihn aufhalten?

Ihre Firewall? Nein.

Starke Authentifizierungsgeräte? Nein.

Intrusion-Detection-Systeme? Nein.

Verschlüsselung? Nein.

Eine Begrenzung des Zugangs über Telefonnummern von Einwahlmodems? Nein.

Codebezeichnungen für Server, die es einem Außenseiter erschweren zu bestimmen, auf welchem Server die Pläne des Produktes liegen? Nein.

Die Wahrheit ist, dass keine Technologie der Welt einen vor einem Social Engineering-Angriff schützen kann.

SICHERHEIT DURCH TECHNOLOGIE, TRAINING UND PROZEDUREN

Sicherheitsunternehmen berichten, dass ihre Versuche, zu Testzwecken mit Social Engineering-Methoden in die Firmennetzwerke ihrer Klienten einzubrechen, fast *hundertprozentig* erfolgreich sind. Sicherheitstechnologien können diese Formen von Angriffen erschweren, indem sie die Menschen von den Entscheidungsfindungsprozessen fern halten. Jedoch ist der einzige wirklich effektive Weg, die Bedrohungen durch das Social Engineering zu mildern, die Verwendung von Sicherheitstechnologien *verbunden mit* Sicherheitsrichtlinien, die grundlegende Regeln für das Verhalten und die angemessene Schulung und das Training der Angestellten festlegen.

Es gibt nur einen Weg, Ihre Produktpläne sicher zu halten, und das ist durch eine trainierte, wachsame und gewissenhafte Belegschaft. Das schließt Training in Richtlinien und Prozeduren eben so mit ein wie – und das ist wohl noch wichtiger – ein fortlaufendes Sensibilisierungsprogramm. Einige Fachleute empfehlen, dass etwa 40 Prozent des Gesamtsicherheitsbudgets eines Unternehmens sich auf ein solches Wachsamkeitsprogramm beziehen sollte.

Der erste Schritt besteht in der Aufklärung der gesamten Belegschaft darüber, dass es skrupellose Menschen gibt, die andere durch Täuschung psychologisch manipulieren wollen. Alle Angestellten müssen darüber informiert werden, welche Informationen man wie geschützt halten kann. Hat man erst einmal ein besseres Verständnis über die Funktionsweise solcher Manipulationen, ist man in einer weitaus besseren Position, einen gerade anlaufenden Angriff erkennen zu können.

Sicherheitsbewusstsein bedeutet auch die Schulung aller Angestellten im Haus über die Sicherheitsrichtlinien und Prozeduren der Firma. Die Richtlinien sind notwendige Regeln, um das Verhalten von Angestellten zum Schutze der Firmeninformationssysteme und sensibler Informationen anzuleiten.

Dieses Kapitel und das folgende stellen einen Rahmen für das Thema Sicherheit dar, über den Sie sich vor Angriffen schützen können. Wenn Sie keine gut ausgebildeten und wachsamen Angestellten haben, die sich nach wohldurchdachten Prozeduren richten, ist es keine Frage von *ob*, sondern nur *wann* Sie wertvolle Daten an einen Social Engineer verlieren werden. Warten Sie nicht erst auf einen Angriff, bevor Sie diese Richtlinien einführen, sonst könnte es für Ihr Geschäft und das Wohl Ihrer Angestellten verheerend ausgehen.

WIE MACHEN SICH ANGREIFER DIE MENSCHLICHE NATUR ZUNUTZE?

Um ein erfolgreiches Trainingsprogramm zu entwickeln, müssen Sie erst verstehen lernen, warum Menschen überhaupt durch Angriffe gefährdet sind. Indem Sie diese Tendenzen in Ihrem Training genau benennen – beispielsweise durch Diskussionen nach Rollenspielen –, können Sie Ihren Angestellten helfen zu begreifen, warum wir alle durch Social Engineers manipulierbar sind.

Die Manipulation wird durch Sozialwissenschaftler schon seit etwa fünfzig Jahren eingehend untersucht. Robert B. Cialdini fasst in der Februar-Ausgabe von 2001 der Zeitschrift *Scientific American* diese Forschungsergebnisse zusammen und präsentiert sechs „grundlegende Tendenzen der menschlichen

Natur", die beim Versuch eine Rolle spielen, die Mitarbeit bei einer Anfrage zu erlangen.

Auf eben diese sechs Tendenzen baut der Social Engineer (bewusst oder noch öfter unbewusst) bei seinen Manipulationsversuchen.

Autorität

Menschen neigen dazu, einer Forderung nachzugeben, wenn diese durch eine Autoritätsperson gestellt wird. Wie an anderer Stelle in diesem Buch besprochen, kann eine Person zur Mitarbeit bei einem Anliegen überredet werden, wenn sie oder er annimmt, dass die anfragende Person über Autorität verfügt oder autorisiert ist, diese Anfrage zu machen.

In seinem Buch „*Influence*" (dt. *Einfluss. Wie und warum sich Menschen überzeugen lassen*, 1987) berichtet Dr. Cialdini von einer Studie an drei Hospitälern im Mittleren Westen, bei denen 22 unterschiedliche Krankenstationen von einem Anrufer kontaktiert wurden. Dieser stellte sich als Krankenhausarzt vor und gab Anweisungen zur Verabreichung eines verschreibungspflichtigen Medikamentes für einen dortigen Patienten auf der Station. Das Pflegepersonal, das die Anweisungen erhielt, kannte den Anrufer nicht. Sie wussten nicht einmal, ob er wirklich ein Arzt war (er war es nicht). Sie erhielten die Anweisungen für die Verschreibung per Telefon, was die Krankenhausrichtlinien verletzte. Das Medikament, das sie verabreichen sollten, war zur Verwendung auf Station nicht zugelassen, und die Dosis, die der Patient einnehmen sollte, betrug das Doppelte der erlaubten Tagesdosis und hätte somit das Leben des Patienten gefährdet. Trotzdem hat sich, wie Cialdini berichtet, in 95 % der Fälle, „die Schwester die erforderliche Dosis aus dem Medizinschrank auf Station geholt und war auf dem Weg zum Patienten, um es ihm zu verabreichen", bevor sie von einem Beobachter abgefangen und über das Experiment aufgeklärt wurde.

Beispiel eines Angriffs: Ein Social Engineer versucht sich den Anschein von Autorität zu geben, indem er behauptet, er käme von der IT-Abteilung oder gehöre zur Geschäftsführung oder arbeite für einen Geschäftsführer der Firma.

Zuneigung

Menschen neigen zur Zusammenarbeit, wenn ihnen die anfragende Person angenehm vorkommt oder ähnliche Interessen, Ansichten und Verhaltensweisen wie das Opfer hat.

Beispiel eines Angriffs: Durch Konversation erlangt der Angreifer Kenntnisse über ein Hobby oder ein Interesse des Opfers und behauptet, sich selbst für dieses Hobby oder Interesse zu begeistern. Oder er kann behaupten, er käme aus dem gleichen Staat oder der gleichen Schule oder besitze ähnliche Ziele. Der Social Engineer wird ebenfalls versuchen, die Verhaltensweisen seiner Zielperson nachzuahmen, um ihr gleichartig zu erscheinen.

Revanchieren

Wir geben möglicherweise automatisch einem Anliegen nach, wenn uns schon etwas Wertvolles gegeben oder versprochen wurde. Das Geschenk könnte etwas Materielles sein oder ein Ratschlag oder eine Hilfestellung. Wenn jemand etwas für Sie getan hat, neigen Sie dazu, sich zu revanchieren. Diese starke Tendenz zum Ausgleich existiert sogar in Situationen, bei denen die Person, die das Geschenk erhalten hat, nicht danach gefragt hat. Eine der effektivsten Wege zur Beeinflussung anderer Leute, uns einen „Gefallen" zu tun (einem Anliegen Folge zu leisten), ist durch das Überreichen eines Geschenkes oder einer Unterstützung, was eine Verpflichtung impliziert.

Die Mitglieder der religiösen Sekte „Hare Krishna" sind sehr effektiv beim Sammeln von Geldspenden und beeinflussen die Leute, indem sie ihnen zuerst ein Buch oder eine Blume als Geschenk überreichen. Wenn der Empfänger versucht, das Geschenk zurückzugeben, lehnt der Schenker mit den Worten ab: „Das ist unser Geschenk für dich." Dieses Verhaltensprinzip der Gegenseitigkeit wurde von den Krishna-Leuten eingesetzt, um die Spendeneinnahmen wesentlich zu erhöhen.

Beispiel eines Angriffs: Ein Mitarbeiter erhält den Anruf einer Person, die sich selbst als aus der IT-Abteilung vorstellt. Der Anrufer erklärt, dass einige Firmencomputer sich mit einem neuen Virus infiziert haben, der alle Daten auf einem Computer vernichtet und noch nicht von der Antiviren-Software erkannt werden kann. Er bietet an, den Mitarbeiter durch einige Schritte zu leiten, die der Vorbeugung von Problemen dienen sollen. In diesem Zusammenhang bittet der Anrufer die Person, eine Software zu testen, die gerade kürzlich aktualisiert wurde, um den Usern das Ändern ihrer Passwörter zu erlauben. Dem Mitarbeiter widerstrebt, dieser Bitte nicht nachzukommen, weil der Anrufer ihm gerade geholfen hat und er nun wahrscheinlich vor einem Virus geschützt ist. Er revanchiert sich, indem er der Bitte des Anrufers nachkommt.

Konsequenz

Menschen neigen zur Zusammenarbeit, wenn sie sich öffentlich für eine Sache verpflichtet oder eingesetzt haben. Wenn wir erst einmal etwas versprochen haben, wollen wir nicht unzuverlässig oder unwillig erscheinen und neigen zur Einwilligung, weil wir konsequent zu unserem Versprechen oder unserer Aussage stehen.

Beispiel eines Angriffs: Der Angreifer nimmt Kontakt zu einer relativ neuen Mitarbeiterin auf und rät ihr, sich an die Einhaltung der allgemeinen Sicherheitsrichtlinien und Prozeduren zu halten, weil dies eine Bedingung für die Nutzung der Informationssysteme des Konzerns ist. Nachdem er einige Sicherheitspraktiken mit ihr besprochen hat, fragt der Anrufer die Mitarbeiterin nach ihrem Passwort, „um die Einhaltung zu prüfen", den Richtlinien entsprechend nur schwer zu ratende Passwörter einzusetzen. Wenn die Nutzerin erst einmal ihr Passwort aufgedeckt hat, empfiehlt der Anrufer ihr, zukünftige Passwörter auf eine Weise zu gestalten, dass der Angreifer in der Lage sein wird, sie zu erraten. Das Opfer ist zur Mitarbeit aufgrund ihrer vorherigen Zustimmung, die Firmenrichtlinien zu befolgen, bereit und weil sie annimmt, dass der Anrufer lediglich ihre Bereitschaft zur Mitarbeit prüft.

Soziale Bestätigung

Menschen neigen zur Zusammenarbeit, wenn sie dadurch mit dem übereinstimmen, was andere tun. Die Handlungen von anderen werden als Bestätigung oder Validation akzeptiert, dass das fragliche Verhalten die richtige und angemessene Handlung darstellt.

Beispiel eines Angriffs: Der Anrufer teilt mit, er führe eine Untersuchung durch und nennt andere Personen aus der Abteilung mit dem Hinweis, dass diese bereits mit ihm zusammengearbeitet haben. Das Opfer, im Glauben, dass die Kooperation durch andere die Authentizität der Anfrage bestätigt, stimmt einer Teilnahme zu. Der Anrufer stellt dann eine Reihe von Fragen an das Opfer, unter denen sich dann einige befinden, die seinen Benutzernamen und das zugehörige Passwort enthüllen.

Mangel

Menschen neigen zur Mitarbeit, wenn sie annehmen, dass ein angebotenes Objekt Mangelware sei und andere darum wettstreiten oder dass es nur für eine kurze Zeit verfügbar sei.

Beispiel eines Angriffs: Der Angreifer verschickt Emails mit der Behauptung, die ersten 500 Personen, die sich auf der neuen Website des Konzerns registrieren lassen, werden Freitickets für den neuesten Kinokassenschlager gewinnen. Wenn ein argloser Angestellter sich auf der Site registrieren lässt, wird er nach der Angabe seiner dienstlichen Email-Adresse und einem Passwort gefragt. Viele Menschen wählen aus Gründen der Bequemlichkeit das gleiche oder ein ähnliches Passwort auf allen Computersystemen, die sie benutzen. Dies macht sich der Angreifer zunutze und versucht dann, die Dienst- und privaten Computersysteme der Zielperson mit Hilfe des Benutzernamens und des Passworts zu kompromittieren, das während des Registrierungsprozesses auf der Website eingegeben worden ist.

DIE ERSTELLUNG VON TRAININGS- UND SENSIBILISIERUNGSPROGRAMMEN

Das Versenden eines Rundschreibens über Richtlinien zur Informationssicherheit oder Anweisungen an die Angestellten, auf eine Intranet-Seite mit detaillierten Angaben über Sicherheitsrichtlinien zu gehen, wird Ihr Risiko nicht von sich aus verringern. Jedes Business muss nicht nur Regeln durch schriftliche Richtlinien definieren, sondern ebenfalls zusätzliche Anstrengungen unternehmen, *alle Betroffenen* zu schulen, die mit Firmendaten oder Computersystemen zu tun haben, diese Regeln zu verinnerlichen und zu befolgen. Darüber hinaus müssen Sie sicherstellen, dass jeder die Begründungen für jede Richtlinie begreift, damit die Leute die Regeln nicht aus Gründen der Bequemlichkeit umgehen. Ansonsten werden Mitarbeiter sich leicht durch Unkenntnis entschuldigen, und genau auf diesen Schwachpunkt wird der Social Engineer abzielen.

Als zentrales Anliegen eines jeden Programms zur Sensibilisierung für Sicherheitsfragen sollten die Mitarbeiter davon überzeugt werden, ihr Verhalten und ihre Einstellung zu ändern, indem sie bereitwillig daran teilnehmen *wollen* und einen eigenen Anteil am Schutz des Informationskapitals der Firma beisteuern. In diesem Zusammenhang gibt die Erklärung, warum ihre Teilnahme nicht nur dem Konzern hilft, sondern auch dem einzelnen Mitarbeiter, einen sehr großen Motivationsschub. Weil der Konzern auch über jeden aus der Belegschaft gewisse private Informationen gespeichert hat, arbeiten Angestellte also in ihrem Bereich am Schutz von Daten oder Informationssystemen mit, weil sie gleichzeitig ihre eigenen Daten schützen.

Ein Sicherheitstrainingsprogramm muss eine grundlegende und weitreichende Unterstützung erfahren. Die Trainingsbemühungen müssen alle Personen mit Zugang zu sensiblen Daten oder Firmencomputersystemen erreichen, fortlaufend sein und kontinuierlich überprüft werden, um das Personal über neue Bedrohungen und Schwachstellen zu informieren. Jeder Angestellte muss erkennen können, dass alle Vorstandsvorsitzenden voll und ganz hinter dem Programm stehen. Dieses Engagement muss echt sein, da reicht kein Stempel mit „Unseren Segen habt ihr". Und das Programm muss unterstützt werden durch ausreichende Ressourcen zur Entwicklung und Verteilung sowie für Testreihen und Erfolgsmessungen.

Ziele

Die grundlegende Richtlinie, die man bei der gesamten Entwicklung eines Informationssicherheits- und Bewusstmachungsprogramms im Hinterkopf behalten muss, lautet: Das Programm muss sich darauf konzentrieren, in allen Angestellten ein Bewusstsein zu schaffen, dass ihre Firma jederzeit einem

Angriff ausgesetzt sein könnte. Sie müssen lernen, dass jeder Angestellte bei der Verteidigung gegen jeglichen Versuch, Zugang zu Computersystemen zu erlangen oder sensible Daten zu stehlen, eine wichtige Rolle spielt.

Da viele Aspekte der Informationssicherheit Technologien beinhalten, ist es viel zu einfach für Angestellte anzunehmen, dass das Problem durch Firewalls oder andere Sicherheitstechnologien erledigt wird. Ein primäres Ziel des Trainings sollte eine Sensibilisierung bei allen Angestellten sein, dass sie die vorderste Front zum Schutz der allgemeinen Sicherheit der Organisation darstellen.

Sicherheitstraining muss sich ein deutlich größeres Ziel stecken als einfach nur die Festlegung von Regeln. Der Schöpfer des Trainingsprogramms muss die starke Versuchung auf Seiten der Angestellten erkennen, unter der Belastung des Arbeitsalltages ihre Sicherheitsverantwortlichkeiten zu übersehen oder zu ignorieren. Die Kenntnisse über die Taktiken des Social Engineering und wie man sich gegen diese Angriffe verteidigt, ist wichtig, wird aber nur von Wert sein, wenn das Training so gestaltet ist, dass es sich besonders auf die *Motivation* der Angestellten konzentriert, dieses Wissen einzusetzen.

Der Konzern kann davon ausgehen, dass das Programm die grundlegenden Ziele erreicht hat, wenn jeder Absolvent des Trainings von einer fundamentalen Idee vollständig überzeugt und motiviert ist: Die Informationssicherheit ist Teil meines eigenen Jobs!

Angestellte müssen wahrnehmen und akzeptieren, dass die Bedrohung durch Social Engineering-Angriffe eine Realität ist und dass ein ernsthafter Verlust von sensiblen Firmendaten die Firma genauso wie ihre eigene Arbeit und Daten gefährden könnte. In gewisser Weise entspricht die Nachlässigkeit bei der Informationssicherheit im Betrieb einem unvorsichtigen Umgang mit der eigenen PIN der Bankautomatenkarte oder der Kreditkartennummer. Dies kann eine zwingend nachvollziehbare Analogie sein, um die Belegschaft für Sicherheitspraktiken zu begeistern.

Die Einführung des Trainings- und Sensibilisierungsprogramms

Die für die Gestaltung des Informationssicherheitsprogramms verantwortliche Person muss erkennen, dass dies kein Projekt von der Stange sein kann. Stattdessen muss dieses Training entwickelt werden, um den speziellen Anforderungen verschiedener Gruppen innerhalb des Unternehmens zu genügen. Während viele der in Kapitel 16 umrissenen Sicherheitsrichtlinien generell auf alle Angestellten angewandt werden kann, sind viele andere spezieller. Als Minimum müssen die meisten Unternehmen auf folgende spezielle Gruppen zugeschnittene Trainingsprogramme durchführen: Manager, IT-Personal,

Computeruser, nicht-technisches Personal, Verwaltungsangestellte, Empfangspersonal und Sicherheitsdienst. (Vergleichen Sie die Aufschlüsselung der Richtlinien nach Arbeitsplatzbeschreibung in Kapitel 16)

Da man beim Personal eines industriellen Sicherheitsdienstes nicht normalerweise davon ausgehen kann, dass sie in Computerdingen bewandert sind und außer in sehr begrenzter Art nicht mit den Firmencomputern in Kontakt kommen, werden sie normalerweise nicht berücksichtigt, wenn ein Training dieser Art entworfen wird. Jedoch können Social Engineers das Wachpersonal oder andere derart täuschen, dass man sie ins Gebäude oder in ein Büro lässt, oder das Personal zu einer Handlung überreden, aus der ein Computersicherheitsvorfall entstehen kann. Während Mitglieder der Wachmannschaften sicherlich nicht das volle Training wie das Personal an den Rechnern benötigen, dürfen sie trotzdem bei einem Programm zur Steigerung des Sicherheitsbewusstseins nicht übersehen werden.

Innerhalb der Unternehmenswelt gibt es wohl wenige Themen, zu denen alle Angestellten geschult werden müssen, die gleichzeitig so wichtig und so implizit trocken sind wie die Sicherheit. Die am besten gestalteten Trainingsprogramme zur Informationssicherheit müssen gleichermaßen informieren und die Aufmerksamkeit und die Begeisterung der Lernenden wecken.

Das Ziel sollte sein, die Sensibilisierung für Sicherheit und das Training dazu zu einer spannenden und interaktiven Erfahrung zu machen. Folgende Techniken bieten sich u.a. an: die Demonstration der Methoden von Social Engineers über Rollenspiele, die Besprechung von Medienberichten von kürzlichen Angriffen auf andere, weniger glückliche Geschäfte, und die Diskussion, wie diese Firmen sich vor einem Verlust hätten schützen können, oder die Vorführung eines Sicherheitsvideos, dass gleichzeitig unterhaltsam und lehrreich ist. Verschiedene Firmen im Bereich der Sicherheitssensibilisierung bieten Videos und dazugehöriges Material an.

Hinweis

Für die Unternehmen, die nicht selbst die Ressourcen zur Entwicklung eines derartigen Programms besitzen, gibt es verschiedene Ausbildungsfirmen, die Dienste im Bereich Sicherheitstraining anbieten. Man trifft sie auf Messen wie Secure World Expo (www.secureworldexpo.com).

Die Geschichten in diesem Buch bieten eine Menge Material, um die Methoden und Taktiken des Social Engineering zu erklären, um die Bedrohung bewusster zu machen und die Schwachstellen im menschlichen Verhalten zu demonstrieren. Erwägen Sie, diese Szenarien als Basis für Rollenspiele einzuführen. Die Storys bieten ebenfalls viele bunte Gelegenheiten für eine lebhafte Diskussion darüber, auf welche Weise die Opfer reagiert haben könnten, um die Angriffe zunichte zu machen.

Ein geschickter Kursentwickler und erfahrene Trainer werden viele Herausforderungen und viele Gelegenheiten finden, um die Zeit im Klassenraum lebendig zu gestalten und die Leute bei dem Prozess zu motivieren, Teil der Lösung zu werden.

Trainingsstruktur

Ein grundlegendes Schulungsprogramm zum Sicherheitsbewusstsein sollte entwickelt werden, an dem alle Angestellten verbindlich teilzunehmen haben. Neue Angestellte sollten an dem Training als Teil ihrer Einarbeitungszeit teilnehmen müssen. Ich empfehle, dass kein Angestellter Zugang zu Computern erhält, der nicht eine Einheit zum Thema grundlegendes Sicherheitsbewusstsein erhalten hat.

Für dieses anfängliche Training in Sicherheitsbewusstsein schlage ich eine Session vor, die so konzentriert sein sollte, dass sie die Aufmerksamkeit weckt, aber kurz genug ist, damit die wichtigen Botschaften erinnert werden können. Die Menge an Material rechtfertigt auf jeden Fall ein längeres Training, aber weil es wichtiger ist, Bewusstsein und Motivation gemeinsam mit einer vernünftigen Anzahl von wesentlichen Botschaften zu vermitteln, sollte man meines Erachtens auf jeden Fall von halb- oder ganztägigen Tagungen Abstand nehmen, bei denen die Leute mit zu vielen Informationen vollgestopft werden.

Der Schwerpunkt dieser Sitzungen sollte darauf liegen, den der Firma und einzelnen Angestellten möglicherweise zugefügten Schaden zu betrachten, wenn nicht alle Angestellten sich ein gutes Sicherheitsverhalten angeeignet haben. Wichtiger als ein Erlernen spezieller Sicherheitspraktiken ist die Motivation, durch die die Angestellten dazu führt, sich persönlich für die Sicherheit verantwortlich fühlen.

In Situationen, bei denen einige Angestellte nicht gleich an Unterrichtseinheiten teilnehmen können, sollte die Firma erwägen, über andere Unterrichtsformen wie Videos, computerbasiertes Training, Online-Kurse und schriftliches Material ein Sicherheittraining einzuführen.

Nach der ersten kurzen Trainingssession sollten längere Sitzungen so gestaltet werden, dass Angestellte über spezielle Schwachstellen und Angriffstechniken bezogen auf ihre Position in der Firma ausgebildet werden. Wenigstens einmal im Jahr sollte ein Auffrischungstraining durchgeführt werden. Es liegt in der Natur der Bedrohung und den Methoden zur Ausnutzung von Menschen, dass sie sich ständig ändern, und somit müssen die Unterrichtsinhalte immer aktuell sein. Mehr noch, die Bewusstheit und die Wachsamkeit verringern sich im Laufe der Zeit, also muss das Training in vernünftigen Abständen wiederholt werden, um Sicherheitsprinzipien zu verstärken. Hier muss wieder die Betonung genauso darauf liegen, die Angestellten von der Relevanz der Sicherheitsrichtlinien überzeugt zu halten und sie zur Einhaltung zu motivieren wie auch darauf, ihnen spezielle Bedrohungen und die Methoden von Social Engineering aufzuzeigen.

Manager müssen ihren Untergebenen angemessene Zeiträume zugestehen, sich mit Sicherheitsrichtlinien und Prozeduren vertraut zu machen und an Programmen zum Sicherheitsbewusstsein teilzunehmen. Man sollte von den Angestellten nicht verlangen, dass sie in ihrer Freizeit die Sicherheitsrichtlinien studieren oder an einem entsprechenden Unterricht teilnehmen. Neue Angestellte sollten ausreichend Zeit bekommen, um sich die Sicherheitsrichtlinien und die veröffentlichten Sicherheitpraktiken zu eigen zu machen, bevor sie sich ihrem neuen Arbeitsbereich stellen.

Wenn Angestellte ihre Position innerhalb der Organisation zu einem Arbeitsbereich wechseln, der Zugang zu sensiblen Informationen oder Computersystemen beinhaltet, sollten sie natürlich ein vollständiges Sicherheitstrainingsprogramm absolvieren, das auf ihre neuen Verantwortlichkeiten zugeschnitten ist. Wird beispielsweise ein Computeranwender Systemadministrator oder jemand vom Empfangspersonal zur Sekretärin der Geschäftsführung, sollte ein neues Training erforderlich sein.

Trainingsinhalte

Wenn man sie auf ihre Grundlagen reduziert, haben alle Social Engineering-Angriffe das gleiche gemeinsame Element: Täuschung. Das Opfer wird zum Glauben gebracht, dass der Angreifer ein Kollege oder eine andere Person ist, die zum Zugang zu sensiblen Informationen autorisiert oder dazu berechtigt ist, dem Opfer Anweisungen zu geben, die Handlungen an einem Computer oder mit Computerzubehör beinhalten. Praktisch alle diese Angriffe könnten vereitelt werden, wenn der Angestellte, auf den sie abzielen, einfach zwei Punkte berücksichtigt:

- Überprüfe die Identität der Person, die die Anfrage stellt: Ist die Person mit dem Anliegen wirklich der, für den er sich ausgibt?

- Überprüfe die Berechtigung dieser Person: Ist die Person berechtigt, von dieser Sache Kenntnis zu bekommen oder in anderer Weise autorisiert, dieses Begehren vorzubringen?

Hinweis

Weil Sicherheitsbewusstsein und Training niemals perfekt sind, verwenden Sie wo immer möglich Sicherheitstechnologien, um ein gestuftes Verteidigungssystem einzuführen. Dies bedeutet, dass die Sicherheitsvorkehrungen mehr durch die Technologie sichergestellt wird als durch einzelne Angestellte, wenn zum Beispiel das Betriebssystem so konfiguriert ist, dass es verhindert, dass Angestellte Software aus dem Internet herunterladen oder ein kurzes, leicht zu ratendes Passwort benutzen.

Wenn ein Training zur Bewusstmachung das Verhalten ändern könnte, so dass jeder Angestellte immer einheitlich diesen Kriterien entsprechend mit jeder Anfrage umginge, wäre das mit Social Engineering-Angriffen verbundene Risiko dramatisch reduziert.

Ein praktisches Programm zur Sensibilisierung bei der Informationssicherheit und das dazugehörige Training, das menschliches Verhalten und Aspekte des Social Engineering mit einbezieht, sollte Folgendes beinhalten:

- Eine Beschreibung, wie Angreifer zum Täuschen von Menschen Techniken des Social Engineering nutzen

- Die von Social Engineers eingesetzten Methoden, mit denen sie ihre Ziele erreichen

- Wie man einen möglichen Social Engineering-Angriff erkennt

- Die Prozedur, wie man mit einem verdächtigen Begehren umgeht

- Wo man erfolgte Versuche oder erfolgreiche Angriffe durch Social Engineers melden soll

- Die Wichtigkeit, jeden zur Rede zu stellen, der eine verdächtige Anfrage stellt, ungeachtet der von der Person behaupteten Position oder Bedeutung

- Die Tatsache, dass man niemals implizit anderen ohne angemessene Überprüfung glauben soll, auch wenn man einem wohlwollenden Impuls nachgeben will

- Die Wichtigkeit, die Identität und Autorität jeder Person zu überprüfen, die sich mit einem Begehren nach Information oder Handlung an einen wendet (schlagen Sie in Kapitel 16 „Prozeduren zur Verifikation und Bevollmächtigung" Wege zur Prüfung der Identität nach)

- Prozeduren zum Schutz sensibler Informationen, einschließlich der Vertrautheit mit Datenklassifikationssystemen

- Der Aufbewahrungsort der Sicherheitsrichtlinien und -prozeduren der Firma und ihre Bedeutung für den Schutz von Daten und Firmeninformationssystemen

- Eine Zusammenfassung von wesentlichen Sicherheitsrichtlinien und eine Erklärung ihrer Bedeutung. Beispielsweise sollte jeder Angestellte darin unterrichtet werden, wie man sich ein schwer zu ratendes Passwort ausdenkt.

- Die Verpflichtung eines jeden Angestellten, sich nach diesen Richtlinien zu richten und die Konsequenzen für ein Nichtbefolgen.

Per Definition beinhaltet der Begriff Social Engineer bestimmte Arten von menschlicher Interaktion. Ein Angreifer wird verschiedenste Methoden und Technologien von Kommunikation nutzen, um zu versuchen, das Ziel zu erreichen. Aus diesem Grund sollte ein umfassendes Bewusstmachungsprogramm einige oder alle der folgenden Bereiche abdecken:

- Auf Computer- oder Voicemail-Passwörter bezogene Sicherheitsrichtlinien

- Die Verfahren zur Weitergabe von sensiblen Informationen oder Materialien

- Richtlinien zum Umgang mit Emails, einschließlich der Schutzvorkehrungen zum Verhindern von Angriffen durch bösartigen Code einschließlich Viren, Würmer und Trojanische Pferde

- Physische Sicherheitsanforderungen wie das Tragen einer Kennkarte

- Die Verantwortlichkeit, Personen zur Rede zu stellen, die auf dem Gelände keine Kennkarte tragen

- Angemessene Sicherheitspraktiken bei der Benutzung von Voice Mail

- Wie man die Klassifikation von Informationen bestimmt und die angemessenen Schutzmaßnahmen für den Schutz sensibler Daten einrichtet

- Geeignete Entsorgung von sensiblen Dokumenten und Computermedien, die gegenwärtig oder zu einem bestimmten Zeitpunkt in der Vergangenheit vertrauliche Materialien enthalten haben.

Wenn die Firma überdies plant, Penetrationstests durchzuführen, um die Effektivität der Schutzvorkehrungen gegen Social Engineering-Angriffe zu bestimmen, sollte eine Warnung an alle Angestellten ausgegeben werden, dass so etwas durchgeführt wird. Lassen Sie die Mitarbeiter wissen, dass sie jederzeit einen solchen Anruf oder eine andere Kommunikationsform unter Verwendung einer Angriffstechnik als Teil eines solchen Tests bekommen könnten. Verwenden Sie die Ergebnisse dieser Tests nicht als Strafe, sondern um festzustellen, in welchen Bereichen es Nachholbedarf gibt.

Details zu allen obigen Themen können Sie in Kapitel 16 finden.

TESTS

Ihre Firma könnte eine Überprüfung von Angestellten in der Beherrschung der Informationen, die im Training zum Sicherheitsbewusstsein präsentiert worden sind, festlegen, bevor ihnen der Umgang mit Computersystemen erlaubt wird. Wenn Sie Tests derart gestalten, dass sie online durchgeführt werden können, erlauben es einem viele Softwareprogramme zur Leistungskontrolle, ohne Verzug die Testergebnisse zu analysieren, um die Bereiche des Trainings festzustellen, die weiter ausgebaut werden müssen.

Ihre Firma könnte sich ebenfalls überlegen, ein Zertifikat anzubieten, über das die erfolgreiche Belegung des Sicherheitstrainings als eine Belohnung und Motivation für die Angestellten verdeutlicht wird.

Als Routineteil des Programms wird empfohlen, dass alle Angestellten eine Zustimmung unterschreiben sollen, in der sie die Befolgung der in diesem Programm unterrichteten Sicherheitsrichtlinien und -prinzipien zusichern. Verschiedene Forschungsergebnisse legen nahe, dass eine Person, die eine solche Zustimmung unterschreibt, sich wahrscheinlich mehr Mühe bei der Einhaltung der Prozeduren gibt.

FORTDAUERNDE SENSIBILISIERUNG

Den meisten Leuten ist klar, dass Gelerntes (auch über sehr wichtige Dinge) zum Verblassen neigt, außer wenn es regelmäßig aufgefrischt wird. Aufgrund der Wichtigkeit, alle Mitarbeiter bei dem Thema der Verteidigung gegen Social Engineering-Angriffe auf der Höhe zu halten, ist ein fortlaufendes Bewussheitsprogramm unentbehrlich.

Eine Methode, um jedem Angestellten die Sicherheit immer wieder ins Gedächtnis zu rücken, ist die Einbettung der Informationssicherheit in die spezielle Arbeitsverantwortlichkeit *jeder* Person im gesamten Unternehmen. Dies ermutigt die Angestellten, ihre entscheidende Rolle in der Gesamtsicherheit des Unternehmens zu erkennen. Ansonsten wird eine starke Neigung zu der Ansicht auftreten, dass Sicherheit „nicht gerade zu meinem Job gehört".

Während die allgemeine Verantwortlichkeit für ein Informationssicherheitsprogramm normalerweise einer Person aus der Sicherheitsabteilung oder der IT-Abteilung zugeordnet wird, ist die Entwicklung eines Programms zur Sensibilisierung in Fragen der Informationssicherheit möglicherweise am besten als gemeinsames Projekt mit der Weiterbildungsabteilung angelegt.

Dieses fortlaufende Sensibilisierungsprogramm sollte kreativ sein und jeden verfügbaren Kanal nutzen, um Sicherheitsbotschaften auf gut nachvollziehbare Weise zu übertragen, damit alle Mitarbeiter fortwährend an ein gutes Verhalten bezogen auf Sicherheit erinnert werden. Diese Methoden sollten alle traditionellen Kanäle nutzen plus so viel nicht-traditionelle, wie den mit der Entwicklung und Implementierung des Programms betrauten Personen einfallen. Wie auch bei der traditionellen Reklame sind auch hier Humor und pfiffige Ideen hilfreich. Variationen im Sprachgebrauch der Botschaften verhindern, dass sie zu vertraut und darum ignoriert werden.

Die Liste der Möglichkeiten für ein fortlaufendes Sensibilisierungsprogramm könnte Folgendes beinhalten:

- Bereitstellung von Ausgaben dieses Buches an alle Angestellten

- Info-Bereiche im Newsletter der Firma: Artikel, Info-Kästen (vorzugsweise kleine Elemente, die die Aufmerksamkeit auf sich ziehen) oder beispielsweise Cartoons

- Aufhängen eines Bildes mit dem „Sicherheitsangestellten des Monats"

- Aufhängen von Postern in den Bereichen der Mitarbeiter

- Anbringen von Hinweisen an den Schwarzen Brettern

- Den Gehaltsabrechnungen Beilagen zum Thema Sicherheit hinzufügen

- Erinnerungsmails zu passenden Themen

- Einsatz von sicherheitsbezogenen Bildschirmschonern

- Verbreitung von Ankündigungen zur Erinnerung an Sicherheit durch das Voice Mail-System

- Aufkleber am Telefon mit Botschaften wie „Ist Ihr Anrufer der, für den er sich ausgibt?"

- Einrichtung von Erinnerungsbotschaften, wenn man sich am PC einloggt wie „Wenn Sie vertrauliche Daten in einer Email versenden, verschlüsseln Sie diese".

- Berücksichtigung des Sicherheitsbewusstseins als Standardpunkt bei Personalentwicklungsberichten und jährlichen Rückblicken.

- Ein Wink auf das Sicherheitsbewusstsein im Intranet, vielleicht unter Verwendung von Cartoons oder Scherzen oder auf andere Art, damit die Mitarbeiter es gerne lesen.

- Die Verwendung eines elektronischen Hinweisschildes in der Cafeteria mit einer regelmäßig neuen Botschaft zum Thema Sicherheit.

- Verteilung von Flyern oder Broschüren.

- Und denken Sie sich einige Gimmicks aus, so wie kostenlose Glückskekse in der Cafeteria, jeder mit einer Sicherheitserinnerung anstatt einer Glücksbotschaft.

Die Bedrohung ist dauerhaft, die Erinnerungen müssen genauso dauerhaft sein.

WAS IST FÜR MICH DRIN?

Als Ergänzung zu den Trainings zur Sicherheitsbewusstmachung empfehle ich dringend ein aktives und gut proklamiertes Belohnungssystem. Sie müssen den Angestellten Anerkennung zollen, die einen versuchten Social Engineering-Angriff entdeckt und verhindert haben oder auf eine andere Art signifikant zum Erfolg des Informationssicherheitsprogramms beitrugen. Die Existenz eines solchen Belohnungsprogramms sollte allen Angestellten bei jeder Sitzung zum Thema Sicherheitsbewusstsein bekannt gemacht werden, und Sicherheitsverletzungen sollten in der gesamten Organisation publiziert werden.

Andererseits müssen alle über die Konsequenzen aufgeklärt werden, den Richtlinien zur Informationssicherheit nicht gefolgt zu sein, egal ob durch Nachlässigkeit oder Vorsatz. Obwohl wir alle Fehler machen, dürfen wiederholte Verletzungen von Sicherheitsprozeduren nicht toleriert werden.

Kapitel
16

Empfohlene Firmenrichtlinien zur Informationssicherheit

Folgt man den Ergebnissen einer vom FBI durchgeführten Untersuchung, die im April 2002 von Associated Press veröffentlicht wurde, sind neun von zehn großen Konzernen und Regierungsbehörden durch Computereindringlinge angegriffen worden. Interessanterweise hat die Studie herausgefunden, dass nur etwa eine von drei Firmen über Angriffe berichtet oder sie öffentlich eingestanden hat. Diese Zurückhaltung bei der Enthüllung, dass sie Ziel eines Betruges wurden, macht Sinn. Um den Verlust des Kundenvertrauens zu vermeiden und Angriffe von weiteren Störenfrieden zu verhindern, die erfahren haben, dass diese Firma Schwachstellen besitzt, berichten die meisten Firmen nicht öffentlich von Sicherheitsvorfällen bei ihren Computern.

Scheinbar gibt es keine Statistiken über Social Engineering-Angriffe, und falls es sie gäbe, wären die Daten höchst unzuverlässig, denn in den meisten Fällen wird ein Unternehmen nie erfahren, wenn ein Social Engineer Daten „gestohlen" hat. Von daher gehen viele Angriffe unbemerkt vonstatten.

Gegen die meisten Arten von Social Engineering-Angriffen können effektive Gegenmaßnahmen eingerichtet werden. Aber man muss sich hier der Realität stellen – bis nicht jeder in der Firma begriffen hat, wie wichtig die Sicherheit ist, und es zu seiner oder ihrer Sache macht, die Sicherheitsrichtlinien der Firma zu kennen und anzuwenden, werden die Angriffe durch Social Engineers stets ein gravierendes Risiko für das Unternehmen darstellen.

Während also die Technologien gegen Sicherheitsvorfälle verbessert werden, wird eine Herangehensweise mit Mitteln des Social Engineering, indem über Menschen der Zugang zu proprietären Geschäftsgeheimnissen gesucht wird, praktisch sicher signifikant häufiger werden und mehr Datendiebe anziehen. Ein Industriespion wird natürlich versuchen, sein Ziel unter Verwendung der leichtesten Methode und des geringsten Entdeckungsrisikos zu erreichen versuchen. In Wirklichkeit kann von daher eine Firma, die ihre Computersysteme und Netzwerke mit State-of-the-art-Technologien geschützt hat, hinterher einem noch größeren Risiko von Angreifern ausgesetzt seien, die Methoden, Strategien und Taktiken des Social Engineerings einsetzen, um an ihre Ziele zu gelangen.

Dieses Kapitel präsentiert spezielle Richtlinien, die so gestaltet sind, dass sie das Risiko eines Konzerns gegenüber Social Engineering-Angriffen minimieren. Diese Richtlinien beziehen sich auf Angriffe, die nicht strikt eine technische Schwachstelle ausbeuten. Sie beinhalten die Ausnutzung irgendeines Vorwandes oder Betrugs, um einen arglosen Angestellten zu täuschen, damit er Informationen weitergibt oder Handlungen ausführt, die dem Verbrecher den Zugang zu sensiblen Geschäftsdaten oder Computersystemen und Netzwerken des Unternehmens ermöglichen.

WAS IST EINE SICHERHEITSRICHTLINIE?

Sicherheitsrichtlinien sind klare Anweisungen für Mitarbeiterverhalten zum Schutz von Informationen und eine fundamentale Grundlage bei der Entwicklung effektiver Kontrollen, um potenziellen Sicherheitsbedrohungen zu begegnen. Diese Richtlinien sind sogar noch wichtiger, wenn es um den Schutz vor und die Entdeckung von Social Engineering-Angriffen geht.

Effektive Sicherheitskontrollen werden durch die Schulung von Angestellten mit gut dokumentierten Richtlinien und Prozeduren implementiert. Jedoch ist die Anmerkung wichtig, dass Sicherheitsrichtlinien, auch wenn sie äußerst strikt von allen Mitarbeitern befolgt werden, keine Garantie für die Verhütung eines jeden Social Engineering-Angriffs sind. Das vernünftige Ziel sollte dagegen die Minimierung des Risikos auf ein akzeptables Level sein.

Die hier vorgestellten Richtlinien schließen auch Maßnahmen ein, die, während sie sich nicht strikt auf durch das Social Engineering verursachte Probleme beziehen, nichtsdestotrotz hierher gehören, weil sie mit den üblicherweise bei Social Engineering-Angriffen eingesetzten Techniken zu tun haben. Beispielsweise richten sich Richtlinien zum Öffnen von Email-Anhängen – wodurch bösartige Trojaner-Software installiert werden könnte, durch die ein Angreifer Kontrolle über den PC des Opfers erlangen kann – auf eine Methode, die regelmäßig durch Computereindringlinge benutzt wird.

Schritte zum Entwickeln eines Programms

Ein verständliches und umfassendes Programm zur Informationssicherheit beginnt gewöhnlich mit einem Risiko-Assessment, durch das Folgendes bestimmt wird:

- Welches Informationskapital des Unternehmens muss geschützt werden?

- Wodurch wird dieses Kapital besonders bedroht?

- Welchen Schaden erleidet das Unternehmen, falls diese potenziellen Bedrohungen Wirklichkeit werden?

Das primäre Ziel des Risiko-Assessments ist die Zuweisung, welches Informationskapital den höchsten Bedarf an sofortigen Schutzmaßnahmen hat, und ob die Errichtung von Schutzvorkehrungen auf der Basis einer Kosten-Nutzen-Analyse kosteneffektiv sein wird. Einfach ausgedrückt: Welches Info-Kapital muss zuerst geschützt werden, und wie viel Geld sollte zu seinem Schutz ausgegeben werden?

Es ist von höchster Bedeutung, dass sich die Firmenleitung die Notwendigkeit der Entwicklung von Sicherheitsrichtlinien und eines Programms zur Informationssicherheit zu eigen macht und nachdrücklich unterstützt. Wenn ein Sicherheitsprogramm erfolgreich sein soll, ist es wie bei jedem anderen Firmenprogramm: Das Management muss mehr tun als es nur abzunicken, sondern es muss eine starke Selbstbeteiligung durch persönliches Vorbild vorleben. Allen Firmenmitarbeitern muss deutlich werden, dass das Management hinter der Vorstellung steht, dass Informationssicherheit zur Führung des Unternehmens wesentlich ist, dass der Schutz der betrieblichen Geschäftsdaten unabdingbar ist, damit die Firma im Geschäft bleibt, und dass die Stelle eines jeden Mitarbeiters möglicherweise vom Erfolg dieses Programms abhängen kann.

Die mit dem Entwurf von Richtlinien zur Informationssicherheit betraute Person muss verstehen, dass die Richtlinien in einem Stil geschrieben werden sollten, der frei von technischem Jargon ist und leicht von allem nicht-technischen Personal verstanden werden muss. Ebenfalls muss das Dokument verdeutlichen, warum jede Richtlinie von Bedeutung ist; andererseits könnten die Angestellten einige Richtlinien für Zeitverschwendung halten. Der Verfasser der Richtlinien sollte in einem Dokument die Richtlinien präsentieren und in einem weiteren Dokument die Prozeduren, weil Richtlinien sich möglicherweise seltener ändern als die speziellen Verfahrensweisen, mit denen sie implementiert werden.

Zusätzlich sollte sich der Verfasser der Richtlinien darüber im Klaren sein, welche Sicherheits*technologien* eingesetzt werden können, um gute Praktiken zur Informationssicherheit durchzusetzen. Beispielsweise ermöglichen die meisten Betriebssysteme Auflagen für Benutzerpasswörter wie die Länge. In einigen Firmen kann eine Richtlinie, die Usern den Download von Programmen untersagt, durch lokale oder globale Einstellungen innerhalb des Betriebsystems kontrolliert werden. Die Richtlinien sollten den Einsatz von Sicherheitstechnologien erfordern, wenn es kostenneutral ist, um die menschliche Beteiligung an Entscheidungsprozessen zu entfernen.

Alle Angestellten müssen in den Konsequenzen unterrichtet werden, wenn sie die Einhaltung der Sicherheitsrichtlinien versäumen. Ein angemessener Maßnahmekatalog für die Verletzung von Richtlinien sollte entwickelt und allgemein publiziert werden. Ebenfalls sollte ein Belohnungsprogramm für Angestellte geschaffen werden, die gute Sicherheitspraktiken zeigen oder die einen Sicherheitsvorfall erkennen und berichten. Wann immer ein Angestellter für die Schließung einer Sicherheitslücke belohnt wird, sollte das im gesamten Unternehmen publiziert werden, z.B. in einem Artikel im Newsletter der Firma.

Ein Ziel eines Sensibilisierungsprogramms zur Sicherheit ist die Vermittlung der Bedeutung von Sicherheitsrichtlinien und der Schaden, der durch ein Versäumen der Regeleinhaltung entstehen kann. Berücsichtigt man die menschliche Natur, werden die Mitarbeiter zeitweilig die Richtlinien ignorieren oder umgehen, die ungerechtfertigt oder zu zeitaufwändig erscheinen. Es liegt in der Verantwortung des Managements sicherzustellen, dass die Angestellten die Wichtigkeit der Richtlinien begreifen und zur Mitarbeit motiviert sind und sie nicht als Hindernisse begreifen, die umgangen werden müssen.

Von großer Bedeutung ist die Feststellung, dass Richtlinien zur Informationssicherheit nicht in Stein gehauen werden dürfen. Wie das Business den Wechsel braucht, wenn neue Sicherheitstechnologien auf den Markt kommen und neue Schwachstellen entstehen, müssen die Richtlinien modifiziert oder ergänzt werden. Ein Prozess für regelmäßige Überprüfungen und Aktualisierungen sollte eingerichtet werden. Stellen Sie die Sicherheitsrichtlinien und Prozeduren des Unternehmens über das Firmenintranet zur Verfügung oder in öffentlich zugänglichen Ordnern bereit. Das erhöht die Wahrscheinlichkeit, dass solche Richtlinien und Prozeduren regelmäßig nachgeschlagen werden, und stellt eine bequeme Methode für Angestellte dar, schnell die Antwort auf jede sicherheitsbezogene Frage zu finden.

Schließlich sollten periodische Penetrationstests und Schwachstellenüberprüfungen unter Verwendung von Methoden und Taktiken des Social Engineerings durchgeführt werden, um mögliche Schwachstellen in der Schulung oder mangelhafte Befolgung von Firmenrichtlinien und -prozeduren aufzuzeigen. Bevor solcherart täuschende Testangriffe durchgeführt werden, sollten die Angestellten darauf hingewiesen werden, dass solche Tests gelegentlich vorkommen können.

Die Verwendung dieser Richtlinien

Die in diesem Kapitel vorgestellten detaillierten Richtlinien stellen nur eine Teilmenge der Richtlinien zur Informationssicherheit dar, die meiner Ansicht nach notwendig sind, um alle Sicherheitsrisiken zu minimieren. Entsprechend sollten die hier aufgeführten Richtlinien nicht als eine vollständige Liste aller Richtlinien zur Informationssicherheit angesehen werden. Sie sind vielmehr die Basis zum Bau eines umfassenden Katalogs von Sicherheitsrichtlinien, die auf die speziellen Bedürfnisse Ihrer Firma zugeschnitten werden müssen.

Die Autoren der Richtlinien für eine Organisation werden die Richtlinien danach auszusuchen haben, ob sie auf die besonderen Bedürfnisse und die Umgebung der Firma einschließlich ihrer Geschäftsziele zugeschnitten sind. Jede Organisation mit unterschiedlichen Sicherheitsanforderungen, die auf geschäftlichen Bedürfnissen, rechtlichen Rahmenbedingungen, der Organisationskultur und den von dem Unternehmen verwendeten Informationssystemen basieren, muss sich aus den vorliegenden Richtlinien das Nötige herausnehmen und den Rest aussparen.

Ebenso muss man klären, wie stringent die Richtlinien in jeder Kategorie sein sollen. Eine kleinere Firma, die in einem einzigen Gebäude residiert, wo die meisten Angestellten sich gegenseitig kennen, hat keinen Bedarf, sich vor einem Angreifer zu schützen, der sich am Telefon als Angestellter ausgibt (obwohl sich ein Hochstapler auch als Lieferant ausgeben könnte). Ebenfalls könnte sich ein Betrieb, der sich eine entspannte, zwanglose Unternehmenskultur angeeignet hat, trotz des höheren Risikos nur eine begrenzte Auswahl von empfohlenen Richtlinien aneignen, um den eigenen Sicherheitsvorstellungen nachzukommen.

DATENKLASSIFIKATION

Eine Richtlinie zur Datenklassifikation ist zum Schutze des Informationskapitals einer Organisation fundamental und stellt Kategorien zur Anleitung der Weitergabe von vertraulichen Informationen bereit. Diese Richtlinie bietet einen Rahmen zum Schutz von Geschäftsgeheimnissen, indem alle Angestellten auf den Grad der Vertraulichkeit jeder einzelnen Informationseinheit aufmerksam gemacht werden.

Ein Operieren ohne Richtlinie zur Datenklassifikation – das ist der Status Quo in den meisten Unternehmen heutzutage – überlässt viele dieser Entscheidungen dem einzelnen Mitarbeiter. Naturgemäß sind die Entscheidungen von Angestellten oft mehr auf subjektiven Faktoren gebaut als auf Vertraulichkeit, Wichtigkeit und Wert von Informationen. Informationen werden auch oft weitergegeben, weil die Angestellten keine Ahnung von der Möglichkeit haben, dass sie bei der Antwort auf eine Anfrage zur Information diese in die Hand eines Angreifers legen könnten.

Die Richtlinie zur Datenklassifikation gibt Hilfestellungen für die Einteilung wertvoller Daten in eine von mehreren Stufen. Wenn jedes Item eine Klassifikation erfahren hat, können die Angestellten einer Reihe von Prozeduren zum Umgang mit diesen Daten folgen, die das Unternehmen vor versehentlicher oder unvorsichtiger Weitergabe sensibler Daten schützt. Diese Verfahren mildern die Chance, dass Angestellte überlistet werden, sensible Informationen an unautorisierte Personen weiterzugeben.

Alle Angestellten müssen in Sachen Firmenrichtlinien zur Datenklassifikation geschult werden, auch solche, die normalerweise keine Computer oder Firmenkommunikationssysteme benutzen. Weil jedes Mitglied der Belegschaft – einschließlich der Reinigungstruppe, Hausmeister und den Leuten aus dem Kopierraum sowie Berater, Lieferanten und sogar Praktikanten – Zugang zu sensiblen Informationen haben können, kann jeder zum Ziel eines Angriffs werden.

Das Management muss einen *Datenschutzbeauftragten* bestimmen, der für alle gegenwärtig im Konzern benutzten Informationen zuständig ist. Neben anderen Dingen ist der „Informationswart" verantwortlich für den Schutz des Informationskapitals. Gewöhnlich entscheidet dieser Wart, welcher Klassifikationsgrad je nach dem Schutzbedarf der verschiedenen Daten zugewiesen wird, überprüft regelmäßig diesen zugewiesenen Grad und entscheidet notwendige Veränderungen. Der Info-Wart kann die Verantwortung des Datenschutzes auch an einen *Stellvertreter* übertragen.

Kategorien und Definitionen der Klassifizierung

Alle Informationen sollten je nach Sensibilität klassifiziert werden. Wenn erst einmal ein spezielles Klassifikationssystem eingerichtet ist, wird es zu einer teuren und zeitaufwändigen Angelegenheit, Informationen in neue Kategorien einzusortieren. In unserer Beispiel-Richtlinie habe ich vier Klassifikationsgrade festgelegt, was für die meisten mittleren bis großen Unternehmen ausreichend sein dürfte. Abhängig von der Anzahl und den Arten der sensiblen Information kann das Unternehmen sich dafür entscheiden, mehr Kategorien hinzuzufügen, um bessere Kontrolle über spezielle Arten von Informationen zu erhalten. In kleineren Betrieben kann ein dreistufiges Klassifikationssystem ausreichend sein. Denken Sie daran – je komplexer das Klassifikationsschema ist, desto aufwändiger wird die Schulung der Angestellten und die Einhaltung des Systems.

GEHEIM. Diese Informationskategorie ist die sensibelste. Geheime Information soll nur innerhalb der Organisation verwendet werden. In den meisten Fällen sollte sie nur einer sehr begrenzten Anzahl von Personen zugänglich gemacht werden, die einen eindeutigen Wissensbedarf vorweisen. In der Natur von Geheiminformationen liegt, dass jegliche nicht-autorisierte Weitergabe der Firma, den Aktionären, Geschäftspartnern und/oder Kunden ernsthaft schaden könnte. Geheime Informationen fallen normalerweise in eine der folgenden Kategorien:

- Informationen über Geschäftsgeheimnisse, proprietärer Quellcode, technische oder funktionale Spezifikationen oder Produktinformationen, die für die Konkurrenz von Vorteil sein könnten.

- Nicht-öffentliche Marketing- oder Finanz-Informationen.

- Jede Information, die für die Führung des Unternehmens von grundlegender Bedeutung ist – wie zukünftige Business-Strategien.

VERTRAULICH. Diese Kategorie deckt Informationen persönlichen Natur ab, die nur für die Verwendung innerhalb der Organisation vorgesehen ist. Jede nicht-autorisierte Weitergabe von vertraulichen Informationen kann Angestellten oder der Firma ernsthaften Schaden zufügen, wenn sie in die Hände von nicht-autorisierten Personen (insbesondere Social Engineers) gelangen. Zu diesen vertraulichen Informationen gehören die Krankengeschichten von Mitarbeitern, Krankenversicherung, Daten über Bankkonten, Gehaltsvorgeschichte oder jede andere persönliche Information, die nicht öffentlich einsehbar sein soll.

INTERN. Über diese Kategorie von Informationen kann durch alle Angestellten innerhalb der Organisation frei verfügt werden. Normalerweise wird eine nicht-autorisierte Weitergabe von internen Informationen keinen ernsthaften Schaden für die Firma, die Aktionäre, Geschäftspartner, Kunden und die Angestellten darstellen. Trotzdem können Leute, die als Social Engineer bewandert sind, diese Informationen benutzen, um sich als berechtigter Mitarbeiter, Lieferant oder Verkäufer zu verkleiden, um argloses Personal derart zu täuschen, dass ihnen weitere, sensiblere Daten mitgeteilt werden, aus denen dann ein nicht-autorisierter Zugang zu Firmencomputersystemen entstehen kann.

Eine Vertraulichkeitsvereinbarung muss vor der Weitergabe von internen Informationen an Dritte wie Mitarbeiter von Lieferfirmen, Partnerunternehmen usw. unterschrieben werden. Interne Informationen schließen generell alles mit ein, was im normalen Arbeitsalltag anfällt, das nicht an Außenstehende weitergegeben werden sollte, wie Organisationsdiagramme der Firma, Einwahlnummern für Netzwerke, interne Systemnamen, Verfahren beim Fernzugang, Kostenstellennummern usw.

ÖFFENTLICH. Informationen, die speziell für die öffentliche Bekanntgabe ausgerichtet ist. Diese Art von Information kann frei an jeden weitergegeben werden wie Presseberichte, Kontaktdaten des Kundendienstes oder

Produktbroschüren. Berücksichtigen Sie, dass jegliche Information, die nicht speziell als öffentlich gekennzeichnet ist, als sensible Informationen behandelt werden sollte.

Hinweis

Die Informationskategorie INTERN wird vom Sicherheitspersonal oft als SENSIBEL bezeichnet. Ich habe den Begriff INTERN gewählt, weil der Begriff selbst die gemeinte Zielgruppe bezeichnet. Den Begriff SENSIBEL habe ich nicht als Sicherheitsklassifikation benutzt, sondern als bequeme Möglichkeit, sich auf GEHEIME, VERTRAULICHE und INTERNE Informationen zu beziehen. Anders gesagt bezieht sich SENSIBEL auf jegliche Firmeninformation, die nicht besonders als ÖFFENTLICH gekennzeichnet wurde.

Terminologie von Klassifikationsdaten

Aufgrund seiner Klassifikation sollten Daten nur an bestimmte Kategorien von Personen gehen. Eine Reihe von Richtlinien in diesem Kapitel beziehen sich auf Informationen, die an eine *nicht-verifizierte Person* gegeben werden. Für die Zwecke dieser Richtlinien ist eine nicht-verifizierte Person jemand, von dem der Mitarbeiter nicht persönlich weiß, ob er ein aktueller Angestellter oder ein Mitarbeiter mit dem entsprechenden Rang für den Zugang zur Information ist oder für den von keiner vertrauensvollen dritten Seite gebürgt wird.

Für die Zwecke dieser Richtlinien ist eine *vertraute Person* jemand, den man persönlich kennt oder gesehen hat, der als Angestellter, Kunde oder Berater der Firma bekannt ist und der den entsprechenden Status hat, die jeweilige Information zu bekommen. Eine vertraute Person kann ebenfalls ein Mitarbeiter einer Firma sein, die eine etablierte Beziehung mit der eigenen Firma hat (wie ein Kunde, Lieferant oder strategischer Businesspartner, der eine Verschwiegenheitserklärung unterzeichnet hat).

Beim *Bürgen durch Dritte* gibt eine vertraute Person Auskunft über den Status oder die Beschäftigung einer anderen Person und die Berechtigung dieser Person, ein auf Daten oder Handlung bezogenes Anliegen vorzubringen. Beachten Sie, dass es bei manchen Gelegenheiten diese Richtlinien erforderlich machen, dass Sie überprüfen, ob diese vertraute Person immer noch bei der Firma beschäftigt ist, bevor einem Anliegen derjenigen Person nachgegeben wird, für man sich verbürgt hat.

Ein *privilegierter Account* ist ein Computer- oder anderes Konto, das eine Zugangsberechtigung über den normalen Benutzerstatus hinaus erfordert, wie z.B. der Account eines Systemadministrators. Angestellte mit einem privilegierten Account haben typischerweise die Möglichkeit, User-Privilegien zu verändern oder Systemfunktionen auszuführen.

Eine *generelle Abteilungsmailbox* ist eine Voice Mailbox, auf der eine generelle Nachricht für die gesamte Abteilung aufgesprochen ist. Solch eine Mailbox wird eingesetzt, um die Namen und Durchwahlnummern von Mitarbeitern einer speziellen Abteilung zu schützen.

VERFAHREN ZUR VERIFIKATION UND AUTORISIERUNG

Informationsdiebe setzen gewöhnlich Täuschungstaktiken ein, um an geheime Firmendaten zu gelangen, indem sie sich als legitime Angestellte, Lieferanten, Händler oder Businesspartner verstellen. Um eine effektive Informationssicherheit aufrechtzuerhalten, muss ein Angestellter, dem etwa eine Anfrage zur Weitergabe sensibler Informationen vorliegt, vor einer Bearbeitung definitiv einen Anrufer identifizieren können und seine Berechtigung feststellen.

Die empfohlenen Prozeduren aus diesem Kapitel sind so gestaltet, dass sie einem Mitarbeiter helfen können, der eine Anfrage über irgendeinen Kommunikationskanal wie Telefon, Email oder Fax erhält, um zu bestimmen, ob Anfrage und Antragsteller legitim sind.

Anfragen einer vertrauten Person

Eine Anfrage bezüglich Daten oder Handlungen durch eine vertraute Person kann Folgendes voraussetzen:

- Feststellen, ob die Firma diese Person gegenwärtig beschäftigt oder eine Beziehung zur ihr hat, wobei die Beziehung so geartet sein muss, dass sie den Zugang zu dieser Kategorie von Information erlaubt. Damit soll verhindert werden, dass ausgeschiedene Angestellte, Lieferanten, Händler, Berater und andere, die nichts mehr mit der Firma zu tun haben, sich als aktuelle Mitarbeiter ausgeben.

- Prüfen, ob die Person diesen Wissensbedarf hat und zur Kenntnis dieser Information berechtigt ist oder diese Handlung abrufen darf.

Anfragen einer nicht-verifizierten Person

Wenn eine nicht-verifizierte Person ein Anliegen vorbringt, muss ein vernünftiger Überprüfungsvorgang ausgelöst werden, um den Antragsteller definitiv als zum Empfang dieser Informationen berechtigt auszuweisen, insbesondere wenn das Anliegen auf irgendeine Art mit Computern oder Computerzubehör zu tun hat. Dieser Prozess ist die fundamentale Kontrolle, um erfolgreiche Social Engineering-Angriffe zu verhindern: Folgt man diesen Verifikationsprozeduren, werden sie erfolgreiche Social Engineering-Angriffe dramatisch reduzieren.

Dieser Prozess sollte nicht so schwerfällig gestaltet werden, dass er die Kosten aufbläht oder von den Mitarbeitern ignoriert wird.

Wie im Folgenden detailliert aufgeführt wird, beinhaltet der Verifikationsprozess drei Stufen:

- Die Prüfung, ob die Person tatsächlich der- oder diejenige ist, für die sie sich ausgibt.

- Die Feststellung, ob der Antragsteller gegenwärtig bei der Firma angestellt ist oder die Beziehung solcherart ist, dass ein Wissensbedarf besteht.

- Die Bestimmung, ob die Person dazu autorisiert ist, diese spezielle Information zu erhalten oder die gewünschte Handlung ausgeführt zu bekommen.

Stufe 1: Verifikation der Identität

Die zur Verifikation empfohlenen Schritte werden unten in der Reihenfolge ihrer Effektivität aufgeführt – je höher die Nummer, desto effektiver die Methode. Bei jedem Punkt ist ebenfalls dargelegt, welche Schwäche sich mit der jeweiligen Methode verbindet und auf welche Weise ein Social Engineer diese Methode aushebeln oder umgehen kann, um einen Angestellten zu täuschen.

1. **Rufidentifikation** (vorausgesetzt, das Firmentelefonnetz besitzt diese Eigenschaft). Stellen Sie anhand der Rufidentifikation fest, ob der Anruf von innerhalb oder außerhalb der Firma kommt und ob der Name bzw. die angezeigte Telefonnummer zur Identität passt, die der Anrufer angibt.

   Schwachpunkt: Externe Information über Rufidentifikation kann von jedem gefälscht werden, der einen Zugang zu einer Telefonschaltzentrale hat, die mit einem digitalen Telefondienst verbunden ist.

2. **Rückruf.** Schlagen Sie den Anrufer im Firmenverzeichnis nach und rufen die aufgeführte Durchwahl zurück, um sicherzustellen, dass der Anrufer ein Mitarbeiter ist.

   Schwachpunkt: Ein Angreifer mit ausreichender Fachkenntnis kann eine Firmendurchwahl weiterleiten, wenn der Angestellte den Prüfanruf an die eingetragene Telefonnummer absetzt, so dass ihn der Anruf auf seiner externen Nummer erreicht.

3. **Bürgschaft.** Eine vertraute Person bürgt für die Identität des Anfragenden.

   Schwachpunkt: Wenn der Angreifer einen Vorwand benutzt, kann er immer wieder auch einen anderen Mitarbeiter dazu bringen, für seine Identität zu bürgen.

4. **Geteiltes Geheimnis.** Ein unternehmensweit eingesetztes geteiltes Geheimnis wie ein Passwort oder ein Tagescode wird verwendet.

   Schwachpunkt: Wenn viele Personen dieses geteilte Geheimnis kennen, wird es leichter für den Angreifer, dies zu erfahren.

5. **Der Vorgesetzte/Manager des Angestellten.** Anruf beim direkten Vorgesetzten des Angestellten zur Prüfung des vorgebrachten Anliegens.

   Schwachpunkt: Wenn der Bittsteller die Durchwahl zum eigenen Vorgesetzten angegeben hat, ist die vom Mitarbeiter über diese Nummer erreichte Person möglicherweise nicht der wahre Chef, sondern ein Komplize des Angreifers.

6. **Sicheres Email.** Anforderung einer digital signierten Nachricht.

   Schwachpunkt: Wenn ein Angreifer bereits den Computer eines Mitarbeiters kompromittiert und ein Tastaturüberwachungsprogramm installiert hat, um an die Kennwörter des Mitarbeiters zu kommen, kann er selbst eine digital signierte Mail schicken, die scheinbar vom Mitarbeiter kommt.

7. **Erkennung an der Stimme.** Die Person, die von dem Anliegen erfährt, hat schon mit dem Antragsteller zu tun gehabt (vorzugsweise im direkten, persönlichen Kontakt), kann völlig sichergehen, dass dies eine vertraute Person ist, und ist so bekannt mit ihr, dass sie seine oder ihre Stimme zweifelsfrei am Telefon erkennen kann.

   Schwachpunkt: Dies ist eine ziemlich sichere Methode, die schwerlich von einem Angreifer umgangen werden kann, aber ohne Nutzen ist, wenn die Person, der das Anliegen vorgetragen wird, den Bittsteller noch nie getroffen oder mit ihm gesprochen hat.

8. **Dynamisches Passwort.** Der Antragsteller identifiziert sich selbst über die Verwendung eines dynamischen Passwortes wie Secure ID.

Schwachpunkt: Um diese Methode auszuhebeln, muss ein Angreifer an eines der Geräte zur dynamischen Passworterstellung gelangen und darüber hinaus an die PIN des Mitarbeiters, zu dem das Gerät rechtmäßig gehört, oder muss einen Mitarbeiter derart hereinlegen, dass er ihm die Information von der Anzeige abliest und ihm die PIN überlässt.

9. **In Person mit einem Ausweis.** Der Antragsteller erscheint in Person und legt eine Mitarbeiterkennkarte oder eine andere geeignete Ausweismöglichkeit vor, vorzugsweise mit einem Lichtbild.

Schwachpunkt: Angreifer sind oft in der Lage, eine Mitarbeiterkennkarte zu entwenden oder einen authentisch erscheinenden Ausweis zu fälschen. Jedoch meiden Angreifer diese Vorgehensweise generell, weil ein Erscheinen in Person den Angreifer einem besonderen Risiko aussetzt, identifiziert und verhaftet zu werden.

Stufe 2: Verifikation des Angestelltenstatus

Die größte Bedrohung der Informationssicherheit rührt nicht vom professionellen Social Engineer oder einem geschickten Computereindringling her, sondern liegt viel näher: ein gerade gefeuerter Kollege sinnt auf Rache oder versucht, sich selbst durch gestohlene Firmendaten ins Geschäft zu bringen. (Beachten Sie, dass eine Version dieser Prozedur ebenfalls zur Bestimmung genutzt werden kann, ob jemand immer noch eine andere Art von Geschäftsbeziehung zu Ihrer Firma unterhält wie ein Lieferant, Berater oder Montagearbeiter)

Bevor man sensible Informationen einer anderen Person zugänglich macht oder Handlungsanweisungen für Computer oder Computerzubehör akzeptiert, sollte man unter Verwendung der folgenden Methoden prüfen, ob der Anfrager immer noch ein Mitarbeiter der Firma ist:

Nachschlagen im Angestelltenverzeichnis. Wenn der Konzern ein Online-Verzeichnis aller Angestellten vorhält, das immer aktuell die gegenwärtigen Mitarbeiter ausweist, sollte man prüfen, ob dieser Anfrager immer noch eingetragen ist.

Verifikation über den Vorgesetzten des Antragstellers. Anruf bei seinem Vorgesetzten über eine Durchwahl aus dem Firmenverzeichnis – nicht über eine von der Person mit dem Anliegen angegebene Nummer.

Prüfung der Zugehörigkeit zu einer Abteilung oder Arbeitsgruppe. Rückruf bei der Abteilung oder Arbeitsgruppe, um sich von einem dortigen Mitarbeiter bestätigen zu lassen, dass der Anfrager immer noch zur Firma gehört.

Stufe 3: Prüfung des Wissensbedarfs

Über die Klärung hinaus, ob jemand noch zur Firma gehört oder eine Geschäftsbeziehung dazu hat, verbleibt immer noch das Problem, ob der Anfrager eine Berechtigung hat, diese Information zu erfahren, oder dazu autorisiert ist, dass diese spezieller Handlung an Computern oder deren Zubehör vorgenommen wird.

Dies kann durch eine der folgenden Methoden geklärt werden:

Konsultation eine Katalogs mit Arbeitsplatzbeschreibungen und/oder Zuständigkeiten der Arbeitsgruppe. Eine Firma kann einen schnellen Zugang zu einer Autorisierungsinformation bieten, indem sie Kataloge darüber veröffentlicht, welcher Mitarbeiter zu welcher Information berechtigt ist. Diese Aufzeichnungen können nach Arbeitsplatzbeschreibungen, Abteilungen und Arbeitsgruppen, Zuständigkeiten oder einer Kombination aus diesen Punkten organisiert werden. Solche Listen sollten online geführt werden, damit sie aktuell bleiben und man zügig für Prüfungen darauf zugreifen kann. Weiterhin wären Datenschutzbeauftragte für Überwachung der Erstellung und Aktualisierung dieser Listen zuständig, damit ein Zugang nur unter Kontrolle des Eigentümers der Information erfolgen kann.

Hinweis

Beachten Sie, dass die Existenz einer solchen Liste eine Einladung für den Social Engineer darstellt. Bedenken Sie: Wenn ein Angreifer sich eine Firma zum Ziel nimmt und ihm klar wird, dass die Firma eine solche Liste besitzt, ist er höchst motiviert, sie in die Finger zu kriegen. In seinem Besitz öffnet eine solche Liste dem Angreifer so manche Tür und setzt die Firma einem ernsthaften Risiko aus.

Einholung der Erlaubnis vom Vorgesetzten. Ein Mitarbeiter nimmt Kontakt zu seinem Vorgesetzten oder demjenigen des Antragstellers auf, um sich die Freigabe für die Erledigung der Anfrage zu holen.

Freigabe durch Eigentümer der Information oder seinen Beauftragten einholen. Der Eigentümer der Information ist der letzte Richter darüber, ob einer bestimmten Person der Zugang erlaubt werden darf. Der Prozess bei computerbasierter Zugangskontrolle ist für den Angestellten, seinen direkten Vorgesetzten zu kontaktieren, um eine Zustimmung für einen Zugang zu Informationen basierend auf existierenden Job-Profilen zu erlauben. Wenn ein solches Profil nicht existiert, liegt es in der Verantwortung des Managers, den relevanten Eigentümer der Daten um Erlaubnis zu fragen. Diese Befehlskette sollte eingehalten werden, damit Datenschutzbeauftragte nicht von Anfragen überschwemmt werden, wenn es einen häufigen Klärungsbedarf gibt.

Berechtigungsklärung über ein proprietäres Software-Paket. Für ein großes Unternehmen in einer Branche mit besonders hartem Konkurrenzdruck kann es praktisch sein, ein proprietäres Software-Paket zu entwickeln, das eine Autorisierung über den Wissensbedarf ermöglicht. Solch eine Datenbank speichert die Namen und Zugangsprivilegien der Mitarbeiter für vertrauliche Daten. Als User könnte man nicht die jeweils anderen individuellen Zugangsberechtigungen nachschlagen, sondern müsste statt dessen den Namen des Antragstellers eingeben und die mit der gesuchten Information verbundene Identifikation. Die Software gibt dann eine Anzeige heraus, ob der Angestellte die Zugangsberechtigung zu dieser Information besitzt. Diese Alternative vermeidet die Gefahren, die sich mit der Erstellung einer Personalliste verbindet, mit jeweiligen Zugangsberechtigungen zu wertvollen, kritischen oder sensiblen Informationen, die entwendet werden könnten.

MANAGEMENTRICHTLINIEN

Die folgenden Richtlinien betreffen die Mitarbeiter aus den oberen Etagen. Sie werden in die Bereiche Datenklassifikation, Informationsweitergabe, Telefonverwaltung und „Verschiedene Richtlinien" eingeteilt. Beachten Sie, dass jede Kategorie der Richtlinien eine besondere Nummerierungsstruktur für eine leichte Identifizierung der einzelnen Richtlinien aufweist.

Richtlinien zur Datenklassifikation

Eine Datenklassifikation bezieht sich auf die Einsortierung der Sensibilität von Informationen und wer Zugang zu dieser Informationen haben darf.

1 – 1 Zuordnung von Datenklassifikation

Richtlinie: Alle wertvollen, sensiblen oder kritischen Business-Informationen müssen durch einen beauftragen Informationseigentümer oder den Stellvertreter einer Kategorie zugeordnet werden.

Erklärung/Anmerkungen: Der bestimmte Eigentümer oder sein Stellvertreter wird die angemessene Datenklassifikation jeglicher Information zuordnen, die routinemäßig zur Erreichung von Geschäftszielen gebraucht wird. Der Eigentümer kontrolliert ebenfalls, wer Zugang zu dieser Information haben und wie sie verwendet werden darf. Der Informationseigentümer kann die Einsortierung erneut vornehmen und einen Zeitpunkt festlegen, wann die Klassifizierung automatisch geändert bzw. zurückgenommen wird.

Alles, was nicht anderweitig gekennzeichnet ist, sollte stets als sensibel klassifiziert werden.

1 – 2 Veröffentlichung von Prozeduren zum Umgang mit vertraulichen Daten

Richtlinie: Die Firma muss Verfahren einführen, die eine Weitergabe von Informationen aus jeder Kategorie festlegen.

Erklärung/Anmerkungen: Wenn Klassifikationen eingeführt sind, müssen die Wege für die Weitergabe von Informationen an Angestellte und Externe eingerichtet werden, wie es weiter oben in diesem Kapitel im Abschnitt *Verfahren zur Verifikation und Autorisierung* detailliert erklärt wird.

1 – 3 Kennzeichnung aller Medien

Richtlinie: Sowohl gedrucktes Material als auch Speichermedien mit geheimer, vertraulicher oder interner Information müssen deutlich markiert werden, um die zugeordnete Datenklassifikation deutlich anzuzeigen.

Erklärung/Anmerkungen: Ausdrucke benötigen ein Deckblatt mit einem deutlich angebrachten Klassifikationsetikett und einem Klassifikationsetikett auf jeder Seite, das sichtbar ist, wenn das Dokument geöffnet ist.

Alle elektronischen Dateien, die nicht einfach mit einer entsprechenden Datenklassifikation gekennzeichnet werden können (Datenbanken oder Roh-Dateien) müssen mittels Zugangskontrollen geschützt werden, um sicherzustellen, dass solche Information nicht unerlaubt weitergegeben werden und dass sie nicht geändert, zerstört oder unzugänglich gemacht werden können.

Alle Computermedien wie Disketten, Bänder und CD-ROMs müssen mit der jeweils höchsten Klassifikation von Daten, die darauf gespeichert wurden, ausgezeichnet werden.

Informationsweitergabe

Eine Informationsweitergabe beinhaltet die Veröffentlichung von Information an verschiedene Parteien, basierend auf ihrer Identität und ihrem Wissensbedarf.

2 – 1 Verfahren zur Verifikation von Angestellten

Richtlinie: Das Unternehmen sollte umfassende Prozeduren einführen, die von allen Angestellten zur Überprüfung von Identität, Angestelltenstatus und Berechtigung eines Einzelnen verwendet werden müssen, bevor geheime oder vertrauliche Informationen weitergegeben oder eine Handlung ausgeführt wird, die eine Verwendung von Computer-Hardware oder -Software beinhaltet.

Erklärung/Anmerkungen: Wenn es durch die Unternehmensgröße und den Sicherheitsbedarf gerechtfertigt ist, sollten fortgeschrittene Sicherheitstechnologien zur Feststellung von Identität eingesetzt werden. Die beste Sicherheitspraxis wäre der Einsatz von Authentifizierungstokens in Verbindung mit einem geteilten Geheimnis, um unzweifelhaft Personen mit einem Anliegen zu identifizieren. Während diese Praxis das Risiko wesentlich schmälern würde, sind die Kosten für einige Betriebe möglicherweise zu hoch. Bei diesen Umständen sollte die Firma ein unternehmensweit geteiltes Geheimnis wie ein Tagespasswort oder einen Tagescode einsetzen.

2 – 2 Weitergabe von Informationen an Dritte

Richtlinie: Eine Reihe von empfohlenen Prozeduren zur Informationsweitergabe müssen bereitgestellt werden, und alle Mitarbeiter müssen in ihrer Befolgung geschult werden.

Erklärung/Anmerkungen: Weitergabeprozeduren sind allgemein für Folgendes erforderlich:

- Im Unternehmen verfügbare Informationen

- Verteilung von Informationen an Einzelne und Mitarbeiter von Organisationen, die eine etablierte Beziehung mit dem Unternehmen haben wie Berater, Zeitarbeiter, Praktikanten, Angestellte von Organisationen, die eine Handelsbeziehung oder ein strategisches Partnerschaftsabkommen mit dem Unternehmen haben usw.

- Außerhalb des Unternehmens verfügbare Informationen

- Informationen auf jedem Klassifizierungs-Level, wenn die Information persönlich oder per Telefon, Email, Fax, Voice Mail, Postzustellung, Einschreiben und elektronischem Transfer übertragen wird.

2 – 3 Verteilung von geheimen Informationen

Richtlinie: Geheime Information, also Firmendaten, die beträchtlichen Schaden verursachen könnten, wenn nicht-autorisierte Personen sie erhielten, sollte nur an eine vertraute, zum Empfang berechtigte Person übergeben werden.

Erklärung/Anmerkungen: Geheime Information in physischer Form (beispielsweise Ausdruck oder bewegliches Speichermedium) darf nur ausgegeben werden:

- Persönlich

- Durch interne Post, versiegelt und markiert mit der Geheim-Klassifikation

- Außerhalb der Firma durch einen verlässlichen Zustelldienst (zum Beispiel UPS, Einschreiben etc.) mit einer angeforderten Unterschrift des Empfängers oder eines Postzustelldienstes per Einschreiben oder Botendienst.

Geheime Information in elektronischer Form (Computerdateien, Datenbanken, Emails) können folgendermaßen zugestellt werden:

- Innerhalb einer verschlüsselten Email.

- Als Anhang einer Email als verschlüsselte Datei.

- Durch elektronischen Transfer auf einen Server innerhalb des internen Firmennetzwerks.

- Durch ein Faxprogramm von einem PC, wobei sichergestellt sein muss, dass nur der gemeinte Empfänger die Zielmaschine benutzt, oder das der beabsichtigte Empfänger an der Zielmaschine wartet, während das Fax übertragen wird. Als Alternative können Faxe ohne Anwesenheit des Empfängers gesandt werden, wenn es über eine verschlüsselte Telefonleitung auf einen passwortgeschützten Fax-Server geht.

Geheime Informationen können persönlich diskutiert werden, am Telefon innerhalb des Unternehmens, am Telefon aus dem Unternehmen heraus nur bei Verschlüsselung, durch verschlüsselte Satellitenübertragung, durch verschlüsselte Videokonferenzverbindung und durch verschlüsseltes Voice Over Internet Protocol (VoIP).

Für eine Übertragung durch eine Faxmaschine besteht eine empfohlene Methode darin, dass der Sender ein Deckblatt überträgt, der Empfänger bei Erhalt dieses Deckblatts eine Seite als Antwort zurücksendet und damit seine oder ihre Anwesenheit am Faxgerät demonstriert. Dann schickt der Absender das Fax los.

Folgende Kommunikationskanäle sind nicht für die Diskussion oder Übermittlung von geheimen Informationen akzeptabel: unverschlüsselte Emails, Nachrichten per Voice Mail, normale Post oder jegliche drahtlose Kommunikationsmethode (Handy, SMS oder schnurlose Telefone).

2 – 3 Verteilung von vertraulichen Informationen

Richtlinie: Vertrauliche Information, das ist persönliche Information über einen oder mehrere Angestellten, die bei Weitergabe den Angestellten oder der Firma von Nachteil wäre, darf nur an eine vertraute Person weitergegeben werden, die zum Empfang berechtigt ist.

Erklärung/Anmerkungen: Vertrauliche Informationen in einer physischen Form (d.i. Ausdruck oder Daten auf einem tragbaren Speichermedium) dürfen folgendermaßen zugestellt werden:

- Persönlich

- Per interner Post, versiegelt und gekennzeichnet als vertrauliche Information

- Per regulärer Post

Vertrauliche Informationen in elektronischer Form (Computerdateien, Datenbanken, Emails) dürfen auf folgende Art zugestellt werden:

- Durch interne Email

- Durch elektronischen Transfer auf einen Server innerhalb des internen Firmennetzwerks

- Durch Fax, wobei sichergestellt sein muss, dass nur der gemeinte Empfänger die Zielmaschine benutzt, oder das der gemeinte Empfänger an der Zielmaschine wartet, während das Fax übertragen wird. Faxe können auch an passwortgeschützte Fax-Server übertragen werden. Als Alternative können Faxe ohne Anwesenheit des Empfängers gesandt werden, wenn es über eine verschlüsselte Telefonleitung auf einen passwortgeschützten Fax-Server geht.

Vertrauliche Informationen können persönlich diskutiert werden oder am Telefon, durch Satellitenübertragung, durch eine Videokonferenzverbindung oder durch verschlüsseltes VoIP.

Die folgenden Kommunikationskanäle sind nicht zur Besprechung von vertraulichen Informationen geeignet: unverschlüsselte Emails, Nachrichten per Voice Mail, normale Post und über jegliche drahtlose Kommunikationsmethode (Handy, SMS oder schnurloses Telefon).

2 – 5 Verteilung von internen Informationen

Richtlinie: Interne Information sind Informationen, die nur innerhalb der Firma oder an andere vertraute Personen, die eine Verschwiegenheitserklärung unterzeichnet haben, weitergegeben werden dürfen. Sie müssen Anleitungen für die Weitergabe von internen Informationen einrichten.

Erklärung/Anmerkungen: Interne Informationen dürfen auf jegliche Art weitergegeben werden, einschließlich Email, aber als Email nicht nach außerhalb der Firma geschickt werden – außer mit Verschlüsselung.

2 – 6 Besprechung von sensiblen Informationen am Telefon

Richtlinie: Bevor man jegliche nicht als öffentlich klassifizierte Information am Telefon bespricht, muss die Person, die diese Infos weitergibt, die Stimme des Anrufers durch frühere Geschäftskontakte am Telefon eindeutig erkannt haben, oder das Firmentelefonsystem muss den Anruf als von einer internen Nummer stammend, die dem Anrufer zugeordnet wird, erkennen können.

Erklärung/Anmerkungen: Wenn die Stimme des Anfragenden unbekannt ist, ist ein Rückruf auf der internen Durchwahl des Anfragenden notwendig, um die Stimme des Anfragers mit einer aufgezeichneten Voice Mail Nachricht abzugleichen, oder beim Vorgesetzten des Anfragers dessen Identität und seinen Wissensbedarf nachzufragen.

2 – 7 Prozeduren für Empfangspersonal und Eingangsbereich

Richtlinie: Das Empfangspersonal muss vor Weitergabe einer Post- oder Paketsendung an eine nicht als aktueller Angestellter bekannte Person eine Identifikation über ein Foto vornehmen. Ein Protokoll sollte für die Aufzeichnung von Namen, Führerscheinnummer, Geburtsdatum, den abgeholten Gegenstand und Datum und Zeit der Abholung geführt werden.

Erklärung/Anmerkungen: Diese Richtlinie findet ebenfalls Anwendung bei der Aushändigung von Paketen an Boten- oder Kurierdienste wie UPS oder DPD. Diese Unternehmen geben Identifikationskarten heraus, mittels derer die Identität der Angestellten festgestellt werden kann.

2 – 8 Transfer von Software an Dritte

Richtlinie: Vor einem Transfer oder einer Weitergabe irgendeiner Software, eines Programms oder Computeranweisungen muss die Identität des Antragstellers eindeutig festgestellt werden, und es muss sichergestellt sein, dass diese Weitergabe mit der dieser Information zugeordneten Datenklassifikation übereinstimmt. Gewöhnlich wird eine Software, die betriebsintern im Quellcodeformat entwickelt wurde, in höchstem Maße als proprietär eingeschätzt und als Geheim klassifiziert.

Erklärung/Anmerkungen: Die Klärung der Autorisierung ist normalerweise darauf gegründet, ob der Anfrager zur Erledigung der eigenen Arbeit Zugang zu dieser Software benötigt.

2 – 9 Qualifizierung von Verkaufs- und Marketingpersonal für Kundenerstkontakte

Richtlinie: Die Mitarbeiter aus dem Verkauf und Marketing müssen ihre Kundenerstkontakte prüfen, bevor sie interne Durchwahlnummern, Produktpläne, Kontakte zu Produktarbeitsgruppen oder andere sensible Informationen an einen potenziellen Kunden weiterreichen.

Erklärung/Anmerkungen: Es ist eine übliche Taktik von Industriespionen, in Kontakt mit einem Vertreter aus der Verkaufs- oder Marketingabteilung zu treten und ihn glauben zu machen, dass eine gute Geschäftsgelegenheit in Sicht ist. Im Bemühen, sich diese Verkaufsmöglichkeit zunutze zu machen, geben die Kollegen aus diesen Abteilungen oft Informationen weiter, die vom Angreifer wie ein Pokerchip zum Erlangen von Zugang zu sensiblen Informationen genutzt werden kann.

2 – 10 Transfer von Dateien oder Daten

Richtlinie: Dateien oder andere elektronische Daten sollten nur auf ein bewegliches Speichermedium übertragen werden, wenn der Anfrager eine vertraute Person ist, dessen Identität bestätigt wurde und die zum Besitz genau dieser Daten in diesem Format berechtigt ist.

Erklärung/Anmerkungen: Ein Social Engineer kann mit Leichtigkeit einen Angestellten dahingehend überlisten, indem er ihm eine plausible Bitte vorbringt, sensible Informationen auf ein Band, eine Zip-Diskette oder ein anderes herausnehmbares Medium zu kopieren und ihm zuzuschicken oder zur Abholung am Empfang bereitzuhalten.

Telefonadministration

Die Richtlinien zur Telefonadministration stellen sicher, dass die Angestellten die Identität der Anrufer verifizieren und ihre eigenen Kontaktinformationen vor den die Firma anrufenden Personen schützen können.

3 – 1 Rufweiterleitung auf Einwahl- oder Faxnummern

Richtlinie: Rufweiterleitungsdienste, die eine Weiterleitung von Anrufen auf externe Telefonnummern erlauben, werden auf kein Einwahlmodem oder keine Faxtelefonnummer innerhalb der Firma gelegt.

Erklärung/Anmerkungen: Geschickte Angreifer könnten versuchen, das Personal von Telefongesellschaften oder internen Telefontechnikern so zu täuschen, dass eine interne Nummer an einen externen Telefonanschluß weitergeleitet wird, der unter Kontrolle des Angreifers steht. Dieser Angriff erlaubt es dem Eindringling, Faxe abzufangen, sich Geheiminformationen innerhalb der Organisation schicken zu lassen (weil das Personal annimmt, Faxe innerhalb der Firma seien sicher) oder Anwender von Einwahlnummern derart zu täuschen, dass sie ihre Account-Passwörter angeben, indem die Einwahlleitungen an einen Köder-Rechner weitergeleitet werden, der den Log-In-Prozess simuliert.

Abhängig von den Telefondiensten, die innerhalb der Firma genutzt werden, untersteht die Rufweiterleitung möglicherweise der Kontrolle des Kommunikationsproviders und nicht der eigenen Abteilung für Telekommunikation. In diesem Fall sollte beim Kommunikationsprovider sichergestellt werden, dass das Feature der Rufweiterleitung nicht bei den Telefonnummern möglich ist, die den Einwahlnummern oder Faxleitungen zugeordnet wurden.

3 – 2 Rufidentifikation

Richtlinie: Das Firmentelefonsystem muss eine Rufidentifikation (Ruf-ID) auf allen internen Telefongeräten bieten und falls möglich unterschiedliche Klingeltöne, um anzuzeigen, ob ein Anruf intern oder extern ist.

Erklärung/Anmerkungen: Wenn Mitarbeiter feststellen können, ob Anrufe von außerhalb kommen, kann es ihnen bei der Verhinderung eines Angriffes helfen oder bei der Identifizierung des Angreifers für das zuständige Sicherheitspersonal.

3 – 3 Allgemein zugängliche Telefone

Richtlinie: Um zu verhindern, dass sich Besucher als Firmenmitarbeiter ausgeben können, sollte jedes öffentlich zugängliche Telefon auf dem Display des Empfängers klar den Standort des Anrufers anzeigen (z.B. „Empfang").

Erklärung/Anmerkungen: Wenn die Rufidentifikation für interne Telefonate nur die Durchwahl anzeigt, müssen angemessene Maßnahmen für Telefonate ergriffen werden, die von Firmentelefonen innerhalb des Empfangsbereichs oder anderen öffentlich zugänglichen Bereichen ausgehen. Es darf einem Angreifer nicht möglich sein, einen Anruf von einem dieser Apparate zu tätigen und einen Angestellten derart zu täuschen, dass dieser glaubt, der Anruf käme intern vom Apparat eines Kollegen.

3 – 4 Standardpasswörter der Hersteller von Telefonsystemen im Lieferzustand

Richtlinie: Der Administrator für die Voice Mail sollte vor Verwendung durch das Firmenpersonal alle Standardpasswörter ändern, die mit dem Telefonsystem geliefert wurden.

Erklärung/Anmerkungen: Social Engineer können an Listen mit Standardpasswörtern der Hersteller gelangen und diese verwenden, um auf Administratorenkonten zuzugreifen.

3 – 5 Voice Mailboxen von Abteilungen

Richtlinie: Eine allgemeine Voice Mailbox muss für jede Abteilung eingerichtet werden, die gewöhnlich Publikumskontakt hat.

Erklärung/Anmerkungen: Der erste Schritt beim Social Engineering beinhaltet das Sammeln von Informationen über die Zielfirma und deren Personal. Durch die Begrenzung der Zugänglichkeit zu Namen und Telefonnummern von Angestellten erschwert es die Firma dem Social Engineer, Ziele innerhalb der Firma oder die Namen von legitimen Angestellten zu identifizieren, die er dann beim Betrug von anderem Personal einsetzen kann.

3 – 6 Verifikation des Telefonsystemlieferanten

Richtlinie: Kein Kundendiensttechniker darf die Erlaubnis bekommen, ohne positive Identifikation des Händlers und einer Berechtigung, solch eine Arbeit durchzuführen, per Fernzugang auf das Firmentelefonsystem zuzugreifen.

Erklärung/Anmerkungen: Computereindringlinge, die den Zugang zum firmeninternen Telefonsystem erlangen, haben die Möglichkeit, sich Voice Mailboxen einzurichten, für andere User bestimmte Nachrichten abzufangen oder auf Kosten der Firma zu telefonieren.

3 – 7 Konfiguration des Telefonsystems

Richtlinie: Der Administrator für die Voice Mails wird die Sicherheitsanforderungen durch die Konfiguration von angemessenen Sicherheitsparametern im Telefonsystem durchsetzen.

Erklärung/Anmerkungen: Telefonsysteme können mit geringerem oder höherem Grad an Sicherheit für Voice Mail Nachrichten eingerichtet werden. Der Administrator sollte sich über die Sicherheitsbedenken der Firma im Klaren sein und mit dem Sicherheitspersonal zusammenarbeiten, um das Telefonsystem für den Schutz von sensiblen Daten zu konfigurieren.

3 – 8 Fangschaltungen

Richtlinie: Abhängig von Einschränkungen durch den Kommunikationsprovider wird das Feature der Fangschaltung global aktiviert, um den Angestellten die Möglichkeit des Rufverfolgung zu geben, wenn der Anrufer für einen Angreifer gehalten wird.

Erklärung/Anmerkungen: Angestellte müssen in der Verwendung von Fangschaltungen und der besonderen Umstände, wann diese eingesetzt werden kann, geschult werden. Eine Fangschaltung sollte ausgelöst werden, wenn der Anrufer eindeutig versucht, unerlaubten Zugang auf Computersysteme zu erlangen oder nach sensiblen Informationen fragt. Immer wenn ein Angestellter eine Fangschaltung aktiviert, muss die Arbeitsgruppe für Sicherheitsvorfälle sofort informiert werden. (In Deutschland gelten andere gesetzliche Bestimmungen; d.Ü.)

3 – 9 Automatische Telefonsysteme

Richtlinie: Wenn die Firma ein automatisches Anrufbeantwortersystem vorhält, muss das System derart programmiert werden, dass die Durchwahlnummern nicht angesagt werden, wenn der Anruf durchgestellt wird.

Erklärung/Anmerkungen: Angreifer können das automatische Telefonsystem einer Firma verwenden, um die Namen von Angestellten den Durchwahlen zuzuordnen. Die Angreifer können diese Kenntnis der Durchwahlen dazu verwenden, die Angerufenen davon zu überzeugen, dass sie Mitarbeiter mit einem Recht auf Insider-Informationen sind.

3 – 10 Deaktivierung von Voice Mailboxen nach mehreren ungültigen Zugangsversuchen

Richtlinie: Das Telefonsystem eines Unternehmens muss so programmiert werden, dass jeder Voice Mail Account nach einer festgelegten Anzahl von ungültigen Zugangsversuchen deaktiviert wird.

Erklärung/Anmerkungen: Der Administrator für die Telekommunikation muss eine Voice Mailbox nach fünf aufeinanderfolgenden ungültigen Einwahlversuchen deaktivieren. Ein Neustart muss dann durch ihn persönlich manuell erfolgen.

3 – 11 Eingeschränkte Durchwahlnummern

Richtlinie: Alle internen Durchwahlnummern an Abteilungen oder Arbeitsgruppen, die normalerweise keine Anrufe von extern erhalten (Help Desk, Computerraum, Technischer Support für Mitarbeiter usw.) sollten so programmiert werden, dass diese Apparate nur von internen Anschlüssen erreicht werden können. Alternativ dazu können sie passwortgeschützt werden, damit Angestellte und andere autorisierte Personen, die von extern anrufen, das korrekte Passwort eingeben müssen.

Erklärung/Anmerkungen: Während die Einhaltung dieser Richtlinie die meisten Versuche von amateurhaften Social Engineers blockieren, ihre in Frage kommenden Ziele zu erreichen, sollte noch angemerkt werden, dass ein zielgerichteter Angreifer in der Lage sein kann, einen Angestellten dazu zu überreden, die eingeschränkte Durchwahl anzurufen und den, der diesen Anruf annimmt, zu bitten, den Angreifer anzurufen oder einfach in der eingeschränkten Leitung zu konferieren. Beim Sicherheitstraining sollte diese Methode, dass Angestellte zur Beihilfe des Eindringlings verführt werden, diskutiert werden, um die Sensibilität der Angestellten für diese Taktiken zu erhöhen.

Verschiedenes

4 – 1 Gestaltung der Kennkarten für Angestellte

Richtlinie: Mitarbeiterkennkarten müssen so gestaltet sein, dass ein darauf abgebildetes großes Foto auch noch aus einiger Entfernung erkennbar ist.

Erklärung/Anmerkungen: Die Fotografie auf Firmenausweiskarten mit einem Standarddesign ist aus Sicht der Sicherheitsbelange kaum besser als wertlos zu nennen. Die Entfernung zwischen einem Besucher, der in das Gebäude kommt, und dem für die Prüfung der Identität verantwortlichen Wachpersonal oder dem Empfangschef ist normalerweise groß genug, dass das Bild im Vorübergehen nicht erkannt werden kann. Damit das Foto in dieser Situation von Wert ist, muss diese Kennkarte neu gestaltet werden.

4 – 2 Neuprüfung der Zugangsberechtigung bei Änderung der Position oder Verantwortlichkeit

Richtlinie: Wenn ein Firmenmitarbeiter seine Position oder seinen Zuständigkeitsbereich ändert, wird dessen Vorgesetzter die IT-Abteilung über diesen Wechsel informieren, damit das Sicherheitsprofil nach den neuen Verantwortlichkeiten aktualisiert werden kann.

Erklärung/Anmerkungen: Die Verwaltung der Zugangsberechtigung des Personals ist notwendig, um die Weitergabe von geschützten Informationen zu begrenzen. Die Regel des *geringsten Privilegs* findet Anwendung: Die einem Anwender zugestandenen Zugangsberechtigungen sind das Minimum, das er braucht, um seinen Arbeitsauftrag auszuführen. Alle Änderungswünsche, die auf erhöhte Zugangsberechtigungen hinauslaufen, müssen in Einklang mit einer Richtlinie zur Vergabe von erhöhten Zugangsberechtigungen stehen.

Der Manager des Mitarbeiters oder die Personalabteilung wird die Verantwortung haben, die IT-Abteilung darüber zu informieren, dass die Zugangsberechtigungen des Account-Inhabers entsprechend angepasst werden.

4 – 3 Spezielle Identifizierung von Nicht-Mitarbeitern

Richtlinie: Ihre Firma sollte eine spezielle Firmenkennkarte mit einem Foto an vertrauenswürdige Lieferanten und Nicht-Mitarbeiter herausgeben, die einen geschäftlichen Auftrag habe, das Betriebsgelände regelmäßig zu betreten.

Erklärung/Anmerkungen: Nicht-Mitarbeiter, die regelmäßig die Gebäude betreten müssen (z.B. um Lebensmittellieferungen an die Cafeteria zuzustellen, Kopierer zu reparieren oder Telefonleitungen zu installieren), können eine Bedrohung für Ihre Firma darstellen. Zusätzlich zur Ausgabe von ID-Karten an diese Besucher sollten Sie sicherstellen, dass Ihre Mitarbeiter darauf geschult sind, einen Besucher ohne Kennkarte zu entdecken und dann das Notwendige zu tun.

4 – 4 Deaktivierung von Computer-Accounts für Auftragnehmer

Richtlinie: Wenn ein Auftragnehmer, dem ein Computer-Account gewährt wurde, seinen Auftrag erledigt hat oder sein Vertrag abgelaufen ist, sollte der verantwortliche Manager sofort die IT-Abteilung darüber informieren, damit dieser Computer-Account deaktiviert wird, zusammen mit möglichen Accounts für Datenbankzugang, Einwahlen oder Internet-Zugang von externen Standorten.

Erklärung/Anmerkungen: Wenn der Vertrag eines zeitlich befristeten Mitarbeiters endet, besteht die Gefahr, dass er sich die Kenntnis des Firmensystems und der Abläufe zunutze macht, um sich Zugang zu allen Daten zu verschaffen. Alle Computer-Accounts, die von diesem Mitarbeiter verwendet wurden oder ihm bekannt sind, müssen sofort deaktiviert werden. Dies schließt Accounts ein, die den Zugang zu Produktionsdatenbanken, Ferneinwahlkonten und jeglichem Konto, über das man an computerbezogene Geräte kommen kann, gewähren.

4 – 5 Organisation von Berichten bei Sicherheitsvorfällen

Richtlinie: Ein Berichtswesen bei bestimmten Vorfällen (oder in kleineren Firmen eine einzelne Person und ihre Vertretung) muss für den Empfang und die Weiterleitung von Alarmmeldungen, die mögliche Sicherheitsvorfälle anzeigen könnten, eingerichtet werden.

Erklärung/Anmerkungen: Durch die Zentralisierung des Berichtswesens von verdächtigen Sicherheitsvorkommnissen kann ein Angriff entdeckt werden, der sonst möglicherweise unbemerkt geblieben wäre. Falls systematische Angriffe unternehmensweit entdeckt und angezeigt werden, kann dieses Vorfallberichtswesen möglicherweise bestimmen, auf was es der Angreifer abgesehen hat, damit spezielle Vorkehrungen zum Schutz dieses gefährdeten Bestandes unternommen werden können.

Die mit dem Empfang der Vorfallsberichte betrauten Personen müssen sich mit den Methoden und Taktiken des Social Engineers auskennen, damit sie Berichte auswerten und erkennen können, wenn ein Angriff stattfindet.

4 – 6 Hotline für Berichte von Zwischenfällen

Richtlinie: Eine Hotline für das Vorfallsberichtswesen oder der dafür zuständigen Person muss eingerichtet werden, die aus einer leicht zu merkenden Durchwahl bestehen sollte.

Erklärung/Anmerkungen: Wenn Angestellte argwöhnen, sie seien das Ziel eines Social Engineering-Angriffs, müssen sie sofort in der Lage sein, diese Sicherheitsvorfälle zu melden. Damit diese Meldung rechtzeitig erfolgen kann, müssen alle Telefontechniker und alle Empfangsleute der Firma diese Nummer sichtbar vorliegen haben oder schnell darauf zugreifen können.

Ein firmenweites Frühwarnsystem kann die Organisation wesentlich dabei unterstützen, einen gerade anlaufenden Angriff zu entdecken und zu melden. Angestellte müssen ausreichend genug geschult sein, dass jemand, der meint, Ziel eines Social Engineering-Angriffs geworden zu sein, sofort diese Hotline für Zwischenfälle anruft. In Übereinstimmung mit den veröffentlichten Prozeduren muss das Personal für das Vorfallsberichtswesen sofort die Gruppen, die Ziel des Angriffs sind, darüber informieren, dass gerade ein Einbruchsversuch stattfindet, damit sie gewarnt sind. Damit diese Meldung rechtzeitig erfolgen kann, muss die Durchwahl für diese Hotline firmenweit verteilt werden.

4 – 7 Sensible Bereiche müssen abgesichert werden

Richtlinie: Ein Wachmann wird den Zugang zu sensiblen oder abgesicherten Bereichen überwachen und zwei Formen der Authentifizierung einfordern.

Erklärung/Anmerkungen: Eine akzeptable Form der Authentifizierung nutzt ein digitales elektronisches Schloss, bei dem ein Angestellter seine Mitarbeiterkennkarte durchzieht und einen Zugangscode eingibt. Die beste Methode zur Absicherung von sensiblen Bereichen ist die Bereitstellung eines Wachmannes, der jeglichen zugangskontrollierten Eintritt beobachtet. Für Organisationen, bei denen dies zu kostspielig ist, sollten zwei Formen der Authentifizierung eingesetzt werden, um die Identität zu prüfen. Abhängig von Risiko und Kosten wird der Einsatz von biometrischen Zugangskarten empfohlen.

4 – 8 Netzwerk- und Telefonschaltschränke

Richtlinie: Schaltschränke, Wandschränke oder Räume mit Netzwerkverkabelung, Telefonleitungen oder Zugangspunkten in das Netzwerk müssen zu jeder Zeit gesichert sein.

Erklärung/Anmerkungen: Nur autorisiertem Personal wird der Zugang zu den Schalt- und Aufbewahrungsschränken von Telefonanlagen und Netzwerkeinrichtungen gewährt. Externes Wartungspersonal und Firmentechniker müssen sich eindeutig über die von der Sicherheitsabteilung vorgeschriebenen Prozeduren identifizieren. Zugang zu Telefonanlagen, Netzwerkhubs, Switches, Bridges oder anderer dazugehöriger Ausrüstung könnte von einem Angreifer dazu genutzt werden, die Computer- und Netzwerksicherheit zu kompromittieren.

4 – 9 Firmeninterne Postkörbe

Richtlinie: Firmeninterne Postkörbe dürfen nicht in öffentlich zugänglichen Bereichen stehen.

Erklärung/Anmerkungen: Industriespione oder Computereindringlinge, die Zugang zu irgendeinem firmeninternen Abgabepunkt von Postsachen haben, können leicht gefälschte Berechtigungsschreiben oder interne Formulare versenden, die das Personal dazu autorisieren, geheime Informationen weiterzugeben oder eine Handlung auszuführen, die den Angreifer unterstützt. Darüber hinaus kann der Angreifer eine Diskette oder ein elektronisches Speichermedium mit Anweisungen zur Installation eines Update oder zum Öffnen einer Datei mit eingebetteten Makros versenden, die den Zwecken des Eindringlings dienen. Selbstverständlich wird jedes Anliegen, das man über firmeninterne Post erhält, vom Empfänger als authentisch angesehen.

4 – 10 Schwarze Bretter im Unternehmen

Richtlinie: Schwarze Bretter für die Benutzung von Firmenmitarbeitern sollten nicht in öffentlich zugänglichen Bereichen aufgestellt werden.

Erklärung/Anmerkungen: Viele Konzerne halten Schwarze Bretter vor, auf denen vertrauliche Firmen- oder Personalinformationen für jeden lesbar aufgehängt werden. Mitteilungen des Arbeitgebers, Angestelltenlisten, interne Bekanntmachungen, Privatnummern der Mitarbeiter aus Kleinanzeigen und andere ähnliche Informationen werden regelmäßig auf diesem Brett angebracht.

Schwarze Bretter können in der Nähe von Kantinen oder nahe bei Raucher- oder Pausenbereichen lokalisiert sein, zu denen Besucher freien Zugang haben. Diese Art von Informationen sollte Besuchern oder der Öffentlichkeit nicht zur Verfügung stehen.

4 – 11 Zugang zum Computercenter

Richtlinie: Der Computerraum oder das Datenzentrum sollte jederzeit verschlossen sein, und das Personal muss vor Betreten die eigene Identität belegen.

Erklärung/Anmerkungen: Die Sicherheitsaufsicht des Unternehmens sollte erwägen, eine elektronische Kennkarte oder ein Lesegerät für Zugangskarten anzubringen, damit alle Zugänge elektronisch protokolliert und geprüft werden können.

4 –12 Benutzerkonten von Dienstleistern

Richtlinie: Firmenmitglieder, die Dienstleistungsaufträge an Unternehmen vergeben, die den Betrieb mit wichtigen Diensten versorgen, müssen ein Account-Passwort einrichten, um zu verhindern, dass unberechtigte Personen Aufträge für den Betrieb vergeben können.

Empfohlene Firmenrichtlinien zur Informationssicherheit

Erklärung/Anmerkungen: Dienstleistungsunternehmen und viele andere Lieferanten erlauben es den Kunden, auf Anfrage ein Passwort einzurichten. Die Firma sollte bei allen Dienstleistern Passwörter einrichten, die für den Arbeitsauftrag wichtige Dienste vorhalten. Diese Richtlinie ist ganz besonders wichtig für Telekommunikations- und Internet-Dienste. Jeder zeitkritische Dienst kann davon betroffen sein. Ein geteiltes Geheimnis ist notwendig, um zu überprüfen, dass der Anrufer zur Auftragserteilung berechtigt ist. Beachten Sie auch, dass Identifizierungsmerkmale wie die Sozialversicherungsnummer, die Steuernummer, Geburtsname der Mutter oder ähnliche Merkmale nicht verwendet werden dürfen.

Ein Social Engineer könnte beispielsweise die Telefongesellschaft anrufen und solche Aufträge erteilen, bei denen Features hinzugefügt werden wie die Rufweiterleitung von Leitungen zu Einwahlmodems oder eine Anfrage an den Internet-Serviceprovider zur Änderung der Übertragungsinformation, um eine gefälschte IP-Adresse vorzuhalten, wenn ein User einen Hostname-Lookup durchführt.

4 – 13 Kontaktperson in einer Abteilung

Richtlinie: Ihre Firma kann ein Programm einrichten, bei dem jede Abteilung oder Arbeitsgruppe einem Angestellten die Verantwortung überträgt, als Kontaktperson zu fungieren, damit die gesamte Belegschaft mit Leichtigkeit die Identität von Unbekannten feststellen kann, die behaupten, zu dieser Abteilung zu gehören. Z.B. könnte der Help Desk sich bei der Kontaktperson der Abteilung melden, um die Identität eines Angestellten zu prüfen, der um Support nachgesucht hat.

Erklärung/Anmerkungen: Diese Methode zur Klärung der Identität reduziert die Menge der Angestellten, die für das Bürgen für einen Angestellten innerhalb ihrer Abteilung autorisiert sind, wenn diese Angestellten einen Support nachfragen wie z.B. das Zurücksetzen ihrer Passwörter oder andere auf Computer bezogene Probleme.

Social Engineering-Angriffe sind teilweise deswegen erfolgreich, weil das Personal des technischen Supports unter Zeitdruck steht und die Identität des Anfragers nicht zweifelsfrei feststellt. Typischerweise können die Kollegen vom Support aufgrund der Mitarbeiterzahl in großen Organisationen nicht alle autorisierten Personen persönlich kennen. Die Methode des Bürgens durch eine Kontaktperson begrenzt die Anzahl der Kollegen, die die Mitarbeiter des Technischen Support zu Prüfungszwecken persönlich kennen müssen.

4 – 14 Kundenpasswörter

Richtlinie: Kundendienstmitarbeiter sollten nicht die Möglichkeit haben, an die Passwörter von Kundenkonten zu gelangen.

Erklärung/Anmerkungen: Social Engineers rufen regelmäßig in den Kundendienstabteilungen an und versuchen unter einem Vorwand die Authentifizierungsdaten (wie Passwort oder Sozialversicherungsnummer) eines Kunden zu erschleichen. Mit dieser Information bewaffnet kann der Social Engineer dann einen anderen Kundendienstmitarbeiter anrufen und durch Vorgeben, dieser Kunde zu sein, an Daten gelangen oder betrügerische Aufträge erteilen.

Um zu verhindern, dass diese Versuche erfolgreich sind, muss die Software für den Kundendienst so gestaltet werden, dass die dortigen Mitarbeiter nur die vom Anrufer angegebenen Authentifizierungsdaten eintippen können und dann vom System die Meldung erhalten, ob das Passwort richtig oder falsch war.

4 – 15 Schwachstellentests

Richtlinie: Die Firma sollte bei den Trainings zur Sicherheitssensibilisierung und bei der Einarbeitung neuer Mitarbeiter ankündigen, Taktiken aus dem Social Engineering einzusetzen, um Sicherheitsschwachstellen zu testen.

Erklärung/Anmerkungen: Ohne die Ankündigung von Tests mit Social Engineering-Methoden könnte die Firmenbelegschaft gedemütigt oder verärgert werden oder ein anderes emotionales Trauma erleiden, wenn Täuschungstaktiken von Kollegen oder Dienstleistern gegen sie eingesetzt werden. Durch die Information an neue Kollegen bei der Einarbeitung, dass sie Ziel solcher Tests werden könnten, vermeiden Sie solche Konflikte.

4 – 16 Anzeige von vertraulichen Firmeninformationen

Richtlinie: Firmeninformationen, die nicht zur öffentlichen Verbreitung vorgesehen sind, sollten nicht in öffentlich zugänglichen Bereichen aufgehängt werden.

Erklärung/Anmerkungen: Zusätzlich zu geheimen Produkt- oder Verfahrensinformationen sollten interne Kontaktdaten wie eine interne Telefon- oder Angestelltenliste oder ein Gebäudeverzeichnis mit einer Liste von Managern jeder Abteilung innerhalb der Firma ebenfalls außer Sicht angebracht werden.

4 – 17 Training zur Sicherheitssensibilisierung

Richtlinie: Alle bei einem Unternehmen beschäftigten Personen müssen einen Trainingskurs während ihrer Einarbeitungszeit durchlaufen. Darüber hinaus muss jeder Angestellte in regelmäßigen Abständen, die zwölf Monate nicht übersteigen dürfen, einen Auffrischungskurs in Sicherheitssensibilisierung machen, wie es die Abteilung mit der Verantwortung für das Sicherheitstraining festgelegt hat.

Erklärung/Anmerkungen: Viele Organisationen vernachlässigen ein Wachsamkeitstraining für End-User vollkommen. Nach der *Global Information Security Survey* aus dem Jahre 2001 geben nur 30 Prozent der Befragten Geld für ein Sensibilisierungsschulung ihrer Nutzergemeinschaft aus. Ein Sensibilisierungtraining ist eine wesentliche Grundlage, um erfolgreiche Sicherheitsvorfälle zu mildern, bei denen Techniken aus dem Social Engineering zum Einsatz kommen.

4 – 18 Sicherheitstrainingskurse für den Computerzugang

Richtlinie: Die Belegschaft muss erfolgreich einen Kurs zur Sicherheitsinformation belegen, bevor der Zugang zu irgendwelchen Computersystemen der Firma gewährt wird.

Erklärung/Anmerkungen: Social Engineer zielen regelmäßig auf neue Mitarbeiter ab in dem Wissen, dass sie allgemein die Personen sind, die sich am wenigsten bei den Sicherheitsrichtlinien der Firma und den angemessenen Prozeduren auskennen werden, um Klassifikationen zu bestimmen und mit sensiblen Informationen umzugehen.

Die Schulung sollte für alle Mitarbeiter die Möglichkeit beinhalten, Fragen zu den Sicherheitsrichtlinien zu stellen. Nach dem Training sollte der Eigentümer eines Accounts ein Dokument zu unterschreiben haben, in dem die Kenntnis und die Einhaltung der Sicherheitsrichtlinien bestätigt wird.

4 – 19 Mitarbeiterkennkarten müssen farbkodiert sein

Richtlinie: Identifikationskennkarten müssen farbkodiert sein, um anzuzeigen, ob der Kartenhalter ein Angestellter, Dienstleister, Zeitmitarbeiter, Lieferant, Berater, Besucher oder Praktikant ist.

Erklärung/Anmerkungen: Über die Farbe der Kennkarte kann man hervorragend aus der Entfernung den Status einer Person ausmachen. Eine Alternative wäre, eine große Schrift zu verwenden, um den Status des Kennkarteninhabers anzuzeigen, aber die Verwendung einer Kodierung über Farben ist unverkennbar und leichter zu sehen.

Eine übliche Taktik beim Social Engineering für ein Eindringen in Gebäude ist, sich als Botenpersonal oder Wartungstechniker zu verkleiden. Wenn er erst einmal in der Einrichtung ist, wird sich der Angreifer als Firmenmitarbeiter maskieren oder über seinen Status lügen, um von arglosen Angestellten Unterstützung zu erschleichen. Der Zweck dieser Richtlinie ist zu verhindern, dass Personen das Gebäude legitim betreten und dann in Bereiche gehen, zu denen sie keinen Zugang haben sollten. Beispielsweise könnte eine Person, die die Einrichtung als Telefontechniker betritt, sich nicht als Mitarbeiter ausgeben: Die Farbe der Kennkarte würde ihn verraten.

RICHTLINIEN ZUR INFORMATIONSTECHNOLOGIE

Die IT-Abteilung jeder Firma hat einen besonderen Bedarf an Richtlinien, die ihnen helfen, das Informationskapital der Organisation zu schützen. Um die typischen Strukturen von IT-Operationen in einer Organisation wiederzugeben, habe ich die IT-Richtlinien in folgende Bereiche eingeteilt: Allgemeines, Help Desk, Computeradministration und Computeroperationen.

Allgemeines

5 – 1 Kontaktinformationen über Mitarbeiter der IT-Abteilung

Richtlinie: Telefonnummern und Email-Adressen von einzelnen Angestellten aus der IT-Abteilung sollten nicht an andere Personen weitergeben werden, ohne dass diese einen Wissensbedarf haben.

Erklärung/Anmerkungen: Die Absicht dieser Richtlinie ist die Verhinderung des Missbrauchs von Kontaktinformationen durch Social Engineers. Indem man nur eine allgemeine Kontakttelefonnummer oder Emailadresse für die IT-Abteilung angibt, werden Außenstehende vom direkten Kontakt mit der IT-Belegschaft abgehalten. Die Emailadresse für die generelle Administration und technische Kontakte sollte nur aus allgemeinen Namen wie *admin@firmenname.de* bestehen. Veröffentlichte Telefonnummern sollten an eine Voice Mailbox der Abteilung gehen, nicht an einzelne Mitarbeiter.

Wenn direkte Kontaktinformationen verfügbar sind, wird es einem Computereindringling sehr leicht gemacht, spezielle IT-Mitarbeiter zu erreichen und sie zur Weitergabe von Informationen zu verleiten, die bei einem Angriff verwendet werden können, oder sich als IT-Angestellte auszugeben, indem ihre Namen und Kontaktinformationen angegeben werden.

5 – 2 Technische Support-Anfragen

Richtlinie: Alle Anfragen nach technischem Support müssen sich auf die Gruppe beziehen, die solche Anfragen abwickelt.

Erklärung/Anmerkungen: Social Engineers könnten versuchen, auf IT-Personal abzuzielen, die normalerweise keine Probleme beim technischen Support lösen und sich von daher vielleicht nicht über die angemessenen Sicherheitsprozeduren für die Abwicklung solcher Anfragen im Klaren sind. Entsprechend muss das IT-Personal so geschult sein, diese Anfragen abzulehnen und den Anrufer an die Gruppe weiterzuleiten, die für die Bereitstellung dieser Hilfestellung verantwortlich ist.

Help Desk

6 – 1 Fernzugangsprozeduren

Richtlinie: Das Personal des Help Desk darf keine Details oder Instruktionen bezogen auf einen Remote-Zugang einschließlich externer Netzwerkzugangspunkte oder Einwahlnummern enthüllen, außer der Antragsteller ist

- auf die Berechtigung überprüft worden, interne Informationen zu erhalten und

- auf die Berechtigung überprüft worden, sich als externer User mit dem Firmennetzwerk zu verbinden. Wenn er nicht persönlich bekannt ist, muss der Antragsteller eindeutig in Einklang mit den Prozeduren zur Verifikation und Autorisierung identifiziert werden, die am Anfang dieses Kapitels umrissen wurden.

Erklärung/Anmerkungen: Der Help Desk in einem Unternehmen ist oft das primäre Ziel für den Social Engineer, weil einerseits es in der Natur ihrer Arbeit liegt, Anwendern bei computerbezogenen Problemen zu helfen und andererseits, weil sie gewöhnlich größere Systemprivilegien haben. Die gesamte Belegschaft des Help Desk muss so geschult werden, dass sie wie eine menschliche Firewall agiert, die unberechtigte Weitergabe von Informationen verhindert, die nicht-autorisierte Personen dabei helfen kann, Zugang zu Firmenressourcen zu erlangen. Die einfache Regel lautet, niemals die Prozeduren für den Fernzugang an irgendjemanden herauszugeben, bis nicht seine Identität zweifelsfrei feststeht.

6 – 2 Reset bei Passwörtern

Richtlinie: Das Passwort eines Benutzer-Accounts darf nur auf Anfrage des Eigentümers zurückgesetzt werden.

Erklärung/Anmerkungen: Die am meisten verwendete List eines Social Engineers besteht darin, das Kontopasswort eines Benutzers zurücksetzen oder ändern zu lassen. Der Angreifer gibt sich unter dem Vorwand, er habe sein Passwort verloren oder vergessen, als Mitarbeiter aus. Um den Erfolg dieser Angriffsart zu reduzieren, muss ein IT-Mitarbeiter, der eine Bitte um Zurücksetzung eines Passworts empfängt, den Mitarbeiter zurückrufen, ehe er handelt. Der Rückruf darf nicht auf eine Nummer erfolgen, die der Anfrager angegeben hat, sondern muss aus dem Telefonverzeichnis der Mitarbeiter entnommen werden. Siehe *Prozeduren zur Verifikation und Autorisierung* für weitere Angaben.

6 – 3 Änderung der Zugangsprivilegien

Richtlinie: Alle Anfragen zur Erhöhung der Nutzerprivilegien oder Zugangsberechtigungen müssen schriftlich vom Vorgesetzten des Account-Inhabers abgezeichnet werden. Wenn der Wechsel vollzogen ist, muss per firmeninterner Mail eine Bestätigung an den anfragenden Manager gesandt werden. Darüber hinaus müssen solche Anfragen als im Einklang mit den Prozeduren zur Verifikation und Autorisierung stehend geprüft werden.

Erklärung/Anmerkungen: Wenn ein Computereindringling ein Standard-Benutzerkonto kompromittiert hat, wird der nächste Schritt sein, seine Privilegien heraufzusetzen, damit der Angreifer vollständige Kontrolle über das kompromittierte System erlangt. Ein Angreifer, der Kenntnisse über den Autorisierungsprozess hat, kann eine autorisierte Anfrage spoofen, wenn zur Übertragung Email, Fax oder Telefon eingesetzt wird. Beispielsweise kann der Angreifer den technischen Support oder den Help Desk anrufen und versuchen, einen Techniker dazu zu überreden, dem kompromittieren Account weitere Zugangsrechte zuzuweisen.

6 – 4 Autorisierung neuer Accounts

Richtlinie: Eine Anfrage, einen neuen Account für einen Mitarbeiter, Dienstleister oder eine andere autorisierte Person einzurichten, muss entweder schriftlich mit einer Abzeichnung durch den Vorgesetzten des Mitarbeiters vorgelegt werden oder über eine digital signierte Email. Diese Anfragen müssen auch darüber verifiziert werden, dass eine Bestätigung dieser Anfrage durch die firmeninterne Post geschickt wird.

Erklärung/Anmerkungen: Weil Passwörter und andere für das Einbrechen in Computersysteme nützliche Informationen die Ziele mit der höchsten Priorität für Informationsdiebe sind, um sich Zugang zu verschaffen, sind besondere Sicherheitsvorkehrungen notwendig. Die Intention dieser Richtlinie ist, Computereindringlinge davon abzuhalten, sich als autorisiertes Personal auszugeben oder Anträge auf neue Accounts zu fälschen. Darum müssen alle diese Anfragen zweifelsfrei über die *Prozeduren zur Verifikation und Autorisierung* geklärt werden.

6 – 5 Verteilung neuer Passwörter

Richtlinie: Neue Passwörter müssen wie Geheiminformationen der Firma behandelt werden, die über sichere Methoden zu verteilen sind. Dazu gehören eine persönliche Verteilung oder ein Botendienst, bei dem der Empfang quittiert wird wie bei Einschreiben, oder durch Lieferfirmen wie UPS. Vergleichen Sie die *Richtlinien zur Verteilung von geheimen Informationen*.

Erklärung/Anmerkungen: Auch die Verwendung von firmeninterner Post ist möglich, aber es wird empfohlen, dass die Passwörter in sicheren Umschlägen verschickt werden, durch die man den Inhalt nicht erkennen kann. Ein Vorschlag wäre die Ernennung einer Computer-Kontaktperson in jeder Abteilung, die die Verantwortung hat, die Details der neuen Accounts zu verwalten und für die Identität der Personen zu bürgen, die ihre Passwörter verlieren oder vergessen. Unter diesen Umständen würde das Support-Personal stets mit einer kleineren Gruppe von Angestellten arbeiten können, die sich untereinander persönlich kennt.

6 – 6 Deaktivierung des Accounts

Richtlinie: Vor einer Deaktivierung eines Benutzer-Accounts muß zweifelsfrei festgestellt werden, dass diese Anfrage von autorisiertem Personal stammt.

Erklärung/Anmerkungen: Mit dieser Richtlinie soll ein Angreifer davon abgehalten werden, eine Anfrage nach Deaktivierung eines Accounts zu spoofen und dann anzurufen, um das Problem, dass der User nicht auf das Computersystem zugreifen kann, selbst zu lösen. Meldet sich der Social Engineer und gibt sich als Techniker aus, dem das Problem bekannt ist, dass der User sich nicht einloggen kann, willigt das Opfer oft ein, das eigene Passwort während des Prozesses der Fehlersuche anzugeben.

6 – 7 Deaktivierung von Netzwerk-Ports oder -Geräten

Richtlinie: Kein Angestellter sollte irgendein Netzwerk-Gerät oder -Port für nicht verifiziertes technisches Support-Personal deaktivieren.

Erklärung/Anmerkungen: Über diese Richtlinie soll verhindert werden, dass ein Angreifer eine Anfrage spooft, einen Netzwerk-Port zu deaktivieren, und dann den Mitarbeiter anruft, um dessen Sperre beim Netzwerkzugang zu beheben. Wenn der Social Engineer anruft und sich als Techniker ausgibt, dem das Netzwerk-Problem bekannt ist, willigt das Opfer oft ein, das eigene Passwort während des Prozesses der Fehlersuche anzugeben.

6 – 8 Weitergabe von Prozeduren beim drahtlosen Zugang

Richtlinie: Kein Mitarbeiter sollte Prozeduren für den Zugang zu Firmensystemen über drahtlose Netzwerke an Dritte weitergeben, die nicht autorisiert sind, sich mit dem drahtlosen Netzwerk zu verbinden.

Erklärung/Anmerkungen: Besorgen Sie sich immer vorher eine Verifikation des Anfragers, ob dieser zur Verbindung mit dem Firmennetzwerk als externer User berechtigt ist, bevor Sie Angaben über den drahtlosen Zugang weitergeben. Siehe *Prozeduren zur Verifikation und Autorisierung.*

6 – 9 Bearbeitungslisten von Usern mit Problemen

Richtlinie: Die Namen aller Angestellten, die ein computerbezogenes Problem berichtet haben, sollten nicht außerhalb der IT-Abteilung weitergegeben werden.

Erklärung/Anmerkungen: Bei einem typischen Angriff wird ein Social Engineer den Help Desk anrufen und nach den Namen von Mitarbeitern fragen, die kürzlich von Computerproblemen berichtet haben. Der Anrufer kann sich als Angestellter, Lieferant oder als Mitarbeiter der Telefongesellschaft ausgeben. Wenn er erst einmal an die Namen der Personen mit gemeldeten Problemen gekommen ist, nimmt der Social Engineer unter dem Vorwand, er sei vom Help Desk oder jemand vom technischen Support, Kontakt mit dem Mitarbeiter auf und behauptet, er rufe an, um bei der Fehlersuche zu helfen. Während des Anrufs täuscht der Angreifer das Opfer derart, dass es die gewünschte Information herausgibt oder eine Handlung ausführt, die das Ziel des Angreifers erleichtert.

6 – 10 Auslösen von Befehlen oder Starten von Programmen

Richtlinie: Die Mitarbeiter aus der IT-Abteilung, die privilegierte Accounts besitzen, sollten auf Anfrage einer Person, die sie nicht persönlich kennen, keine Befehle eingeben oder Anwendungsprogramme starten.

Erklärung/Anmerkungen: Eine verbreitete Methode, über die Angreifer ein Programm mit einem Trojanischen Pferd oder einer anderen bösartigen Software installieren, ist die Änderung des Namens eines existierenden Programms und dann ein Anruf beim Help Desk mit der Beschwerde, dass eine Fehlermeldung angezeigt wird, wenn man das Programm zu starten versucht. Der Angreifer überredet den Mitarbeiter vom Help Desk, das Programm selbst zu starten. Wenn der Techniker dies befolgt, erbt die bösartige Software die Privilegien des Users, der das Programm gestartet hat, und führt Aufgaben aus, die dem Angreifer die gleichen Computerprivilegien gibt wie dem Angestellten vom Help Desk. Dies erlaubt dem Angreifer, Kontrolle über das Firmensystem zu übernehmen.

Diese Richtlinie richtet eine Gegenmaßnahme zu dieser Taktik ein, indem die Prüfung des Angestelltenstatus durch das Support-Personal erforderlich wird, bevor es auf Anfrage eines Anrufers ein Programm startet.

Computeradministration

7 – 1 Änderung der globalen Zugriffsrechte

Richtlinie: Eine Antrag auf Änderung der globalen Zugriffsrechte, die mit einem elektronischen Job-Profil verbunden sind, muss durch die Gruppe gebilligt werden, der die Verantwortung zur Verwaltung der Zugriffsrechte im Firmennetzwerk obliegt.

Erklärung/Anmerkungen: Autorisiertes Personal wird eine jede solche Anfrage analysieren, um zu bestimmen, ob die Änderung eine Bedrohung für die Informationssicherheit nach sich ziehen kann. Wenn das der Fall ist, wird der verantwortliche Angestellte diese entsprechenden Probleme mit dem Anfrager besprechen und gemeinsam bezüglich der vorzunehmenden Änderungen zu einer Entscheidung kommen.

7 – 2 Anfragen für Fernzugang

Richtlinie: Remote-Zugang für Computer wird nur dem Personal gewährt, das einen berechtigten Bedarf hat, auf Firmencomputersysteme von außerhalb zuzugreifen. Die Anfrage muss durch den Vorgesetzten eines Mitarbeiters erfolgen und so verifiziert werden, wie es im Abschnitt über die *Prozeduren zur Verifikation und Autorisierung* beschrieben wurde.

Erklärung/Anmerkungen: Unter Berücksichtigung der Notwendigkeit eines externen Zugriffs auf das Firmennetzwerk durch autorisiertes Personal wird eine Begrenzung dieses Zugangs nur auf solche Personen, die einen Bedarf dazu haben, dramatisch das Risiko und den Verwaltungsaufwand von Usern mit Fernzugang reduzieren. Je kleiner die Anzahl der Personen mit externen Einwahlprivilegien ist, desto kleiner der Kreis von potenziellen Angriffszielen. Vergessen Sie niemals, dass der Angreifer auch auf Remote-User mit der Absicht abzielen könnte, ihre Verbindung in das Firmennetzwerk zu kapern, oder indem er sich bei einem Anruf unter einem Vorwand als jemand aus dieser Personengruppe ausgibt.

7 – 3 Reset bei Passwörtern von privilegierten Accounts

Richtlinie: Eine Anfrage, ein Passwort für einen privilegierten Account zurückzusetzen, muss durch den Systemmanager oder Administrator des Computers gebilligt werden, auf dem der Account existiert. Das neue Passwort muss persönlich ausgegeben oder im firmeninternen Postsystem versandt werden.

Erklärung/Anmerkungen: Privilegierte Accounts haben Zugriff auf alle Systemressourcen und Daten, die auf dem Computersystem gespeichert sind. Naturgemäß verdienen diese Accounts den größtmöglichen Schutz.

7 – 4 Fernzugang von externem Support-Personal

Richtlinie: Kein externes Support-Personal (wie Personal von Soft- oder Hardwarelieferanten) darf Informationen über den Remote-Access erhalten oder die Erlaubnis bekommen, auf Firmencomputersysteme oder dazugehörige Geräte zuzugreifen, ohne eine zweifelsfreie Verifikation der Identität und der Autorisierung, solche Dienste durchzuführen. Wenn der Zulieferer für seinen Kundendienst einen privilegierten Zugang benötigt, muss das Passwort des von ihm genutzten Accounts sofort nach Beendigung dieser Serviceleistung geändert werden.

Erklärung/Anmerkungen: Computerangreifer können sich als Lieferanten ausgeben, um den Zugang zu Computer- oder Telekommunikationsnetzwerke der Firma zu erlangen. Darum ist es wesentlich, dass zusätzlich zur seiner Berechtigung, Arbeiten an diesem System auszuführen, die Identität des Lieferanten zweifelsfrei festgestellt wird. Überdies müssen nach Erledigung der Arbeiten die Türen in das System wieder fest verschlossen werden, indem das Passwort des Kundendienst-Accounts geändert wird.

Keinem Dienstleister sollte erlaubt werden, sich ein eigenes Passwort für irgendeinen Account selbst auszusuchen, nicht einmal temporär. Von einigen Lieferanten ist bekannt, dass sie das gleiche oder ein ähnliches Passwort über mehrere Kundensysteme hinweg genutzt haben. Beispielsweise hat eine Firma für Netzwerkdienste privilegierte Accounts auf allen Systemen ihrer Kunden mit dem gleichen Passwort eingerichtet, und um die Peinlichkeit noch größer zu machen, obendrein mit aktiviertem externen Telnet-Zugang.

7 – 5 Starke Authentifizierung für Fernzugriff auf Firmensysteme

Richtlinie: Alle Zugangspunkte in das Firmennetzwerk von externen Standorten müssen durch die Verwendung von starken Authentifizierungsgeräten wie dynamischen Passwörtern oder biometrischen Geräten geschützt werden.

Erklärung/Anmerkungen: Viele Geschäfte verlassen sich als einziges Mittel der Authentifizierung für externe User auf statische Passwörter. Diese Praxis ist gefährlich und unsicher: Computereindringlinge zielen auf jeden Fernzugriffspunkt ab, der vielleicht das schwache Glied im Netzwerk des Opfers ist. Erinnern Sie sich daran, dass Sie nie erfahren werden, wenn jemand anderes Ihr Passwort kennt.

Entsprechend müssen alle Fernzugriffspunkte durch starke Authentifizierung wie zeitbasierte Tokens, SmartCards oder biometrische Geräte geschützt werden, damit abgefangene Passwörter für einen Angreifer wertlos sind.

Wenn auf dynamischen Passwörtern beruhende Authentifizierung nicht praktikabel ist, müssen sich die Computeruser allerstrengstens an die Richtlinie der Wahl schwer zu ratender Passwörter halten.

7 – 6 Konfiguration des Betriebssystems

Richtlinie: Systemadministratoren sollen bei der Konfiguration der Betriebssysteme sicherstellen, dass sie wo immer möglich mit allen einschlägigen Sicherheitsrichtlinien und Prozeduren konform gehen.

Erklärung/Anmerkungen: Der Entwurf und die Verteilung von Sicherheitsrichtlinien ist ein bedeutender Schritt zur Reduzierung des Risikos, aber in den meisten Fällen bleibt die Mitarbeit dem einzelnen Angestellten überlassen. Es gibt aber eine Reihe von computerbezogenen Richtlinien, die durch Einstellungen des Betriebssystems zwingend verbindlich gemacht werden können, so wie die erforderliche Länge von Passwörtern. Die Automatisierung von Sicherheitsrichtlinien durch die Konfiguration von Betriebssystemparametern nimmt die Entscheidung auf effektive Art aus den Händen der Menschen, und das steigert die Sicherheit der gesamten Organisation.

7 – 7 Eingebautes Verfallsdatum

Richtlinie: Alle Computer-Accounts müssen so eingestellt werden, dass sie nach einem Jahr verfallen.

Erklärung/Anmerkungen: Der Zweck dieser Richtlinie liegt in der Eliminierung von Computer-Accounts, die nicht mehr verwendet werden, da Computereindringlinge gewöhnlich auf schlafende Accounts abzielen. Der Prozess stellt sicher, dass alle Computer-Accounts, die ehemaligen Mitarbeitern oder Händlern gehört haben und versehentlich zurückgeblieben sind, automatisch deaktiviert werden.

Es liegt im Ermessen des Managements, ob es bei der Erneuerung eines Accounts erforderlich ist, dass Angestellte einen Auffrischungskurs in Sicherheit belegen müssen oder sich die Richtlinien zur Informationssicherheit erneut durchlesen und eine Vereinbarung unterschreiben müssen, sich an diese Richtlinien zu halten.

7 – 8 Allgemeine Email-Adressen

Richtlinie: Die IT-Abteilung sollte eine allgemeine Email-Adresse für jede Abteilung innerhalb der Organisation einrichten, die normalerweise Kunden- oder Publikumskontakt hat.

Erklärung/Anmerkungen: Die allgemeine Email-Adresse kann durch die Leute in der Telefonzentrale mitgeteilt oder auf der Firmen-Website veröffentlicht werden. Im Gegenzug sollten alle Angestellten die eigene persönliche Email-Adresse nur an solche Personen weitergeben, die einen berechtigten Wissensbedarf haben.

In der ersten Phase eines Social Engineering-Angriffs versucht der Angreifer oft, an Telefonnummern, Namen und Titel von Angestellten zu kommen. In den meisten Fällen ist diese Information auf Nachfrage oder auf der Firmen-Website öffentlich verfügbar. Die Einrichtung von allgemeinen Voice Mailboxen und/oder Email-Adressen erschwert es, die Namen von Angestellten mit den dazugehörigen Abteilungen oder Zuständigkeiten zu verbinden.

7 – 9 Kontaktinformationen bei Domänen-Registrierung

Richtlinie: Bei der Registrierung von Internetadressen oder Hostnamen sollte die Kontaktinformation für administratives, technisches oder anderes Personal nicht namentlich benannt werden. Stattdessen sollten Sie eine allgemeine Email-Adresse und die allgemeine Firmentelefonnummer angeben.

Erklärung/Anmerkungen: Der Sinn in dieser Richtlinie liegt darin, einen Missbrauch der Kontaktinformation durch einen Computereindringling zu verhindern. Wenn individuelle Namen und Telefonnummern angegeben werden, kann ein Eindringling diese Information nutzen, um mit diesen Personen Kontakt aufzunehmen und zu versuchen, sie zur Weitergabe von Systeminformationen zu überlisten oder zu einer Handlung zu bringen, die das Ziel des Angreifers erleichtert. Oder der Social Engineer kann sich bei dem Versuch, andere Firmenmitarbeiter zu täuschen, als eine der eingetragenen Personen ausgeben.

Statt einer auf einen speziellen Angestellten bezogenen Email-Adresse sollte eine Kontaktinformation die Form von administrator@firma.de aufweisen. Das Personal aus der Telekommunikationsabteilung kann eine allgemeine Voice Mailbox für administrative oder technische Kontakte einrichten, damit die Weitergabe von Informationen, die für einen Social Engineering-Angriff nützlich sein könnten, begrenzt wird.

7 – 10 Installation von Sicherheits- und Betriebssystem-Updates

Richtlinie: Alle Sicherheitspatches für Betriebssysteme und Anwendungssoftware müssen sofort nach Verfügbarkeit installiert werden. Wenn diese Richtlinie mit dem Betrieb von für den Arbeitsauftrag wesentlichen Produktionssystemen in Konflikt gerät, sollten diese Updates sobald wie möglich ausgeführt werden.

Erklärung/Anmerkungen: Wenn eine Schwachstelle identifiziert worden ist, sollte durch einen Kontakt zum Softwarehersteller sofort herausgefunden werden, ob zur Behebung dieser Schwachstelle ein Patch oder ein temporärer Fix zur Verfügung steht. Ein ungepatchtes Computersystem stellt eine der größten Sicherheitsbedrohungen für das Unternehmen dar. Wenn Systemadministratoren die Anwendung der nötigen Sicherheitsupdates verschleppen, steht die Schutztür weit offen, und jeder Angreifer kann einfach hereinkommen.

Dutzende von Sicherheitsschwachstellen werden wöchentlich im Internet identifiziert und veröffentlicht. Auch wenn das Personal der IT-Abteilung darauf achtet, alle Sicherheitpatches und Fixes so schnell wie möglich anzuwenden, ist das Firmennetzwerk immer noch dem Risiko eines Sicherheitsvorfalls ausgesetzt, trotzdem diese Systeme sich hinter Firewalls befinden,. Es ist extrem wichtig, über veröffentlichte Sicherheitsschwachstellen im Betriebssystem oder aller Anwendungen in der alltäglichen Arbeit informiert zu sein.

7 – 11 Kontaktinformationen auf Websites

Richtlinie: Die externe Website eines Unternehmens sollte keine Details der Firmenstruktur oder die Namen von Angestellten aufführen.

Erklärung/Anmerkungen: Informationen über die Firmenstruktur wie Organigramme, hierarchische Übersichten, Verzeichnisse von Angestellten oder Abteilungen, Berichtswesen, Namen, Positionen, interne Kontaktnummern, Personalnummern oder ähnliche Informationen, die für interne Prozesse genutzt werden, sollten nicht auf öffentlich zugänglichen Websites verfügbar sein.

Computereindringlinge können oft sehr nützliche Informationen auf der Website der Zielfirma herausfinden. Der Angreifer nutzt diese Information, um als kundiger Angestellter zu erscheinen, wenn er falsche Tatsachen vortäuschen oder einen Vorwand einsetzen will. Der Social Engineer kann mit höherer Wahrscheinlichkeit einen vertrauenswürdigen Eindruck machen, wenn er diese Information zu seiner Verfügung hat. Überdies kann der Angreifer diese Information analysieren, um die möglichen Ziele herauszufinden, die Zugriff auf wertvolle, sensible oder kritische Informationen haben.

7 – 12 Erstellung von privilegierten Accounts

Richtlinie: Kein privilegierter Account sollte eingerichtet oder Systemprivilegien einem Account gewährt werden, bis nicht der Systemadministrator oder Systemmanager dies autorisiert hat.

Erklärung/Anmerkungen: Computereindringlinge geben sich häufig beim Versuch, das Personal der IT-Abteilung zur Erstellung von nicht-autorisierten Accounts zu bringen, als Hard- oder Softwarelieferanten aus. Die Absicht dieser Richtlinie ist, diese Angriffe abzublocken, indem eine größere Kontrolle über die Erstellung von privilegierten Accounts eingerichtet wird. Der Systemmanager oder -administrator des Computersystems muss jede Anfrage billigen, einen Account mit erhöhten Privilegien einzurichten.

7 – 13 Gast-Accounts

Richtlinie: Gast-Accounts auf einem Computersystem oder dazugehörigen Netzwerkgeräten sollten deaktiviert oder entfernt werden, außer für einen FTP(*File Transfer Protocol*)-Server mit aktiviertem anonymen Zugang, der durch das Management gebilligt wird.

Erklärung/Anmerkungen: Über einen Gast-Account haben Personen ohne Bedarf an einem eigenen Account die Möglichkeit eines temporären Zugangs. Mehrere Betriebssysteme weisen in der Standardinstallation einen aktivierten Gast-Account auf. Gast-Accounts sollten immer deaktiviert werden, weil ihre Existenz das Prinzip der Verantwortlichkeit der User verletzt. Die IT-Abteilung sollte in der Lage sein, alle computerbezogenen Aktivitäten zu überwachen und sie einem speziellen User zuordnen zu können.

Social Engineers können mit Leichtigkeit Vorteile aus diesen Gast-Accounts ziehen, über die sie nicht-autorisierten Zugang bekommen können, entweder direkt oder indem sie das dazu berechtigte Personal solchermaßen täuschen, dass sie einen Gastzugang nutzen.

7 – 14 Verschlüsselung von extern gelagerten Datensicherungen

Richtlinie: Alle extern gelagerten Firmendaten sollten verschlüsselt werden, um nicht-autorisierten Zugriff zu verhindern.

Erklärung/Anmerkungen: Die Techniker müssen sicherstellen, dass man an alle Daten wieder herankommen kann für den Fall, dass irgendwelche Informationen wiederhergestellt werden müssen. Dies erfordert eine regelmäßige Entschlüsselung zu Testzwecken eines zufälligen Abschnitts von verschlüsselten Dateien, um sicherzustellen, dass die Daten wiederhergestellt werden können. Darüber hinaus müssen die Schlüssel für die Verschlüsselung der Daten bei einem vertrauenswürdigen Manager hinterlegt werden für den Fall, dass die Chiffrierschlüssel verloren gehen oder nicht verfügbar sind.

7 – 15 Besucherzugang zu Netzwerkverbindungen

Richtlinie: Alle öffentlich zugänglichen Ethernet-Zugangspunkte müssen auf einem abgeteilten Netzwerkbereich liegen, um nicht-autorisierten Zugang zum internen Netzwerk zu verhindern.

Erklärung/Anmerkungen: Die Absicht dieser Richtlinie liegt darin zu verhindern, dass Externe sich mit dem internen Netzwerk verbinden können, wenn sie sich auf dem Firmengelände befinden. Ethenet-Stecker, die sich in Konferenzräumen, der Cafeteria, Schulungsräumen oder anderen, für Besucher zugänglichen Bereichen befinden, sollten gefiltert werden, um nicht-autorisierten Zugang von Besuchern in die Firmencomputersysteme zu verhindern.

Der Netzwerk- oder Sicherheitsadministrator könnte – falls verfügbar – ein virtuelles LAN auf einem Switch einrichten, um den Zugang von diesen Standorten aus zu kontrollieren.

7 – 16 Einwahlmodems

Richtlinie: Zur Einwahl verwendete Modems sollten so eingestellt sein, dass sie sich nicht vor dem vierten Klingeln melden.

Erklärung/Anmerkungen: Wie im Film *War Games* beschrieben verwenden Hacker eine Technik, die als *War Dialing* bezeichnet wird, um mit Modems verbundene Telefonleitungen zu finden. Der Prozess beginnt damit, dass der Angreifer die Vorwahlnummern für den Bereich identifiziert, in dem die Zielfirma ihren Sitz hat. Dann wird über ein Scanner-Programm jede Telefonnummer aus diesem Vorwahlbereich angerufen, um diejenigen zu lokalisieren, die sich mit einem Modem melden. Um diesen Vorgang zu beschleunigen, sind diese Programme derart konfiguriert, dass sie ein oder zweimal klingeln lassen, um auf eine Modemantwort zu warten, bevor sie zur nächsten Nummer weitergehen. Wenn eine Firma die Antwortzeit bei Modemleitungen auf viermal Klingeln einstellt, können diese Scanner-Programme die Leitung nicht als Modemleitung erkennen.

7 – 17 Antiviren-Software

Richtlinie: Auf jedem Computersystem sollten aktuelle Versionen von Antiviren-Software installiert und aktiviert sein.

Erklärung/Anmerkungen: Für die Betriebe, die nicht automatisch Antiviren-Software und Virenpattern (Programme, die für Viren-Software typische Muster erkennen, um neue Viren erkennen zu können) herunterladen und auf die User-Desktops und Workstations verteilen, müssen einzelne User die Verantwortung für die Installation und Wartung der Software auf ihren eigenen Systemen übernehmen, einschließlich aller Computersysteme, die für den Fernzugang auf das Firmennetzwerk verwendet werden.

Falls durchführbar, sollte diese Software auf ein nächtliches automatisches Update von Virensignaturen eingestellt werden. Wenn die Pattern- oder Signaturdateien nicht automatisch auf die User-Desktops verteilt werden, sollten die Computernutzer die Verantwortung für eine wenigstens wöchentliche Aktualisierung der Pattern-Dateien tragen.

Diese Vorkehrungen finden Anwendung für alle Desktop- und Laptop-Rechner, über die ein Zugang zu Firmencomputersystemen vorgenommen wird, egal ob der Rechner Firmeneigentum oder Privatbesitz ist.

7 – 18 Eingehende Email-Anhänge (Hochsicherheitsanforderungen)

Richtlinie: In einer Organisation mit hohen Sicherheitsanforderungen muss die Firmen-Firewall so konfiguriert werden, dass alle Email-Attachments herausgefiltert werden.

Erklärung/Anmerkungen: Diese Richtlinie findet nur in Betrieben mit hohen Sicherheitsanforderungen Anwendung oder bei solchen, die keinen Geschäftsbedarf haben, per Email Attachments zu erhalten.

7 – 19 Authentifizierung von Software

Richtlinie: Alle neue Software oder Software-Fixes oder -Upgrades, egal ob auf physischen Medien oder über das Internet erhalten, müssen als authentisch verifiziert werden, bevor sie installiert werden. Diese Richtlinie ist insbesondere relevant für die IT-Abteilung, wenn die Installation irgendeiner Software Systemprivilegien erfordert.

Erklärung/Anmerkungen: Computer-Software, auf die sich in dieser Richtlinie bezogen wird, umfasst Betriebssystemkomponenten, Anwendungssoftware, Hot Fixes, Patches oder andere Software-Updates. Viele Softwarehersteller haben Methoden implementiert, durch die Kunden die Integrität einer Distribution prüfen können – normalerweise durch eine digitale Signatur. Auf jeden Fall muss, wenn die Integrität nicht verifiziert werden kann, der Hersteller konsultiert werden, damit er feststellt, ob die Software authentisch ist.

Von Computerangreifern ist bekannt, dass sie Software an ein Opfer senden, die durch die Verpackung den Anschein erweckt, das Paket käme vom Softwarehersteller. Es ist unabdingbar, dass Sie jegliche zugesandte Software (insbesondere unverlangte Software) auf ihre Authentizität hin verifizieren, bevor sie auf den Firmensystemen installiert wird.

Bedenken Sie, dass ein geschickter Angreifer herausfinden könnte, ob Ihre Organisation Software bei einem Hersteller bestellt hat. Mit dieser Information in der Hand kann der Angreifer die Bestellung bei dem echten Hersteller stornieren und die Software selbst bestellen. Die Software wird dann so modifiziert, dass sie bösartige Funktionen ausführen kann, und wird dann Ihrem Unternehmen in der Originalverpackung zugesandt – sogar eingeschweißt, falls nötig. Wenn das Produkt erst einmal installiert ist, hat der Angreifer die Kontrolle übernommen.

7 – 20 Standard-Passwörter

Richtlinie: Bei jeder Betriebssystem-Software und Hardware, die im Lieferzustand ein Passwort mit einem Standard-Wert aufweisen, müssen diese Passwörter in Übereinstimmung mit der Passwort-Richtlinie des Unternehmens geändert werden.

Erklärung/Anmerkungen: Verschiedene Betriebssysteme und Computerzubehör werden mit Standard-Passwörtern ausgeliefert – das bedeutet, jede ausgelieferte Einheit weist das gleiche aktivierte Passwort auf. Das Versäumnis, diese Standard-Passwörter zu ändern, ist ein gravierender Fehler und setzt das Unternehmen großem Risiko aus.

Standard-Passwörter sind weithin bekannt und über Internet-Sites verfügbar. Bei einem Angriff ist das erste vom Angreifer ausprobierte Passwort das Standard-Passwort des Herstellers.

7 – 21 Sperrung nach ungültigen Zugriffsversuchen (niedrige bis mittlere Sicherheit)

Richtlinie: Insbesondere in einer Organisation mit niedrigen bis mittleren Sicherheitsanforderungen sollten, wann immer eine festgelegte Anzahl von aufeinanderfolgenden ungültigen Log-In-Versuchen auf einen bestimmten Account durchgeführt wurden, dieser Account für eine bestimmte Zeitperiode gesperrt werden.

Erklärung/Anmerkungen: Alle Firmen-Workstations und Server müssen auf eine begrenzte Zahl von aufeinanderfolgenden ungültigen Log-In-Versuchen eingestellt werden. Diese Richtlinie ist notwendig, um zu verhindern, dass die Passwörter durch Versuch und Irrtum, Wörterbuch-Angriffe oder Brute-Force-Versuche geraten werden, um nicht-autorisierten Zugriff zu erlangen.

7 – 22 Deaktivierung eines Accounts mit ungültigen Einwahlversuchen (Hochsicherheit)

Richtlinie: In einer Organisation mit hohen Sicherheitsanforderungen sollte ein Account nach einer festgelegten Anzahl von aufeinander folgenden ungültigen Log-In-Versuchen deaktiviert werden, bis er durch die für diesen Account zuständige Arbeitsgruppe wieder aktiviert wurde.

Erklärung/Anmerkungen: Alle Firmen-Workstations und -Server müssen so eingestellt sein, dass die Anzahl aufeinander folgender ungültiger Log-In-Versuche begrenzt wird. Diese Richtlinie ist eine notwendige Kontrolle, um das Raten von Passwörtern, Wörterbuch- oder Brute-Force-Angriffe für einen nicht-autorisierten Zugang zu unterbinden.

Der Systemadministrator muss die Sicherheitseinstellungen so konfigurieren, dass der Account nach fünf ungültigen Einwahlversuchen deaktiviert wird. In der Folge eines solchen Angriffs wird der Account-Inhaber den technischen Support oder die zuständige Arbeitsgruppe für den Account-Support rufen müssen, um den Account wieder zu aktivieren. Vor einem Reset dieses Accounts muss der in der Abteilung Verantwortliche zweifelsfrei unter Beachtung der *Prozeduren für Verifikation und Autorisierung* den Account-Inhaber identifizieren.

7 – 23 Regelmäßige Änderung von Passwörtern privilegierter Accounts

Richtlinie: Von allen Inhabern privilegierter Accounts wird erwartet, dass sie ihre Passwörter wenigstens alle dreißig Tage ändern.

Erklärung/Anmerkungen: Abhängig von Einschränkungen des Betriebssystems muss der Systemadministrator diese Richtlinie über die Konfiguration von Sicherheitsparametern in der Systemsoftware durchsetzen.

7 – 24 Regelmäßige Änderung von Benutzer-Passwörtern

Richtlinie: Alle Account-Inhaber müssen ihre Passwörter wenigstens alle sechzig Tage ändern.

Erklärung/Anmerkungen: Bei Betriebssystemen, die dieses Feature anbieten, muss der Systemadministrator diese Richtlinie über die Konfiguration von Sicherheitsparametern in der Software durchsetzen.

7 – 25 Einrichtung von Passwörtern neuer Accounts

Richtlinie: Neue Computer-Accounts müssen mit einem Anfangspasswort eingerichtet werden, das beim ersten Zugang verfällt, womit sogleich erforderlich wird, dass der Account-Inhaber bei der ersten Benutzung ein neues Passwort auswählt.

Erklärung/Anmerkungen: Diese Anforderung stellt sicher, dass nur der Account-Inhaber das eigene Passwort kennt.

7 – 26 Passwörter beim Startvorgang

Richtlinie: Alle Computersysteme müssen so konfiguriert werden, dass sie ein Passwort beim Hochfahren anfordern.

Erklärung/Anmerkungen: Computer müssen so konfiguriert werden, dass beim Einschalten des Geräts ein Passwort abgefragt wird, bevor das Betriebssystem bootet. Dies verhindert, dass unbefugte Personen einen fremden Computer einschalten und verwenden. Diese Richtlinie gilt für alle Computer auf dem Firmengelände.

7 – 27 Passwortanforderungen für privilegierte Accounts

Richtlinie: Alle privilegierten Accounts müssen ein starkes Passwort haben. Das Passwort muss:

- ein Wort sein, das in keinem Wörterbuch irgendeiner Sprache gefunden werden kann

- aus gemischten Groß- und Kleinbuchstaben mit wenigstens einem Buchstaben, einem Symbol und einer Ziffer bestehen

- mindestens 12 Zeichen Länge aufweisen.

- in keiner erkennbaren Beziehung zur Firma oder dem einzelnen Mitarbeiter stehen

Erklärung/Anmerkungen: In den meisten Fällen werden Computereindringlinge auf spezielle Accounts abzielen, die Systemprivilegien besitzen. Gelegentlich wird der Angreifer auch andere Schwachstellen ausnutzen, um volle Kontrolle über das System zu erlangen.

Die ersten Passwörter, die ein Eindringling ausprobieren wird, sind die einfachen, allgemein verwendeten Wörter aus einem Wörterbuch. Die Wahl von starken Passwörtern erweitert die Sicherheit, indem die Möglichkeit reduziert wird, dass ein Angreifer das Passwort durch Versuch und Irrtum, Wörterbuch- oder Brute-Force-Angriffe herausbekommen kann.

7 – 28 Drahtlose Zugangspunkte

Richtlinie: Alle User, die über ein drahtloses Netzwerk Zugang bekommen, müssen zum Schutz des Firmennetzwerkes die VPN(*Virtual Private Network*)-Technologie nutzen.

Erklärung/Anmerkungen: Drahtlose Netzwerke werden durch eine neue Technik mit dem Namen *War Driving* angegriffen. Diese Technik besteht einfach durch ein Herumlaufen oder -fahren mit einem Laptop, der mit einer 802.11B NIC-Karte ausgerüstet ist, bis man ein drahtloses Netzwerk entdeckt hat.

Viele Unternehmen haben drahtlose Netzwerke im Einsatz, ohne dass sie überhaupt WEP (*Wireless Equivalency Protocol*) aktiviert haben, über das die drahtlose Verbindung durch den Einsatz von Verschlüsselung abgesichert wird. Aber sogar bei einer Aktivierung ist die aktuelle Version von WEP (Stand: Mitte 2002) ineffektiv: Sie ist mittlerweile sperrangelweit aufgeknackt, und mehrere Websites bieten freundlicherweise an, die Mittel für die Lokalisierung von offenen drahtlosen Systemen und das Cracken von WEP-aktiven drahtlosen Zugangspunkten bereitzuhalten.

Entsprechend ist die Schaffung einer weiteren Schutzschicht um das 802.11B-Protokoll herum von grundlegender Bedeutung, indem die VPN-Technologie eingesetzt wird.

7 – 29 Aktualisierung von Dateien mit Antiviren-Pattern

Richtlinie: Jedes Computersystem muss so programmiert werden, dass es automatisch die Pattern-Dateien von Antiviren/Anti-Trojaner-Programmen vornimmt.

Erklärung/Anmerkungen: Als Minimum sollten diese Updates wenigstens einmal pro Woche vorgenommen werden. In Betrieben, in denen die Angestellten ihre Rechner eingeschaltet lassen, wird in höchstem Maße empfohlen, dass die Pattern-Dateien jede Nacht aktualisiert werden.

Antiviren-Software ist ineffektiv, wenn sie nicht aktualisiert wird, um alle neuen Formen von bösartigem Code zu entdecken. Da die Bedrohung von Viren, Würmern und Infektionen durch Trojanische Pferde wesentlich erhöht wird, wenn die Pattern-Dateien nicht aktualisiert werden, ist es wesentlich, dass Antiviren-Produkte aktuell gehalten werden.

Computeroperationen

8 – 1 Eingabe von Befehlen oder Ausführen von Programmen

Richtlinie: Personen, die Computer bedienen, dürfen nicht auf Veranlassung von anderen, die sie nicht kennen, Befehle eingeben oder Programme starten. Wenn eine Situation entsteht, bei der eine unvertraute Person ein scheinbar begründetes Motiv zu einer derartigen Anfrage hat, sollte dem nicht entsprochen werden, ohne vorher die Billigung des Vorgesetzten einzuholen.

Erklärung/Anmerkungen: Angestellte, die PCs bedienen, sind die populären Ziele von Social Engineers, weil ihre Position normalerweise Zugang zu einem privilegierten Konto erfordert und der Angreifer erwartet, dass sie weniger erfahren sind und sich nicht so gut bei den Unternehmensprozeduren auskennen als andere IT-Mitarbeiter. Die Absicht dieser Richtlinie ist die Hinzufügung einer angemessenen Prüfung, um Social Engineer davon abzuhalten, Mitarbeiter mit PC-Zugang zu täuschen.

8 – 2 Mitarbeiter mit privilegierten Accounts

Richtlinie: Angestellte mit privilegierten Accounts dürfen keine Hilfestellung oder Information für eine unvertraute Person bereitstellen. Insbesondere bezieht sich das darauf, keine Hilfe am Computer zu geben (wie Aushelfen bei der Arbeit mit Applikationen), Zugang zu irgendeiner Firmendatenbank zu ermöglichen, und beim Download von Software oder der Weitergabe von Personennamen, die die Möglichkeit zum Fernzugang besitzen, behilflich zu sein.

Erklärung/Anmerkungen: Social Engineer zielen oft auf Mitarbeiter ab, die privilegierte Accounts besitzen. Über dieser Richtlinie soll das Personal der IT-Abteilung mit privilegierten Accounts derart angeleitet werden, dass sie erfolgreich mit Anrufen umgehen können, hinter denen möglicherweise ein Social Engineering-Angriff steckt.

8 – 3 Interne Systeminformationen

Richtlinie: Das Bedienpersonal von Computern darf niemals irgendwelche Informationen bezogen auf Computersysteme des Unternehmens oder dazugehörige Geräte weitergeben, ohne zweifelsfrei die Identität des Antragstellers zu kennen.

Erklärung/Anmerkungen: Computereindringlinge kontaktieren oft Angestellte, die die Rechner bedienen, um wertvolle Informationen wie Prozeduren zum Systemzugang, externe Punkte für einen Remote-Zugang und Einwahlnummern zu erfahren, die einen großen Wert für einen Angreifer haben.

In Unternehmen, die technisches Kundendienstpersonal oder einen Help Desk vorhalten, sollten Anfragen an das Bedienpersonal von Computern nach Computersystemen oder dazugehörigen Geräten als unüblich betrachtet werden. Alle Informationsanfragen sollten eingehend nach der Firmenrichtlinie zur Datenklassifikation geprüft werden, um zu bestimmen, ob der Anfrager zur Annahme dieser Information berechtigt ist. Wenn die Klasse der Information nicht bestimmt werden kann, sollte die Information als intern betrachtet werden.

In manchen Fällen bedürfen externe Mitarbeiter des Lieferanten für den technischen Support der Kommunikation mit Personen, die Zugang zu den Computersystemen des Unternehmens besitzen. Lieferanten müssen spezielle Ansprechpartner in der IT-Abteilung haben, damit diese Einzelpersonen sich gegenseitig zu Erkennungszwecken identifizieren können.

8 – 4 Weitergabe von Passwörtern

Richtlinie: Das Bedienpersonal von Computern darf ohne vorige Billigung eines Vorgesetzten aus der IT-Abteilung niemals das eigene Passwort oder andere, ihnen anvertraute Passwörter weitergeben.

Erklärung/Anmerkungen: Allgemein ausgedrückt ist die Weitergabe von Passwörtern an jemand anders strengstens verboten. Diese Richtlinie berücksichtigt, dass Bedienpersonal möglicherweise ein Passwort an Dritte weitergeben muss, falls eine dringende Situation entstehen sollte. Diese Ausnahme zu der allgemeinen Richtlinie, die eine Weitergabe von Passwörtern generell untersagt, erfordert eine spezielle Billigung eines Vorgesetzten aus der IT-Abteilung. Als eine weitere Sicherheitsmaßnahme sollte diese Verantwortung für die Weitergabe von Authentifizierungsinformationen nur auf eine kleine Gruppe von Einzelnen begrenzt bleiben, die speziell in den Verifikationsprozeduren geschult worden ist.

8 – 5 Elektronische Medien

Richtlinie: Alle elektronischen Medien mit Informationen, die nicht für eine Veröffentlichung bestimmt sind, sollten an einem physisch sicheren Standort verschlossen aufbewahrt werden.

Erklärung/Anmerkungen: Die Absicht dieser Richtlinie ist, physischen Diebstahl von sensiblen Informationen, die auf elektronischen Medien gespeichert wurden, zu verhindern.

8 – 6 Datensicherungsmedien

Richtlinie: Bedienpersonal sollte Datensicherungsmedien in einem Firmensafe oder einem anderen sicheren Ort aufbewahren.

Erklärung/Anmerkungen: Datensicherungsmedien stellen ein weiteres beliebtes Ziel für Computereindringlinge dar. Ein Angreifer wird keine Zeit damit verschwenden, ein Computersystem oder -netzwerk zu kompromittieren, wenn das schwächste Glied der Kette möglicherweise ein physisch ungeschütztes Datenspeicherungsmedium ist. Wenn das Datenspeicherungsmedium erst gestohlen wurde, kann der Angreifer die Vertraulichkeit aller darauf gespeicherten Daten kompromittieren, wenn die Daten nicht verschlüsselt sind. Darum ist die physische Sicherung von Backup-Medien ein wesentlicher Beitrag zum Schutz der Vertraulichkeit von Firmeninformationen.

RICHTLINIEN FÜR ALLE ANGESTELLTEN

Egal ob in der IT- oder der Personalabteilung, der Buchhaltung oder beim Wartungspersonal – es gibt gewisse Sicherheitsrichtlinien, die alle Mitarbeiter Ihrer Firma kennen sollten. Diese Richtlinien fallen in die Kategorien Allgemeines, Computernutzung, Nutzung von Emails, Richtlinien für Heimarbeiter, Telefonnutzung, Gebrauch von Faxen, Einsatz von Voice Mails und Passwörter.

Allgemeines

9 – 1 Die Kunst der freundlichen Überredung

Richtlinie: Angestellte, die den Verdacht haben, das Ziel einer Sicherheitsverletzung zu sein, einschließlich irgendwelcher verdächtiger Anfragen zur Weitergabe von Informationen oder der Ausführung von Handlungen an einem Computer, müssen diesen Vorfall sofort an die Arbeitsgruppe für Sicherheitsvorfälle melden.

Erklärung/Anmerkungen: Wenn es einem Social Engineer nicht gelingt, sein Opfer zur Mitarbeit zu überreden, wird der Angreifer sich immer an jemand anderes wenden. Durch eine Meldung über einen verdächtigen Anruf oder Vorfall unternimmt ein Angestellter den ersten Schritt zur Warnung der Firma, dass ein Angriff im Schwange sein könnte. Darum sind einzelne Mitarbeiter die erste Verteidigungslinie gegenüber Social Engineering-Angriffen.

9 – 2 Dokumentation verdächtiger Anrufe

Richtlinie: Im Falle eines verdächtigen Anrufes, der sich als Social Engineering-Angriff herausstellen könnte, sollte der Mitarbeiter soviel wie möglich über den Anrufer herausfinden, um Details zu erfahren, die Hinweise auf die Absichten des Angreifers geben könnten, und sich für die Weitergabe dieser Details Notizen zu machen.

Erklärung/Anmerkungen: Wenn diese Details in das Berichtswesen mit einfließen, können sie helfen, das Ziel oder die Muster eines Angriffs zu entdecken.

9 – 3 Weitergabe von Einwahlnummern

Richtlinie: Die Firmenbelegschaft darf keine Telefonnummern von Modems weitergeben, sondern muss solche Anfragen stets an den Help Desk oder das Personal für den Technischen Support weitergeben.

Erklärung/Anmerkungen: Einwahlnummern müssen als interne Information behandelt werden, die nur an Angestellte mit einem Wissensbedarf dafür weitergegeben werden dürfen, damit diese ihren Arbeitsauftrag ausführen können.

Social Engineers zielen routinemäßig auf Angestellte oder Abteilungen ab, die wahrscheinlich die abgefragte Information weniger gut schützen. Beispielsweise kann der Angreifer die Abrechnungsstelle anrufen und sich als Mitarbeiter der Telefongesellschaft vorstellen, der versucht, ein Abrechnungsproblem zu lösen. Der Angreifer bittet dann um irgendeine Fax- oder Einwahlnummer, um das Problem zu lösen. Der Eindringling zielt oft auf einen Angestellten, der wahrscheinlich die Tragweite der Gefahr der Weitergabe solcher Information nicht kennt, oder der bei den Weitergaberichtlinien und -prozeduren noch nicht so gut geschult ist.

9 – 4 Identifikationskarten in der Firma

Richtlinie: Außer wenn sie sich in ihrem direkten Arbeitsbereich befinden, muss die gesamte Belegschaft einschließlich des Managements und des Vorstandes ihre Firmenkennkarten jederzeit sichtbar tragen.

Erklärung/Anmerkungen: Alle Mitarbeiter einschließlich der Vorstands-mitglieder sollten derart geschult und motiviert werden, dass sie verstehen, dass das Tragen einer Kennkarte überall auf dem Firmengelände – außer den öffentlichen Bereichen und dem eigenen Büro oder Arbeitsbereich – obligatorisch ist.

9 – 5 Ansprechen bei fehlender Kennkarte

Richtlinie: Alle Mitarbeiter müssen sofort ihnen unbekannte Personen ansprechen, die weder eine Mitarbeiterkennkarte noch eine Besucherkarte tragen.

Erklärung/Anmerkungen: Keine Firma will eine Kultur kreieren, in der adleräugige Angestellte nach einem Weg suchen, Kollegen hereinzulegen, dass sie sich ohne Kennkarte auf den Gang wagen. Nichtsdestotrotz sollte jede Firma, die besorgt um den Schutz ihrer Informationen ist, die Bedrohung eines Social Engineers ernst nehmen, der sich unbeaufsichtigt im Gebäude herumtreibt. Die Motivation für Angestellte, die Richtlinie des ständigen Tragens von Kennkarten durchzusetzen, könnte auf vertrautem Wege wie durch eine Anmerkung in der Zeitung des Unternehmens oder am Schwarzen Brett, vergütete Freizeit oder ein Empfehlungsschreiben in ihrer Personalakte gefördert werden.

9 – 6 „Mitschwimmen" (durch sichere Eingänge schlüpfen)

Richtlinie: Angestellte, die ein Gebäude betreten, dürfen es keiner ihnen unbekannten Person erlauben, ihnen zu folgen, wenn sie für den Zugang eine sichere Möglichkeit (wie einen Kartenschlüssel) einsetzen mussten („Mitschwimmen").

Erklärung/Anmerkungen: Alle Mitarbeiter müssen begreifen, dass es nicht unhöflich ist, unbekannte Personen nach ihrer Identität zu befragen, bevor sie ihnen dabei behilflich sind, ein Gebäude oder einen sicheren Bereich zu betreten.

Social Engineers benutzen regelmäßig eine „Mitschwimmen" genannte Technik, wobei sie auf eine Person warten, die eine Einrichtung oder einen sensiblen Bereich betreten will, und dann einfach mit ihnen zusammen hinein gehen. Die meisten Leute fühlen sich unwohl, wenn sie andere damit konfrontieren sollen, weil sie davon ausgehen, es handle sich um legitime Mitarbeiter. Eine andere Mitschwimm-Technik ist das Tragen von mehreren Kartons, so dass ein argloser Mitarbeiter hilfsbereit die Tür aufhält.

9 – 7 Schreddern von sensiblen Dokumenten

Richtlinie: Zur Entsorgung anstehende Dokumente müssen kreuzgeschreddert werden. Medien einschließlich Festplatten, die jemals sensible Informationen oder Materialien enthalten haben, müssen in Übereinstimmung mit den Prozeduren, die durch die für die Informationssicherheit zuständige Gruppe festgelegt wurden, vernichtet werden.

Erklärung/Anmerkungen: Standard-Schredder vernichten nicht auf angemessene Weise Dokumente, Kreuz-Schredder machen daraus nur Papierfasern. Die beste Sicherheitspraxis ist davon auszugehen, dass die größten Konkurrenten der Firma auf der Suche nach allen Nachrichten, die für sie von Vorteil sein könnten, sich durch das entsorgte Material wühlen.

Industriespione und Computerangreifer besorgen sich regelmäßig sensible Informationen aus weggeworfenen Materialien. In einigen Fällen ist bekannt geworden, dass Wettbewerbskonkurrenten versucht haben, die Reinigungskräfte zu bestechen, dass sie ihnen Müll aus der Firma aushändigen. In einem aktuellen Fall hat ein Angestellter von Goldmann Sachs im Müll Materialien gefunden, die für eine Insider-Absprache bei Börsengeschäften benutzt wurden.

9 – 8 Persönliche Kennzeichen

Richtlinie: Persönliche Kennzeichen wie Personalnummer, Sozialversicherungsnummer, Führerscheinnummer, Geburtsdatum und -ort und der Mädchenname der Mutter sollten niemals als Mittel zur Verifikation der Identität eingesetzt werden. Diese Kennzeichen sind nicht geheim und können auf vielfältige Wege bezogen werden.

Erklärung/Anmerkungen: Ein Social Engineer kann durch Bestechung die persönlichen Kennzeichen anderer Leute erfahren. Und tatsächlich – entgegen der allgemein üblichen Meinung – kann jeder mit einer Kreditkarte und einem Internetzugang diese Bestandteile persönlicher Identifikation bekommen. Trotz der offensichtlichen Gefahren verwenden Banken, Dienstleistungsunternehmen und Kreditkartengesellschaften immer noch diese Kennzeichen. Dies ist ein Grund, warum Identitätsdiebstahl das am schnellsten wachsende Verbrechen des Jahrzehnts ist.

9 – 9 Organisationsübersichten

Richtlinie: Details der Organisationsübersicht dürfen keine andere als Firmenmitarbeiter zu Gesicht bekommen.

Erklärung/Anmerkungen: Die Informationen über die Firmenstruktur schließen Organigramme, Rangübersichten, Abteilungsverzeichnisse von Angestellten, Berichtswesen, Angestelltennamen, Positionen, interne Kontaktnummern, Personalnummern oder ähnliche Informationen ein.

In der ersten Phase eines Social Engineering-Angriffs ist das Ziel, so viele Informationen wie möglich über die interne Struktur eines Unternehmens zu sammeln. Die Informationen werden dafür gebraucht, einen Angriff strategisch zu planen. Der Angreifer kann diese Informationen ebenfalls daraufhin analysieren, welche Mitarbeiter wahrscheinlich auf die von ihm gesuchten Daten Zugriff haben. Während des Angriffs lassen diese Informationen den Angreifer als einen kenntnisreichen Angestellten erscheinen, was die Wahrscheinlichkeit erhöht, dass er sein Opfer unter Vortäuschung falscher Tatsachen zu einer Mitarbeit bringen kann.

9 – 10 Vertrauliche Informationen über Mitarbeiter

Richtlinie: Alle Anfragen über vertrauliche Mitarbeiterdaten müssen an die Personalabteilung weitergeleitet werden.

Erklärung/Anmerkungen: Eine Ausnahme für diese Regel kann die Telefonnummer für einen Angestellten sein, der wegen eines Arbeitsproblems angerufen werden muss oder der telefonisch auf Abruf arbeitet. Jedoch ist es immer vorzuziehen, die Nummer des Anfragenden zu erfahren und den Mitarbeiter auf dieser Nummer zurückrufen zu lassen.

Computernutzung

10 – 1 Befehlseingabe in einen Computer

Richtlinie: Firmenmitarbeiter sollten niemals auf Anforderung einer anderen Person Befehle in einen Computer oder dazugehörige Geräte eingeben, wenn diese nicht als Mitarbeiter der IT-Abteilung verifiziert wurde.

Erklärung/Anmerkungen: Eine übliche List eines Social Engineers ist die Bitte an einen Mitarbeiter um Eingabe eines Befehls, der eine Änderung an der Systemkonfiguration vornimmt oder dem Angreifer den Zugriff auf den Rechner des Opfers ohne vorherige Authentifizierung ermöglicht oder es dem Angreifer erlaubt, an Daten zu kommen, die für die Erleichterung eines technischen Angriffs eingesetzt werden können.

10 – 2 Interne Bezeichnungskonventionen

Richtlinie: Die Mitarbeiter dürfen die internen Namen von Computersystemen oder Datenbanken nicht weitergeben, bevor sie nicht festgestellt haben, dass der Anfrager bei der Firma beschäftigt ist.

Erklärung/Anmerkungen: Social Engineers werden manchmal versuchen, an die Namen von Firmencomputersystemen zu gelangen. Wenn diese erst einmal bekannt sind, wird der Angreifer einen Anruf an die Firma platzieren und sich als legitimer Angestellter ausgeben, der Probleme mit dem Zugriff

Empfohlene Firmenrichtlinien zur Informationssicherheit

oder der Nutzung eines der Systeme hat. Durch die Kenntnis des intern zugewiesenen Namens dieses speziellen Systems erlangt der Social Engineer Glaubwürdigkeit.

10 – 3 Anfragen zum Starten von Programmen

Richtlinie: Firmenmitarbeiter sollten niemals Computeranwendungen oder Programme auf die Bitte einer anderen Person hin starten, bis dieser Anfrager als Kollege aus der IT-Abteilung identifiziert wurde.

Erklärung/Anmerkungen: Alle Anfragen, Programme oder Anwendungen zu starten oder irgendwelche Aktivitäten an einem Rechner auszuführen, müssen zurückgewiesen werden, bis der Anfrager zweifelsfrei als Mitarbeiter der IT-Abteilung feststeht. Wenn die Anfrage die Weitergabe von geheimen Informationen aus einer Datei oder einer Email mit einschließt, muss die Bearbeitung in Einklang mit den Prozeduren zur Weitergabe von geheimen Informationen erfolgen. Siehe *Richtlinie zur Weitergabe von Informationen*.

Computerangreifer täuschen andere, so dass diese Programme starten, die dem Eindringling die Übernahme der Systemkontrolle ermöglichen. Wenn ein argloser User ein Programm auslöst, das vom Angreifer eingerichtet wurde, könnte als Ergebnis der Eindringling den Zugang zum Computersystem des Opfers erhalten. Andere Programme zeichnen die Aktivitäten des Computernutzers auf und leiten diese Informationen an den Angreifer weiter. Während ein Social Engineer eine Person derart überlisten kann, dass sie Schaden verursachende Computeranweisungen ausführt, könnte ein technisch ausgerichteter Angreifer das Betriebssystem des Computers so austricksen, dass es Computerinstruktionen ausführt, die zum gleichen Schaden führen können.

10 – 4 Download oder Installation von Software

Richtlinie: Kein Mitarbeiter darf auf Anweisung eines Dritten Software herunterladen oder installieren, wenn diese Person nicht zweifelsfrei ein Mitarbeiter der IT-Abteilung ist.

Erklärung/Anmerkungen: Alle Angestellten sollten wachsam sein für alle ungewöhnlichen Anfragen, die irgendeine Art von Transaktion mit computerbezogenem Gerät einschließen.

Eine von Social Engineers verwendete übliche Taktik ist, arglose Opfer zum Download und der Installation eines Programms zu verleiten, das es dem Angreifer erleichtert, sein Ziel der Kompromittierung der Computer- oder Netzwerksicherheit zu erreichen. In einigen Beispielen könnte das Programm verdeckt den User ausspionieren oder es dem Angreifer erlauben, durch die Verwendung einer verdeckten Fernkontroll-Applikation die Kontrolle über das Computersystem zu übernehmen.

10 – 5 Passwörter in Klartext-Emails

Richtlinie: Passwörter sollten niemals in Emails versandt werden, wenn diese nicht verschlüsselt sind.

Erklärung/Anmerkungen: Obwohl davon abzuraten ist, könnte bei eCommerce-Websites auf diese Richtlinie unter Umständen wie den folgenden verzichtet werden:

- Passwortversand an Kunden, die sich auf der Site registriert haben.

- Passwortversand an Kunden, die ihr Passwort vergessen oder verloren haben.

10 – 6 Sicherheitsbezogene Software

Richtlinie: Niemand aus der Belegschaft darf Antiviren-, Anti-Trojaner-, Firewall- oder andere sicherheitsbezogene Software ohne vorherige Billigung der IT-Abteilung entfernen oder deaktivieren.

Erklärung/Anmerkungen: Computernutzer deaktivieren manchmal die sicherheitsbezogene Software ohne böse Absicht, weil sie annehmen, dass es die Geschwindigkeit ihres Rechners erhöht.

Ein Social Engineer könnte versuchen, einen Mitarbeiter dazu zu überreden, solche Software zu entfernen oder zu deaktivieren, die für den Schutz des Konzerns gegen sicherheitsbezogene Bedrohungen benötigt wird.

10 – 7 Installation von Modems

Richtlinie: Kein Modem darf an irgendeinen Computer angeschlossen werden, bevor nicht das Personal aus der IT-Abteilung dem zugestimmt hat.

Erklärung/Anmerkungen: Es ist wichtig zu erkennen, dass Modems an Einzelrechnern oder Workstations eine beträchtliche Sicherheitsbedrohung darstellen, insbesondere wenn sie an das Firmennetzwerk angeschlossen sind. Entsprechend kontrolliert diese Richtlinie ebenfalls die Prozeduren für die Modemverbindungen.

Hacker verwenden eine Technik mit der Bezeichnung *War Dialing*, um alle aktiven Modemleitungen innerhalb eines Telefonnummernbereichs herauszufinden. Die gleiche Technik könnte verwendet werden, um Telefonnummern zu lokalisieren, die mit Modems in der Firma verbunden sind. Ein Angreifer kann mit Leichtigkeit das Firmennetzwerk kompromittieren, wenn er ein mit einem Modem verbundenes Computersystem identifiziert, auf dem angreifbare Software für den Remote-Zugang läuft, das mit einem leicht zu erratenden Passwort oder überhaupt nicht durch Passwörter geschützt ist.

10 – 8 Modems und Einstellungen zum automatischen Verbindungsaufbau

Richtlinie: Alle Einzelrechner oder Workstations mit von der IT-Abteilung abgenommenen Modems sollten das Feature zum automatischen Verbindungsaufbau deaktiviert haben, um zu verhindern, dass sich jemand in das Computersystem einwählt.

Erklärung/Anmerkungen: Wo immer es durchführbar ist, sollte die IT-Abteilung eine Gruppe von Auswahl-Modems für diejenigen Angestellten einrichten, die einen Bedarf zur Anwahl von externen Computersystemen per Modem haben.

10 – 9 Cracking Tools

Richtlinie: Der Mitarbeiterschaft wird untersagt, jegliche Software-Tools herunterzuladen oder zu verwenden, die für die Umgehung von Software-Schutzmechanismen gedacht ist.

Erklärung/Anmerkungen: Das Internet hält Dutzende von Sites vor, auf denen man Software zum Cracken von Shareware und kommerziellen Softwareprodukten bekommen kann. Die Verwendung dieser Tools verletzt nicht nur das Copyright des Softwarebesitzers, sondern ist ebenfalls extrem gefährlich. Weil diese Programme aus unbekannten Quellen stammen, können sie versteckten bösartigen Code enthalten, der auf dem PC des Users Schaden anrichten oder ein Trojanisches Pferd implantieren könnte, das dem Autor des Programms Zugang zum Rechner des Users gewährt.

10 – 10 Online-Postings von Firmeninformationen

Richtlinie: Kein Angestellter darf irgendwelche Details über die Hard- oder Software der Firma in einer öffentlichen Newsgroup, einem Forum oder Bulletin Board (Schwarzes Brett) veröffentlichen und dort keine Kontaktinformationen weitergeben, die nicht in Einklang mit den Richtlinien stehen.

Erklärung/Anmerkungen: Jede Nachricht, die im Usenet, Online-Foren, Bulletin Boards oder Mailing-Listen gepostet wird, kann durchsucht werden, um Auskunft über die Zielfirma oder eine Zielperson zu sammeln. Während der Recherche-Phase eines Social Engineering-Angriffs könnte der Angreifer das Internet nach irgendwelchen Postings durchsuchen, die nützliche Angaben über die Firma, deren Produkte oder Angehörige enthalten.

Einige Postings können sehr nützliche Häppchen Informationen enthalten, mit denen der Angreifer seinen Angriff weiter planen kann. Beispielsweise kann ein Netzwerkadministrator eine Frage über die Konfiguration von Firewall-Filtern einer speziellen Marke und Modell posten. Ein Angreifer, der diese Botschaft entdeckt, wird wertvolle Informationen über den Typ und die

Konfiguration der Firmen-Firewall erfahren, die es ihm ermöglichen, sie für einen Zugang zum Unternehmensnetzwerk zu umgehen.

Dieses Problem kann durch die Einführung einer Richtlinie reduziert oder vermieden werden, die es Angestellten erlaubt, Postings von anonymen Accounts in Newsgroups einzustellen, über die man die Firma, von der sie stammen, nicht identifizieren kann. Natürlich muss diese Richtlinie von den Angestellten fordern, keine Kontaktinformationen anzufügen, über die man die Firma identifizieren kann.

10 – 11 Disketten und andere Medien

Richtlinie: Wenn Speichermedien für Computerinformationen wie Disketten oder CD-ROMs in einem Arbeitsbereich oder auf einem Schreibtisch vorgefunden werden, und diese Medien sind aus einer unbekannten Quelle, dürfen sie nicht in eines der Computersysteme eingelegt werden.

Erklärung/Anmerkungen: Eine Methode, mit der Angreifer bösartigen Code installieren, ist das Speichern von Programmen auf einer Diskette oder CD-ROM, die dann mit etwas sehr Verlockendem gekennzeichnet wird (z.B. „Personalgehaltsabrechnung – Geheim!"). Dann werden verschiedene Kopien davon in den Angestellten zugänglichen Bereichen zufällig abgelegt. Wird eine einzelne Kopie davon in einen Rechner eingelegt und man öffnet die Dateien, wird der bösartige Code des Angreifers ausgeführt. Dies könnte eine Backdoor schaffen, über die das gesamte System kompromittiert oder dem Netzwerk ein anderer Schaden zugefügt werden kann.

10 – 12 Entsorgung von transportablen Medien

Richtlinie: Vor der Entsorgung aller elektronischen Medien, die jemals sensible Informationen beinhaltet haben, sogar wenn diese Informationen gelöscht wurden, sollte das Teil vollständig magnetisiert oder jenseits einer Möglichkeit der Wiederherstellung zerstört werden.

Erklärung/Anmerkungen: Während das Schreddern von Ausdrucken heutzutage übliche Praxis ist, könnte die Firmenbelegschaft die Bedrohung übersehen, die aus der Entsorgung von elektronischen Medien entsteht, die zu irgendeiner Zeit sensible Daten enthalten hat. Computerangreifer versuchen, die auf diesen entsorgten Medien gespeicherten Daten wiederherzustellen. Man könnte als Mitarbeiter annehmen, dass durch ein Löschen dieser Dateien verhindert werden kann, dass diese Dateien nicht wieder hergestellt werden können. Diese Annahme ist völlig falsch und kann dazu führen, dass geheime Firmeninformationen in die falschen Hände geraten könnten. Entsprechend müssen alle elektronischen Medien, auf denen nicht für die Öffentlichkeit bestimmte Informationen gespeichert sind oder waren, vollständig gelöscht oder mit einem Verfahren zerstört werden, das von der verantwortlichen Arbeitsgruppe gebilligt wird.

10 – 13 Passwortgeschützte Bildschirmschoner

Richtlinie: Alle Computeruser müssen einen Bildschirmschoner mit Passwort und die Zeit der Inaktivität, nach der er starten und damit den Rechner versperren soll, einrichten.

Erklärung/Anmerkungen: Alle Angestellten sind verantwortlich für die Einrichtung eines Bildschirmschoners mit Passwort und das Einstellen der Wartezeit auf nicht mehr als 10 Minuten. Die Absicht dieser Richtlinie ist zu verhindern, dass eine nicht-autorisierte Person einen fremden Computer benutzt. Zusätzlich schützt diese Richtlinie die Computersysteme der Firma vor einem leichten Zugang durch Externe, die sich Zugang zum Gebäude verschafft haben.

10 – 14 Erklärung zur Weitergabe oder Teilen von Passwörtern

Richtlinie: Vor der Erstellung eines neuen Computer-Accounts muss der Angestellte oder Zulieferer eine schriftliche Erklärung unterzeichnen, in der bestätigt wird, dass Passwörter niemals weitergegeben oder mit einer anderen Person geteilt werden dürfen, und dass man hiermit zustimmt, sich an diese Richtlinie zu halten.

Erklärung/Anmerkungen: Diese Erklärung sollte ebenfalls eine Notiz darüber enthalten, dass eine Verletzung dieser Übereinkunft zu disziplinarischen Maßnahmen bis hin zu einer Vertragskündigung führen können.

Verwendung von Emails

11 – 1 Email-Anhänge

Richtlinie: Email-Anhänge dürfen nicht geöffnet werden, wenn der Anhang nicht im normalen Geschäftsbetrieb erwartet oder durch eine vertraute Person verschickt wurde.

Erklärung/Anmerkungen: Alle Email-Attachments müssen sorgfältig untersucht werden. Man könnte es erforderlich machen, dass es eine vorherige Benachrichtigung durch eine vertraute Person geben muss, dass ein Email-Anhang versandt wird, bevor der Empfänger ein Attachment öffnet. Dies wird das Risiko reduzieren, dass Angreifer die Taktiken des Social Engineerings verwenden, um andere zum Öffnen der Anhänge zu überlisten.

Eine Methode zur Kompromittierung eines Computersystems ist, einen Angestellten zu überreden, ein bösartiges Programm zu starten, das eine Schwachstelle schafft, über die der Angreifer sich Zugang zum System verschaffen kann. Durch das Versenden eines Email-Anhangs mit ausführbarem

Code oder Makros kann der Angreifer an die Kontrolle über den Computer des Anwenders kommen.

Ein Social Engineer könnte ein bösartiges Email-Attachment senden, dann anrufen und versuchen, den Empfänger zum Öffnen des Anhangs zu überreden.

11 – 2 Automatische Weiterleitung an externe Adresse

Richtlinie: Die automatische Weiterleitung von eingehender Email an eine externe Email-Adresse ist verboten.

Erklärung/Anmerkungen: Der Zweck dieser Richtlinie liegt darin zu verhindern, dass ein Externer Emails erhält, die an eine interne Email-Adresse versendet werden.

Gelegentlich stellen Mitarbeiter ihre eingehenden Emails auf Weiterleitung auf eine externe Mailadresse ein, wenn sie außer Haus sind. Oder ein Angreifer könnte in der Lage sein, einen Angestellten so zu täuschen, dass eine interne Email-Adresse so eingestellt wird, dass sie an eine externe Adresse außerhalb der Firma weiterleitet. Der Angreifer kann sich dann als legitimer Insider ausgeben, indem er eine interne Email-Adresse in der Firma hat, und andere dazu bringen, sensible Informationen an diese interne Email-Adresse zu schicken.

11 – 3 Weiterleitung von Emails

Richtlinie: Jede Anfrage einer nicht-verifizierten Person, eine elektronische Nachricht an eine andere nicht-verifizierte Person weiterzuleiten, erfordert die Verifikation der Identität des Anfragenden.

11 – 4 Verifikation von Emails

Richtlinie: Eine scheinbar von einer vertrauten Person stammende Email-Nachricht mit einer Bitte um Mitteilung von Informationen, die nicht als öffentlich gekennzeichnet sind, oder um die Ausführung einer Handlung mit computerbezogener Ausstattung erfordert eine zusätzliche Form der Authentifizierung. Siehe *Prozeduren zur Verifikation und Autorisierung*.

Erklärung/Anmerkungen: Ein Angreifer kann sehr leicht eine Email-Nachricht und ihre Kopfzeile (*Header*) fälschen und sie somit erscheinen lassen, als käme sie von einer anderen Email-Adresse. Ein Angreifer kann ebenfalls eine Email-Nachricht von einem kompromittierten Computersystem senden und dabei eine gefälschte Ermächtigung für die Weitergabe von Informationen oder die Ausführung einer Handlung beilegen. Sogar durch die genaue Untersuchung der Kopfzeile einer Email-Nachricht können Sie nicht bestimmen, ob eine Email von einem kompromittieren internen Computersystem gesandt wurde.

Telefonnutzung

12 – 1 Teilnahme an Telefonumfragen

Richtlinie: Angestellte dürfen an keiner Umfrage teilnehmen, bei der sie Fragen einer externen Organisation oder Person beantworten. Solche Anfragen müssen an die PR-Abteilung oder eine andere zuständige Person weitergeleitet werden.

Erklärung/Anmerkungen: Eine Methode, die von Social Engineers zum Sammeln von wertvollen Informationen, die man gegen das Unternehmen verwenden kann, eingesetzt wird, ist der Anruf bei einem Angestellten mit der Behauptung, man führe eine Umfrage durch. Es ist erstaunlich, wie viele Leute mit Begeisterung Informationen über die Firma und sich selbst an Fremde weitergeben, wenn sie der Annahme sind, sie nehmen an einer legitimen Untersuchung teil. Unter den harmlosen wird der Anrufer einige Fragen einfügen, die den Angreifer interessieren. Später könnte solche Information dazu verwendet werden, das Firmennetzwerk zu kompromittieren.

12 – 2 Weitergabe von internen Telefonnummern

Richtlinie: Wenn eine nicht-verifizierte Person einen Angestellten nach seiner oder ihrer Nummer fragt, kann der Angestellte eine vernünftige Entscheidung treffen, ob die Weitergabe für die Firmengeschäfte notwendig erscheint.

Erklärung/Anmerkungen: Der Zweck dieser Richtlinie ist, dass die Mitarbeiter eine überlegte Entscheidung treffen, ob die Weitergabe ihrer Durchwahl vonnöten ist. Falls man es mit Personen zu tun hat, die keinen wichtigen Grund für die Kenntnis der Durchwahl vorbringen können, ist der sicherste Weg, sie an die Haupttelefonnummer der Firma zu verweisen, von wo aus sie dann durchgestellt werden.

12 – 3 Passwörter in Voice Mail-Nachrichten

Richtlinie: Das Hinterlassen von Nachrichten mit Informationen über Passwörter auf einer Voice Mailbox ist untersagt.

Erklärung/Anmerkungen: Ein Social Engineer kann sich oft Zugang zur Voice Mailbox eines Mitarbeiters verschaffen, weil sie unzureichend durch einen leicht zu erratenden Zugangscode geschützt wird. Bei einer Angriffsart ist ein gewiefter Computereindringling dazu in der Lage, seine eigene gefälschte Voice Mailbox einzurichten und andere Mitarbeiter dazu zu überreden, eine Nachricht mit auf Passwörter bezogenen Informationen aufzusprechen. Diese Richtlinie vereitelt einen solchen Betrug.

Verwendung von Faxgeräten

13 – 1 Weiterleitung von Faxen

Richtlinie: Kein Fax darf empfangen und an Dritte weitergeleitet werden, ohne dass die Identität des Antragstellers zweifelsfrei feststeht.

Erklärung/Anmerkungen: Informationsdiebe könnten vertrauensvolle Mitarbeiter so überlisten, dass sie sensible Informationen an eine Faxmaschine auf dem Firmengelände faxen. Bevor der Angreifer dem Opfer die Faxnummer angegeben hat, ruft der Hochstapler einen arglosen Angestellten wie eine Sekretärin oder Verwaltungskraft an und bittet darum, ob man ihnen ein Dokument per Fax zusenden kann, das später abgeholt wird. Anschließend – nachdem der ahnungslose Mitarbeiter das Fax erhalten hat – telefoniert der Angreifer wieder mit dem Angestellten und bittet darum, dass das Fax an einen anderen Standort gesandt wird, möglicherweise mit dem Hinweis, es werde für ein dringendes Meeting benötigt. Weil die Person, die um Weiterleitung des Fax gebeten wurde, gewöhnlich keine Vorstellung vom Wert der Informationen hat, willigt sie in der Regel ein, dieser Bitte nachzukommen.

13 – 2 Verifikation gefaxter Autorisierungen

Richtlinie: Bevor eine per Fax eingetroffene Anweisung ausgeführt wird, muss der Absender als ein Angestellter oder eine andere vertraute Person verifiziert werden. Dies über ein Telefonat mit dem Absender abzuklären, ist gewöhnlich unzureichend.

Erklärung/Anmerkungen: Die Belegschaft muss Vorsicht walten lassen, wenn ungewöhnliche Anliegen per Fax gestellt werden, so wie eine Bitte zur Eingabe von Befehlen in einen Computer oder zur Weitergabe von Informationen. Die Daten in der Kopfzeile eines gefaxten Dokumentes können durch Änderungen an den Einstellungen der sendenden Faxmaschine gefälscht werden. Darum darf die Kopfzeile eines Fax nicht als ein Weg zur Klärung von Identität oder Berechtigung akzeptiert werden.

13 – 3 Versand von sensiblen Informationen per Fax

Richtlinie: Vor dem Versand von sensiblen Informationen per Fax an eine Maschine, die in einem auch anderem Personal zugänglichen Bereich aufgestellt ist, sollte der Absender ein Deckblatt übertragen. Der Empfänger sollte bei Erhalt eine Seite als Antwort zurücksenden, um zu demonstrieren, dass er sich persönlich an der Faxmaschine aufhält. Dann überträgt der Absender sein Fax.

Erklärung/Anmerkungen: Dieser Ablauf über einen Handschlag versichert dem Absender, dass der Empfänger physisch auf der empfangenden Seite anwesend ist. Darüber hinaus stellt dieser Prozess sicher, dass die Nummer des Empfangsfax nicht an einen anderen Standort umgeleitet wurde.

13 – 4 Faxen von Passwörtern verboten

Richtlinie: Passwörter dürfen unter keinen Umständen per Fax versandt werden.

Erklärung/Anmerkungen: Der Versand von Authentifizierungsinformationen per Fax ist nicht sicher. Die meisten Faxgeräte sind für viele Mitarbeiter zugänglich. Des weiteren arbeiten sie mit den öffentlichen Telefonschaltzentralen, die so manipuliert werden können, dass sie die Nummer für das empfangende Faxgerät weiterleiten, so dass das Fax über eine andere Nummer in Wirklichkeit an den Angreifer gesandt wird.

Verwendung von Voice Mail

14 – 1 Passwörter für Voice Mail

Richtlinie: Passwörter für Voice Mail dürfen unter keinen Umständen an andere zu welchem Zweck auch immer weitergegeben werden. Zusätzlich müssen die Passwörter für Voice Mail alle 90 Tage oder eher geändert werden.

Erklärung/Anmerkungen: Geheime Firmeninformationen können auf Voice Mail-Nachrichten hinterlassen werden. Um diese Informationen zu schützen, sollten alle Angestellten die Passwörter für ihre Voice Mail regelmäßig ändern und sie niemals weitergeben. Zusätzlich sollten die Nutzer von Voice Mail niemals das gleiche oder ein ähnliches Passwort innerhalb einer Periode von zwölf Monaten nutzen.

14 – 2 Passwörter auf mehreren Systemen

Richtlinie: Die Nutzer von Voice Mail dürfen niemals das gleiche Passwort auf einem anderen Telefon- oder Computersystem einsetzen, egal ob intern oder außerhalb der Firma.

Erklärung/Anmerkungen: Die Verwendung eines ähnlichen oder gar des gleichen Passworts für verschiedene Geräte und Einrichtungen wie Voice Mail und Computer erleichtern es dem Social Engineer, alle Passwörter eines Anwenders schon nach der Identifikation eines einzelnen zu erraten.

14 – 3 Einstellung von Passwörtern für Voice Mail

Richtlinie: Die Nutzer von Voice Mail und der zuständige Administrator müssen Passwörter für die Voice Mail erstellen, die schwer zu erraten sind. Sie dürfen in keinem Zusammenhang mit der Person oder der Firma, die sie verwendet, stehen und sollten kein vorhersagbares Muster aufweisen, das wahrscheinlich leicht zu erraten ist.

Erklärung/Anmerkungen: Passwörter dürfen keine aufeinanderfolgenden oder sich wiederholenden Zeichen aufweisen (z.B. 1111, 1234, 1010), dürfen nicht auf der Durchwahl basieren oder ihr gleich sein und dürfen nichts mit der Adresse, Postleitzahl, Geburtsdatum, Kfz-Kennzeichen, Telefonnummer, Gewicht, Intelligenzquotient oder einer anderen vorhersagbaren persönlichen Information zu tun haben.

14 – 4 Als „alt" gekennzeichnete Mail-Botschaften

Richtlinie: Wenn vorher nicht abgehörte Nachrichten in der Voice Mail nicht als neue Nachrichten gekennzeichnet sind, sollte der Administrator für die Voice Mail auf eine mögliche Sicherheitsverletzung hingewiesen werden, und das Passwort für die Voice Mail muss sofort geändert werden.

Erklärung/Anmerkungen: Social Engineers können auf vielfältige Art und Weise sich den Zugang zu einer Voice Mailbox erschleichen. Ein Angestellter, dem auffällt, dass Nachrichten, die noch nicht von ihm abgehört wurden, nicht als neue Nachrichten angesagt werden, muss annehmen, dass eine andere Person unberechtigt auf die Voice Mailbox zugegriffen und die Nachrichten abgehört hat.

14 – 5 Externe Voice Mail-Ansagen

Richtlinie: Die Betriebsangehörigen sollten die Weitergabe von Informationen auf der ausgehenden Ansage ihrer Voice Mail einschränken. Gewöhnlich sollten Informationen, die mit dem Arbeitsalltag oder Reiseplänen des Angestellten zu tun haben, nicht weitergegeben werden.

Erklärung/Anmerkungen: Eine externe Ansage (die von Außenstehenden abgehört wird) sollte nicht den Nachnamen, die Durchwahl oder einen Grund für die Abwesenheit (wie Dienstreise, Urlaub oder Reiseweg) angeben. Ein Angreifer kann diese Daten verwenden, um beim Versuch des Betruges von anderem Personal eine plausible Geschichte zu entwickeln.

14 – 6 Muster bei Passwörtern von Voice Mail

Richtlinie: Die Anwender von Voice Mail sollten kein Passwort auswählen, bei dem ein Teil des Passworts starr ist, während sich ein anderer in vorhersagbarer Weise ändert.

Erklärung/Anmerkungen: Beispielsweise sollte man kein Passwort wie 743501, 743502, 743503 usw. verwenden, bei dem sich die letzten beiden Ziffern auf den aktuellen Monat beziehen.

14 – 7 Geheime oder vertrauliche Information

Richtlinie: Geheime oder vertrauliche Informationen dürfen nicht in der Nachricht einer Voice Mail weitergegeben werden.

Erklärung/Anmerkungen: Das Telefonsystem einer Firma ist gewöhnlich angreifbarer als ihre Computersysteme. Die Passwörter bestehen normalerweise aus einer Reihe von Ziffern, wodurch sich die Möglichkeiten zum Raten für einen Angreifer deutlich eingrenzen. Obendrein werden in einigen Organisationen die Passwörter für Voice Mail mit Sekretärinnen oder anderen Verwaltungsangestellten geteilt, in deren Verantwortung die Annahme von Nachrichten für ihre Vorgesetzten liegt. Durch diesen Zusammenhang wird klar, dass man niemals sensible Informationen auf der Voice Mail einer Person hinterlassen sollte.

Passwörter

15 – 1 Sicherheit am Telefon

Richtlinie: Passwörter sollten am Telefon niemals weitergegeben werden.

Erklärung/Anmerkungen: Angreifer kennen Mittel und Wege zum Abhören von Telefonaten, entweder persönlich oder durch technische Gerätschaften.

15 – 2 Aufdecken von Computerpasswörtern

Richtlinie: Unter keinen Umständen sollte ein Computernutzer das eigene Passwort zu irgendeinem Zweck an irgendeine Person weitergeben, ohne sich vorher die schriftliche Zustimmung des verantwortlichen Managers aus der IT-Abteilung eingeholt zu haben.

Erklärung/Anmerkungen: Das Ziel vieler Social Engineering-Angriffe besteht in der Täuschung ahnungsloser Personen, ihre Account-Namen und -Passwörter anzugeben. Diese Richtlinie ist ein wesentlicher Schritt hin zu einer Reduktion des Risikos von erfolgreichen Social Engineering-Angriffen gegen den Konzern. Entsprechend muss diese Richtlinie im gesamten Unternehmen äußerst streng befolgt werden.

15 – 3 Passwörter im Internet

Richtlinie: Die Belegschaft darf auf einer Internet-Site niemals ein Passwort einsetzen, das ähnlich oder gleich ist zu einem, das man in der Firma verwendet.

Erklärung/Anmerkungen: Bösartige Betreiber von Websites könnten eine Site einrichten, die das Angebot von etwas Wertvollem oder die Möglichkeit eines Gewinnes zum Inhalt hat. Um sich registrieren zu können, muss der Besucher dieser Site eine Email-Adresse, einen Usernamen und ein Passwort eingeben. Da viele Leute die gleiche oder ähnliche Anmeldeinformationen wiederholt nutzen, wird der bösartige Website-Betreiber versuchen, dass ausgewählte Passwort und dessen Variationen für einen Angriff auf das Arbeits- oder private Computersystem der Zielperson einzusetzen. Der Arbeitsrechner des Besuchers kann manchmal über die Email-Adresse identifiziert werden, die während des Registrierungsvorgangs eingegeben wird.

15 – 4 Passwörter auf verschiedenen Systemen

Richtlinie: Die Firmenmitarbeiter dürfen niemals das gleiche oder ein ähnliches Passwort auf mehr als einem System einsetzen. Diese Richtlinie bezieht sich auf unterschiedliche Gerätetypen (Computer oder Voice Mail), verschiedene Standorte (Büro oder privat) und verschiedene Arten von Systemen, Geräten (Router oder Firewall) oder Programmen (Datenbanken oder Applikationen).

Erklärung/Anmerkungen: Alle Angreifer verlassen sich auf die menschliche Natur, um in Computersysteme oder -netzwerke einzudringen. Sie wissen, dass zur Vermeidung des Wirrwarrs um die Zuordnung verschiedener Passwörtern viele Leute auf jedem System das selbe oder ein ähnliches Passwort einsetzen. Folglich wird der Eindringling versuchen, das Passwort von einem System zu erfahren, auf dem die Zielperson einen Account besitzt. Ist er erst einmal in dessen Besitz, ist es höchst wahrscheinlich, dass dieses Passwort oder eine Variation davon den Zugang zu anderen von diesem Angestellten genutzten Systemen und Geräten ermöglicht.

15 – 5 Erneute Verwendung von Passwörtern

Richtlinie: Kein Computernutzer darf das gleiche oder ein ähnliches Passwort innerhalb eines Zeitraumes von 18 Monaten verwenden.

Erklärung/Anmerkungen: Wenn ein Angreifer das Passwort eines Users aufdecken kann, minimiert ein häufiges Wechseln den möglichen Schaden. Wenn das Passwort sich sehr deutlich von den vorigen unterscheidet, erschwert es dem Angreifer das Raten ganz erheblich.

15 – 6 Muster für Passwörter

Richtlinie: Kein Mitarbeiter darf ein Passwort wählen, bei dem ein Teil starr bleibt und ein anderes sich auf vorhersagbare Weise ändert.

Erklärung/Anmerkungen: Nutzen Sie zum Beispiel kein Passwort wie Kevin01, Kevin02, Kevin03 usw., bei dem sich die letzten beiden Ziffern auf den Monat beziehen.

15 – 7 Auswahl von Passwörtern

Richtlinie: Die Nutzer von Computern sollten ein Passwort erstellen oder auswählen, dass den folgenden Anforderungen genügt. Das Passwort muss:

- für Standard-Nutzerkonten wenigstens acht Zeichen und für privilegierte Accounts mindestens zwölf Zeichen lang sein.

- mindestens eine Nummer und ein Symbol (wie $, _, !, &) und einen Groß- und einen Kleinbuchstaben enthalten (wenn dies vom Betriebssystem auch unterstützt wird).

- Das Passwort darf nicht aus einem der folgenden Bereiche stammen: Wörter aus einem Wörterbuch irgendeiner Sprache, Wörter, die mit der Familie, Hobbys, Fahrzeug, Arbeit, Kfz-Kennzeichen, Sozialversicherungsnummer, Adresse, Telefonnummer, Haustier oder Geburtstag des Angestellten zu tun haben oder aus Sätzen gebildet werden, die deren Inhalte aus dem Vorhergehenden stammen.

- eine Variation eines früher schon einmal benutzten Passworts sein, bei dem sich ein Element ändert und der Rest gleich bleibt, wie kevin, kevin1, kevin2 oder kevinjan, kevinfeb etc.

Erklärung/Anmerkungen: Die oben aufgelisteten Parameter werden ein Passwort produzieren, das für einen Social Engineer schwer zu erraten ist. Eine andere Option ist die Konsonant-Vokal-Methode, über die man an leicht zu erinnernde und aussprechbare Passwörter kommt. Um diese Art von Passwort zu konstruieren, ersetze man im Muster „CVCVCVCV" jeden Buchstaben C durch einen Konsonanten und jeden Buchstaben V durch einen Vokal. Mögliche Beispiele könnten MIXOCASO oder CUSOJENA sein.

15 – 8 Notieren von Passwörtern

Richtlinie: Alle Angestellten sollten ihre Passwörter nur dann aufschreiben, wenn sie diese an einem sicheren Ort fernab vom Computer oder anderen passwortgeschützten Geräten aufbewahren.

Erklärung/Anmerkungen: Man sollte allen Angestellten davon abraten, jemals ihre Passwörter schriftlich festzuhalten. Unter gewissen Bedingungen kann sich das als nötig herausstellen, wenn z.B. ein Mitarbeiter mit verschiedenen Accounts auf unterschiedlichen Computersystemen arbeitet. Alle notierten Passwörter müssen fern des Rechners sicher aufbewahrt werden. Auf keinen Fall dürfen die Passwörter unter der Tastatur aufbewahrt oder am Monitor befestigt werden.

15 – 9 Klartext-Passwörter in Computerdateien

Richtlinie: Passwörter in Klartext dürfen in keiner Computerdatei oder als Text, der durch Drücken einer Funktionstaste aufgerufen wird, abgespeichert werden. Falls es nötig erscheint, dürfen Passwörter unter Verwendung eines Verschlüsselungstools, das von der IT-Abteilung gebilligt wird, gespeichert werden, um eine nicht-autorisierte Weitergabe zu verhindern.

Erklärung/Anmerkungen: Passwörter könnten leicht von einem Angreifer wiederhergestellt werden, wenn sie in unverschlüsselter Form in Computerdateien, Batch-Dateien, Funktionstasten, Log-In-Dateien, Makros oder Scripten oder jeglichen Dateien mit Daten, die Passwörter für FTP-Sites enthalten, abgelegt werden.

RICHTLINIEN FÜR TELEARBEITER

Telearbeiter befinden sich außerhalb der Firewall des Unternehmens und sind von daher durch Angriffe leichter zu treffen. Diese Richtlinien werden Ihnen dabei helfen, Social Engineers davon abzuhalten, Telemitarbeiter als Tor zu Ihren Daten zu nutzen.

16 – 1 Thin Client

Richtlinie: Alle Firmenangestellten, denen eine Verbindung über Remote Access erlaubt wird, müssen für diese Verbindung zum Firmennetzwerk einen Thin Client verwenden.

Erklärung/Anmerkungen: Wenn ein Angreifer eine Angriffsstrategie zusammenstellt, wird er versuchen, User zu identifizieren, die von externen Standorten auf das Firmennetzwerk zugreifen. Von daher sind Telearbeiter bevorzugte Ziele. Auf ihren Rechnern sind stringente Sicherheitskontrollen weniger wahrscheinlich, und sie könnten die Schwachstelle sein, über die man das Firmennetzwerk kompromitieren kann.

Alle Computer, die mit einem vertrauten Netzwerk verbunden sind, können mit getarnten Tastaturaufzeichnungsgeräten oder -programmen versehen werden oder ihre authentifizierte Verbindung könnte abgefangen werden. Eine Strategie über Thin Clients kann für die Vermeidung von Problemen verwendet werden. Ein Thin Client ist einer Workstation ohne Festplatte oder einem Dumb Terminal vergleichbar; der Remote-Computer hat keine Speichermöglichkeit, sondern das Betriebssystem, die Anwendungsprogramme und alle Daten lagern auf dem Firmennetzwerk. Ein Zugriff auf das Netzwerk über einen Thin Client reduziert das Risiko immens, das ungepatchte Systeme, überaltete Betriebssysteme und bösartigen Code darstellen. Entsprechend ist die Verwaltung der Sicherheit von Telearbeitern effektiv und wird durch die Zentralisierung von Sicherheitskontrollen erleichtert. Statt sich auf den unerfahrenen Telearbeiter zu verlassen, wenn es um den Umgang mit sicherheitsbezogenen Problemen geht, überlässt man diese Verantwortung besser den ausgebildeten System-, Netzwerk- oder Sicherheitsadministratoren.

16 – 2 Sicherheitssoftware für Computersysteme von Telearbeitern

Richtlinie: Alle externen Computersysteme, über die man sich mit dem Firmennetzwerk verbindet, müssen Anti-Viren- und Anti-Trojaner-Software und eine persönliche Firewall (Hard- oder Software) aufweisen. Die Pattern-Dateien der Anti-Viren- und Anti-Trojaner-Software müssen wenigstens wöchentlich aktualisiert werden.

Erklärung/Anmerkungen: Gewöhnlich sind Telearbeiter nicht gut in sicherheitsbezogenen Problemen geschult und könnten unbeabsichtigt oder fahrlässig ihre Computersysteme und das Firmennetzwerk für einen Angriff offen lassen. Telearbeiter stellen darum ein ernsthaftes Sicherheitsrisiko dar, wenn sie nicht entsprechend geschult werden. Zusätzlich zur Installation von Anti-Viren- und Anti-Trojaner-Software zum Schutz gegen bösartigen Code ist eine Firewall notwendig, um feindliche User davon abzuhalten, irgendeinen Zugang zu einem der Dienste zu erlangen, die auf dem System des Telearbeiters aktiviert sind.

Man kann das Risiko, nicht die minimalen Sicherheitstechnologien einzurichten, um bösartigen Code an der Verbreitung zu hindern, nicht unterschätzen, wie ein Angriff auf Microsoft beweist. Ein Computersystem, das zu einem Microsoft-Telearbeiter gehörte, mit dem er sich in das Firmennetzwerk von Microsoft eingeloggt hat, wurde durch ein Programm mit einem Trojanischen Pferd infiziert. Der oder die Eindringlinge waren in der Lage, über die vertraute Verbindung des Telearbeiters aus dem Entwicklungsnetzwerk von Microsoft den in der Entwicklung begriffenen Quellcode zu stehlen.

RICHTLINIEN FÜR DIE PERSONALABTEILUNG

Der Personalabteilung obliegt ein besonderer Schutz der Angestellten vor Versuchen, persönliche Informationen über den Arbeitsplatz herauszufinden. Die Profis dieser Abteilung müssen ebenfalls der Firma gegenüber Verantwortung tragen, dass diese nicht durch Handlungen unzufriedener, ausgeschiedener Mitarbeiter Schaden erleidet.

17 – 1 Ausscheidende Mitarbeiter

Richtlinie: Wenn eine in der Firma angestellte Person diese verlässt oder gekündigt wird, muss die Personalabteilung sofort Folgendes veranlassen:

- Einträge über diese Person aus den Online-Angestelltenverzeichnissen und dem Telefonverzeichnis entfernen und ihre Voice Mail deaktivieren oder umleiten

- Das Personal im Eingangs- und Empfangsbereich umgehend informieren

- Den Namen des Mitarbeiters der Liste für ausgeschiedene Kollegen hinzufügen, die an die gesamte Belegschaft mindestens einmal pro Woche gemailt werden muss.

Erklärung/Anmerkungen: Das im Eingangsbereich positionierte Personal muss darüber in Kenntnis gesetzt werden, dass es einen ehemaligen Angestellten daran hindert, das Gelände erneut zu betreten. Darüber hinaus kann die Benachrichtigung des anderen Personals verhindern, dass sich der frühere Kollege erfolgreich als aktiver Mitarbeiter ausgibt und die Ex-Kollegen derart täuscht, dass sie Handlungen zum Schaden der Firma unternehmen.

Unter gewissen Umständen kann es notwendig sein anzufordern, dass alle User, die als Kollegen in einer Abteilung mit einem Ehemaligen zusammengearbeitet haben, ihre Passwörter ändern. (Als mich GTE nur aufgrund meines Rufes als Hacker gekündigt hat, zwang das Unternehmen alle Angestellten firmenweit, ihre Passwörter zu ändern.)

17 – 2 Benachrichtigung an die IT-Abteilung

Richtlinie: Wann immer eine in der Firma angestellte Person ausscheidet oder gekündigt wird, sollte die Personalabteilung sofort die IT-Abteilung darüber informieren, so dass von dort aus die Computer-Accounts des Ex-Kollegen deaktiviert werden, was alle Accounts mit Datenbankzugriff, Einwahl- oder Internetzugang von externen Standorten einschließt.

Erklärung/Anmerkungen: Es ist grundlegend wichtig, dass alle Zugangsmöglichkeiten des Ex-Kollegen auf alle Computersysteme, Netzwerkgeräte, Datenbanken oder andere computerbezogene Geräte sofort nach Ausscheiden deaktiviert werden. Anderenfalls könnte die Firma die Tür für einen verärgerten Mitarbeiter sperrangelweit auflassen, damit er auf Firmencomputersysteme zugreift und signifikanten Schaden verursachen kann.

17 – 3 Geheiminformationen aus dem Bewerbungsprozess

Richtlinie: Inserate und andere Formen von öffentlichen Stellenangeboten sollten soweit wie möglich vermeiden, von der Firma eingesetzte Computer-Hard- und Software anzugeben.

Erklärung/Anmerkungen: Manager und Personalabteilung sollten nur Informationen über Firmen-Hard- und Software weitergeben, die vernünftigerweise notwendig sind, um an qualifizierte Kandidaten zu kommen.

Computereindringlinge lesen Zeitungen und Presseberichte der Firma und besuchen Internet-Sites, um Job-Inserate zu finden. Oft verraten die Konzerne zu viele Daten über die Art von Hard- und Software, die sie einsetzen, um zukünftige Mitarbeiter zu interessieren. Wenn der Eindringling erst einmal Kenntnisse über die Informationssysteme seines Zieles besitzt, ist er für die nächste Phase seines Angriffs gewappnet. Beispielsweise kann bei Kenntnis, dass die Firma das Betriebssystem VMS einsetzt, der Angreifer unter einem Vorwand anrufen, um die Release-Version herauszubekommen und dann einen gefälschten Sicherheits-Patch für Notfälle versenden, der so aussieht, als käme er vom Hersteller dieser Software. Wenn der Patch erst einmal installiert ist, ist der Angreifer drin.

17 – 4 Vertrauliche Informationen über Angestellte

Richtlinie: Die Personalabteilung darf niemals vertrauliche Informationen über irgendeinen gegenwärtigen oder früheren Angestellten, Zulieferer, Berater, Zeitarbeiter oder Praktikant ohne vorherige schriftliche Zustimmung des Angestellten oder des Personalchefs weitergeben.

Erklärung/Anmerkungen: Headhunter, Privatdetektive und Identitätsdiebe zielen auf private Personaldaten wie Personalnummer, Sozialversicherungsnummer, Geburtsdaten, Gehaltsvorgeschichte, Finanzdaten einschließlich Vergütungsabsprachen und Informationen zur Krankenversicherung. Der Social Engineer könnte sich unter Verwendung dieser Informationen als dieser Kollege ausgeben. Weiterhin kann die Angabe der Namen von neu eingestellten Kollegen für Informationsdiebe von größtem Wert sein. Neue Mitarbeiter sind wahrscheinlich deutlich eher bereit, dienstälteren Mitarbeitern oder Autoritätspersonen oder jemandem, der behauptet, er käme von der Sicherheitsabteilung der Firma, behilflich zu sein.

17 – 5 Prüfung der Vorgeschichte

Richtlinie: Eine Prüfung der Vorgeschichte sollte bei allen Neueinstellungen, neuen Zulieferern, Beratern, Zeitarbeitern oder Praktikanten vor dem Angebot einer Einstellung oder einer vertraglich zugesicherten Geschäftsbeziehung vorgenommen werden.

Erklärung/Anmerkungen: Aus Kostengründen kann die Anforderung der Prüfung der Vorgeschichte auf besondere Vertrauensstellungen beschränkt bleiben. Berücksichtigen Sie aber, dass alle Personen, die einen physischen Zugang zu den Firmenbüros haben, eine potenzielle Bedrohung darstellen.

Beispielsweise hat die Reinigungstruppe Zugang zu den Personalbüros, und das ermöglicht ihnen Zugang zu den dortigen Computersystemen. Ein Angreifer mit physischem Zugang zu einem Computer kann dort in weniger als einer Minute ein Gerät zur Tastaturüberwachung anbringen, um Passwörter abzufangen.

Computereindringlinge werden sich manchmal die Mühe machen, an einen Job zu kommen, um darüber Zugang zu den Computersystemen und -netzwerken der Zielfirma zu bekommen. Ein Angreifer kann mit Leichtigkeit den Namen einer bei der Firma beschäftigten Reinigungsfirma feststellen, indem er den verantwortlichen Mitarbeiter bei der Zielfirma anruft und behauptet, er sei von einer Hausmeisterfirma, die nach neuen Aufträgen sucht, und dann den Namen des Unternehmens erfährt, das gegenwärtig diese Dienste anbietet.

RICHTLINIEN FÜR PHYSISCHE SICHERHEIT

Obwohl Social Engineers es zu vermeiden suchen, persönlich an einem Arbeitsplatz zu erscheinen, den sie sich als Ziel vorgenommen haben, wird es auch Gelegenheiten geben, bei denen Ihre Umgebung verletzt werden kann. Diese Richtlinien werden Ihnen dabei helfen, Ihr Firmengelände von Bedrohungen frei zu halten.

18 – 1 Identifikation für Nicht-Mitarbeiter

Richtlinie: Lieferanten und andere Nicht-Mitarbeiter, die regelmäßig das Betriebsgelände zu betreten haben, müssen eine spezielle Kennkarte oder eine andere Form der Identifikation im Einklang mit der durch die Unternehmenssicherheit eingeführte Richtlinie bei sich führen.

Erklärung/Anmerkungen: An Nicht-Mitarbeiter, die regelmäßig das Gebäude betreten müssen (um beispielsweise Waren an die Cafeteria auszuliefern, Kopierer zu reparieren oder Telefone anzuschließen), sollte zu diesem Zweck eine besondere Kennkarte des Unternehmens ausgegeben werden. Andere, die nur gelegentlich oder einmalig Zutritt benötigen, werden als Besucher behandelt und sollten die ganze Zeit eskortiert werden.

18 – 2 Besucheridentifikation

Richtlinie: Alle Besucher müssen einen gültigen Personalausweis oder ein anderes Identifikationspapier mit Lichtbild vorlegen, damit sie die Erlaubnis zum Betreten des Firmengeländes erhalten.

Erklärung/Anmerkungen: Das Sicherheitspersonal oder der Mitarbeiter am Empfang sollte eine Fotokopie dieses Ausweisdokumentes machen, bevor eine Besucherkennkarte ausgegeben wird. Diese Kopie sollte beim Verzeichnis der Besucher aufbewahrt werden. Alternativ dazu kann die Identifikationsinformation im Besucherverzeichnis durch das Wach- oder Empfangspersonal aufgezeichnet werden; Besuchern sollte nicht gestattet sein, ihre eigenen Daten zur Identifikation einzutragen.

Social Engineer, die versuchen, Zutritt zu einem Gebäude zu bekommen, werden immer falsche Daten in solch ein Protokollbuch eintragen. Obwohl es nicht schwer ist, an falsche Ausweise zu kommen und den Namen von jemanden aus der Belegschaft zu erfahren, den man besuchen zu wollen vorgibt, fügt die Anforderung eines Besucherprotokolls durch den verantwortlichen Mitarbeiter eine weitere Stufe der Sicherheit hinzu.

18 – 3 Eskortierung von Besuchern

Richtlinie: Besucher müssen im Betrieb zu jeder Zeit von einem Mitarbeiter eskortiert werden.

Erklärung/Anmerkungen: Ein populärer Betrug von Social Engineers ist, den Besuch bei einem Betriebsangehörigen zu arrangieren (beispielsweise einen Produktingenieur unter dem Vorwand zu besuchen, Mitarbeiter eines Geschäftspartners zu sein). Nachdem er zum ersten Meeting begleitet worden ist, versichert der Social Engineer seinem Gastgeber, er könne seinen Weg zum Ausgang schon selbst finden. Auf diesem Weg erhält er die Möglichkeit, sich frei im Gebäude zu bewegen und dadurch vielleicht sogar Zugang zu sensiblen Informationen.

18 – 4 Befristete Kennkarten

Richtlinie: Firmenmitarbeiter von einem anderen Standort, die ihre Personalkennkarte nicht bei sich führen, müssen ihren Personalausweis oder einen anderen Ausweis mit Foto vorlegen und bekommen eine befristete Besucherkennkarte.

Erklärung/Anmerkungen: Angreifer geben sich oft als Angestellte einer Zweigstelle oder einer anderen Firmenniederlassung aus, um Zugang zum Betriebsgelände zu erhalten.

18 – 5 Evakuierung im Notfall

Richtlinie: Bei einer Notfallsituation oder -übung muss das Sicherheitspersonal dafür sorgen, dass alle Personen das Gelände verlassen haben.

Erklärung/Anmerkungen: Die Wachleute müssen sich um alle Nachzügler kümmern, die sich möglicherweise noch in Büros oder Toiletten aufhalten. Mit Billigung der Feuerwehr oder einer anderen Kraft, die in der Situation die Verantwortung hat, muss das Sicherheitspersonal auf alle Personen achten, die möglicherweise noch lange nach der Evakuierung das Gebäude verlassen.

Industriespione oder erfahrene Computereindringlinge könnten ein Ablenkungsmanöver verursachen, um sich Zugang zu einem Gebäude oder einem gesicherten Bereich zu verschaffen. Ein gerne verwendetes Ablenkungsmanöver ist das Freisetzen einer harmlosen Chemikalie namens Butylmercaptan in der Luft. Als Effekt entsteht der Eindruck einer undichten Gasleitung. Wenn das Personal erst einmal eine Evakuierung veranlasst hat, nutzt der abgebrühte Angreifer diese Finte, um entweder Informationen zu entwenden oder um in Firmencomputersysteme einzudringen. Eine andere, von Informationsdieben eingesetzte Taktik besteht im Zurückbleiben, manchmal in einer Toilette oder einem Schrank, wenn die Evakuierungsübung ausgeführt wird, oder nachdem eine Rauchbombe oder ein ähnliches Gerät ausgelöst wurde, um eine Notfallevakuierung auszulösen.

18 – 6 Besucher in der Poststelle

Richtlinie: In der Poststelle dürfen sich keine Besucher ohne Überwachung durch einen Firmenmitarbeiter aufhalten.

Erklärung/Anmerkungen: Die Absicht dieser Richtlinie ist der Schutz davor, dass ein Externer firmeninterne Post vertauscht, stiehlt oder etwas dazulegt.

18 – 7 Autokennzeichen

Richtlinie: Wenn der Konzern einen bewachten Parkraum anbietet, sollte das Sicherheitspersonal die Autokennzeichen der Fahrzeuge festhalten, die auf das Gelände fahren.

18 – 8 Abfalltonnen

Richtlinie: Abfalltonnen müssen jederzeit auf dem Firmengelände verbleiben und sollten nicht öffentlich zugänglich sein.

Erklärung/Anmerkungen: Computerangreifer und Industriespione können aus den Abfalltonnen einer Firma wertvolle Informationen herausklauben. Nach dem Gesetzgeber ist Müll legal preisgegebener Besitz, darum ist der Tatbestand des *Dumpster Diving* völlig legal, solange die Müllcontainer sich auf öffentlichem Gelände befinden. Aus diesem Grund ist es wichtig, dass sich die Müllcontainer auf dem Firmengelände befinden, wo das Unternehmen berechtigt ist, die Container und ihren Inhalt zu schützen.

RICHTLINIEN FÜR EMPFANGSPERSONAL

Das Empfangspersonal befindet sich oft an vorderster Front, wenn es um den Umgang mit Social Engineers geht, und trotzdem wird es in Sicherheitsbelangen oft nicht genug geschult, um einen Eindringling zu erkennen und abzufangen. Führen Sie diese Richtlinien ein, um Ihr Empfangspersonal beim Schutz Ihres Betriebes und seiner Daten besser zu helfen.

19 – 1 Internes Verzeichnis

Richtlinie: Weitergabe von Informationen aus dem internen Firmenverzeichnis sollte auf die von der Firma beschäftigten Mitarbeiter beschränkt bleiben.

Erklärung/Anmerkungen: Alle Mitarbeiterbezeichnungen, Namen, Telefonnummern und Adressen, die sich im Firmenverzeichnis beifinden, sollten als interne Informationen angesehen werden und nur im Einklang mit den Richtlinien über die Datenklassifikation und interne Informationen weitergegeben werden.

Zusätzlich müssen alle Anrufer den Namen oder die Durchwahl derjenigen haben, mit denen sie in Kontakt kommen wollen. Obwohl das Empfangspersonal einen Anruf durchstellen kann, wenn der Anrufer die Durchwahl nicht kennt, darf dem Anrufer keine Auskunft über die Durchwahlnummer gegeben werden. (Die Neugierigen unter uns, die nur durch Beispiel lernen, können diese Erfahrung ja mal durch einen Anruf bei der National Security Agency machen und dort die Telefonisten nach der genauen Durchwahl fragen.)

19 – 2 Telefonnummern für spezielle Abteilungen oder Gruppen

Richtlinie: Die Mitarbeiter sollten keine direkten Telefonnummern für den Help Desk der Firma, die Telekommunikationsabteilung, Computerbetrieb oder das Personal der Systemadministratoren weitergeben, ohne dass zweifelsfrei festgestellt wurde, ob der Anfrager einen berechtigten Bedarf für einen Kontakt mit diesen Gruppen hat. Der Telefonist muss beim Durchstellen zu einer dieser Gruppen den Namen des Anrufers ansagen.

Erklärung/Anmerkungen: Obwohl einige Organisationen diese Richtlinie als zu restriktiv ansehen könnten, erschwert diese Regel es einem Social Engineer, sich als Angestellter auszugeben, indem er andere Mitarbeiter so täuscht, dass sie seinen Anruf von ihrem Anschluss aus weiter durchstellen (was bei einigen Telefonsystemen den Anrufer scheinbar von innerhalb der Firma erscheinen lässt), oder indem dem Opfer gegenüber die Kenntnis dieser Durchwahlen verdeutlicht wird, um einen Eindruck von Glaubwürdigkeit zu schaffen.

19 – 3 Weiterleitung von Informationen

Richtlinie: Das Personal von Empfang und Telefonzentrale sollte für Dritte, von denen nicht bekannt ist, ob sie aktive Mitarbeiter sind, keine Botschaften annehmen oder Informationen weiterleiten.

Erklärung/Anmerkungen: Social Engineer sind sehr erfahren darin, Mitarbeiter so zu täuschen, dass diese für ihre Identität bürgen. Ein Trick von Social Engineers besteht darin, die Telefonnummer des Empfangschefs herauszufinden und ihn dann unter einem Vorwand zu bitten, Nachrichten für ihn anzunehmen. Dann stellt sich der Angreifer bei einem Anruf an das Opfer als Mitarbeiter vor, fragt nach sensiblen Informationen oder bittet um die Ausführung einer Handlung und gibt dann die Hauptnummer der Zentrale als Rückrufnummer an. Der Angreifer ruft den Empfangschef zurück und bekommt alle Nachrichten, die das arglose Opfer ihm hinterlassen hat.

19 – 4 Zur Abholung bereitgelegte Gegenstände

Richtlinie: Bevor ein Gegenstand einem Boten oder einer anderen nicht-verifizierten Person überlassen wird, muss der Empfangschef oder das Wachpersonal eine Identifikation über einen Ausweis mit Foto anfordern und diese Ausweisdaten in ein Abholungsprotokoll, das von genehmigten Prozeduren erfordert wird, eintragen.

Erklärung/Anmerkungen: Eine Taktik des Social Engineer ist die Vortäuschung falscher Tatsachen, so dass ein Angestellter sensible Materialien an einen anderen, angeblich dazu autorisierten Mitarbeiter weitergibt, indem solche Materialien am Empfang zur Abholung bereitgelegt werden. Natürlich geht der Empfangschef oder das Sicherheitspersonal davon aus, dass das Paket zur Ausgabe autorisiert ist. Der Social Engineer erscheint entweder persönlich oder lässt einen Boten das Paket abholen.

RICHTLINIEN FÜR DIE ARBEITSGRUPPE SICHERHEITSVORFÄLLE

Jeder Konzern sollte eine zentrale Gruppe einrichten, die sofort informiert wird, wenn irgendeine Form eines Angriffs auf die Unternehmenssicherheit ruchbar wird. Es folgen einige Leitlinien zur Einrichtung und Strukturierung der Aktivitäten dieser Gruppe.

20 – 1 Arbeitsgruppe für Sicherheitsvorfälle

Richtlinie: Eine Einzelperson oder Arbeitsgruppe muss festgelegt werden, und alle Angestellten erhalten die Anweisung, Sicherheitsvorfälle an diese Personen zu melden. Alle Angestellten sollten die Kontaktinformationen für diese Gruppe leicht verfügbar haben.

Erklärung/Anmerkungen: Die Belegschaft muss über die Identifikation einer Sicherheitsbedrohung in Kenntnis gesetzt und derart geschult werden, dass sie alle Bedrohungen an eine spezielle Arbeitsgruppe für Sicherheitsvorfälle berichtet. Weiterhin ist es notwendig, dass eine Organisation spezielle Prozeduren und Ermächtigungen für diese Gruppe einrichtet, damit sie handeln kann, wenn eine Bedrohung angezeigt wird.

20 – 2 Momentan laufende Angriffe

Richtlinie: Sobald die Arbeitsgruppe für Sicherheitsvorfälle Meldungen über einen laufenden Social Engineering-Angriff erhält, muss sie sofort Verfahren auslösen, über die alle Angestellten, die zu den Gruppen der Angriffsziele gehören, alarmiert werden.

Erklärung/Anmerkungen: Die Arbeitsgruppe für Sicherheitsvorfälle oder der verantwortliche Manager sollte ebenfalls festlegen, ob es einen firmenweiten Alarm geben soll. Wenn die verantwortliche Person oder Gruppe mit gutem Grund davon ausgehen kann, dass gerade ein Angriff im Schwange ist, muss die Schadensminderung Priorität haben, indem die Firmenbelegschaft durch eine Meldung zu besonderer Wachsamkeit aufgefordert wird.

Kapitel 17

Sicherheit auf einen Blick

Die folgenden Listen und Tabellen bieten einen schnellen Überblick über die in den Kapiteln 2 bis 14 besprochenen Methoden des Social Engineerings und die Überprüfungsprozeduren, die in Kapitel 16 detailliert ausgeführt wurden. Passen Sie diese Informationen an Ihre Organisation an und stellen Sie sie allen Angestellten zur Verfügung, damit sie sich darauf beziehen können, wenn Fragen zur Informationssicherheit entstehen.

IDENTIFIZIERUNG EINES SICHERHEITSANGRIFFS
Diese Tabellen und Checklisten dienen Ihnen als Anleitung zur Entdeckung eines Social Engineering-Angriffs.

Der Zyklus des Social Engineering

Aktion	Beschreibung
Recherche	Dazu gehört die Suche in öffentlich zugänglichen Quellen wie Börsenaufsichtsberichte und Jahresberichte, Marketingbroschüren, Patentanmeldungen, Zeitungsausschnitte, Branchenzeitschriften, Inhalte von Websites. Auch Dumpster Diving.
Entwicklung von Beziehung und Vertrauen	Nutzung von Insider-Informationen, falsche Darstellung von Identität, Verweise auf dem Opfer bekannte Personen, Hilfebedarf oder Autorität
Ausbeutung von Vertrauen	Bitte um Informationen oder Handlungen auf Seiten des Opfers. Beim *reverse sting* Manipulation des Opfers, dass es den Angreifer um Hilfe bittet

Aktion	Beschreibung
Nutzung von Informationen	Wenn die gesammelten Daten nur einen Schritt zum endgültigen Ziel darstellen, kehrt der Angreifer zu den früheren Schritten im Kreislauf zurück, bis das Ziel erreicht ist.

Übliche Methoden des Social Engineerings

- Sich ausgeben als Kollege

- Sich ausgeben als Angestellter eines Lieferanten, Händlers, Geschäftspartners oder der Strafverfolgungsbehörden

- Sich ausgeben als Autoritätsperson

- Sich ausgeben als neuer Mitarbeiter mit Hilfebedarf

- Sich ausgeben als Lieferant oder Hersteller von Systemen und Anbieten eines Updates oder Patch dieses Systems

- Anbieten von Hilfe bei Problemen, dann Verursachung des Problems und somit Manipulation des Opfers, um Hilfe zu bitten

- Übersenden kostenloser Software oder eines Patches, die vom Opfer installiert werden sollen

- Übersenden eines Virus' oder eines Trojaners als Email-Anhang

- Verwenden eines gefälschten Pop-Up-Fensters, auf dem der User sich erneut einloggen oder mit einem Passwort anmelden soll

- Abfangen der Tastatureingaben des Opfer mittels Hardware oder eines Programms

- Liegenlassen einer Diskette oder CD am Arbeitsplatz mit bösartiger Software darauf

- Verwendung von Insiderjargon und Fachterminologie, um Vertrauen aufzubauen

- Aussetzen eines Preises für eine Registrierung auf einer Website mit Benutzernamen und Passwort

- Abgeben eines Dokuments oder einer Datei in der Poststelle zum firmeninternen Versand

- Modifikation der Faxkennung, damit sie scheinbar von einem internen Standort kommt

- Bitte an Empfangspersonal, ein Fax anzunehmen und weiterzuleiten

- Bitte, eine Datei an eine scheinbar interne Stelle zu transferieren

- Einrichten einer Voice Mail-Möglichkeit, damit Rückrufe den Angreifer als intern erscheinen lassen

- Behauptung, zum Büro einer Zweigstelle zu gehören und nach lokalem Email-Zugang zu fragen

Warnzeichen für einen Angriff

- Weigerung, eine Rückrufnummer anzugeben

- Ungewöhnliches, nicht alltägliches Anliegen

- Ausspielen von Autorität

- Besonders hohe Dringlichkeit

- Androhung negativer Konsequenzen für den Fall der Nicht-Mitarbeit

- Rückfragen werden als lästig abgetan

- Lässt gelegentlich bekannte Namen fallen (Name Dropping)

- Komplimente oder Schmeicheleien

- Flirts

Allgemeine Angriffsziele

Eigenschaft der Zielgruppe	Beispiele
Unkenntnis des wahren Wertes von Information	Empfangspersonal, Sekretäre, Telefonisten, Wachleute
Spezielle Privilegien	Help Desk oder Technischer Kundendienst, Systemadministratoren, Computerbediener, Wartungspersonal von Telefonsystemen

Eigenschaft der Zielgruppe	Beispiele
Hersteller / Lieferant	Hersteller von Computer-Hardware und -Software, Lieferanten von Voice Mail Systemen
Besondere Abteilungen	Buchhaltung, Personalabteilung

Faktoren, die einen Angriff begünstigen

- Große Anzahl von Mitarbeitern

- Mehrere Niederlassungen

- Angaben über den Verbleib von Mitarbeitern auf der Voice Mailbox

- Weitergabe von Durchwahlnummern

- Mangel an Sicherheitstraining

- Fehlende Datenklassifizierungssysteme

- Kein Plan vorhanden für Berichte von Sicherheitsvorfällen und den Umgang damit

VERIFIKATION UND DATENKLASSIFIKATION

Diese Tabellen und Schaubilder werden Ihnen helfen, auf Informationsanfragen oder Handlungsaufträge zu reagieren, hinter denen sich ein Social Engineering-Angriff verbergen kann.

Verfahren zur Prüfung der Identität

Methode	Beschreibung
Rufidentifikation	Prüfen, ob der Anruf intern ist und Name oder Durchwahl zur Identität des Anrufers passt
Rückruf	Nachschlagen des Anrufers im Firmenverzeichnis und Rückruf auf der eingetragenen Durchwahl
Bürgen	Bitte an einen vertrauten Kollegen, für die Identität des Anrufers zu bürgen
Geteiltes gemeinsames Geheimnis	Anfordern eines firmenweiten geteilten Geheimnisses wie Passwort oder Tagescode

Methode	Beschreibung
Vorgesetzter oder Manager	Kontakt zum direkten Vorgesetzten des Angestellten und Anforderung der Identitätsprüfung und des Angestelltenverhältnisses von dort
Sichere Email	Anfordern einer digital signierten Botschaft
Persönliche Stimmenerkennung	Für einen dem Angestellten bekannten Anrufer die Prüfung durch die Stimme des Anrufers
Dynamische Passwörter	Gegenprüfung gegen eine dynamische Passwortlösung wie Secure ID oder andere starke Authentifizierungsgeräte
Persönlich	Anforderung, dass der Anrufer persönlich mit einer Angestelltenkennkarte oder einer anderen Identifikation erscheint

Verfahren zur Prüfung des Angestelltenstatus

Methode	Beschreibung
Prüfung im Angestelltenverzeichnis	Feststellen, ob Bittsteller im Online-Verzeichnis eingetragen ist
Prüfung über Vorgesetzten des Bittstellers	Anruf beim Vorgesetzten des Bittstellers unter Verwendung der Nummer im Firmenverzeichnis
Prüfung über Abteilung oder Arbeitsgruppe des Bittstellers	Anruf in der Abteilung oder Arbeitsgruppe des Bittstellers, um festzustellen, ob er immer noch bei der Firma beschäftigt ist

Verfahren zum Feststellen der Informationsberechtigung

Aktion	Beschreibung
Nachschlagen in der Liste der Arbeitsplatzbeschreibungen / Verantwortlichkeiten der Arbeitsgruppe	Prüfen in der veröffentlichten Liste, welche Angestellten zu welcher vertraulichen Information berechtigt sind
Zustimmung des Vorgesetzten einholen	Anfrage beim eigenen oder dem Vorgesetzten des Bittstellers um Zustimmung, der Anfrage nachkommen zu dürfen

Aktion	Beschreibung
Zustimmung vom Eigentümer der Information oder seines Beauftragten einholen	Frage an Eigentümer der Information, ob der Bittsteller zur Kenntnisnahme berechtigt ist
Berechtigung über ein automatisiertes Tool klären	Prüfung in proprietärer Softwaredatenbank, welches Personal autorisiert ist

Kriterien zur Bestimmung von Nicht-Angestellten

Kriterium	Handlung
Beziehung	Prüfen, ob die Firma des Bittstellers eine Beziehung als Lieferant, Geschäftspartner o.ä. besitzt
Identität	Überprüfen der Identität des Bittstellers und seines Angestelltenstatus' bei der Zulieferer-/Partnerfirma
Verschwiegenheit	Prüfen, ob der Bittsteller eine Verschwiegenheitserklärung unterschrieben in seiner Akte hat
Zugang	Anfrage an Vorgesetzte weiterverweisen, wenn die Information höher als intern eingestuft wird

Datenklassifikation

Klassifikation	Beschreibung	Prozedur
Öffentlich	Steht der Öffentlichkeit frei zur Verfügung	Kein Prüfungsbedarf
Intern	Nur zur firmeninternen Verwendung	Prüfung der Identität des Antragstellers als aktiver Angestellter oder auf Vorliegen einer Verschwiegenheitserklärung in der Akte und der Zustimmung des Vorgesetzten bei Nicht-Mitarbeitern

Klassifikation	Beschreibung	Prozedur
Vertraulich	Informationen persönlicher Natur, deren Verwendung nur innerhalb der Organisation vorgesehen ist	Prüfung der Identität des Antragstellers als aktiver Angestellter oder autorisierter Nicht-Mitarbeiter. Abgleich mit der Personalabteilung, ob vertrauliche Informationen an autorisierte Angestellte oder externe Anfrager weitergegeben werden dürfen
Geheim	Nur für Personen mit einer absoluten Wissensberechtigung innerhalb der Organisation	Prüfung der Identität des Bittstellers und der Wissensberechtigung beim Eigentümer der Information. Freigabe nicht ohne vorige schriftliche Zustimmung des Vorgesetzten oder Eigentümers der Information oder dessen Beauftragten. Prüfung, ob Verschwiegenheitserklärung in der Akte vorliegt. Nur Manager dürfen Daten an Personen weitergeben, die nicht bei der Firma angestellt sind.

Bearbeitung einer Anfrage nach Informationen

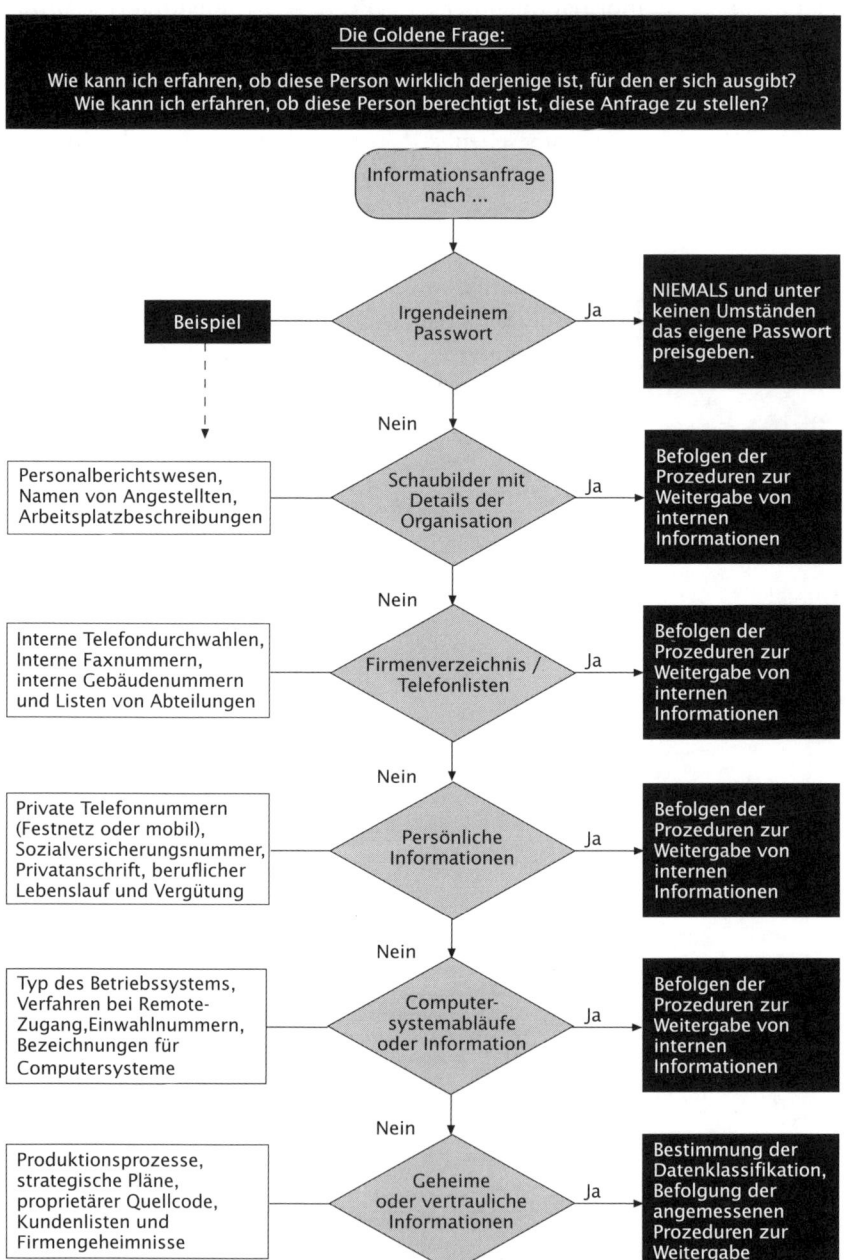

Die Goldene Frage:

Wie kann ich erfahren, ob diese Person wirklich derjenige ist, für den er sich ausgibt?
Wie kann ich erfahren, ob diese Person berechtigt ist, diese Anfrage zu stellen?

Informationsanfrage nach ...

Beispiel

Irgendeinem Passwort — Ja → NIEMALS und unter keinen Umständen das eigene Passwort preisgeben.

Nein

Personalberichtswesen, Namen von Angestellten, Arbeitsplatzbeschreibungen

Schaubilder mit Details der Organisation — Ja → Befolgen der Prozeduren zur Weitergabe von internen Informationen

Nein

Interne Telefondurchwahlen, Interne Faxnummern, interne Gebäudenummern und Listen von Abteilungen

Firmenverzeichnis / Telefonlisten — Ja → Befolgen der Prozeduren zur Weitergabe von internen Informationen

Nein

Private Telefonnummern (Festnetz oder mobil), Sozialversicherungsnummer, Privatanschrift, beruflicher Lebenslauf und Vergütung

Persönliche Informationen — Ja → Befolgen der Prozeduren zur Weitergabe von internen Informationen

Nein

Typ des Betriebssystems, Verfahren bei Remote-Zugang,Einwahlnummern, Bezeichnungen für Computersysteme

Computer-systemabläufe oder Information — Ja → Befolgen der Prozeduren zur Weitergabe von internen Informationen

Nein

Produktionsprozesse, strategische Pläne, proprietärer Quellcode, Kundenlisten und Firmengeheimnisse

Geheime oder vertrauliche Informationen — Ja → Bestimmung der Datenklassifikation, Befolgung der angemessenen Prozeduren zur Weitergabe

Alle Daten sollten als sensibel betrachtet werden,
bis sie speziell als zur Veröffentlichung freigegeben bezeichnet sind.

Bearbeitung einer Anfrage nach Handlungen

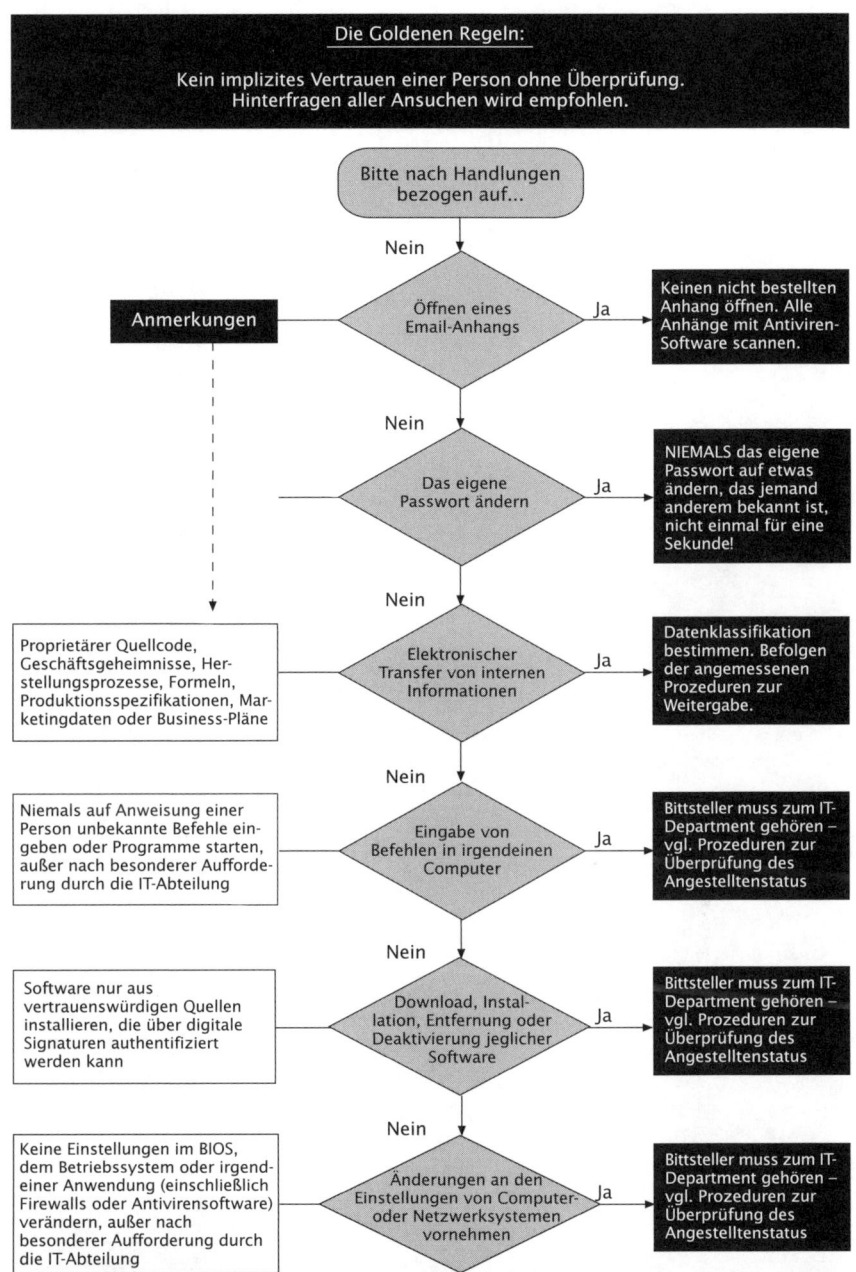

Die Goldenen Regeln:

Kein implizites Vertrauen einer Person ohne Überprüfung.
Hinterfragen aller Ansuchen wird empfohlen.

Bitte nach Handlungen bezogen auf...

Nein

Anmerkungen

Öffnen eines Email-Anhangs — Ja → Keinen nicht bestellten Anhang öffnen. Alle Anhänge mit Antiviren-Software scannen.

Nein

Das eigene Passwort ändern — Ja → NIEMALS das eigene Passwort auf etwas ändern, das jemand anderem bekannt ist, nicht einmal für eine Sekunde!

Nein

Proprietärer Quellcode, Geschäftsgeheimnisse, Herstellungsprozesse, Formeln, Produktionsspezifikationen, Marketingdaten oder Business-Pläne

Elektronischer Transfer von internen Informationen — Ja → Datenklassifikation bestimmen. Befolgen der angemessenen Prozeduren zur Weitergabe.

Nein

Niemals auf Anweisung einer Person unbekannte Befehle eingeben oder Programme starten, außer nach besonderer Aufforderung durch die IT-Abteilung

Eingabe von Befehlen in irgendeinen Computer — Ja → Bittsteller muss zum IT-Department gehören – vgl. Prozeduren zur Überprüfung des Angestelltenstatus

Nein

Software nur aus vertrauenswürdigen Quellen installieren, die über digitale Signaturen authentifiziert werden kann

Download, Installation, Entfernung oder Deaktivierung jeglicher Software — Ja → Bittsteller muss zum IT-Department gehören – vgl. Prozeduren zur Überprüfung des Angestelltenstatus

Nein

Keine Einstellungen im BIOS, dem Betriebssystem oder irgendeiner Anwendung (einschließlich Firewalls oder Antivirensoftware) verändern, außer nach besonderer Aufforderung durch die IT-Abteilung

Änderungen an den Einstellungen von Computer- oder Netzwerksystemen vornehmen — Ja → Bittsteller muss zum IT-Department gehören – vgl. Prozeduren zur Überprüfung des Angestelltenstatus

Alle Handlungen, die Sie als Auftrag von anderen durchführen, können zu einer Komprimittierung des allgemeinen Firmenbesitzes führen. Prüfen, prüfen, prüfen!

Quellenangaben

Kapitel 1

BloomBecker, Buck. 1990. *Spectacular Computer Crimes: What They Are and How They Cost American Business Half a Billion Dollars a Year.* Irwin Professional Publishing.

Littman, Jonathan. 1997. *The Fugitive Game: Online with Kevin Mitnick.* Little Brown & Co.

Penenberg, Adam L. April 19, 1999. „The Demonizing of a Hacker." *Forbes.*

Kapitel 2

Die Geschichte von Stanley Rifkin basiert auf den folgenden Dokumenten:

Computer Security Institute. Undatiert. „Financial losses due to Internet intrusions, trade secret theft and other cyber crimes soar." Pressebericht.

Epstein, Edward Jay. Unveröffentlicht. „The Diamond Invention."

Holwick, Rev. David. Unveröffentlichtes Dokument.

Mr. Rifkin hat freundlicherweise mitgeteilt, dass Berichte über seine Handlungen differieren, weil er seine Anonymität durch die Weigerung geschützt hat, Interviews zu geben.

Kapitel 16

Cialdini, Robert B. 2000. *Influence: Science and Practice, 4th edition.* Allyn and Bacon.

Cialdini, Robert B. Februar 2001. „The Science of Persuasion." *Scientific American.* 284:2.

Kapitel 17

Einige Richtlinien in diesem Kapitel basieren auf Ideen aus: Wood, Charles Cresson. 1999. „Information Security Policies Made Easy." Baseline Software.

Danksagungen

Von Kevin Mitnick

Wahre Freundschaft ist definiert worden als ein Herz in zwei Leibern; nicht viele können in ihrem Leben jemanden einen wahren Freund nennen. Jack Biello war eine liebevolle und fürsorgliche Person, die immer gegen die außergewöhnlich schlechte Behandlung eingetreten ist, die ich von Seiten skrupelloser Journalisten und übereifriger Strafverfolger durchmachen musste. Er hat eine Schlüsselrolle bei der *Free Kevin*-Bewegung gespielt und war ein Autor, der ein außergewöhnliches Talent für das Schreiben von besonders überzeugenden Artikeln hatte, in der er die Informationen aufdeckte, die die Regierung vor uns lieber geheim halten will. Jack hat sich immer furchtlos für mich eingesetzt und mit mir an der Vorbereitung von Reden und Presseberichten gearbeitet und mich auch in den Medien vertreten.

Darum widme ich dieses Buch in Liebe meinem liebsten Freund Jack Biello, dessen kürzlicher Tod durch eine Krebserkrankung, gerade als wir das Manuskript abgeschlossen hatten, mich mit einem tiefen Gefühl von Verlust und Traurigkeit hinterließ.

Dieses Buch wäre nicht möglich gewesen ohne die Liebe und die Unterstützung meiner Familie. Meine Mutter Shelly Jaffe und meine Großmutter Reba Vartanian haben mir mein ganzes Leben hindurch ihre bedingungslose Liebe und Unterstützung geschenkt. Ich bin so glücklich, dass ich von einer solch liebenden und hingebungsvollen Mutter erzogen wurde, die ich ebenfalls als meine beste Freundin ansehe. Meine Großmutter ist wie eine zweite Mutter zu mir gewesen, die mir die gleiche Liebe und Fürsorge gab, wie es nur eine Mutter kann. Als fürsorgliche und anteilnehmende Menschen haben sie mich die Prinzipien des Sorgens für andere und der Hilfe für die weniger Glücklichen gelehrt. Und somit folge ich, indem ich ihrem Vorbild von Hingabe und Fürsorge nachlebe, in gewisser Weise dem Pfad ihres Lebens. Ich hoffe, sie vergeben mir, dass ich sie in der Zeit der Entstehung dieses Buches zurückgesetzt habe und sie mit Ausflüchten von viel Arbeit und Einhalten von Terminen nicht sehen konnte. Dieses Buch wäre ohne ihre andauernde Liebe und

Unterstützung, die ich für immer tief in meinem Herzen halten werde, nicht möglich gewesen.

Wie sehr wünschte ich, dass mein Vater Alan Mitnick und mein Bruder Adam Mitnick lange genug gelebt hätten, damit sie mit mir eine Flasche Champagner an dem Tag hätten leeren können, an dem dieses Buch erscheint. Als ein Geschäftsmann und Firmeninhaber hat mein Vater mich eine Menge der besseren Dinge gelehrt, die ich niemals vergessen werde. In den letzten Monaten des Lebens meines Vaters war ich glücklicherweise in der Lage, ihm nach meinen besten Kräften zur Seite zu stehen, aber es war eine sehr schmerzhafte Erfahrung, von der ich mich noch nicht gänzlich wieder erholt habe.

Meine Tante Chickie Leventhal wird stets einen besonderen Platz in meinem Herzen einnehmen. Obwohl ich sie mit einigen meiner dummen Fehler sehr enttäuscht habe, ist sie mit ihrer Liebe und Unterstützung immer für mich da gewesen. Während der heißen Phase beim Schreiben dieses Buches musste ich viele Gelegenheiten opfern, sie, meinen Cousin Mitch Leventhal und ihren Freund Dr. Robert Berkowitz bei unseren wöchentlichen Sabbath-Feiern zu treffen.

Ich will ebenfalls meinen herzlichsten Dank an den Freund meiner Mutter, Steven Knittle, aussprechen, der an meiner Stelle meiner Mutter Liebe und Fürsorge gegeben hat.

Der Bruder meines Vaters verdient eindeutig viel Lob; man könnte sagen, dass ich das Handwerk des Social Engineerings von Onkel Mitchell geerbt habe. Er wusste, wie man die Welt und die Menschen auf Weisen manipuliert, die ich kaum zu begreifen, geschweige denn beherrschen hoffen darf. Zum Glück für ihn besaß er nie meine Leidenschaft für die Computer-Technologie, als er zu seiner Zeit seine charmante Persönlichkeit nutzte, um jede gewünschte Person zu beeinflussen. Er wird immer den Titel „Großmeister des Social Engineerings" innehaben.

Und während ich diese Danksagungen schreibe, erkenne ich, dass ich so vielen Menschen danken will und ihnen meine Dankbarkeit für ihre Liebe, Freundschaft und Hilfe aussprechen muss. Ich kann nicht einmal anfangen, mich an all die Namen der freundlichen und großartigen Menschen zu erinnern, die ich in den vergangenen Jahren getroffen habe, aber es soll reichen, wenn ich sage, ich bräuchte einen Computer, um sie alle speichern zu können. In der ganzen Welt hat es so viele Menschen gegeben, die mich durch ihre Worte aufgebaut, gelobt und unterstützt haben. Diese Worte haben mir unendlich viel bedeutet, insbesondere in den Zeiten, in denen ich sie am meisten gebraucht habe.

Ich möchte insbesondere allen meinen Unterstützern danken, die mir zur Seite gestanden und ihre wertvolle Zeit und Energie damit verbracht haben, allen, die es hören wollten, ihre Besorgnis zu verdeutlichen, und ihren Protest über meine unfaire Behandlung und die Übertreibungen der Leute zu veröffentlichen, die vom „Mythos des Kevin Mitnick" zu profitieren suchten.

Ich habe das außergewöhnliche Glück gehabt, mit dem Bestseller-Autor Bill Simon zusammenarbeiten zu können, und wir arbeiteten trotz unserer unterschiedlichen Arbeitsweise fleißig zusammen. Bill ist bestens organisiert, steht früh auf und arbeitet auf eine besonnene und gut durchdachte Weise. Ich bin sehr dankbar, dass Bill so freundlich war, sich an meinen nächtlichen Arbeitsplan anzugleichen. Meine Hingabe an dieses Projekt und die langen Arbeitsstunden hielten mich bis in den frühen Morgen wach, wodurch ich mit Bills üblichen Arbeitszeiten ins Gehege kam.

Ich hatte nicht nur das Glück, mit jemandem zusammen arbeiten zu können, der meine Ideen in Sätze transformieren kann, die eines anspruchsvollen Lesers würdig sind, sondern Bill ist obendrein noch ein (meistens) sehr geduldiger Mann, der mit meinem Stil, sich wie ein Programmierer auf die Details zu konzentrieren, gut umgehen konnte. Und so haben wir es gemeinsam geschafft. Trotzdem möchte ich mich in dieser Danksagung bei Bill dafür entschuldigen, dass es mir ewig leid tun wird, derjenige gewesen zu sein, wegen dem er aufgrund der Neigung zur Exaktheit und Detailversessenheit zum ersten und einzigen Mal in seiner langen Schriftstellerkarriere eine Deadline nicht einhalten konnte. Er hat den Stolz des Schriftstellers, den ich schließlich auch verstanden und geteilt habe. Wir hoffen, noch andere Bücher gemeinsam zu schaffen.

Das Vergnügen, im Heim der Simons in Rancho Santa Fe zu arbeiten und von Bills Frau Arynne verhätschelt zu werden, kann man getrost als einen Höhepunkt dieses Schreibprojekts ansehen. Arynnes Konversation und Kochen werden in meiner Erinnerung stets um den ersten Platz kämpfen. Sie ist eine Lady voller Qualität und Weisheit, voller Humor, die ein Heim mit Wärme und Schönheit geschaffen hat. Und ich werde keine Diätlimo mehr trinken, ohne Arynnes Stimme in meinem Kopf zu hören, die mich vor den Gefahren von Aspartam warnt.

Stacey Kirkland bedeutet mir sehr viel. Sie hat viele Stunden ihrer Zeit geopfert, um mich am Macintosh dabei zu unterstützen, die Tabellen und Grafiken zu gestalten, die meine Ideen visuell untermalen. Ich bewundere ihre wundervollen Qualitäten, sie ist wirklich ein liebevoller und engagierter Mensch, der nur die guten Dinge im Leben verdient. Als eine fürsorgliche Freundin hat sie mich stets ermutigt – ich bleibe ihr immer in tiefer Zuneigung verbunden. Ich möchte mich sehr für ihre liebevolle Unterstützung bedanken und dass sie immer für mich da war, wenn ich es gebraucht habe.

Alex Kasper von Nexspace ist nicht nur mein bester Freund, sondern auch Geschäftspartner und Kollege. Zusammen haben wir bei KFI AM 640 in Los Angeles eine beliebte Internet Talkradio Show mit dem Namen *„The Darkside of the Internet"* unter der erfahrenen Leitung des Programmdirektors David G.

Hall geleitet. Alex hat mir liebenswürdigerweise seinen unschätzbaren Beistand und seinen Rat für dieses Buchprojekt gegeben. Sein Einfluss ist immer positiv gewesen und hilfreich mit einer Freundlichkeit und Großzügigkeit, die sich oft bis weit nach Mitternacht erstreckte. Alex und ich haben kürzlich einen Videofilm fertiggestellt, der allen Unternehmen helfen soll, ihre Angestellten zum Schutz gegen Social Engineering-Angriffe zu trainieren.

Paul Dryman von Informed Decision ist ein Freund der Familie und mehr als das. Dieser höchst respektable und vertrauensvolle Privatdetektiv hat mir dabei geholfen, Zielrichtungen und Prozesse der Durchführung von Hintergrundrecherchen zu verstehen. Pauls Wissen und Erfahrung halfen mir, die Sicherheitsprobleme beim Personal anzusprechen, die in Teil 4 dieses Buches beschrieben werden.

Eine meiner besten Freundinnen, Candi Layman, hat mir fortwährend ihre Unterstützung und Liebe angeboten. Sie ist wirklich eine wundervolle Person und hat nur das Beste im Leben verdient. In meiner schweren Zeit hat Candi mir immer Aufmunterung und Freundschaft angeboten. Ich bin sehr glücklich, dass ich solch ein wundervolles, fürsorgliches und mitfühlendes menschliches Wesen getroffen habe und möchte ihr danken, dass sie für mich da gewesen ist.

Mein erster Honorarscheck wird sicherlich an meine Mobiltelefongesellschaft gehen für all die Zeit, die ich im Gespräch mit Erin Finn verbracht habe. Ohne Zweifel ist Erin eine Seelenverwandte von mir. Wir sind uns auf so viele Arten ähnlich, dass es einem schon Angst machen kann. Wir beide sind technikbegeistert und haben den gleichen Geschmack bei Filmen, Musik und Essen. AT&T Wireless verliert definitiv Geld, weil es mir all die „kostenlosen Nacht- und Wochenendanrufe" zu ihrem Heim in Chicago ermöglicht. Wenigstens setze ich nicht mehr den Kevin-Mitnick-Plan ein. Ihre Begeisterung und ihren Glauben an das Buch haben meine Geister beflügelt. Ich bin überaus glücklich, sie meine Freundin nennen zu dürfen.

Ich möchte weiterhin den Menschen danken, die meine professionelle Karriere repräsentieren und sich auf viele außergewöhnliche Wege eingesetzt haben. Meine Vorträge werden von Amy Gray gemanagt (eine aufrichtige und sorgfältige Person, die ich bewundere und verehre); David Fugate von Waterside Productions ist ein Literaturagent, der sich bei vielen Gelegenheiten vor und nach Abschluss des Buchvertrages für mich ins Zeug gelegt hat; und mein Anwalt Gregory Vinson aus Los Angeles, der zu meinem Verteidigerteam gehörte, hat für mich jahrelang mit der Regierung gerungen. Ich bin sicher, er kann, was meinen Hang zum Detail angeht, einiges von Bills Verständnis und Geduld nachvollziehen, denkt er an seine Arbeit mit mir an den rechtlichen Unterlagen, die er für mich aufgesetzt hat. Und ich möchte mich herzlich bei

Volker Bombien bedanken, der mir beigebracht hat, wie man sich in Danksagungen reinmogeln kann.

Ich habe viel zu viele Erfahrungen mit Rechtsanwälten gemacht, aber ich möchte gerne die Möglichkeit nutzen, meinen Dank für die Anwälte auszudrücken, die sich in den Jahren meiner negativen Interaktion mit dem Strafverfolgungssystem gemeldet und mir Hilfe angeboten haben, wenn ich es dringendst nötig hatte. Das reichte von freundlichen Worten bis hin zu tiefer Einarbeitung in meinen Fall, und ich habe viele getroffen, zu denen das Klischee des egozentrischen Rechtsanwaltes absolut nicht passte. Ich respektiere und bewundere in Anerkennung die Freundlichkeit und Großzügigkeit im Geiste, die mir so freizügig von vielen gegeben worden sind. Alle verdienen sie es, mit einem Absatz lobender Worte erwähnt zu werden. Ich will wenigstens alle namentlich nennen, weil jeder von ihnen in meinem Herzen einen besonderen Platz einnimmt: Greg Aclin, Bob Carmen, John Dusenbury, Sherman Ellison, Omar Figueroa, Carolyn Hagin, Rob Hale, Alvin Michaelson, Ralph Peretz, Vicki Podberesky, Donald C. Randolph, Dave Roberts, Alan Rubin, Steven Sadowski, Tony Serra, Richard Sherman, Skip Slates, Karen Smith, Richard Steingard, der Ehrenwerte Robert Talcott, Barry Tarlow, John Yzurdiaga und Gregory Vinson.

Ich weiß ganz besonders zu schätzen, welche Chance John Wiley & Sons mir als Autor dieses Buches gegeben haben, und will ihnen meinen Dank für das Vertrauen aussprechen, das sie in einen Erstautoren gesteckt haben. Ich möchte mich bei den folgenden Menschen von Wiley bedanken, die diesen Traum ermöglicht haben: Ellen Gerstein, Bob Ipsen, Carol Long (meine Herausgeberin und Modedesignerin) und Nancy Stevenson.

Andere Familienmitglieder, persönliche Freunde, Geschäftspartner, die mir mit Rat und Tat beiseite gestanden und auf vielerlei Weise die Hand ausgestreckt haben, sollen ebenfalls als wichtig genannt und gewürdigt werden. Darunter sind: J. J. Abrams, David Agger, Bob Arkow, Stephen Barnes, Dr. Robert Berkowitz, Dale Coddington, Eric Corley, Delin Cormeny, Ed Cummings, Art Davis, Michelle Delio, Sam Downing, John Draper, Paul Dryman, Nick Duva, Roy Eskapa, Alex Fielding, Lisa Flores, Brock Frank, Steve Gibson, Jerry Greenblatt, Greg Grunberg, Bill Handle, David G. Hall, Dave Harrison, Leslie Herman, Jim Hill, Dan Howard, Steve Hunt, Rez Johar, Steve Knittle, Gary Kremen, Barry Krugel, Earl Krugel, Adrian Lamo, Leo Laporte, Mitch Leventhal, Cynthia Levin, CJ Little, Jonathan Littman, Mark Maifrett, Brian Martin, Forrest McDonald, Kerry McElwee, Alan McSwain, Elliott Moore, Michael Morris, Eddie Munoz, Patrick Norton, Shawn Nunley, Brenda Parker, Chris Pelton, Kevin Poulsen, Scott Press, Linda and Art Pryor, Jennifer Reade, Israel und Rachel Rosencrantz, Mark Ross, William Royer, Irv Rubin, Ryan Russell, Neil Saavedra, Wynn Schwartu, Pete Shipley, Joh Siff, Dan Sokol, Trudy Spector, Matt Spergel, Eliza Amadea Sultan, Douglas Tho-

Danksagungen

mas, Roy Tucker, Bryan Turbow, Ron Wetzel, Don David Wilson, Darci Wood, Kevin Wortman, Steve Wozniak und alle meine Freunde beim W6NUT (147.435 MHz) Repeater in Los Angeles.

Und mein Bewährungshelfer Larry Hawley verdient ein ganz besonderes Dankeschön, weil er mir erlaubt hat, als Ratgeber und Experte für sicherheitsbezogene Themen zu fungieren, indem ich dieses Buch schreiben konnte.

Und schließlich möchte ich den Männern und Frauen der Strafverfolgungsbehörden gegenüber meine Wertschätzung ausdrücken. Ich hege keinen Groll gegen diese Leute, die einfach nur ihren Job machen. Im Grunde glaube ich, dass es sehr viel Respekt verdient, wenn man das öffentlichen Interesse vor das eigene und das eigene Leben in den Dienst des öffentlichen Interesses stellt. Und obwohl ich gelegentlich arrogant gewesen bin, möchte ich, dass ihr alle wisst, wie sehr ich dieses Land liebe und alles in meiner Macht Stehende tun will, um es zum sichersten Ort der Welt zu machen, was für mich genau einer der Gründe ist, dieses Buch zu schreiben.

Von Bill Simon

Mir gefällt diese Idee, dass es eine richtige Person für jeden da draußen gibt, nur sind leider einige nicht so glücklich, dass sie jemals ihren Mr. oder Mrs. Right finden können. Andere sind da mit mehr Glück beschieden. Ich für meinen Teil habe in meinem Leben schon früh so viel Glück gehabt, dass ich schon viele Jahre meines Lebens (und ich hoffe, dass es noch viele mehr sein werden) mit einem von Gottes Schätzen, meiner Frau Arynne, verbringen konnte. Falls ich jemals vergessen sollte, wie glücklich ich bin, brauche ich nur darauf zu achten, wie viele Menschen ihre Nähe suchen und schätzen. Arynne – ich danke Dir, dass Du mit mir durch dieses Leben gehst.

Beim Verfassen dieses Buches konnte ich auf die Hilfe einer loyalen Gruppe von Freunden zählen, die uns stets zutrauten, dass Kevin und ich unser Ziel erreichen können, Fakten und Faszination in diesem ungewöhnlichen Buch zu vereinigen. Jeder dieser Menschen ist wahrhaftig und voller Loyalität, und sie oder er weiß, dass ich sie bei meinem nächsten schriftstellerischen Projekt auch ins Boot holen könnte. In alphabetischer Reihenfolge: Jean-Claude Beneventi, Linda Brown, Walt Brown, Lt. Gen. Don Johnson, Dorothy Ryan, Guri Stark, Chris Steep, Michael Steep und John Votaw.

Eine besondere Anerkennung geht an John Lucich, Präsident der Network Security Group, der sich viel Zeit für Nachfragen genommen hat, bei denen man von Freund zu Freund weitergereicht wird, und an Gordon Garb, der sehr großzügig eine Menge Anrufe über IT-Vorgänge entgegen genommen hat.

Manchmal verdient sich ein Freund eine ganz besondere Ehrung, indem er einem jemanden vorstellt, der zu einem guten Freund wird. Bei der Literaturagentur Waterside Productions in Cardiff, California, war der Agent David

Fugate verantwortlich für die Entwicklung der Idee zu diesem Buch und hat mich mit meinem Co-Autor Kevin zusammengebracht, mit dem ich nun meinerseits befreundet bin. Vielen Dank, David! Und für den Chef von Watersite, den unvergleichlichen Bill Gladstone, der mich mit einem Buchprojekt nach dem anderen auf Trab hält: Ich freue mich, dass Du in meiner Mannschaft spielst.

In unserem Heim und meinem dortigen Büro hat Arynne viel Hilfe von einem fähigen Team erhalten, zu denen unsere Sekretärin Jessica Dudgeon und unsere Haushälterin Josie Rodriguez zählen.

Ich danke meinen Eltern Marjorie und I. B. Simon, von denen ich wünschte, dass sie noch hier auf Erden weilten, damit sie meinen Erfolg als Autor genießen könnten. Ich danke ebenfalls meiner Tochter Victoria. Wenn ich mit ihr zusammen bin, erkenne ich, wie sehr ich sie bewundere, respektiere und stolz auf sie bin.

Index

Index

Index

Index